GRöls Verlage

Unsere „Edition | Werke der Weltliteratur" hat den Anspruch, eine der größten und vollständigsten Sammlungen klassischer Literatur in deutscher Sprache zu werden. Nach und nach versammeln wir hier nicht nur die „üblichen Verdächtigen" von Goethe bis Schiller, sondern auch Kleinode der vergangenen Jahrhunderte, die – zu Unrecht – drohen, in Vergessenheit zu geraten. Wir kultivieren und kuratieren damit einen der wertvollsten Bereiche der abendländischen Kultur. Kleine Auswahl:

Francis Bacon • Neues Organon • **Balzac** • Glanz und Elend der Kurtisanen • **Joachim H. Campe** • Robinson der Jüngere • **Dante Alighieri** • Die Göttliche Komödie • **Daniel Defoe** • Robinson Crusoe • **Charles Dickens** • Oliver Twist • **Denis Diderot** • Jacques der Fatalist • **Fjodor Dostojewski** • Schuld und Sühne • **Arthur Conan Doyle** • Der Hund von Baskerville • **Marie von Ebner-Eschenbach** • Das Gemeindekind • **Elisabeth von Österreich** • Das Poetische Tagebuch • **Friedrich Engels** • Die Lage der arbeitenden Klasse • **Ludwig Feuerbach** • Das Wesen des Christentums • **Johann G. Fichte** • Reden an die deutsche Nation • **Fitzgerald** • Zärtlich ist die Nacht • **Flaubert** • Madame Bovary • **Gorch Fock** • Seefahrt ist not! • **Theodor Fontane** • Effi Briest • **Robert Musil** • Über die Dummheit • **Edgar Wallace** • Der Frosch mit der Maske • **Jakob Wassermann** • Der Fall Maurizius • **Oscar Wilde** • Das Bildnis des Dorian Grey • **Émile Zola** • Germinal • **Stefan Zweig** • Schachnovelle • **Hugo von Hofmannsthal** • Der Tor und der Tod • **Anton Tschechow** • Ein Heiratsantrag • **Arthur Schnitzler** • Reigen • **Friedrich Schiller** • Kabale und Liebe • **Nicolo Machiavelli** • Der Fürst • **Gotthold E. Lessing** • Nathan der Weise • **Augustinus** • Die Bekenntnisse des heiligen Augustinus • **Marcus Aurelius** • Selbstbetrachtungen • **Charles Baudelaire** • Die Blumen des Bösen • **Harriett Stowe** • Onkel Toms Hütte • **Walter Benjamin** • Deutsche Menschen • **Hugo Bettauer** • Die Stadt ohne Juden • **Lewis Caroll** • *und viele mehr….*

Aus meinem Leben

Generalfeldmarschall Paul von Hindenburg

1920

Inhalt

Zur Einführung

Die folgenden Erinnerungen verdanken ihre Entstehung nicht einer Neigung zum Schreiben, sondern vielfachen Bitten und Anregungen, die von außen an mich herantraten.

Nicht ein Geschichtswerk wollte ich verfassen sondern die Eindrücke wiedergeben, unter denen mein Leben sich vollzog, und die Richtlinien klar legen, nach denen ich glaubte, denken und handeln zu müssen. Fern lag es mir, eine Rechtfertigungs- oder Streitschrift zu verfassen, am fernsten aber war mir der Gedanke an Selbstverherrlichung. Als Mensch habe ich gedacht, gehandelt und geirrt. Maßgebend in meinem Leben und Tun war für mich nicht der Beifall der Welt sondern die eigene Überzeugung, die Pflicht und das Gewissen.

Inmitten der schwersten Zeit unseres Vaterlandes niedergeschrieben, entstanden die folgenden Erinnerungsblätter doch nicht unter dem bitteren Drucke der Hoffnungslosigkeit. Mein Blick ist und bleibt unerschütterlich vorwärts und aufwärts gerichtet.

Ich widme das Buch dankbar allen Denen, die mit mir im Feld und in der Heimat für des Reiches Größe und Dasein kämpften.

Im September 1919.

Erster Teil

Aus Kriegs- und Friedensjahren bis 1914

Meine Jugend

An einem Frühlingsabend des Jahres 1859 sagte ich als 11jähriger Knabe am Gittertor des Kadettenhauses zu Wahlstatt in Schlesien meinem Vater Lebewohl. Der Abschied galt nicht nur dem geliebten Vater sondern gleichzeitig meinem ganzen bisherigen Leben. Aus diesem Gefühl heraus stahlen sich Tränen aus meinen Augen. Ich sah sie auf meinen „Waffenrock“ fallen. „In diesem Kleid darf man nicht schwach sein und weinen“ fuhr es mir durch den Kopf; ich riß mich empor aus meinem kindlichen Schmerz und mischte mich nicht ohne Bangen unter meine nunmehrigen Kameraden.

Soldat zu werden war für mich kein Entschluß, es war eine Selbstverständlichkeit. Solange ich mir im jugendlichen Spiel oder Denken einen Beruf wählte, war es stets der militärische gewesen. Der Waffendienst für König und Vaterland war in unserer Familie eine alte Überlieferung.

Unser Geschlecht, die „Beneckendorffs“, entstammt der Altmark, wo es urkundlich im Jahre 1280 zum erstenmal auftritt. Von hier fand es, dem Zuge der Zeit folgend, über die Neumark seinen Weg nach Preußen herauf. Dort waren schon manche Träger meines Namens in den Reihen der Deutschritter als Ordensbrüder oder „Kriegsgäste“ gegen die Heiden und Polen zu Felde gezogen. Später gestalteten sich unsere Beziehungen mit dem Osten durch Gewinn von Grundbesitz noch inniger, während diejenigen mit der Mark immer lockerer wurden und Anfang des neunzehnten Jahrhunderts ganz aufhörten.

Der Name „Hindenburg“ trat erst 1789 zu dem unsrigen. Wir waren mit diesem Geschlecht in der neumärkischen Zeit durch Heiraten in Verbindung getreten. Auch die Großmutter meines im Regiment „von Tettenborn“ dienenden und in Ostpreußen bei Heiligenbeil ansässigen Urgroßvaters war eine Hindenburg. Deren unverheirateter Bruder, welcher zuletzt als Oberst unter Friedrich dem

Großen gekämpft hatte, vermachte seine beiden, in dem schon mit der ostpreußischen Erbschaft zu Brandenburg gekommenen, später aber Westpreußen zugeteilten Kreise Rosenberg gelegenen Güter Neudeck und Limbsee seinem Großneffen unter der Bedingung der Vereinigung beider Namen. Diese wurde von König Friedrich Wilhelm II. genehmigt, und seitdem wird bei Abkürzung des Doppelnamens die Benennung „Hindenburg" angewendet.

Die Güter bei Heiligenbeil wurden infolge dieser Erbschaft verkauft. Auch Limbsee mußte, der Not gehorchend, nach den Befreiungskriegen veräußert werden. Aber Neudeck ist heute noch im Besitz unserer Familie; es gehört der Witwe meines nächstältesten Bruders, der nicht ganz zwei Jahr jünger als ich war, so daß unsere Lebenswege in treuer Liebe nahe nebeneinander herliefen. Auch er wurde Kadett und durfte seinem Könige lange Jahre als Offizier in Krieg und Frieden dienen.

In Neudeck lebten zu meiner Kinderzeit meine Großeltern. Jetzt ruhen sie, wie auch meine Eltern und viele Andere meines Namens, auf dem dortigen Friedhof. Fast alljährlich kehrten wir bei den Großeltern, anfänglich noch unter beschwerlichen Postreisen, als Sommerbesuch ein. Tiefen Eindruck machte es mir dann, wenn mein Großvater, der bis 1801 im Regiment „von Langenn" gedient hatte, davon erzählte, wie er im Winter 1806/7 bei Napoleon I. im nahen Schloß Finckenstein als Landschaftsrat um Erlaß von Kontributionen bitten mußte, dabei aber kalt abgewiesen wurde. Auch von Durchmärschen und Einquartierung der Franzosen in Neudeck hörte ich. Und mein Onkel von der Groeben, der an der Passarge ansässig war, wußte von den Kämpfen an diesem Abschnitt im Jahre 1807 zu berichten. Die Russen drangen damals über die Brücke, wurden aber wieder zurückgeworfen. Ein französischer Offizier, der mit seinen Mannschaften das Gutshaus verteidigte, wurde in einem Giebelzimmer durch das Fenster erschossen. Es fehlte nicht viel, dann hätten die Russen 1914 wieder diese Brücke betreten.

Nach dem Tode meiner Großeltern zogen meine Eltern 1863 nach Neudeck. Wir fanden also von da ab dort, in den uns so vertrauten Räumen, das Elternhaus.

Wo ich einst in jungen Jahren so gern geweilt hatte, da habe ich mich später oft mit Frau und Kindern von des Lebens Arbeit ausgeruht.

So ist denn Neudeck für mich die Heimat, der feste Mittelpunkt auch meiner engeren Familie geworden, dem unser ganzes Herz gehört. Wohin mich auch innerhalb des deutschen Vaterlandes mein Beruf führte, ich fühlte mich stets als Altpreuße.

Als Soldatenkind wurde ich 1847 in Posen geboren. Mein Vater war zu der Zeit Leutnant im 18. Infanterie-Regiment. Meine Mutter war die Tochter des damals auch in Posen lebenden Generalarztes Schwickart.

Das einfache, um nicht zu sagen harte Leben eines preußischen Landedelmannes oder Offiziers in bescheidenen Verhältnissen, das in der Arbeit und Pflichterfüllung seinen wesentlichsten Inhalt fand, gab naturgemäß unserm ganzen Geschlecht sein Gepräge. Auch mein Vater ging daher völlig in seinem Berufe auf. Aber er fand hierbei immer noch Zeit, sich Hand in Hand mit meiner Mutter der Erziehung seiner Kinder – ich hatte noch zwei jüngere Brüder und eine Schwester – zu widmen. Das sittlich tief angelegte, aber auch auf das praktische Leben gerichtete Wesen meiner teuren Eltern zeigte auch nach außen hin eine vollendete Harmonie. In gegenseitiger Ergänzung der Charaktere stand neben der ernsten, vielfach zu Sorgen geneigten Lebensauffassung meiner Mutter die ruhigere Anschauungsart meines Vaters. Beide vereinten sich in warmer Liebe zu uns, und so wirkten sie denn auf diese Weise in voller Übereinstimmung auf die geistige und sittliche Heranbildung ihrer Kinder ein. Es ist daher schwer zu sagen, wem ich dabei mehr zu danken habe, welche Richtung mehr vom Vater und welche mehr von der Mutter gefördert wurde. Beide Eltern bestrebten sich, uns einen gesunden Körper und einen kräftigen Willen zur Tat für die Erfüllung der Pflichten auf den Lebensweg mitzugeben. Sie bemühten sich aber auch, uns durch Anregung und Entwickelung der zarteren Seiten des menschlichen Empfindens das Beste zu bieten, was Eltern geben können: den vertrauensvollen Glauben an Gott den Herrn und eine grenzenlose Liebe zum Vaterlande und zu dem, was sie als die stärkste Stütze dieses Vaterlandes anerkannten, nämlich zu unserm preußischen Königstum. Der Vater führte uns zugleich von früher Jugend an in die Wirklichkeit des

Lebens hinaus. Er weckte in uns im Garten und auf Spaziergängen die Liebe zur Natur, zeigte uns das Land und lehrte uns die Menschen in ihrem Dasein und in ihrer Arbeit erkennen und schätzen. Unter „uns“ verstehe ich hierbei außer mir meinen nächstältesten Bruder. Die Erziehung meiner nach diesem folgenden Schwester lag selbstredend mehr in Händen der Mutter, und mein jüngster Bruder trat erst ins Leben, kurz bevor ich Kadett wurde.

Das Los des Soldaten, zu wandern, führte meine Eltern von Posen nach Köln, Graudenz, Pinne in der Provinz Posen, Glogau und Kottbus. Dann nahm mein Vater den Abschied und zog nach Neudeck.

Von Posen habe ich aus damaliger Zeit nur wenig Erinnerung. Mein Großvater mütterlicherseits starb bald nach meiner Geburt. Er hatte sich 1813 in der Schlacht bei Kulm als Militärarzt das Eiserne Kreuz am Kombattantenbande erworben, weil er ein führerlos und wankend gewordenes Landwehrbataillon wieder geordnet und vorgeführt hatte. Meine Großmutter mußte uns in späteren Jahren noch viel von der „Franzosenzeit“, die sie in Posen als junges Mädchen durchlebt hatte, erzählen. Genau entsinne ich mich eines hochbetagten Gärtners meiner Großeltern, der noch 14 Tage unter Friedrich dem Großen gedient hatte. So fiel gewissermaßen auf mich als Kind noch ein letzter Sonnenstrahl ruhmvoller friderizianischer Vergangenheit.

Im Jahre 1848 hatte der polnische Aufstand auch auf die Provinz Posen übergegriffen. Mein Vater war mit seinem Regiment zur Bekämpfung dieser Bewegung ausgerückt. Die Polen bemächtigten sich nun vorübergehend der Herrschaft in der Stadt. Zur Feier des Einzugs ihres Führers Miroslawski sollten alle Häuser illuminiert werden. Meine Mutter war außerstande, sich diesem Zwange zu entziehen. Sie zog sich in ein Hinterzimmer zurück und tröstete sich, an meiner Wiege sitzend, mit dem Gedanken, daß gerade auf diesen Tag, den 22. März, der Geburtstag des „Prinzen von Preußen“ fiel, so daß die Lichter an den Fenstern der Vorderzimmer in ihrem Herzen diesem galten. 23 Jahre später war das damalige Wiegenkind im Spiegelsaale zu Versailles Zeuge der Kaisererklärung Wilhelms I., des einstigen Prinzen von Preußen.

Unser Aufenthalt in Köln und Graudenz war nur von kurzer Dauer. Aus der Kölner Zeit schwebt mir das Bild des mächtigen, jedoch noch unvollendeten Domes vor.

In Pinne führte mein Vater nach damaligem Brauch vier Jahre hindurch als überzähliger Hauptmann eine Landwehrkompagnie. Er war dienstlich nicht sehr beansprucht, so daß er sich gerade in der Zeit, in welcher sich mein jugendlicher Geist zu regen begann, uns Kindern besonders widmen konnte. Er unterrichtete mich bald in Geographie und Französisch, während mir der Schullehrer Kobelt, dem ich noch heute eine dankbare Erinnerung bewahre, Lesen, Schreiben und Rechnen beibrachte. Aus dieser Zeit stammt meine Vorliebe für Geographie, welche mein Vater durch sehr anschauliche und anregende Lehrart zu wecken verstand. Den ersten Religionsunterricht erteilte mir in zum Herzen redender Weise meine Mutter.

Immer mehr entwickelte sich in diesen Jahren und aus dieser Art der Erziehung ein Verhältnis zu meinen Eltern, das zwar ganz auf den Boden unbedingter Autorität gestellt war, das aber zugleich auch bei uns Kindern weit mehr das Gefühl grenzenlosen Vertrauens als blinder Unterwerfung unter eine zu strenge Herrschaft wachrief.

Pinne ist ein kleines Städtchen mit angrenzendem Rittergut. Letzteres gehörte einer Frau von Rappard, in deren Hause wir viel verkehrten. Sie war kinderlos aber sehr kinderlieb. In der Nähe saß ihr Bruder, Herr von Massenbach, auf dem Rittergut Bialokosz. In dessen großer Kinderschar fand ich mehrere liebe Spielgefährten. Die Erinnerung an Pinne hat sich bei mir stets sehr rege erhalten. Ich besuchte im Spätherbst 1914 den Ort von Posen aus und betrat mit Rührung das kleine bescheidene Häuschen im Dorfteile, in welchem wir einst ein so glückliches Familienleben geführt hatten. Der jetzige Besitzer des Gutes ist der Sohn eines meiner einstigen Spielgefährten. Der Vater ist schon zur ewigen Ruhe gegangen.

In die Glogauer Zeit fällt mein Eintritt in das Kadettenkorps. Ich hatte dort vorher je zwei Jahre die Bürgerschule und das evangelische Gymnasium besucht. Wie ich höre, hat man mir in Glogau dadurch ein freundliches Andenken bewahrt, daß eine an unserm damaligen Wohnhaus angebrachte Tafel an meinen dortigen Aufenthalt erinnert. Ich habe die Stadt zu meiner Freude wiedergesehen, als ich Kompagniechef im benachbarten Fraustadt war.

Rückblickend auf die bisher geschilderte Zeit darf ich wohl sagen, daß meine erste Erziehung auf die gesündeste Grundlage gestellt war. Ich fühlte daher beim Abschied aus dem Elternhause, daß ich unendlich viel zurückließ, aber ich empfand doch auch, daß mir unendlich viel auf den weiteren Lebensweg mitgegeben war. Und so ist es mein ganzes Leben hindurch geblieben. Lange durfte ich mich der sorglichen, nimmermüden Elternliebe, die sich später auch auf meine Familie ausdehnte, erfreuen. Meine Mutter verlor ich, als ich schon Regimentskommandeur war; mein Vater ging von uns, kurz bevor ich an die Spitze des IV. Armeekorps berufen wurde.

Das Leben in dem preußischen Kadettenkorps war damals, man kann wohl sagen, bewußt und gewollt rauh. Die Erziehung war neben der Schulbildung auf eine gesunde Entwicklung des Körpers und des Willens gestellt. Tatkraft und Verantwortungsfreudigkeit wurden ebenso hoch bewertet als Wissen. In dieser Art der Erziehung lag keine Einseitigkeit sondern eine gewisse Stärke. Die einzelne Persönlichkeit sollte und konnte sich auch in ihren gesunden Besonderheiten frei entwickeln. Es war etwas von dem Yorkschen Geiste in jener Erziehung, ein Geist, der so oft von oberflächlichen Beurteilern falsch aufgefaßt worden ist. Gewiß war York gegen sich wie gegen andere ein harter Soldat und Erzieher, aber er war es auch, der für jeden seiner Untergebenen das Recht und die Pflicht des freien selbständigen Handelns forderte, wie er selbst diese Selbständigkeit gegen jedermann zum Ausdruck brachte. Der Yorksche Geist ist daher nicht nur in seiner militärischen Straffheit sondern auch in seiner Freiheit einer der kostbarsten Züge unseres Heeres gewesen.

Für die humanistische Bildung anderer Schulen, soweit sie sich vorherrschend mit den alten Sprachen beschäftigt, habe ich nur wenig Verständnis. Der praktische Nutzen für das Leben bleibt mir unklar. Als Mittel zum Zweck betrachtet, nehmen meiner Meinung nach die toten Sprachen im Lehrplan viel zu viel Zeit und Kraft in Anspruch, und als Sonderstudium gehören sie in spätere Lebensjahre. Ich wünschte, auf die Gefahr hin, für einen Böotier gehalten zu werden, daß in solchen Schulen auf Kosten von Latein und Griechisch die lebenden Sprachen, neuere Geschichte, Deutsch, Geographie und Turnen mehr in den Vordergrund gestellt würden. Muß denn das, was im dunklen Mittelalter das einzige war, an welches sich die Bildung anklammern konnte, wirklich auch noch in heutigen Tagen in erster Linie stehen? Haben wir uns nicht seitdem in harten Kämpfen und schwerer Arbeit eine eigene Geschichte, eine eigene Literatur und Kunst geschaffen? Bedürfen wir nicht, um im Weltverkehr unsere Stellung richtig einnehmen zu können, weit mehr der lebenden als der toten Sprachen?

Aus dem eben Gesagten soll keine Mißachtung des Altertums an sich herausklingen. Dessen Geschichte hat im Gegenteil von früher Jugend an auf mich eine große Anziehungskraft ausgeübt. Vornehmlich war es die der Römer, welche mich fesselte. Sie hatte für mich etwas Gewaltiges, fast Dämonisches, ein Eindruck, der mir in spätern Lebensjahren bei dem Besuche Roms besonders lebhaft vor Augen trat und sich unter anderm darin äußerte, daß mich dort die Denkmäler der alten ewigen Stadt mehr anzogen als die Schöpfungen italienischer Renaissance.

Roms kluges Erkennen der Vorzüge und Mängel völkischer Eigentümlichkeiten, seine rücksichtslose Selbstsucht, die im eigenen Interesse kein Mittel Freund und Feind gegenüber verschmähte, seine geschickt aufgemachte tugendhafte Entrüstung, wenn die Feinde einmal mit gleichem vergalten, sein Ausspielen aller Leidenschaften und Schwächen innerhalb der feindlichen Völker, wie es in so kluger Weise ganz besonders den germanischen Stämmen gegenüber angewendet wurde und hier mehr nutzte als Waffengebrauch, fand nach meinen späteren Erfahrungen sein Spiegelbild und seine Vervollkommnung in der britischen Staatsweisheit, der es gelang, all diese Seiten diplomatischer Kunst bis zur höchsten Verfeinerung und Welttäuschung auszubauen.

Meine Jugendhelden suchte ich bei aller Verehrung des Altertums nur unter meinen eigenen Volksgenossen. Offen und ehrlich spreche ich meine Auffassung dahin aus, daß wir nicht so einseitig und undankbar sein dürfen, über der Bewunderung für einen Alcibiades oder Themistokles, für die verschiedenen Katos oder Fabier so manche derjenigen Männer ganz zu übersehen, die in der Geschichte unseres eigenen Vaterlandes eine mindestens ebenso wichtige Rolle gespielt haben wie jene einst für Griechenland und Rom. Ich habe traurige Wahrnehmungen in dieser Beziehung leider wiederholt im Gespräch mit deutscher Jugend gemacht, die mir dann bei aller Gelehrsamkeit doch etwas weltfremd vorkam.

Vor solcher Weltfremdheit bewahrten uns im Kadettenkorps unsere Lehrer und Erzieher, und ich danke ihnen das noch heute. Dieser Dank gebührt vornehmlich einem damaligen Leutnant von Wittich. Ich war ihm, als ich nach Wahlstatt kam, durch einen Verwandten empfohlen worden, und er nahm sich meiner stets besonders freundlich an. Selbst erst vor wenigen Jahren dem Kadettenkorps entwachsen, fühlte er ganz mit uns, beteiligte sich gern an unseren Spielen, besonders den Schneeballgefechten im Winter, wirkte überall erfrischend und anregend und besaß obenein ein hervorragendes Lehrtalent. Er hat mich 1859 in Sexta in Geographie und sechs Jahre später in Berlin in Selekta im Geländeaufnehmen unterrichtet, und als ich nach weitern Jahren die Kriegsakademie besuchte, fand ich auch dort wieder den Generalstabsmajor von Wittich als Lehrer vor. Dieser beschäftigte sich schon als Leutnant mit Kriegsgeschichte und gab uns manchmal während der sonntäglichen Spaziergänge durch Anlage kleiner Übungen in geeignetem Gelände anschauliche Bilder über den Gang der Schlachten, welche damals, 1859, in Oberitalien geschlagen wurden, wie z. B. Magenta und Solferino. Später, in Berlin, regte er mich, den Kadetten, auch bereits zum Studium der Kriegsgeschichte an und lenkte dadurch mein jugendliches Interesse in Bahnen, die für meinen weiteren Werdegang von Bedeutung waren. Ist doch die Kriegsgeschichte der beste Lehrmeister für die höhere Truppenführung. Als ich später in den Generalstab versetzt wurde, gehörte ihm Oberstleutnant von Wittich auch noch an bedeutsamer Stelle an, und schließlich sind wir beide sogar noch gleichzeitig Kommandierende Generale, also Befehlshaber über Armeekorps, gewesen. Das hatte der kleine Sextaner in Wahlstatt nicht geahnt, als ihm der Leutnant von Wittich in der Geographiestunde einen freundschaftlichen Jagdhieb mit dem Lineal versetzte, weil er Montblanc und Monte Rosa verwechselt hatte.

Unter der harten Schulung des Kadettenlebens hat unser Frohsinn nicht gelitten. Ich wage es zu bezweifeln, daß sich das frische jugendliche Toben, dem natürlicherweise die gelegentliche Steigerung bis zum tollen Übermut nicht fehlte, in irgend welchen anderen Bildungsanstalten mehr geltend machte, als bei uns Kadetten. Wir fanden in unseren Erziehern meist verständnisvolle, milde Richter.

Ich selbst war zunächst keineswegs das, was man im gewöhnlichen Leben einen Musterschüler nennt. Anfangs hatte ich eine aus früheren Krankheiten zurückgebliebene körperliche Schwächlichkeit zu überwinden. Als ich dann dank der gesunden Erziehungsart allmählich erstarkte, hatte ich anfänglich wenig Neigung dazu, mich den Wissenschaften besonders zu widmen. Erst langsam erwachte in dieser Beziehung mein Ehrgeiz, der sich mit den Jahren bei gutem Erfolge immer mehr steigerte und mir schließlich unverdientermaßen den Ruf eines besonders begabten Schülers einbrachte.

Bei allem Stolz, mit welchem ich mich „Königlicher Kadett" nannte, begrüßte ich doch die Tage der Einkehr in das Elternhaus stets mit unendlichem Jubel. Die Reisen waren in der damaligen Zeit, besonders während des Winters, freilich nicht einfach. Je nach dem Reiseziel wechselten langsame Bahnfahrten in ungeheizten Wagen mit noch langsamern Postfahrten ab. Aber alle diese Schwierigkeiten traten in den Hintergrund bei der Aussicht, die Heimat, Eltern und Geschwister wiederzusehen. Der Sehnsucht des Sohnes schlug das Herz der Mutter am wärmsten entgegen. So entsinne ich mich noch meiner ersten Weihnachtsheimkehr nach Glogau. Ich war mit anderen Kameraden die ganze Nacht hindurch von Liegnitz in der Post gefahren. Noch im Dunkeln trafen wir, durch Schneefall verspätet, in Glogau ein. Da saß die liebe Mutter in der schwach erleuchteten, kaum erwärmten sogenannten Passagierstube an wollenen Strümpfen strickend, als wolle sie durch das Nachgeben gegenüber der Sehnsucht zu einem ihrer Kinder die Vorsorge für das Wohl der anderen nicht versäumen.

In mein erstes Kadettenjahr fiel im Sommer 1859 ein Besuch des damaligen Prinzen Friedrich Wilhelm, des späteren Kaisers Friedrich, und seiner Gemahlin in Wahlstatt. Wir sahen fast alle bei dieser Gelegenheit zum ersten Male Mitglieder unseres Königshauses. Noch nie hatten wir beim Parademarsch unsere Beine so hoch geworfen, noch nie bei dem sich hieran anschließenden

Vorturnen so halsbrecherische Übungen gemacht als an diesem Tage. Und von der Güte und Leutseligkeit des Prinzenpaares sprachen wir noch lange Zeit.

Im Oktober des gleichen Jahres wurde zum letzten Male der Geburtstag König Friedrich Wilhelms IV. gefeiert. Unter diesem schwergeprüften Herrscher habe ich also die preußische Uniform angelegt, die bis an mein Lebensende mein Ehrenkleid bleiben soll. Ich hatte die Ehre, der verwitweten Gemahlin des Königs, der Königin Elisabeth, im Jahre 1865 als Leibpage zugeteilt zu werden. Die Taschenuhr, die Ihre Majestät mir damals schenkte, hat mich in drei Kriegen treulich begleitet.

Ostern 1863 wurde ich nach Sekunda und hierdurch nach Berlin versetzt. Das dortige Kadettenhaus lag in der neuen Friedrichstraße unweit des Alexanderplatzes. Ich lernte nun zum ersten Male Preußens Hauptstadt kennen und durfte jetzt endlich bei den Frühjahrsparaden mit Aufstellung Unter den Linden und Vorbeimarsch auf dem Opernplatz sowie bei den Herbstparaden auf dem Tempelhofer Felde meinen Allergnädigsten Herrn, König Wilhelm I., sehen.

Einen ebenso erhebenden als ernsten Ton brachte in unser Kadettenleben der Beginn des Jahres 1864. Der Krieg gegen Dänemark brach aus, und ein Teil unserer Kameraden schied im Frühjahr von uns, um in die Reihen der kämpfenden Truppen zu treten. Mich selbst verhinderte leider noch das jugendliche Alter daran, zu der Zahl dieser Vielbeneideten zu gehören. Mit welch heißen Wünschen die ausziehenden Kameraden von uns begleitet wurden, bedarf keiner Schilderung.

Über die politischen Gründe, die zu dem Kriege führten, zerbrachen wir uns den Kopf noch nicht. Aber wir hatten doch schon das stolze Empfinden, daß in das matte und haltlose Wesen des Deutschen Bundes endlich einmal ein erfrischender Wind gefahren war, und daß die Tat wieder mehr gelten sollte als das Wort und die Aktenbündel. Im übrigen verfolgten wir mit glühendem Interesse die kriegerischen Ereignisse, wohnten freudig klopfenden Herzens der Einbringung der eroberten Geschütze und dem Siegeseinzug der Truppen als Zuschauer bei und glaubten zu dem Gefühl berechtigt zu sein, einen Teil jenes Geistes in uns zu haben, der auf den dänischen Kampffeldern unsere Truppen zum Erfolge führte. War es zu verwundern, wenn wir seitdem kaum den Tag erwarten konnten, der uns selbst in die Reihen unserer Armee führen sollte?

Bevor dies geschah, wurde uns noch die Ehre und das Glück zuteil, unserm König persönlich vorgestellt zu werden. Wir wurden zu dem Zweck in das Schloß geführt und hatten dort Seiner Majestät Namen und Stand des Vaters zu nennen. Kein Wunder, daß da mancher in der Aufregung erst kein Wort hervorbrachte und dann die Worte durcheinander warf. Hatten wir doch noch nie unserm greisen Herrscher so nahe gegenüber gestanden, ihm noch nie so scharf in das gütige Auge geblickt und seine Stimme gehört. Ernste Worte sprach der König zu uns. Er ermahnte uns, auch in schweren Stunden unsere Schuldigkeit zu tun. Bald sollten wir Gelegenheit haben, dies in die Tat umzusetzen. Manche von uns haben ihre Treue mit dem Tode besiegelt.

Im Frühjahr 1866 verließ ich das Kadettenkorps. Allezeit bin ich seitdem dieser militärischen Erziehungsanstalt auf Grund meiner persönlichen Erfahrungen und Neigungen dankbar und treu ergeben geblieben. Ich freute mich immer der hoffnungsvollen jungen Kameraden in des Königs Rock. Auch während des Weltkrieges nahm ich gern Gelegenheit, Söhne meiner Mitarbeiter, meiner Bekannten oder gefallener Kameraden bei mir als Gäste zu sehen. Ein günstiger Umstand gab mir sogar Veranlassung, die Feier meines in den Krieg fallenden 70jährigen Geburtstages damit zu beginnen, daß ich drei kleine Kadetten in Kreuznach von der Straße weg an meinen mit eßbaren Geschenken reich besetzten Frühstückstisch rufen lassen konnte. Sie traten vor mich hin, so wie ich die Jugend liebe, frisch und unbefangen, leibhaftige Bilder längst vergangener Zeiten, Erinnerungen an selbsterlebte Tage.

Im Kampf um Preußens und Deutschlands Größe

Am 7. April 1866 trat ich als „Sekondlieutenant“ in das 3. Garderegiment zu Fuß ein. Das Regiment gehörte zu denjenigen Truppenteilen, die gelegentlich der großen Vermehrung aktiver Verbände 1859/60 neu errichtet worden waren. Das junge Regiment hatte sich, als ich in dasselbe eintrat, bereits im Feldzug 1864 Lorbeeren erworben. Die Ruhmesgeschichte eines Truppenteiles schlingt ein einigendes Band um alle seine Angehörigen und liefert einen Kitt, der sich auch in den schwersten Kriegslagen bewährt. Hierin liegt ein unzerstörbares Etwas, das auch dann weiterwirkt, wenn, wie im letzten großen Kriege, Regimenter wiederholt einen förmlichen Neuaufbau durchmachen mußten. Übriggebliebene Reste des alten Geistes durchströmten die neuen Teile in kurzer Zeit.

Ich fand in meinem Regiment, das aus dem 1. Garde-Regiment zu Fuß hervorgegangen war, die gute, alte Potsdamer Schule, den Geist, der den besten Überlieferungen des damaligen preußischen Heeres entsprach. Das preußische Offizierkorps dieser Zeit war nicht mit Glücksgütern gesegnet, und das war gut. Sein Reichtum bestand in seiner Bedürfnislosigkeit. Das Bewußtsein eines besonderen persönlichen Verhältnisses zu seinem König – der Vasallentreue, wie ein deutscher Historiker sich ausdrückt – durchdrang das Leben der Offiziere und entschädigte sie für manche materielle Entbehrung. Diese ideale Auffassung war für die Armee von unschätzbarem Vorteil. Das Wort „ich dien'“ hatte dadurch einen ganz besonderen Klang.

Vielfach wurde behauptet, daß eine solche Auffassung eine Absonderung der Offiziere den anderen Berufsklassen gegenüber veranlaßt hätte. Ich habe diese Einseitigkeit im Offizierstande niemals in höherem Maße gefunden wie in jedem anderen Beruf, der auf sich hält und sich daher unter Seinesgleichen am wohlsten fühlt. Ein in den Grundzügen wohl zutreffendes Bild des damaligen Geistes innerhalb des preußischen Offizierskorps findet sich in einer Abhandlung über den Kriegsminister von Roon. Dort wird das Offizierskorps dieser Zeit ein aristokratischer Berufsstand genannt, fest und kräftig in sich geschlossen, aber durchaus nicht verknöchert oder dem allgemeinen Leben abgekehrt, auch keineswegs ohne eine Beimischung liberaler Elemente, fachmännisch nüchtern aber auch fachmännisch reich. Gegen das alte Ideal der weiten Menschlichkeit habe sich in ihm das neue der strammen Berufsbildung erhoben. Seine eifrigsten Vertreter habe es in den Söhnen der alten monarchisch-konservativen Schichten Preußens gefunden. Es sei getragen gewesen von einem starken Gefühl der staatlichen Macht, von einem friderizianischen Zuge, der Preußen in seinem Heere neue Betätigung in der Welt ersehnte.

Als ich beim Regiment in seinem damaligen Standort Danzig eintraf, warfen die politischen Ereignisse der folgenden Monate schon ihre Schatten voraus. Zwar war die Mobilmachung gegen Österreich noch nicht ausgesprochen, aber der Befehl zur Erhöhung des Mannschaftsstandes war ergangen und in voller Ausführung begriffen.

Angesichts des bevorstehenden Entscheidungskampfes zwischen Preußen und Österreich bewegten sich unsere politischen und militärischen Gedankengänge völlig in den Bahnen Friedrichs des Großen. Dementsprechend führten wir auch in Potsdam, wohin das Regiment nach seiner vollendeten Mobilmachung verlegt worden war, unsere Grenadiere an den Sarg dieses unvergeßlichen Herrschers. Auch der Tagesbefehl unserer Armee vor dem Einmarsch in Böhmen trug diesen Gedanken in seinem Schlußsatz mit den Worten Rechnung: „Soldaten, vertraut auf eure Kraft und denkt, daß es gilt, denselben Feind zu besiegen, den einst unser größter König mit einem kleinen Heere schlug."

Politisch empfanden wir die Notwendigkeit einer Machtentscheidung zwischen Österreich und uns, weil für beide Großmächte nebeneinander in dem damaligen Bundesverhältnis keine freie Betätigungsmöglichkeit vorhanden war. Einer von beiden mußte weichen, und da solches durch staatliche Verträge nicht zu erreichen war, hatten die Waffen zu sprechen. Über diese Auffassung hinaus war von einer nationalen Feindschaft gegen Österreich bei uns keine Rede. Das Gefühl der Stammesgemeinschaft mit den damals noch ausschlaggebenden deutschen Elementen der Donaumonarchie war zu stark entwickelt, als daß sich feindliche Empfindungen hätten durchsetzen können. Der Verlauf des Feldzuges bewies dies auch mehrfach. Gefangene wurden von unserer Seite meist wie Landsleute behandelt, mit denen man sich nach durchgefochtenem Streite gern wieder verträgt. Die Landeseinwohner auf feindlichem Gebiete, sogar der größte Teil der tschechischen Bevölkerung, zeigten uns meist ein derartiges Entgegenkommen, daß sich in den Unterkunftsorten das Leben und Treiben wie in deutschen Manöverquartieren abspielte.

Nicht nur in Gedanken sondern auch in der Wirklichkeit schritten wir in diesem Kriege auf friderizianischen Bahnen. So brach das Gardekorps auf viel betretenen Kriegspfaden von Schlesien her bei Braunau in Böhmen ein. Und der Verlauf unseres ersten Gefechtes, desjenigen bei Soor, führte uns am 28. Juni in dem gleichen Gelände und in der nämlichen Richtung von Eipel auf Burkersdorf gegen den Feind, in der sich einst am 30. September 1747 während der damaligen Schlacht bei Soor Preußens Garde inmitten der in den starren Formen der Lineartaktik anrückenden Armee des großen Königs vorbewegt hatte.

Unser 2. Bataillon, bei dessen 5. Kompagnie ich den nach dem damaligen Reglement aus dem dritten Gliede gebildeten 1. Schützenzug führte, hatte an diesem Tage kaum Gelegenheit, in vorderster Linie einzugreifen, weil wir den taktischen Anschauungen dieser Zeit entsprechend zu der schon vor dem Gefecht ausgesonderten Reserve gehörten. Immerhin hatten wir aber doch wenigstens Gelegenheit, uns in einem Gehölz nordwestlich Burkersdorf mit österreichischer Infanterie herumzuschießen und Gefangene zu machen, sowie später ungefähr zwei Eskadrons feindlicher Ulanen, welche in einem Grunde ahnungslos hielten, durch unser Feuer zu vertreiben und ihnen ihre Fahrzeuge abzunehmen. In letzteren befanden sich unter anderm die Regimentskasse, welche abgeliefert wurde, viele Brote, welche unsere Grenadiere auf ihre Bajonette gespießt in das Biwak bei Burkersdorf brachten, und das Kriegstagebuch, welches in dem gleichen Heft wie das des italienischen Feldzuges von 1859 niedergeschrieben war. Vor etwa 12 Jahren lernte ich einen älteren Herrn, einen Mecklenburger, kennen, der damals in österreichischen Diensten als Leutnant bei einer der Ulanen-Eskadrons gestanden hatte. Er beichtete mir, daß er bei dieser Gelegenheit seine neue Ulanka eingebüßt hätte, die für den Einzug in Berlin bestimmt gewesen war.

Da ich bei Soor nicht viel erlebt hatte, so mußte ich mich damit begnügen, wenigstens Pulver gerochen und einen Teil jener seelischen Stimmung durchgemacht zu haben, welche die Truppe bei ihrer ersten Berührung mit dem Gegner ergreift.

Aus meiner Kampfbegeisterung heraus wurde ich am nächsten Tage sozusagen mit der Rückseite der Medaille bekannt gemacht. Mir oblag mit 60 Grenadieren die traurige Pflicht, das Gefechtsfeld nach Toten abzusuchen und diese zu beerdigen, eine ernste Arbeit, die dadurch erschwert wurde, daß das Getreide noch auf dem Halm stand. Mit knapper Not erreichte ich, vielfach andere Truppenteile durch Laufen im Chausseegraben überholend, mit meinen Leuten am Nachmittag mein Bataillon, das sich schon im Gros der Division im Vormarsch nach Süden befand. Ich kam gerade noch zur Zeit, um die Erstürmung des Elbüberganges von Königinhof durch unsere Vorhut mit anzusehen.

Der 30. Juni versetzte mich in die nüchterne Wirklichkeit kriegerischen Kleinkrams. Ich mußte mit schwacher Bedeckung etwa 30 Wagen voll Gefangener im Nachtmarsch nach Trautenau bringen, dort in die nunmehr leeren Fahrzeuge Verpflegung aufnehmen und mit dieser dann wieder nach Königinhof zurückkehren. Erst am 2. Juli früh konnte ich mich meiner Kompagnie wieder anschließen. Es war hohe Zeit, denn schon der nächste Tag rief uns auf das Schlachtfeld von Königgrätz.

Nachdem ich in der folgenden Nacht mit meinem Zuge eine Patrouille in der Richtung auf die Festung Josephstadt ausgeführt hatte, standen wir am Morgen des 3. Juli ziemlich ahnungslos im naßkalten Vorposten-Biwak am Südausgang von Königinhof herum. Da ertönte das Alarmsignal, und bald darauf kam der Befehl, rasch Kaffee zu kochen und dann marschbereit zu sein. Aufmerksame Lauscher konnten bald heftiges Geschützfeuer aus südwestlicher Richtung vernehmen. Die Anschauungen über den Grund des Gefechtslärms waren geteilt. Im allgemeinen überwog die Meinung, daß die von der Lausitz her in Böhmen eingedrungene 1. Armee des Prinzen Friedrich Karl – wir gehörten zur 2. des Kronprinzen – irgendwo auf ein vereinzeltes österreichisches Korps gestoßen sei.

Der nun eintreffende Vormarschbefehl wurde mit Jubel begrüßt. Sah doch der Gardist mit hellem Neid auf die bisherigen glänzenden Erfolge, die das links von uns vorgedrungene V. Armeekorps unter General von Steinmetz bisher errungen hatte. Unter strömendem Regen, trotz kühler Witterung in Schweiß gebadet, wateten wir mühsam in langgezogenen Kolonnen auf grundlosen Wegen vorwärts. Ein erregter Eifer hatte sich eingestellt und steigerte sich bei mir zu der Sorge, daß wir vielleicht zu spät kommen könnten.

Diese Besorgnis erwies sich bald als unnötig. Der Kanonendonner wurde, nachdem wir aus dem Elbtal heraufgestiegen waren, immer deutlicher hörbar. Auch sahen wir gegen 11 Uhr einen höheren Stab zu Pferde auf einer Anhöhe neben unserem Wege halten, sorgsam durch die Ferngläser nach Süden spähend. Es war das Oberkommando der 2. Armee, an seiner Spitze unser Kronprinz, der spätere Kaiser Friedrich. Sein damaliger Generalstabschef, General von Blumenthal, hat mir nach Jahren über diesen Augenblick folgendes erzählt:

> „Gerade als die 1. Gardedivision auf unergründlichen Wegen an uns vorbeizog, bat ich den Kronprinzen, mir die Hand zu geben. Als dieser mich daraufhin fragend anblickte, fügte ich hinzu, daß ich ihm zur gewonnenen Schlacht gratulieren wolle. Das österreichische Geschützfeuer schlüge überall nach Westen, ein Beweis dafür, daß der Feind auf der ganzen Linie durch die 1. Armee gefesselt wäre, sodaß wir ihm jetzt in die Flanke und teilweise in den Rücken kämen. Angesichts solcher Lage war nur noch anzuordnen, daß das Gardekorps rechts, das VI. Korps links einer trotz des Nebels weithin sichtbaren, von zwei mächtigen Lindenbäumen gekrönten, bei Horenowes gelegenen Höhe weiter vorgehen sollten, während das I. und V. Korps, die noch im Anmarsch auf das Schlachtfeld begriffen waren, diesen Korps zu folgen hätten. Weiteres hatte der Kronprinz an dem Tage kaum noch zu befehlen."

Unsere Bewegung wurde zunächst noch querfeldein fortgesetzt, dann marschierten wir auf, und bald wurden uns die ersten Granaten von den Höhen seitwärts Horenowes entgegengeschickt. Die österreichische Artillerie bewahrheitete ihren guten, alten Ruf. Eines der ersten Geschosse verwundete meinen Kompagnie-Führer, ein anderes tötete dicht hinter mir meinen

Flügelunteroffizier und bald schlug auch eine Granate mitten in unsere Kolonne ein und setzte 25 Mann außer Gefecht. Als dann aber das Feuer verstummte und die Höhen uns kampflos in die Hände fielen, weil es sich hier nur um eine aus der Überraschung heraus zum Zwecke des Zeitgewinns schwach besetzte vorgeschobene Stellung des Feindes gehandelt hatte, machte sich ein Gefühl der Enttäuschung geltend. Freilich nicht für lange, denn bald öffnete sich uns der Einblick auf einen großen Teil eines gewaltigen Schlachtfeldes. Halbrechts vorwärts von uns erhoben sich in der trüben Luft schwere Qualmwolken aus den Feuerstellungen unserer 1. und der gegnerischen Armee an der Bistritz. Aufblitzendes Geschützfeuer und die Glut brennender Ortschaften gaben dem Bilde eine eigenartig ernste Färbung. Der dichter gewordene Nebel, das hohe Getreide und die Bodengestaltung erschwerten dem Gegner das Erkennen unserer Bewegungen. Auffallend gering war daher das Feuer feindlicher Batterien, die uns nun bald aus südlicher Richtung beschossen, ohne uns aufhalten zu können. Sie sind später größtenteils nach tapferer Verteidigung erobert worden. So drangen wir mit der Schnelligkeit, die das Gelände, der schwere, tiefe und glatte Boden, das Getreide, Raps und Zuckerrüben gestatteten, vorwärts. Unser Angriff war nach allen Regeln der damaligen Kriegskunst aufgebaut worden, fiel aber bald auseinander. Kompagnien, ja selbst Züge begannen sich ihre Gegner zu suchen; alles drängte nach vorwärts. Den Zusammenhang für alle bildete nur der Wille: Heran an den Feind!

Zwischen Chlum und Nedelist traf unser Halbbataillon – eine damals sehr beliebte Gefechtsformation – im Nebel und Getreide überraschend auf feindliche, von Süden vorkommende Infanterie. Sie wurde durch das überlegene Zündnadelgewehr bald zum Weichen gebracht. Ihr mit meinem Schützenzuge in aufgelöster Ordnung folgend, stieß ich plötzlich auf eine österreichische Batterie, die in rücksichtsloser Kühnheit herbeieilte, abprotzte und uns eine Kartätschlage entgegenschleuderte. Von einer Kugel, die mir den Helm durchbohrte, am Kopf gestreift, brach ich für kurze Zeit bewußtlos zusammen. Als ich mich wieder aufraffte, drangen wir in die Batterie ein. Fünf Geschütze waren unser, die drei anderen entkamen. Das war ein stolzes Gefühl, als ich hochaufatmend, aus leichter Kopfwunde blutend unter meinen eroberten Kanonen stand. Aber ich hatte nicht Zeit, auf meinen Lorbeeren auszuruhen.

Feindliche Jäger, kenntlich an den Hahnenfedern auf ihren Hüten, tauchten im Weizen auf. Ich wies sie ab und folgte ihnen bis zu einem Hohlwege.

Der Zufall wollte es, daß im Verlauf des letzten großen Krieges dieses mein erstes Schlachterlebnis in Österreich bekannt wurde. Ein verabschiedeter ehemaliger Offizier, Veteran von 1866, schrieb mir infolgedessen aus Reichenberg in Böhmen, daß er bei Königgrätz als Regimentskadett in der von mir angegriffenen Batterie gestanden habe, und belegte diese Tatsache durch eine Skizze. Da er noch einige freundliche Worte hinzufügte, dankte ich ihm herzlich, und so war zwischen den einstigen Gegnern ein recht kameradschaftlicher Briefwechsel zustande gekommen.

Als ich den oben erwähnten Hohlweg erreichte, hielt ich Umschau. Die feindlichen Jäger waren im Regendunst verschwunden. Die umliegenden Dörfer – vor mir Wsestar, rechts Rosberitz und links Sweti – waren merkbar noch in Feindes Hand; um Rosberitz wurde bereits gekämpft. Ich selbst war mit meinem Zug allein. Hinter mir war nichts von den Unsrigen zu sehen. Die geschlossenen Abteilungen waren mir nicht südwärts gefolgt, sondern schienen sich nach rechts gewendet zu haben. Ich beschloß, meiner Einsamkeit auf dem weiten Schlachtfelde dadurch ein Ende zu machen, daß ich mich in dem Hohlweg nach Rosberitz heranzog. Bevor ich mein Ziel erreichte, brausten noch mehrere österreichische Schwadronen, mich mit meiner Handvoll Leuten nicht bemerkend, an mir vorüber. Sie überschritten vor mir den Hohlweg an einer flachen Stelle und stießen kurze Zeit darauf, wie mir das lebhafte Gewehrfeuer verriet, im Gelände nordöstlich Rosberitz auf mir unsichtbare diesseitige Infanterie. Bald rasten von dorther ledige Pferde zurück und schließlich jagte alles wieder an mir vorbei. Ich schickte noch einige Kugeln nach; die weißen Mäntel der Reiter boten in der trüben Witterung gute Ziele.

Die Lage in Rosberitz war, als ich dort eintraf, eine ernste. Ungestüm vordrängende Züge und Kompagnien verschiedener Regimenter unserer Division waren daselbst auf sehr überlegene feindliche Kräfte geprallt. Hinter unsern schwachen Abteilungen befanden sich zunächst keine Verstärkungen. Die Masse der Division war von dem hochgelegenen Dorfe Chlum angezogen worden und stand dort in heftigem Kampf. Mein Halbbataillon, mit dem ich mich am Ostrande von Rosberitz glücklich wieder vereinigte, war daher die erste Hilfe.

Wer mehr überrascht ist, die Österreicher oder wir, vermag ich nicht zu beurteilen. Jedenfalls drängen die zusammengeballten feindlichen Massen von drei Seiten auf uns, um das Dorf wieder ganz in Besitz zu nehmen. So fürchterlich unser Zündnadelgewehr auch wirkt, über die stürzenden ersten Reihen kommen immer wieder neue auf uns zu. So entsteht in den Dorfgassen zwischen den brennenden, strohbedeckten Häusern ein mörderisches Handgemenge. Von Kampf in geordneten Verbänden ist keine Rede mehr. Jeder sticht und schießt um sich, so viel er kann. Prinz Anton von Hohenzollern vom 1. Garderegiment bricht schwerverwundet zusammen. Fähnrich von Woyrsch, der jetzige Feldmarschall, bleibt mit einigen Leuten im hin- und herwogenden Kampf bei dem Prinzen. Dessen goldene Uhr wird mir überbracht, damit diese nicht etwa feindlichen Plünderern in die Hände fällt. Bald laufen wir Gefahr, abgeschnitten zu werden. Aus einer in unseren Rücken führenden Seitengasse tönen österreichische Hornsignale, hört man die dumpfer als die unserigen klingenden Trommeln des Feindes. Wir müssen, auch in der Front hart bedrängt, zurück. Ein brennendes Strohdach, das auf die Straße herabstürzt und sie mit Flammen und dichtem Qualm absperrt, rettet uns. Wir entkommen unter diesem Schutz auf eine Höhe dicht nordöstlich des Dorfes.

Weiter wollen wir in wilder Erbitterung nicht zurückgehen. Major Graf Waldersee vom 1. Garde-Regiment zu Fuß, der 1870 vor Paris als Kommandeur des Garde-Grenadierregiments Königin Augusta fiel, läßt als ältester anwesender Offizier die bei uns befindlichen beiden Fahnen in die Erde stecken; um diese geschart werden die Verbände wieder geordnet. Schon nahen auch von rückwärts Verstärkungen. Und so geht es denn bald wieder mit schlagenden Tambours vorwärts, dem Feinde entgegen, der sich mit der Besitzergreifung des Dorfes begnügt hat. Auch dieses räumt er bald, um sich der allgemeinen Rückzugsbewegung seines Heeres anzuschließen.

In Rosberitz fanden wir den Prinzen von Hohenzollern wieder, der aber nach kurzer Zeit im Lazarett zu Königinhof seinen Wunden erlag. Seine treue Bedeckung hatte der Feind als Gefangene mitgeführt. Auch aus meinem Zuge teilten mehrere Grenadiere dieses Schicksal, nachdem sie sich in einer Ziegelei tapfer verteidigt hatten. Als wir zwei Tage später auf dem Weitermarsch abends südwestlich der Festung Königgrätz Biwaks bezogen, fanden sich die braven Leute wieder bei uns ein. Der Kommandant der Festung hatte sie in der Richtung auf die preußischen Biwakfeuer hinausgeschickt, um der Sorge ihrer Ernährung enthoben zu sein. Sie hatten das Glück, gerade ihren eigenen Truppenteil vorzufinden.

Als Abschluß des Kampfes gingen wir noch bis Wsestar vor und blieben dort, bis wir das Schlachtfeld verließen. Der Arzt wollte mich wegen meiner Kopfwunde in ein Lazarett schicken; ich begnügte mich aber in Erwartung einer zweiten Schlacht hinter der Elbe mit Umschlägen und einem leichten Verbande und durfte fortan auf den Märschen statt des Helmes die Mütze tragen.

Eigenartige Gefühle waren es, welche mich am Abend des 3. Juli bewegten. Nächst dem Dank gegen Gott den Herrn herrschte besonders das stolze Bewußtsein vor, an einem Werke mitgetan zu haben, das ein neues Ruhmesblatt in der Geschichte des preußischen Heeres und des preußischen Vaterlandes geworden war. Übersahen wir auch noch nicht die volle Tragweite unseres Sieges: daß es sich um mehr als in den vorhergegangenen Gefechten gehandelt hatte, war uns doch schon klar. In Treue gedachte ich der gefallenen und verwundeten Kameraden. Mein Zug hatte die Hälfte seines Bestandes verloren, ein Beweis dafür, daß er seine Schuldigkeit getan hatte.

Als wir am 6. Juli die Elbe bei Pardubitz auf einer Kriegsbrücke überschritten, erwartete dort der Kronprinz das Regiment und sprach uns seine Anerkennung über das Verhalten in der Schlacht aus. Wir dankten mit lautem Hurra und zogen weiter, stolz auf das uns von dem Oberbefehlshaber unserer Armee und Erben der Krone Preußens gespendete Lob, freudig bereit, ihm zu neuen Kämpfen zu folgen.

Der weitere Verlauf des Feldzuges brachte uns aber nur noch Märsche und somit keine erwähnenswerten Erlebnisse. Der am 22. Juli eintretende Waffenstillstand traf uns in Niederösterreich, etwa 40 km von Wien entfernt. Als wir von hier aus bald darauf den Rückmarsch in die Heimat antraten, begleitete uns ein unheimlicher Gast, die Cholera. Erst allmählich verließ sie uns, nicht ohne noch manches Opfer aus unseren Reihen gefordert zu haben.

An der Eger blieben wir einige Wochen stehen. Während dieser Zeit traf ich mich mit meinem Vater, der als Johanniter in einem Lazarett auf dem Schlachtfelde von Königgrätz tätig war, in Prag. Wir ließen diese Gelegenheit nicht vorübergehen, ohne das naheliegende Schlachtfeld unseres großen Königs zu besuchen. Wie waren wir erstaunt, dort neben dem vom preußischen Staat nach dem Befreiungskriege für den bei Prag gefallenen Feldmarschall Grafen Schwerin errichteten Denkmal ein zweites zu finden, das bereits lange Zeit vorher Kaiser Joseph II., ein Bewunderer Friedrichs des Großen, zur Ehrung des gegnerischen Helden dort hatte setzen lassen.

Die Erinnerung an den Besuch dieses Schlachtfeldes wurde in mir im Verlauf des letzten Krieges wieder besonders lebendig. Liegt doch ein Vergleich der Lage Preußens 1757 mit der Deutschlands 1914 nahe. Wie nach dem auf Prag folgenden Kolin, so nötigte nach der manchem Siege folgenden Marneschlacht das Scheitern unseres großen Offensivgedankens das Vaterland zu einer verhängnisvollen Verlängerung des Daseinskampfes. Aber während uns der Ausgang des siebenjährigen Ringens ein mächtiges Preußen zeigt, erblicken wir am Ende des letzten vierjährigen Verzweiflungskampfes ein gebrochenes Deutschland. Waren wir der Väter nicht würdig gewesen?

Am 2. September überschritten wir in Fortsetzung des Rückmarsches die böhmisch-sächsische Grenze, dann am 8. September auf der Chaussee Großenhain-Elster die Grenze der Mark Brandenburg. Eine Ehrenpforte begrüßte uns. Durch sie kehrten wir unter den Klängen des „Heil Dir im Siegerkranz“ in die Heimat zurück. Mit welchen Gefühlen, bedarf keiner Erläuterung.

Am 20. September war der feierliche Einzug in Berlin. Die Paradeaufstellung erfolgte auf dem jetzigen Königsplatz, damals einem sandigen Exerzierplatz. Wo jetzt das Generalstabsgebäude steht, befand sich ein Holzhof, der mit der Stadt durch einen mit Weiden besetzten Weg verbunden war. Krolls „Etablissement“ gab es dagegen bereits. Vom Aufstellungsplatze weg rückte die Einzugstruppe durch das Brandenburger Tor die Linden herauf zum Opernplatz. Dort war der

Vorbeimarsch vor Seiner Majestät dem König. Blücher, Scharnhorst und Gneisenau sahen von ihren Postamenten zu. Sie konnten mit uns zufrieden sein!

Zum Einrücken in die Paradeaufstellung hatte sich mein Bataillon am Floraplatz versammelt. Dort wurde mir vom Kommandeur der Rote Adlerorden 4. Klasse mit Schwertern mit der Weisung überreicht, ihn sofort anzulegen, weil die neuen Auszeichnungen beim Einzug getragen werden sollten. Als ich mich ziemlich ratlos umsah, trat aus der Menge der Zuschauer eine ältere Dame heraus und befestigte mit einer Stecknadel das Ehrenzeichen auf meiner Brust. So oft ich in spätern Jahren, sei es zu Fuß, sei es zu Pferde, über den Floraplatz kam, stets gedachte ich in Dankbarkeit der freundlichen Berlinerin, die dem 18jährigen Leutnant dort einst seinen ersten Orden angeheftet hat.

Nach dem Kriege wurde dem 3. Garderegiment Hannover als Friedensgarnison zugewiesen. Man wollte dadurch wohl der bisherigen Hauptstadt eine Aufmerksamkeit erweisen. Ungern gingen wir hin, als aber nach 12 Jahren die Scheidestunde durch Versetzung des Regiments nach Berlin schlug, da war wohl keiner in dessen Reihen, dem die Trennung nicht schwer wurde. Ich selbst hatte die schöne Stadt, die ich schon 1873 verlassen mußte, so lieb gewonnen, daß ich mich später nach meiner Verabschiedung dorthin zurückzog.

Bald hatten wir in dem neuen Standort Bekanntschaften angeknüpft. Manche Hannoveraner hielten sich freilich aus politischen Gründen gänzlich zurück. Wir haben die Treue gegen das angestammte Herrscherhaus nie verurteilt, so sehr wir von der Notwendigkeit der Einverleibung Hannovers in Preußen durchdrungen waren. Nur da, wo das Welfentum im Verhalten einzelner seinen Schmerz nicht mit Würde trug, sondern sich in Ungezogenheiten, Beleidigungen oder Widersetzlichkeiten gefiel, sahen wir in ihm einen Gegner.

Immer mehr lebten wir uns im Laufe der Jahre in Hannover ein, das in glücklichster Weise die Vorteile einer Großstadt nicht mit den Nachteilen einer solchen vereinigt. Eine rege, vornehme Geselligkeit, welche später, nach dem französischen Kriege, dadurch ihren Höhepunkt erreichte, daß Ihre Königlichen Hoheiten der Prinz Albrecht von Preußen und Gemahlin dort jahrelang weilten, wechselte mit dem Besuch des vorzüglichen Hoftheaters ab, der dem jungen Offizier für ein Billiges ermöglicht war. Herrliche Parkanlagen und einer der schönsten deutschen Wälder, die Eilenriede, umgeben die Stadt; an ihnen konnte man sich in dienstfreien Stunden zu Fuß und zu Pferde erfreuen. Und nahmen wir an den Manövern in der Provinz teil, anstatt zu den Herbstübungen des Gardekorps nach Potsdam zu fahren, so lernten wir allmählich ganz Niedersachsen vom Fels zum Meer in seiner anmutenden Eigenart kennen und schätzen. Der kleine Dienst spielte sich auf dem Waterlooplatz ab. Dort habe ich drei Jahre hintereinander meine Rekruten ausgebildet und in einer der an diesem Platz gelegenen Kasernen meine erste Dienstwohnung, Wohn- und Schlafstube, innegehabt. Noch jetzt versetze ich mich gern, wenn ich diesen Stadtteil betrete, in Gedanken in die goldene Jugendzeit zurück. Fast alle meine damaligen Kameraden sind schon bei der großen Armee versammelt. Meinen mehrjährigen Kompagniechef, Major a. D. von Seel, durfte ich jedoch noch kürzlich wiedersehen. Ich verdanke dem jetzt mehr als 80jährigen unendlich viel; war er mir doch ganz besonders ein Vorbild und Lehrer in strengster Dienstauffassung.

Im Sommer 1867 besuchte Seine Majestät der König zum ersten Male Hannover. Ich stand bei der Ankunft in der Ehrenkompagnie vor dem Palais im Georgspark und wurde von meinem Kriegsherrn durch die Frage beglückt, bei welcher Gelegenheit ich mir den Schwerterorden verdient hätte. In spätern Jahren, nachdem ich mir noch das Eiserne Kreuz für 1870/71 erworben hatte, hat mein Kaiser und König die gleiche Frage noch manchesmal bei Versetzungs- und Beförderungsmeldungen an mich gerichtet. Stets durchzuckte es mich dann mit ebensolchem Stolz und ebensolcher Freude wie damals.

Immer fester fügten sich die staatlichen, militärischen und sozialen Verhältnisse Hannovers ineinander. Bald sollte sich auch diese neue Provinz auf blutigen Schlachtfeldern als ebenbürtiger Bestandteil Preußens bewähren!

Bei Ausbruch des Krieges 1870 rückte ich als Adjutant des 1. Bataillons ins Feld. Mein Kommandeur, Major von Seegenberg, hatte die Feldzüge von 1864 und 1866 im Regiment als Kompagniechef mitgemacht. Er war ein kriegserprobter altpreußischer Soldat von rücksichtsloser Energie und unermüdlicher Fürsorge für die Gruppe. Unsere gegenseitigen Beziehungen waren gute.

Der Beginn des Feldzuges brachte für das Regiment, wie für das ganze Gardekorps, insofern schmerzliche Enttäuschungen, als wir in wochenlangen Märschen nicht an den Feind kamen. Erst nachdem wir bereits die Mosel oberhalb Pont à Mousson überschritten und beinahe die Maas erreicht hatten, riefen uns die Ereignisse westlich Metz am 17. August in die dortige Gegend. Wir bogen nach Norden ab und trafen nach außerordentlich anstrengendem Marsch am Abend dieses Tages auf dem Schlachtfelde von Vionville ein. Die Spuren des furchtbaren Ringens unseres III. und X. Armeekorps am vorhergehenden Tage traten uns allenthalben vor die Augen. Über die Kriegslage erfuhren wir soviel wie nichts. So marschierten wir auch am 18. August von unseren Biwakplätzen bei Hannonville westlich Mars la Tour in eine uns noch ziemlich unklare Lage hinein und erreichten gegen Mittag Doncourt. Der bis dorthin verhältnismäßig kurze Marsch, ausgeführt in dichten Massenformationen unter unliebsamer Kreuzung mit dem sächsischen (XII.) Korps, in glühender Hitze, in dichten Staubwolken, ohne die Möglichkeit genügender Wasserversorgung seit dem vorausgehenden Tage, war zu einer großen Anstrengung geworden. Ich selbst hatte auf dem Marsch erst das Grab eines bei den 2. Gardedragonern gefallenen Vetters auf dem Friedhof von Mars la Tour besucht und dann Gelegenheit genommen, über das Angriffsfeld der 38. Infanteriebrigade und des 1. Garde-Dragoner-Regiments zu reiten. Reihen, ja stellenweise ganze Haufen von Gefallenen, Preußen wie Franzosen, in und nördlich einer Schlucht, bewiesen, welch ein mörderischer Kampf hier auf den allernächsten Entfernungen geführt worden war.

Bei Doncourt machen wir Halt und denken ans Abkochen. Gerüchte, daß Bazaine nach Westen abmarschiert und damit entkommen sei, verbreiten sich. Die Begeisterung vom Vormittag ist ziemlich abgeflaut. Plötzlich beginnt in östlicher Richtung eine gewaltige Kanonade. Das IX. Korps ist auf den Feind gestoßen. Der Gefechtslärm belebt auch bei uns alles. Die Nerven beginnen sich neu zu spannen, das Herz wieder stärker und freudiger zu schlagen. Der Weitermarsch in nordöstlicher Richtung wird angetreten. Der Eindruck, daß es sich heute um eine gewaltige Schlacht handle, verstärkt sich von Minute zu Minute. Wir marschieren auf und erhalten in der Nähe von Batilly den Befehl, die Fahnen zu enthüllen. Es geschieht unter dreifachem Hurra; ein ergreifender Augenblick! Fast gleichzeitig galoppieren Gardebatterien an uns vorbei nach

Osten vor, heran an die gegnerischen Stellungen. Immer mächtiger entwickelt sich das Schlachtenbild. Über den Höhen von Amanweiler bis halbwegs gegen St. Privat erheben sich dichte, schwere Wolken von Pulverdampf. In mehreren Linien hinter- und zugleich übereinander steht dort oben feindliche Infanterie und Artillerie. Ihr Feuer ist vorläufig mit ganzer Wucht gegen das IX. Armeekorps gerichtet. Dies wird anscheinend auf seinem linken Flügel vom Gegner überragt. Einzelheiten sind nicht zu erkennen.

Um einen frontalen Angriff gegen die feindliche Stellung zu vermeiden, wenden wir uns in einer Wiesenschlucht, etwa fünf Kilometer gleichlaufend zur feindlichen Front, nach Norden auf Ste. Marie aux Chênes. Das Dorf wird von der Avantgarde unserer Division und Teilen des links von uns auf Auboué marschierenden XII. Korps angegriffen und besetzt. Nach Gewinnung von Ste. Marie marschiert unsere Brigade dicht südlich des Dorfes, mit der Front nach diesem, auf. Wir ruhen. Freilich eine eigenartige Ruhe. Verirrte Kugeln aus St. Privat vorgeschobener feindlicher Schützen schlagen ab und zu in unsere dicht geschlossenen Formationen ein. Leutnant von Helldorff, vom 1. Garderegiment, wird in meiner Nähe erschossen; sein Vater, Bataillonskommandeur im gleichen Regiment, war 1866 bei Königgrätz in Rosberitz auch unweit von mir gefallen. Mehrere Leute werden verwundet.

Ich betrachte mir die Lage. In östlicher Richtung, fast in der rechten Flanke unserer jetzigen Front, liegt auf einer allmählich ansteigenden Höhe St. Privat, mit dem etwa zwei Kilometer entfernten Ste. Marie aux Chênes durch eine gradlinige, mit Pappeln bestandene Chaussee verbunden. Das Gelände nördlich dieser Straße ist durch die Baumreihen großenteils der Sicht entzogen, macht aber den gleichen deckungslosen Eindruck, wie das Feld südlich der Chaussee. Auf den Höhen selbst herrscht eine fast unheimliche Stille. Unwillkürlich strengt sich das Auge an, dort vermutete Geheimnisse zu entdecken. Ihnen durch Aufklärung den Schleier zu nehmen, scheint man auf unserer Seite nicht für nötig zu halten. So bleiben wir denn ruhig liegen.

Gegen 5½ Uhr nachmittags trifft unsere Brigade der Angriffsbefehl. Wir sollen hart östlich Ste. Marie vorbei in nördlicher Richtung antreten und dann jenseits der Chaussee gegen St. Privat zum Angriff einschwenken. Das Bedenken, daß diese künstliche Bewegung von St. Privat her in der rechten Flanke gefaßt würde, drängt sich sofort auf.

Kurz bevor sich unsere Bataillone erheben, wird das ganze Gelände um St. Privat lebendig und hüllt sich in den Qualm feuernder französischer Linien. Die nicht zu unserer Division gehörige 4. Gardebrigade geht nämlich bereits südlich der Chaussee vor. Gegen sie wendet sich daher vorläufig die ganze Kraft der gegnerischen Wirkung. Diese Truppe würde in kürzester Zeit zur Schlacke ausbrennen, wenn wir, die 1. Gardebrigade, nicht baldmöglich nördlich der Chaussee angreifen und dadurch Entlastung schaffen würden. Freilich, dort hinüberzukommen, erscheint fast unmöglich. Mein Kommandeur reitet mit mir vor, um das Gelände einzusehen und dem Bataillon im Rahmen der Brigade die Marschrichtung anzugeben. Ein ununterbrochener Feuerorkan fegt jetzt auch gegen uns über das ganze Feld. Doch wir müssen versuchen, die eingeleitete Bewegung durchzuführen. Es gelingt uns auch, die Straße zu überschreiten. Jenseits dieser nehmen die sich dicht drängenden Kolonnen Front gegen die feindlichen Feuerlinien und stürzen, sich auseinanderziehend, vorwärts gegen St. Privat. Alles strebt danach, so nahe als möglich an den Gegner heranzukommen, um die dem Chassepot gegenüber minderwertigen Gewehre brauchen zu können. Der Vorgang wirkt ebenso erschütternd wie imponierend. Hinter den wie gegen ein Hagelwetter vorstürmenden Massen bedeckt sich das Gelände mit Toten und Verwundeten, aber die brave Truppe drängt unaufhaltsam vorwärts. Immer und immer wieder wird sie von ihren Offizieren und Unteroffizieren, die bald von den tüchtigsten Grenadieren und Füsilieren ersetzt werden müssen, auf- und vorgerissen. Ich sehe im Vorbeireiten, wie der Kommandierende General des Gardekorps, Prinz August von Württemberg, zu Pferde am Ortsausgang von Ste. Marie haltend, die gewaltige Krisis verfolgt, in die seine herrlichen Regimenter sich hineinstürzen, um darin vielleicht zugrunde zu gehen. Ihm gegenüber soll der Marschall Canrobert am Eingange von St. Privat gestanden haben.

Um sein Bataillon aus der Anstauung der Massen nordöstlich Ste. Marie herauszubringen und ihm die für den Kampf notwendige Armfreiheit zu schaffen, läßt mein Kommandeur dasselbe nicht gleich die Front auf St. Privat nehmen, sondern setzt mit ihm zunächst in einer Falte des Geländes die bisherige nördliche Bewegung fort. So schieben wir uns in leidlicher Deckung so weit seitlich heraus, daß wir nach dem Einschwenken den linken Flügel der Brigade bilden. In diesem Verhältnis gelangen wir unter zunehmenden Verlusten in die Gegend halbwegs Ste. Marie-Roncourt.

Bevor wir uns von hier aus zu einer Umfassung von St. Privat anschicken können, müssen wir bei Roncourt, das die Sachsen von Auboué aus noch nicht erreicht zu haben scheinen, klar sehen. Ich reite hin, finde das Dorf von Freund und Feind unbesetzt, bemerke aber in den Steinbrüchen östlich des Dorfes französische Infanterie. Es gelingt mir, noch rechtzeitig zwei Kompagnien meines Bataillons nach Roncourt zu führen. Bald darauf unternimmt der Gegner einen Angriff aus den Steinbrüchen, welcher abgewiesen wird. Nunmehr können sich die beiden andern Kompagnien ohne Besorgnis für Flanke und Rücken gegen den Nordeingang von St. Privat wenden, um dem schweren frontalen Kampf der übrigen Teile der Brigade wenigstens eine geringe Entlastung zu bringen. Später, nachdem Roncourt von Teilen des XII. Korps besetzt worden ist, ziehen sich auch unsere beiden dort verwendeten Kompagnien heran.

In der Front nimmt unterdessen das blutige Ringen seinen Fortgang. Von feindlicher Seite aus ein ununterbrochen rollendes Infanteriefeuer aus mehreren Linien, das alles Leben auf dem weiten, deckungslosen Angriffsfeld niederzudrücken versucht. Auf unserer Seite eine lückenreiche Linie loser Truppentrümmer, die sich aber nicht nur am Boden festkrallen, sondern wie in krampfhaften Zuckungen sich immer wieder auf den Gegner zu stürzen versuchen. Mit verhaltenem Atem sehe ich auf diese Schlachtszenen, aufs äußerste gespannt, ob nicht ein feindlicher Gegenstoß unsere Truppen wieder zurückschleudern würde. Doch die Franzosen bleiben bis auf einen nicht über das erste Anreiten hinauskommenden Versuch, mit Kavallerie nördlich um St. Privat herum vorzubrechen, starr in ihren Stellungen.

Eine Atempause im Infanteriekampf tritt ein. Beide Teile sind erschöpft und liegen sich, nur wenig feuernd, gegenüber. Die Waffenruhe auf dem Schlachtfelde ist so ausgesprochen, daß ich vom linken Flügel bis fast zur Mitte der Brigade und zurück in der Feuerlinie entlang reite, ohne das Gefühl einer Gefahr zu haben. Aber dann beginnt die Zermürbungsarbeit unserer vorgezogenen Artillerie, und bald schieben sich außerdem die frischen Kräfte der 2. Gardebrigade von Ste. Marie her in die im Verbluten begriffenen Reste der 4. und 1. ein, während von Nordwesten auch sächsische Hilfe naht. Der Druck, der auf der schwer ringenden Infanterie lag, wird fühlbar leichter. Wo eine Zeitlang nur Tod und Verderben zu sein schien, rührt sich neues Kampfesleben, zeigt sich neuer Kampfeswille, der schließlich im Sturm auf den Feind seinen heldenhaften Abschluß findet. Es ist ein unbeschreiblich ergreifender Augenblick, als sich bei sinkender Abendsonne unsere vordersten Kampflinien zum letzten Vorbrechen erheben. Kein Befehl treibt sie an, das gleiche seelische Empfinden, der eherne Entschluß zum Erfolg, ein heiliger Kampfesgrimm drängt nach vorwärts. Dieser unwiderstehliche Zug reißt alle mit sich fort. Das Bollwerk des Gegners stürzt bei Einbruch der Dunkelheit. Ein ungeheuerer Jubel bemächtigt sich unser.

Als ich spät Abends die Reste unseres Bataillons zählte und dann am andern Morgen die noch viel schwächern Trümmer der übrigen Teile meines Regimentes wiedersah, als die innere Abspannung eintrat, da kamen weichere Seiten menschlichen Gefühles zu ihrer Geltung. Man denkt dann nicht nur an das, was im Kampfe gewonnen wurde sondern auch an das, was dieser Erfolg gekostet hat. Das 3. Garderegiment hatte einen Gesamtverlust von 36 Offizieren, 1060 Unteroffizieren und Mannschaften aufzuweisen, davon tot 17 Offiziere und 304 Mann. Ähnliche Zahlen ergaben sich bei allen Garde-Infanterie-Regimentern. Im Verlauf des letzten großen Krieges sind Gefechtsverluste in der Höhe, wie sie die Garde bei St. Privat erlitten, innerhalb unserer Infanterieregimenter häufig geworden. Ich konnte aus meinen damaligen Erfahrungen ermessen, was das für die Truppe bedeutet. Welch eine Masse bester, vielfach unersetzlicher Kräfte sinken da ins Grab! Welch ein herrlicher Geist muß aber andererseits in unserem Volke lebendig gewesen sein, um trotzdem in jahrelangem Ringen unsere Armee weiter kampfkräftig zu erhalten!

Am 19. August begruben wir unsere Toten, und am 20. nachmittags marschierten wir nach Westen ab. Unser Divisionskommandeur, Generalleutnant von Pape, sprach uns unterwegs seine Anerkennung für unsere Erfolge aus und betonte, daß wir damit aber nur unsere Pflicht und Schuldigkeit getan hätten. Er schloß mit den Worten: „Im übrigen gilt für uns der alte Soldatenspruch: Ob tausend zur Linken, ob tausend zur Rechten, ob alle Freunde sinken, wir wollen weiterfechten!“ Ein donnerndes Hurra auf Seine Majestät den König war unsere Antwort.

Welche militärische Kritik man auch an den Kampf um St. Privat anlegen mag, er verliert jedenfalls dadurch nichts von seiner inneren Größe. Sie liegt in dem Geiste, in dem die Truppe die stundenlange furchtbare Krisis ertrug und schließlich siegreich überwand. Dieses Gefühl war für uns in der Erinnerung an den 18. August fortan ausschlaggebend. Die ernste Stimmung, die sich durch die Schlacht unserer Mannschaften bemächtigt hatte, verflüchtigte sich bald; dafür erhielt sich der Stolz auf die persönlichen Leistungen und die Taten der Gesamtheit bis auf den heutigen Tag. Noch im Jahre 1918 feierte ich, wieder auf feindlichem Boden, den Tag von St. Privat mit dem 3. Garderegiment, dem ich dank der Gnade meines Königs wieder angehörte. Mehrere „alte Herren“, Mitkämpfer von 1870, darunter auch der früher erwähnte Major a. D. von Seel, waren zu dem Gedenktag aus der Heimat an die Front geeilt. Es war das letztemal, daß ich das stolze Regiment gesehen habe!

Wie ich höre, sind die Denkmäler der preußischen Garde auf den Höhen von St. Privat jetzt von unseren Gegnern niedergerissen worden. Sollte dies wirklich wahr sein, so glaube ich nicht, daß solche Tat geeignet ist, deutsches Heldentum zu erniedrigen. Vielfach habe ich deutsche Offiziere und Soldaten vor französischen Kriegsdenkmälern, auch wenn sie auf deutschem Boden standen, in stiller Ehrung weilen sehen und ihnen die Achtung vor gegnerischen Leistungen und Opfern nachempfunden.

Nach der Schlacht übernahm mein Bataillonskommandeur als der einzige unverwundete Stabsoffizier die Führung des Regiments. Ich blieb auch in der neuen Stellung sein Adjutant.

Der Verlauf derjenigen Operation, die bei Sedan ihren denkwürdigen Abschluß fand, brachte wenig Bemerkenswertes für mich. Das Vorspiel, die Schlacht bei Beaumont, durchlebten wir am 30. August in der Reserve stehend nur als Zuschauer. Auch am 1. September verfolgte ich den Gang der Schlacht vornehmlich in der Rolle eines Beobachters. Das Gardekorps bildete den nordöstlichen Teil des eisernen Ringes, der sich im Laufe des Tages um die

Armee Mac Mahons schloß. Die 1. Gardebrigade stand im besondern von morgens bis nachmittags hinter den östlich des Grundes von Givonne gelegenen Höhen abwartend bereit. Ich benutzte diese Untätigkeit dazu, mich zu den am Höhenrande in langer Linie aufgefahrenen Gardebatterien zu begeben, welche ihre Geschosse über den Grund hinweg in die auf den jenseitigen, meist bewaldeten Höhen stehenden Franzosen schleuderten. Von hier hatte man einen beherrschenden Blick auf die ganze Gegend vom Ardenner Wald bis zum Abfall gegen die Maas. Im besondern lag das Höhengelände von Illy und die französische Stellung westlich des Givonne-Baches einschließlich des Bois de la Garenne zum Greifen nahe vor mir. Die Katastrophe der französischen Armee entwickelte sich also geradezu vor meinen Augen. Ich konnte verfolgen, wie der deutsche Feuerkreis sich allmählich um den unglücklichen Gegner schloß, und wie die Franzosen heldenhafte, aber von Anbeginn an völlig aussichtslose Versuche machten, durch einzelne Vorstöße unsere Umklammerung zu durchbrechen. Für mich hatte der Kampf noch ein besonderes Interesse. Am Tage vor der Schlacht hatte ich nämlich beim Durchmarsch durch Carignan von einem gesprächigen französischen Sattler, bei dem ich mir im Vorbeireiten eine Reitpeitsche kaufte, erfahren, daß der französische Kaiser bei seiner Armee sei. Ich meldete dies weiter, fand aber keinen Glauben. Als ich am Schlachttage angesichts der sich immer mehr vollendenden feindlichen Vernichtung die Äußerung tat: „In diesem Kessel befindet sich auch Napoleon", wurde ich ausgelacht. Mein Triumph, als sich später meine Ansicht bestätigte, war groß.

Mein Regiment kam an diesem Tage nicht zu einer größeren Gefechtstätigkeit. Wir folgten gegen 3 Uhr nachmittags dem 1. Garderegiment über den Givonne-Abschnitt. Zu diesem Zeitpunkt war dem französischen Widerstand durch unsere von allen Seiten wirkende Artillerie schon die Waffe aus der Hand geschlagen worden. Es handelte sich eigentlich nur noch darum, den Feind gegen Sedan zusammenzupressen, um ihm die Aussichtslosigkeit weiteren Widerstandes recht nachdrücklich vor die Augen zu führen. Die Vernichtungsbilder, die ich bei diesem Vorgehen an dem Nordostrand des Bois de la Garenne sah, übertrafen alle Schrecken, die mir je auf Schlachtfeldern entgegengetreten sind.

Schon zwischen 4 und 5 Uhr richteten wir uns in unsern Biwaks ein. Die Schlacht war beendet. Nur ein Gewehrschuß fiel noch gegen Abend und eine Kugel pfiff über uns hinweg. Als wir zum Waldrand aufblickten, schwang dort ein Turko mit drohender Gebärde sein Gewehr und verschwand dann mit langen Sätzen im Dunkel der Bäume.

Niemals, vorher wie nachher, habe ich die Nacht auf einem Schlachtfeld mit dem Gefühle gleicher restloser Befriedigung verbracht, wie hier. Träumte doch jeder, nachdem das „Nun danket alle Gott“ verklungen war, von einem baldigen Kriegsende. Hierin wurden wir freilich bitter enttäuscht. Der Krieg ging weiter. Diese Fortsetzung des französischen Widerstandes nach der Schlacht von Sedan hat man bei uns oft nur als eine unnütze französische Selbstzerfleischung angesehen. Ich konnte diesem Urteil nicht beipflichten und habe dem Weitblick der damaligen Diktatoren den Beifall nicht versagen können. Zeigte sich doch darin, daß die französische Republik die Waffen da aufnahm, wo das Kaiserreich sie niederzulegen gezwungen war, meiner Ansicht nach nicht nur ein vorbildlicher patriotischer Geist sondern auch ein weiter staatsmännischer Zukunftsblick. Ich glaube noch heute, daß Frankreich mit einem Versagen seines Widerstandswillens in diesem Augenblick den größten Teil seiner völkischen Würde und damit die Aussichten auf eine bessere Zukunft preisgegeben hätte.

Der 2. September brachte uns vormittags den Besuch des Kronprinzen, dem wir die erste Nachricht von der Gefangennahme Napoleons und seiner Armee verdankten, und nachmittags den unseres Königs und Kriegsherrn. Von dem beispiellosen Jubel, mit dem der Monarch empfangen wurde, vermag man sich kaum eine Vorstellung zu machen. Die Mannschaften waren nicht in Reih und Glied zu halten. Sie umringten ihren heißgeliebten Herrn und küßten ihm Hände und Füße. Seine Majestät sah seine Garden zum ersten Male in diesem Feldzuge; er dankte uns tränenden Auges für das, was wir bei St. Privat geleistet hatten. Das war reicher Lohn für jene schweren Stunden! Im Gefolge des Königs befand sich auch Bismarck. Er ritt in olympischer Ruhe am Ende der Kavalkade, wurde aber erkannt und bekam ein besonderes Hurra, das er schmunzelnd entgegennahm. Moltke war nicht zugegen.

Am 3. September mittags bekam mein Regiment Befehl, gegen Sedan vorzugehen und alle noch außerhalb der Festung befindlichen Franzosen in diese hineinzudrängen. Hierdurch sollte verhindert werden, daß die sich zahlreich im Vorgelände herumtreibenden Gegner verleitet würden, die massenhaft umherliegenden Gewehre zu ergreifen und einen, wenn auch aussichtslosen Durchbruchsversuch zu wagen. Ich ritt voraus durch das Bois de la Garenne bis auf die Höhen dicht über der Stadt. Die die Landschaft belebenden Rothosen erwiesen sich als harmlose Sucher nach Mänteln und Decken, welche sie in die Gefangenschaft mitnehmen wollten. Das Eingreifen des Regiments wurde daher unnötig; einige Patrouillen anderer Truppenteile, die in der Nähe biwakierten, genügten. Als ich dem mir nachfolgenden Regiment mit dieser Meldung entgegenritt, sah ich im Gehölz auf der nach Norden führenden Chaussee eine Staubwolke. Ein französischer Militärarzt, der vor der in ein Lazarett umgewandelten Querimont-Ferme stand und mich ein Stück Weges begleitete, sagte mir, daß sich in dieser Staubwolke der Kaiser Napoleon, begleitet von Schwarzen Husaren, befände, um nach Belgien zu fahren. Wäre ich nur zwei Minuten eher an die Straße gekommen, dann hätte ich Zeuge dieses historischen Augenblicks sein können.

Am Abend dieses Tages verließen wir das Schlachtfeld und rückten in nahe Quartiere. Von diesen aus traten wir dann nach einem Ruhetage den Vormarsch auf Paris an. Dieser führte uns zunächst über das Schlachtfeld von Beaumont und später durch Gegenden, welche im letzten großen Kriege der Schauplatz schwerer Kämpfe gewesen sind. Am 11. und 12. September lag das Regiment in Craonne und Corbény, zwei freundlichen Städtchen am Fuße des Winterberges. Und am 28. Mai 1918 stand ich während der Schlacht bei Soissons-Reims neben meinem Allerhöchsten Kriegsherrn auf ebendemselben Winterberge. Ich machte Seine Majestät darauf aufmerksam, daß ich vor 48 Jahren dort unten im Quartier gelegen hätte. Von den beiden Orten waren kaum noch Trümmer übriggeblieben. Das Haus, in welchem ich an der Marktecke in Corbény gewohnt hatte, war unter Schutt und Asche nicht mehr herauszufinden. Auch der Winterberg, 1870 ein grüner, teilweise bewaldeter Rücken, zeigte nur kahle, steile Kalkhänge, von denen Geschosse, Hacke und Spaten die letzte Erdkrume entfernt hatten. Ein bei aller damaliger Siegesfreude trauriges Wiedersehen!

Am 19. September sahen wir von der Hochfläche bei Gonesse aus, 8 km nordöstlich St. Denis, zum ersten Male die französische Hauptstadt. Die vergoldeten Kuppeln des Invalidendoms und anderer Kirchen funkelten im Morgensonnenstrahl. Ich glaube, daß die Kreuzfahrer einst mit ähnlichen Gefühlen auf Jerusalem geblickt haben, wie wir jetzt auf das zu unseren Füßen liegende Paris. Früh um 3 Uhr waren wir im Dunkeln aufgebrochen und lagen nun den ganzen schönen Herbsttag über auf den Stoppelfeldern zum Eingreifen bereit, im Falle bei uns oder den Nachbardivisionen das Besetzen und Einrichten der Vorpostenstellungen auf Schwierigkeiten stoßen sollte. Erst am späten Nachmittag durften wir in die Quartiere einrücken. Wir lagen in der nächsten Zeit in Gonesse, welches übrigens dadurch historischen Wert erlangt hat, daß dort 1815 Blücher und Wellington beim Eintreffen vor Paris zusammengekommen waren, um über die Fortführung der Operationen zu beraten.

Statt eines baldigen vollen Erfolges hatten wir vor Paris noch monatelang recht anstrengenden und undankbaren Einschließungsdienst auszuüben, der an unserer Front nur selten durch kleinere Ausfallgefechte unterbrochen wurde. In die Eintönigkeit solcher Tätigkeit brachte erst die Weihnachtszeit mit der Beschießung der Forts eine militärisch belebende Zugluft.

Die Mitte des Januar brachte dann für mich ein besonderes Erleben. Ich wurde mit einem Sergeanten als Vertreter des Regiments zur Kaiserproklamation nach Versailles entsandt. Den Befehl hierzu bekam ich am 16. Januar abends. Noch in dieser Nacht hatte ich mich in dem 15 km entfernten Margency einzufinden, woselbst vom Oberkommando der Maas-Armee für die Unterbringung aller aus östlichen Quartieren kommenden Abordnungen gesorgt war. Von dort sollten wir uns am 17. über St. Germain nach Versailles begeben. Zu Pferde konnte ich den etwa 40 km weiten Weg nicht zurücklegen, weil ich Gepäck mit mir führen mußte. Da setzte ich mich denn mit meinem Sergeanten und Burschen kurz entschlossen auf den Packwagen der Leibkompagnie des 1. Garderegiments, die mit mir im gleichen Ort lag und auch nach Versailles befohlen war. Im Schritt ging es so bei starker Kälte durch nächtliche Finsternis nach Margency, wo uns in einer Villa geheizte Kamine, gutes Strohlager und Tee erwarteten.

Am 18. früh eröffnete mir der Führer der Leibkompagnie, daß er soeben angewiesen sei, nicht nach Versailles zu marschieren sondern zum Regiment zurückzukehren. Glücklicherweise nahm mich und meinen Burschen ein anderer Kamerad mit auf seinen zweiräderigen Wagen, und auch mein Sergeant fand irgendwo freundliche Aufnahme. So trabten wir denn an klarem Wintermorgen unserm nächsten Ziele, St. Germain, entgegen. Aber mit des Geschickes Mächten ist kein ewiger Bund zu flechten. Unser vollgepackter Dogcart verlor plötzlich ein Rad, und wir lagen vollzählig auf der Landstraße. Zum Glück fanden wir bald in einem Ort eine Feldschmiede, die den Schaden beseitigte, so daß wir uns in St. Germain bei einem Frühstück in dem auf der Terrasse über der Seine herrlich gelegenen „Pavillon d'Henri quatre“ den übrigen Mitreisenden wieder anschließen konnten. Ein eigentümlicher Wagenzug war es, der dann im Strahl der untergehenden Sonne seinen Einzug in Versailles hielt. Alle Arten von Fahrzeugen waren vertreten, wie man sie in den Schlössern, Villen und Bauernhöfen um Paris auftreiben konnte. Den meisten Eindruck machte ein Kartoffelwagen, dessen Inhaber zur Feier des Tages rechts und links von seinem Sitz eine große preußische Fahne – deutsche gab es ja noch nicht – aufgezogen hatte. Bald nahm mich ein gutes Quartier bei einer freundlichen alten Dame in der Avenue de Paris auf, und der Abend vereinigte uns zu einem langentbehrten Souper im Hotel des Reservoirs.

Die Feier am 18. ist genugsam bekannt. Sie war für mich reich an Eindrücken. Am erhebendsten und zugleich ergreifendsten wirkte selbstredend die Person meines Allergnädigsten Königs und Herrn. Seine ruhige, schlichte, alles beherrschende Würde gab der Feier eine größere Weihe als aller äußere Glanz. Die herzenswarme Begeisterung für den erhabenen Herrscher war aber auch bei allen Teilnehmern, welchem deutschen Volksstamme sie auch angehörten, gleich groß. Die Freude über das „Deutsche Reich“ brachten wohl unsere süddeutschen Brüder am lebhafteren zum Ausdruck. Wir Preußen waren darin zurückhaltender, aus historischen Gründen, die uns unsern eigenen Wert zu einer Zeit schon hatten erkennen lassen, in der Deutschland nur ein geographischer Begriff war. Das sollte fortan anders werden!

Am Abend des 18. waren die in Versailles anwesenden Generale zur Tafel bei Seiner Majestät dem Kaiser in der Präfektur befohlen. Wir übrigen waren Gäste des Kaisers im Hotel „de France".

Der 19. Januar begann mit einer Besichtigung des alten französischen Königsschlosses mit seiner stolzen, den Ruhm Frankreichs verewigenden Gemäldesammlung. Auch der weitausgedehnte Park wurde besucht. Da rief uns plötzlich Kanonendonner in die Stadt zurück. Die Besatzung von Versailles war bereits alarmiert und im Ausmarsch begriffen. Es handelte sich um den großen Ausfall der Franzosen vom Mont Valerien her. Wir beobachteten den Kampfverlauf eine Zeitlang als Schlachtenbummler. Nachmittags traten wir dann die Rückfahrt an, und spät in der Nacht erreichte ich wieder mein Regimentsstabsquartier Villers le Bel, 8 km nördlich St. Denis, dankbar dafür, daß ich den großen geschichtlichen Augenblick hatte miterleben und meinem nunmehrigen Kaiser zujubeln dürfen.

Der vergebliche Ausfall vom Mont Valerien war die letzte große Kraftäußerung Frankreichs. Ihm folgte am 26. die Kapitulation von Paris und am 28. der allgemeine Waffenstillstand. Gleich nach der Übergabe der Forts wurde unsere Brigade westwärts in die zwischen dem Mont Valerien und St. Denis gelegene Seinehalbinsel geschoben. Wir bezogen gute, schön gelegene Quartiere hart am Flußufer, Paris gegenüber in der Nähe des Pont de Neuilly.

Von dort aus hatte ich Gelegenheit, Paris wenigstens oberflächlich kennenzulernen. Am 2. März morgens ritt ich in Begleitung einer Gardehusaren-Ordonnanz über die eben genannte Brücke nach dem Triumphbogen. Ich umging diesen ebensowenig wie am Tage vorher mein Freund, der damalige Husarenleutnant von Bernhardi, der als erster in Paris einrückte. Dann ritt ich die Champs Elysées herunter über die Place de la Concorde und durch die Tuilerien bis hinein in den Hof des Louvre, schließlich an der Seine entlang und durch den Bois de Boulogne wieder nach Hause. Ich ließ auf diesem Wege die geschichtlichen Denkmäler einer reichen gegnerischen Vergangenheit auf mich wirken. Die wenigen Einwohner, die sich zeigten, bewahrten eine gemessene Haltung.

So wenig ich geneigt bin, einem Kosmopolitismus zu huldigen, so weit entfernt war ich stets von Voreingenommenheit andern Völkern gegenüber; trotz aller wesensfremden Eigenschaften verkannte ich ihre guten Seiten nicht. So hat das französische Volk zwar für mich ein zu lebhaftes und daher zu rasch wechselndes Temperament; andererseits aber finde ich in dem Elan, der gerade in schwersten Zeiten in diesem Volke ganz einzigartig lebendig werden kann, einen besondern Vorzug. Vor allem schätze ich es, daß kraftvolle Persönlichkeiten so hinreißend auf die Masse zu wirken und sie derartig in ihren Bannkreis zu ziehen vermögen, daß die französische Nation imstande ist, aus Hingabe zu einem vaterländischen Ideal jegliche Art von Sonderinteressen bis zur völligen Hinopferung zurückzustellen. In eigenartigem Gegensatz hierzu steht das im letzten großen Kriege oft bis zum Sadismus gesteigerte und daher nicht durch zu lebhaftes Temperament entschuldbare Verhalten der Franzosen gegen wehrlose Gefangene.

Am Tage nach meinem Besuch in Paris hatte das Gardekorps die hohe Ehre und unendliche Freude, vor seinem Kaiser und König auf den Longchamps in Parade zu stehen. In alter preußischer Strammheit defilierten die kampferprobten Regimenter vor ihrem Kriegsherrn, auf dessen Befehl sie jederzeit bereit waren, erneut ihr Leben für den Schutz und die Ehre des Vaterlandes einzusetzen. Zu einem wirklichen Einzug in Paris, wie er vorher andern Armeekorps beschieden gewesen war, kam es für uns nicht mehr, weil inzwischen der Präliminarfriede abgeschlossen war und Deutschland den in ehrlichem Kampfe besiegten Gegner nicht den Kelch der Demütigung bis auf die Neige leeren lassen wollte.

Festlich begingen wir dann auch vor Paris am 22. März den Geburtstag Seiner Majestät. Es war ein herrlicher, warmer Frühlingstag mit Feldgottesdienst im Freien, Salutschießen der Forts und Festessen der Offiziere und Mannschaften. Die frohe Aussicht, nach treu erfüllter Pflicht nun bald in die Heimat zurückkehren zu können, ließ die Stimmung doppelt gehoben sein.

Aber ganz so früh, als wir hofften, sollten wir Frankreich nicht verlassen. Wir mußten vielmehr zunächst noch an der Nordfront von Paris in und bei St. Denis stehenbleiben und wurden dort Zeugen des Kampfes der französischen Regierung gegen die Kommune.

Die erste Entwickelung der neuen revolutionären Ereignisse hatten wir schon während der Belagerung verfolgen können. Die Zuchtlosigkeit extremer politischer Kreise dem Gouverneur von Paris gegenüber war uns bekannt. Als die Waffenruhe eintrat, begann die umstürzlerische Bewegung sich immer mehr hervorzuwagen. Bismarck hatte den französischen Machthabern zugerufen: „Sie sind durch die Revolution emporgekommen, eine neue Revolution wird Sie wieder wegfegen." Er schien recht behalten zu sollen.

Im allgemeinen war unser Interesse an diesen umstürzlerischen Vorgängen anfänglich gering. Erst von Mitte März ab, als die Kommune die Herrschaft an sich zu reißen begann, und die Entwickelung immer mehr zum offenen Kampfe zwischen Versailles und Paris drängte, erhöhte sich unsere Aufmerksamkeit. Zeitungen und Flüchtlinge unterrichteten uns über die Vorgänge im Inneren der Stadt. Während nunmehr deutsche Korps Frankreichs Hauptstadt im Norden und Osten gewissermaßen als Verbündete der Regierungstruppen absperrten, gingen letztere in langwierigen Kämpfen von Süden und Westen her zum Angriff auf Paris über. Die Ereignisse außerhalb der Festungsumwallung konnte man am besten von den Höhen bei Sannois, 6 km nordwestlich von Paris an der Seine gelegen, beobachten. Geschäftsgewandte Franzosen hatten dort Fernrohre aufgestellt, die sie den deutschen Soldaten gegen Entgelt für Beobachtung des Dramas eines Bürgerkrieges zur Benutzung überließen. Ich selbst machte hiervon keinen Gebrauch, sondern beschränkte mich darauf, gelegentlich des täglichen Befehlsempfanges in St. Denis entweder aus einem hochgelegenen Fenster des dortigen Gasthofes „Cerf d'or" oder durch Vorreiten auf der langgestreckten Seineinsel bei St. Denis Einblick in die Lage in Paris zu gewinnen. Mächtige Feuersbrünste zeigten von Ende April ab, wohin der Kampf im Inneren der Stadt treiben würde. Ich erinnere mich, daß ich besonders am 23. Mai den Eindruck hatte, als ob das ganze innere Paris der Vernichtung anheimfiele. Die Lage in der Stadt wurde von den herausströmenden Flüchtlingen in den krassesten Farben geschildert. Die Tatsachen scheinen hinter diesen Erzählungen auch nicht zurückgeblieben zu sein. Brandstiftung, Plünderung, Geiselmord, kurz, alle jetzt als bolschewistisch angesprochenen Krankheitserscheinungen eines im Kriege zusammengebrochenen Staatskörpers traten schon damals auf. Die Drohung eines freigelassenen kommunistischen Führers: „Die Regierung hatte nicht den Mut, mich erschießen zu lassen, aber ich werde den Mut haben, die Regierung zu füsilieren" sollte anscheinend verwirklicht werden. Wie völlig das sonst so starke und empfindliche französische Nationalgefühl bei den Kommunisten ausgelöscht war, zeigt deren Erklärung: „Wir rühmen uns angesichts des Gegners, unserer Regierung die Bajonette in den Rücken zu stoßen." Man sieht, daß das bolschewistische Weltverbesserungsverfahren, wie es in der neuesten Zeit auch bei uns auftrat, nicht einmal Anspruch auf Originalität machen kann.

Aus dem hochgelegenen Fenster in St. Denis sah ich schließlich eines Tages das Ende der Kommune mit an. Außerhalb des Hauptwalles von Paris vorgehende Regierungstruppen umgingen den Montmartre westlich und erstürmten bald darauf über dessen damals noch unbebauten Nordhang hinweg die weit beherrschende Höhe, das letzte Bollwerk des Aufstandes.

Ich betrachte es als eine bittere Ironie des Schicksals, daß die einzige politische Partei Europas, die damals, wie ich wohl annehmen darf, in völliger Verkennung der wahren Vorgänge diese Bewegung verherrlichte, zur Zeit in unserem Vaterlande gezwungen ist, mit aller Schärfe gegen kommunistische Bestrebungen vorzugehen. Es ist dies ein Beweis dafür, wohin doktrinäre Einseitigkeiten führen, bis die praktische Erfahrung aufklärend eingreift.

Mit dem warnenden Beispiel der zuletzt geschilderten Vorgänge im Herzen kehrten wir Anfang Juni der Hauptstadt Frankreichs den Rücken und trafen nach dreitägiger Eisenbahnfahrt in unserem glücklicheren, siegreichen Vaterlande ein.

Der Einzug in Berlin erfolgte diesmal vom Tempelhofer Felde aus. Vertreter aller deutschen Truppenteile waren neben dem Gardekorps hierbei beteiligt. Die Hoffnung auf einen siegreichen dritten Einzug durch das Brandenburger Tor, die ich nicht meinetwegen sondern um meines Kaisers und Königs und um des Vaterlandes willen lange im innersten Herzensgrunde gehegt hatte, sollte nicht in Erfüllung gehen!

Friedensarbeit

Mit reichen Erfahrungen auf allen kriegerischen Gebieten waren wir vom französischen Boden in die Heimat zurückgekehrt. Mit dem einigen Vaterland war ein deutsches Einheitsheer geschaffen, an dessen Grundgedanken die staatlichen Sonderheiten nur oberflächliche Abweichungen bedingt hatten. Die Einheitlichkeit in der kriegerischen Auffassung war von jetzt ab ebenso gewährleistet wie die Einheitlichkeit der Organisation, der Bewaffnung und Ausbildung. Es lag im natürlichen Verlauf der deutschen Entwicklung, daß die preußischen Erfahrungen und Einrichtungen für den weiteren Ausbau des Heeres ausschlaggebend wurden.

Die Friedensarbeit setzte allenthalben wieder ein. Ich verblieb für die nächsten Jahre noch im Truppendienst, folgte dann aber meiner Neigung zu einer höheren militärischen Ausbildung, bereitete mich zur Kriegsakademie vor und fand im Jahre 1873 Aufnahme in diese.

Das erste Jahr entsprach nicht ganz meinen Erwartungen. Anstatt mit Kriegsgeschichte und neuzeitiger Gefechtslehre wurden wir auf diesem Gebiet der Militärwissenschaften damals lediglich mit Geschichte alter Kriegskunst und früherer Taktiken abgespeist, also mit Nebendingen. Dazu mußten wir zwangsweise Mathematik hören, die nur ganz wenige von uns später als Trigonometer in der Landesaufnahme ausnutzen wollten. Erst die beiden letzten Jahre und die Kommandierung zu andern Waffen in den Zwischenkursen brachten dem vorwärtsstrebenden jungen Offizier volle Befriedigung. Unter Anleitung hervorragender Lehrer, von denen ich neben dem schon früher erwähnten Major von Wittich den Oberst Keßler und den Hauptmann Villaume vom Generalstab sowie als Historiker den Geheimrat Duncker und den Professor Richter nennen will, und im Verkehr mit reichbegabten Altersgenossen, wie den spätern Generalfeldmarschällen von Bülow und von Eichhorn sowie dem späteren General der Kavallerie von Bernhardi, erweiterte sich der Gesichtskreis wesentlich.

Nicht wenig trug hierzu auch das vielseitige gesellige Leben Berlins bei. Ich hatte die Ehre, zu dem engern Kreise Seiner Königlichen Hoheit des Prinzen Alexander von Preußen herangezogen zu werden, und kam dadurch nicht nur mit hohen Militärs sondern auch mit Männern der Wissenschaft sowie des Staats- und Hofdienstes in Berührung.

Nach Beendigung meines Kommandos zur Kriegsakademie kehrte ich zunächst für ein halbes Jahr zum Regiment nach Hannover zurück und wurde dann im Frühjahr 1877 zum Großen Generalstab kommandiert.

Im April 1878 erfolgte meine Versetzung in den Generalstab unter Beförderung zum Hauptmann. Wenige Wochen darauf wurde ich dem Generalkommando des II. Armeekorps in Stettin zugewiesen. Hiermit begann meine militärische Laufbahn außerhalb der Truppe, zu welch letzterer ich bis zu meiner Ernennung zum Divisionskommandeur nur zweimal zurückkehrte.

Der Generalstab war wohl eines der bemerkenswertesten Gefüge innerhalb des Gesamtrahmens unseres deutschen Heeres. Neben der strengen hierarchischen Kommandogewalt bildete er ein besonderes Element, das sich auf das hohe geistige Ansehen des Chefs des Generalstabes der Armee, also des Feldmarschalls Graf Moltke, stützte. Durch die Friedensschulung der Generalstabsoffiziere war die Gewähr geschaffen, daß im Kriegsfalle ein einheitlicher Zug alle Führerstellen beherrschte, ein einigendes Fluidum alle Führergedanken durchsetzte. Die Einwirkung des Generalstabes auf die Führung war nicht durch bindende Bestimmungen geregelt; sie hing vielmehr in einer unendlichen Mannigfaltigkeit von Abstufungen von der militärischen und persönlichen Eigenart der einzelnen Offiziere ab. Die erste Forderung an den Generalstabsoffizier war, die eigene Persönlichkeit und das individuelle Handeln vor der Öffentlichkeit zurücktreten zu lassen. Er mußte ungesehen schaffen, also mehr sein als scheinen.

Ich glaube, daß es der deutsche Generalstab in seiner Gesamtheit verstanden hat, seine außerordentlich schwere Aufgabe zu erfüllen. Seine Leistungen waren bis zuletzt meisterhaft, mögen auch Fehler und Irrtümer im einzelnen vorgekommen sein. Ich wüßte kein ehrenderes Zeugnis für ihn, als daß die Gegner seine Auflösung durch die Friedensbedingungen gefordert haben.

Man hat im Generalstabsdienst vielfach eine Geheimwissenschaft vermutet. Nichts verkehrter als das. Wie unsere gesamte kriegerische Tätigkeit so beruht auch die des Generalstabes lediglich auf der Anwendung der gesunden Vernunft auf den gerade vorliegenden Fall. Hierbei war oft neben höherem Gedankenflug gewissenhafte Beschäftigung mit aller möglichen Kleinarbeit erforderlich. Ich habe manch hochbegabten Offizier kennengelernt, der durch Versagen in letzterer Richtung entweder als Generalstabsoffizier nicht brauchbar war, oder als solcher ein Nachteil für die Truppe wurde.

Meine Stellung beim Generalkommando belastete mich als jüngsten Generalstabsoffizier natürlich hauptsächlich mit solcher Kleinarbeit. Anfangs wirkte das enttäuschend, dann gewann ich Liebe zur Sache, da ich ihre Notwendigkeit für die Durchführung der großen Gedanken und für das Wohl der Truppe erkannte. Nur bei den alljährlichen Generalstabsreisen konnte ich mich als Handlanger des Korpschefs mit größeren Verhältnissen beschäftigen. Auch zu der ersten vom General Graf Waldersee, Chef des Generalstabes des X. Armeekorps, geleiteten Festungsgeneralstabsreise bei Königsberg wurde ich damals kommandiert. Mein kommandierender General war der General der Kavallerie Hann von Weyherrn, ein erprobter Soldat, der in jungen Jahren in schleswig-holsteinschen Diensten gefochten und 1866 eine Kavallerie-, 1870/71 eine Infanteriedivision geführt hatte. Es war eine Freude, den alten Herrn, einen vortrefflichen Reiter, zu Pferde in der Uniform seiner Blücherhusaren zu sehen. Meinen beiden Generalstabschefs, erst Oberst von Petersdorff, dann Oberstleutnant von Zingler, danke ich eine gründliche Ausbildung im praktischen Generalstabsdienst.

Im Jahre 1879 hatte das II. Korps Kaisermanöver und erwarb sich die Anerkennung Seiner Majestät. Ich lernte bei dieser Gelegenheit den russischen General Skobeleff kennen, der zu der Zeit, nach dem Türkenkriege, auf der Höhe seines Ruhmes stand. Er machte den Eindruck eines rücksichtslos energischen, frischen und wohl auch ganz befähigten höhern Führers. Sein Renommieren berührte weniger angenehm.

Nicht unerwähnt darf ich lassen, daß ich mich in Stettin verheiratet habe. Meine Frau ist auch ein Soldatenkind als Tochter des Generals von Sperling, welcher

1866 beim VI. Korps und 1870/71 bei der 1. Armee Generalstabschef war und gleich nach dem französischen Kriege starb. Ich fand in meiner Frau eine liebende Gattin, die treulich und unermüdlich Freud und Leid, alle Sorge und Arbeit mit mir teilte und so mein bester Freund und Kamerad wurde. Sie schenkte mir einen Sohn und zwei Töchter. Ersterer hat im großen Kriege als Generalstabsoffizier seine Schuldigkeit getan. Beide Töchter sind verheiratet, ihre Männer haben im letzten großen Kriege gleichfalls vor dem Feinde gestanden.

1881 wurde ich zur 1. Division nach Königsberg versetzt. Diese Verwendung machte mich selbständiger, brachte mich der Truppe näher und führte mich in meine Heimatsprovinz.

Aus meinem dortigen dienstlichen Leben möchte ich besonders hervorheben, daß der bekannte Militärschriftsteller General von Verdy du Vernois zeitweise mein Kommandeur war. Der General war eine hochbegabte, interessante Persönlichkeit. Er verfügte infolge seines reichen Erlebens in hohen Generalstabsstellen während der Kriege 1866 und 1870/71 über außergewöhnliche Kenntnis der entscheidenden Ereignisse damaliger Zeit. Auch hatte er schon früher durch seine Zuteilung zum Hauptquartier des russischen Oberkommandos in Warschau während des polnischen Aufstandes 1863 einen tiefen Einblick in die politischen Verhältnisse an unserer Ostgrenze gewonnen. Die Mitteilungen aus seinem Leben, die er mit einer glänzenden Erzählerkunst vortrug, waren deshalb nicht nur vom militärischen sondern auch vom politischen Standpunkte in hohem Grade belehrend. General von Verdy war außerdem auf dem Gebiete der angewandten Kriegslehre bahnbrechend. Ich lernte daher unter seiner Anleitung und im gegenseitigen Meinungsaustausch sehr viel für meine spätere Lehrtätigkeit an der Kriegsakademie. So wirkte der geistvolle Mann in verschiedenen Richtungen äußerst anregend auf mich ein. Er war mir stets ein gütiger Vorgesetzter, der mir sein volles Vertrauen schenkte.

Auch meines damaligen Korps-Generalstabschefs, Oberst von Bartenwerffer, erinnere ich mich gern in Dankbarkeit. Seine Generalstabsreisen und Aufgaben für die Winterarbeiten des Generalstabes waren meisterhaft angelegt, seine Kritiken besonders lehrreich.

Vom Stabe der 1. Division wurde ich nach drei Jahren als Kompagniechef in das Infanterieregiment 58, Standort Fraustadt in Posen, versetzt. Ich hatte bei dieser Rückkehr in den Frontdienst eine Kompagnie zu übernehmen, die fast ausschließlich polnischen Ersatz hatte. Die Schwierigkeiten, die der Verständigung zwischen Vorgesetzten und Untergebenen und damit der Erziehung und Ausbildung durch den Mangel gegenseitiger Sprachkenntnis im Wege stehen, lernte ich hierbei in ihrem ganzen Umfange kennen. Ich selbst war der polnischen Sprache bis auf einige Redensarten, die ich in meiner Kinderzeit aufgeschnappt hatte, nicht mächtig. Meine Einwirkung auf die Kompagnie war noch dadurch außerordentlich erschwert, daß die Mannschaften in 33 Bürgerquartieren, bis hinaus zu den die Stadt umgebenden Windmühlen, verstreut lagen. Im allgemeinen waren aber meine Erfahrungen mit dem polnischen Ersatz nicht ungünstig. Die Leute waren fleißig, willig und, was ich besonders hervorheben möchte, anhänglich, wenn man der Schwierigkeiten, die sie bei Erlernung des Dienstes zu überwinden hatten, Rechnung trug und auch sonst bei aller Strenge für sie sorgte. Damals glaubte ich, daß die größere Häufigkeit von Diebstählen und von Trunkenheit bei den Polen weniger mit moralischer Minderwertigkeit als mit vielfach ungenügender erster Jugenderziehung zu erklären sei. Ich bedauere es sehr, daß ich meine gute Meinung von den Posener Polen jetzt zurückstecken muß, nachdem ich von den Greueln gehört habe, welche die Insurgenten Wehrlosen gegenüber verübt haben. Das hätte ich den Landsleuten meiner einstigen Füsiliere nicht zugetraut!

Gern denke ich auch heute noch an meine leider nur fünfvierteljährige Kompagniechefszeit zurück. Ich lernte zum ersten Male das Leben in einer kleinen, halbländlichen Garnison kennen, fand außer im Kameradenkreise auch freundliche Aufnahme auf benachbarten Gütern und stand wieder einmal in unmittelbarem Verkehr mit dem Soldaten. Ich bemühte mich redlich, auf die Eigenart jedes einzelnen einzugehen und knüpfte so ein festes Band zwischen mir und meinen Untergebenen. Darum wurde mir die Trennung von meiner Kompagnie sehr schwer trotz aller äußern Vorteile, welche mir die Rückkehr in den Generalstab brachte.

Diese erfolgte im Sommer 1885 durch Versetzung in den Großen Generalstab. Nach wenigen Monaten wurde ich Major. Ich kam in die Abteilung des damaligen Oberst Graf von Schlieffen, des späteren Generals und Chefs des Generalstabes der Armee, wurde aber außerdem noch der Abteilung des derzeitigen Oberst Vogel von Falckenstein, des späteren Kommandierenden Generals des VIII. Armeekorps und dann Chefs des Ingenieurkorps und der Pioniere, für länger als ein Jahr zur Teilnahme an der ersten Bearbeitung der Felddienstordnung, einer neuen, grundlegenden Allerhöchsten Vorschrift, zur Verfügung gestellt. Dadurch kam ich mit den beiden bedeutendsten Abteilungschefs jener Zeit in Berührung.

An einem mehrtägigen Übungsritte bei Zossen im Frühjahre 1886, der dem Zweck diente, Bestimmungen der Felddienstordnung vor ihrer Einführung praktisch zu erproben, nahm auch Seine Königliche Hoheit der Prinz Wilhelm von Preußen teil. Es war für mich das erste Mal, daß ich die Ehre hatte, meinem späteren Kaiser, König und Herrn, Wilhelm II., zu begegnen. Im darauffolgenden Winter wohnte der damalige Prinz einem Kriegsspiel des Großen Generalstabes bei. Ich führte bei dieser Gelegenheit die russische Armee.

Wenn in jenen Jahren der Generalfeldmarschall Graf Moltke auch schon den nähern Verkehr mit den Abteilungen des Großen Generalstabes seinem nunmehrigen Gehilfen, dem General Graf Waldersee, überließ, so beherrschte doch sein Geist und sein Ansehen alles. Es bedarf wohl keiner besonderen Versicherung, daß Graf Moltke eine allseitige, grenzenlose Verehrung genoß, und daß sich niemand von uns seinem wunderbaren Einfluß entziehen konnte.

Ich kam unter den dargelegten Verhältnissen nur selten in unmittelbaren dienstlichen Verkehr mit dem Feldmarschall, hatte aber ab und zu das Glück, ihm außerdienstlich zu begegnen. Eine für seine Persönlichkeit wie für seine Anschauungen gleich kennzeichnende Szene erlebte ich in einer Abendgesellschaft beim Prinzen Alexander. Wir betrachteten nach Tisch ein Gemälde von Camphausen, das Zusammentreffen des Prinzen Friedrich Karl mit dem Kronprinzen auf dem Schlachtfelde von Königgrätz darstellend. Der in der Gesellschaft anwesende General von Winterfeldt erzählte aus persönlichem Erleben, daß Prinz Friedrich Karl im Augenblick der Begegnung dem Kronprinzen zugerufen habe: „Gott sei Dank, Fritz, daß du gekommen bist, sonst wäre es mir vielleicht schlecht ergangen!“ Auf diese Erzählung Winterfeldts hin trat Graf Moltke, welcher sich gerade eine Zigarre aussuchte, mit drei großen Schritten unter uns und sagte in scharf betonten Worten: „Das brauchte der Prinz nicht zu sagen. Er wußte doch, daß der Kronprinz heranbefohlen und gegen Mittag auf dem Schlachtfeld zu erwarten war, und damit war der Sieg sicher." Nach dieser Bemerkung wandte sich der Feldmarschall wieder den Zigarren zu.

Zu Kaisers Geburtstag waren die Generale und Stabsoffiziere des Generalstabes Gäste des Feldmarschalls. Bei einer solchen Gelegenheit behauptete einer der Herrn, daß Moltkes Kaisertoast einschließlich der Anrede und des ersten „Hoch" nicht mehr als zehn Worte enthalten würde. Hieraus entstand eine Wette, bei der ich Unparteiischer war. Der dagegen Wettende verlor, denn der Feldmarschall sagte nur: „Meine Herrn, der Kaiser hoch!" Worte, die in unserm Kreise und aus diesem Munde wahrlich genügten. Im nächsten Jahre sollte die gleiche Wette abgeschlossen werden, aber der Gegenpart dankte dafür. Er hätte dieses Mal gewonnen, denn Graf Moltke sagte: „Meine Herrn, Seine Majestät der Kaiser und König Er lebe hoch!" Das sind elf Worte.

Übrigens war Graf Moltke im geselligen Verkehr durchaus nicht schweigsam, sondern ein sehr liebenswürdiger, anregender Unterhalter mit viel Sinn für Humor.

Im Jahre 1891 sah ich den Feldmarschall zum letzten Male, und zwar auf seinem Totenbett. Ich durfte am Morgen nach seinem Hinscheiden vor ihn treten. Der Entschlafene lag aufgebahrt ohne die übliche Perücke, so daß die wundervolle Form seines Kopfes voll zur Geltung kam. Es fehlte nur ein Lorbeerkranz um seine Schläfe, um das Bild eines idealen Cäsarenkopfes zu vervollständigen. Wie viele gewaltigen Gedanken waren in diesem Kopfe entstanden, welch hoher Idealismus hatte hier seine Stätte gehabt, welch ein Adel der Gesinnung hatte von dort aus zum Wohle unseres Vaterlandes und seines Herrschers selbstlos gewirkt. Eine an Geist wie an Charakter gleich große Persönlichkeit hat nach meiner Überzeugung seitdem unser Volk nicht mehr hervorgebracht, ja Moltke ist vielleicht in der Vereinigung dieser Eigenschaften eine einzig dastehende Größe gewesen.

Schon 3 Jahre vorher war unser erster, so großer Kaiser von uns gegangen. Ich war zur Totenwache im Dom kommandiert und durfte dort meinem über Alles geliebten Kaiserlichen und Königlichen Herrn den letzten Dienst erweisen. Meine Gedanken führten mich über Memel, Königgrätz und Sedan nach Versailles. Sie fanden ihren Abschluß in der Erinnerung an einen Sonntag des vorhergehenden Jahres, an dem ich in der Mitte der jubelnden Menge am Kaiserlichen Palais unter dem historischen Eckfenster stand. Getragen von der allgemeinen Begeisterung hob ich damals meinen fünfjährigen Sohn in die Höhe und ließ ihn unseren greisen Herrn mit den Worten sehen: „Vergiß diesen Augenblick in deinem ganzen Leben nicht, dann wirst du auch immer recht tun.“ Nun war seine große Herrscher- und Menschenseele hingegangen zu den Kameraden, denen er wenige Jahre vorher durch den sterbenden Generalfeldmarschall von Roon seinen Gruß entboten hatte.

Auf meinem Schreibtisch liegt ein grauer Marmorblock. Er stammt aus dem alten Dom und von der Stelle, auf welcher der Sarg meines Kaisers gestanden hat. Ein lieberes Geschenk konnte mir nie gemacht werden. Welche Gefühle bei Anblick dieses Steines besonders heutzutage in mir wach werden, das brauche ich wohl nicht erst in Worte zu kleiden.

Dem Sohn Wilhelms, Kaiser Friedrich, Deutschlands Stolz und Hoffnung, war keine lange Regierungszeit beschieden. Eine unheilbare Krankheit raffte ihn wenige Monate nach dem Tode des Vaters hinweg. Der Große Generalstab befand sich zu dieser Zeit auf einer Generalstabsreise in Ostpreußen. Wir wurden daher in Gumbinnen auf Seine Majestät den Kaiser und König Wilhelm II. vereidigt. So legte ich denn meinem nunmehrigen Kriegsherrn das Treugelöbnis an einer Stelle ab, an der ich es 26 Jahre später in schwerer, aber großer Zeit durch die Tat bekräftigen durfte.

Das Schicksal fügte es für mich günstig, daß ich innerhalb des Generalstabes eine sehr abwechslungsreiche Verwendung fand. Noch während meiner Zuteilung zum Großen Generalstab wurde mir der Unterricht der Taktik an der Kriegsakademie übertragen. Ich fand in dieser Tätigkeit eine hohe Befriedigung und übte sie fünf Jahre hindurch aus. Freilich waren die Anforderungen an mich sehr groß, da ich neben diesem Amt gleichzeitig andern Dienst tun mußte, zuerst im Großen Generalstab und später als erster Generalstabsoffizier beim Generalkommando des III. Armeekorps. Unter diesen Verhältnissen erschien der Tag mit 24 Stunden oftmals zu kurz. Durcharbeitete Nächte wurden zur Gewohnheit.

Viele hochbegabte, zu den schönsten Hoffnungen berechtigende junge Offiziere lernte ich während dieser akademischen Lehrtätigkeit kennen. Mancher Namen gehören jetzt der Geschichte an. Ich nenne hier nur Lauenstein, Lüttwitz, Freytag-Loringhoven, Stein und Hutier. Auch zwei türkische Generalstabsoffiziere waren mir in dieser Zeit auf die Dauer von etwa zwei Jahren beigegeben: Schakir Bey und Tewfyk Effendi. Der eine hat es später in seiner Heimat bis zum Marschall, der andere bis zum General gebracht.

Beim Generalkommando des III. Korps war der jüngere General von Bronsart mein Kommandierender General, ein hochbegabter Offizier, der 1866 und 1870/71 im Generalstab tätig gewesen war, und später gleich seinem älteren Bruder Kriegsminister wurde.

In ein gänzlich anderes Arbeitsgebiet wie bisher führte mich im Jahre 1889 meine Verwendung im Kriegsministerium. Ich hatte dort eine Abteilung des Allgemeinen Kriegsdepartements zu übernehmen. Zurückzuführen ist diese Veränderung auf den Umstand, daß mein einstiger Divisionskommandeur, General von Verdy, Kriegsminister geworden war und mich bei einer Umformung des Ministeriums heranzog. Schon als Major wurde ich dadurch Abteilungschef.

So wenig diese Verwendung anfänglich meinen Wünschen und Neigungen entsprach, so sehr schätzte ich doch später den Nutzen, den ich durch den Einblick in mir bis dahin fremde Arbeitsgebiete und Verhältnisse gewann. Ich hatte reichlich Gelegenheit, die wohl kaum ganz vermeidliche Umständlichkeit des Geschäftsbetriebes und des Formelwesens im Verein mit dem dadurch bedingten Hervortreten bureaukratischer Auffassung untergeordneterer Persönlichkeiten, zugleich aber auch die große Pflichttreue kennen zu lernen, mit der überall in äußerster Anspannung der Kräfte gearbeitet wurde.

Zu meinen anregendsten Aufgaben gehörten die Schaffung einer Feldpioniervorschrift und die Einführung der Verwendung der schweren Artillerie in der Feldschlacht. Beides hat sich im großen Kriege bewährt.

Die Gesamtleistungen des Kriegsministeriums, sowohl im Frieden als auch ganz besonders im letzten Kriege, sind der größten Anerkennung wert. Eine ruhige und sachliche Forschung wird erst imstande sein, dieses Urteil in seiner vollen Berechtigung zu bestätigen.

So sehr ich auch schließlich meine Verwendung im Kriegsministerium als für mich nutzbringend schätzen gelernt hatte, so warm begrüßte ich doch die Befreiung aus meinem bureaukratischen Joch, als ich im Jahre 1893 zum Kommandeur des Infanterieregiments 91 in Oldenburg ernannt wurde.

Die Stellung eines Regimentskommandeurs ist die schönste in der Armee. Der Kommandeur drückt dem Regiment, dem Träger der Tradition im Heere, seinen Stempel auf. Erziehung des Offizierkorps nicht nur in dienstlicher sondern auch in geselliger Beziehung, Leitung und Überwachung der Ausbildung der Truppe sind seine wichtigen Aufgaben. Ich bemühte mich, im Offizierkorps ritterlichen Sinn, in meinen Bataillonen Kriegsmäßigkeit und straffe Disziplin, überall aber auch neben strenger Dienstauffassung Dienstfreudigkeit und Selbständigkeit zu pflegen. Der Umstand, daß in der Garnison Infanterie, Kavallerie und Artillerie vereinigt waren, gab mir Gelegenheit zu zahlreichen Übungen mit gemischten Waffen.

Ihre Königliche Hoheiten der Großherzog und die Großherzogin waren mir gnädig gesonnen, das gleiche galt vom erbgroßherzoglichen Paare. Ich fand auch sonst überall gute Aufnahme und habe mich in der freundlichen Gartenstadt sehr wohl gefühlt. Die ruhige, schlichte Art der Oldenburger Bevölkerung sagte mir zu. Gern und dankbar denke ich daher an meine Oldenburger Zeit zurück. Die Gnade meines Kaisers brachte mich zu meiner großen Freude an meinem 70jährigen Geburtstage wieder mit meinem einstigen Regiment durch *à la suite*-Stellung in Verbindung. So zähle ich mich denn auch heute noch zu den Oldenburgern.

Durch meine Ernennung zum Chef des Generalstabes des VIII. Armeekorps in Coblenz kam ich im Jahre 1896 zum ersten Male in nähere Berührung mit unserer Rheinprovinz. Der heitere Sinn und das freundliche Entgegenkommen des Rheinländers berührten mich durchaus angenehm: an das leichtere Hinweggleiten über ernstere Lebensfragen und eine im Verhältnis zu dem Norddeutschen weichere Art des Empfindens mußte ich mich dagegen offen gestanden erst gewöhnen. Der Gang unserer geschichtlichen Entwickelung und die Verschiedenheiten in den geographischen und wirtschaftlichen Verhältnissen erklären ja durchaus manche Unterschiede im Denken und Fühlen. Hieraus aber jetzt ein Lostrennungsbedürfnis der Rheinlande von Preußen folgern zu wollen, ist meiner Ansicht nach ein Frevel und schnöder Undank.

Das frohe Leben am Rhein zog übrigens auch mich in seinen Bann, und ich verlebte dort viele frohe Stunden.

Mein Kommandierender General war anfänglich der mir schon vom Großen Generalstab her als Abteilungschef und auch vom Kriegsministerium her als mein Departementsdirektor bekannt General Vogel von Falckenstein. An seine Stelle trat aber bald Seine Königliche Hoheit der Erbgroßherzog von Baden.

Diesem hohen Herrn durfte ich 3½ Jahre zur Seite stehen. Ich zähle diese Jahre mit zu den schönsten meines Lebens. Sein edler Sinn, in dem sich Hoheit mit gewinnender Herzlichkeit vereinte, seine vorbildliche, unermüdliche Pflichttreue verbunden mit soldatischer Art und Begabung erwarben ihm rasch die Liebe und das Vertrauen nicht nur seiner Untergebenen, sondern auch der rheinischen Bevölkerung.

Während meiner Chefzeit hatte das VIII. Korps 1897 Kaisermanöver. Seine Majestät der Kaiser und König war mit den Leistungen in Parade und Felddienst zufrieden. Zu den Festlichkeiten in Coblenz zählte auch die Enthüllung des Denkmals Kaiser Wilhelms I. am Deutschen Eck, jenem schöngelegenen Punkte, an welchem die Mosel der Feste Ehrenbreitstein gegenüber in den Rhein mündet.

Infolge meiner fast vier Jahre langen Verwendung als Generalstabschef eines Armeekorps war ich im Dienstalter so weit vorgerückt, daß meine Ernennung zum Kommandeur einer Infanteriebrigade nicht mehr in Frage kam. Ich wurde daher nach dieser Zeit im Jahre 1900 zum Kommandeur der 28. Division in Karlsruhe ernannt.

Diesem Allerhöchsten Befehl folgte ich mit ganz besonderer Freude. Meine bisherigen dienstlichen Beziehungen zum Erbgroßherzog ließen mich auch bei Ihren Königlichen Hoheiten dem Großherzog und der Großherzogin ein unendlich gnädiges Wohlwollen finden, das sich auch auf meine Frau übertrug und uns hoch beglückte. Dazu das herrliche Badener Land mit all seinen landschaftlichen Schönheiten und seinen treuherzigen Bewohnern und Karlsruhe mit seinen zahlreichen Anregungen in Kunst und Wissenschaft, mit seiner alle Berufskreise umfassenden Geselligkeit.

In der Division vereinigen sich zum ersten Male alle drei Waffen unter einer Kommandostelle. Der Dienst eines Divisionskommandeurs wird dadurch vielseitiger, erhebt sich über die kleineren Dinge und fordert eine Einwirkung, die sich vorwiegend mit dem Großen im Kriege beschäftigt.

Mit inniger Dankbarkeit im Herzen verließ ich im Januar 1903 Karlsruhe, weil mich das Vertrauen meines Allerhöchsten Kriegsherrn an die Spitze des IV. Armeekorps berief.

Ich übernahm damit eine unendlich verantwortungsreiche Stellung, in der man in der Regel länger als auf andern militärischen Posten verbleibt, und in der man, ähnlich wie als Regimentskommandeur, nur unter höhern Gesichtspunkten, dem Ganzen sein Gepräge gibt. Ich handelte im übrigen nach meinen bisherigen Grundsätzen und glaube Erfolge erreicht zu haben. Die Liebe meiner Untergebenen, auf die ich immer hohen Wert als auf eine der Wurzeln guter dienstlicher Leistungen gelegt habe, äußerte sich wenigstens in herzerfreuender Weise, als ich nach 8¼jähriger Tätigkeit mein schönes Amt niederlegte.

Schon im ersten Jahre hatte ich die Ehre, mein Armeekorps Seiner Majestät im Kaisermanöver, mit einer Parade auf dem Schlachtfeld von Roßbach beginnend, vorführen zu dürfen. Ich erntete Allerhöchste Anerkennung, die ich dankbar auf meinen Vorgänger und auf meine Truppen zurückführte.

In diesen Manövertagen hatte ich die Auszeichnung, Ihrer Majestät der Kaiserin vorgestellt zu werden. Dieser ersten Begegnung sind später in ernster Zeit Tage gefolgt, in denen ich immer wieder erkennen konnte, was die hohe Frau ihrem erhabenen Gemahl, dem Vaterlande und auch mir war.

Das IV. Armeekorps gehörte zu meiner Zeit zur Armee-Inspektion Seiner Königlichen Hoheit des Prinzen Leopold von Bayern. Ich lernte in ihm einen hervorragenden Führer und vortrefflichen Soldaten kennen. Wir sollten uns später auf dem östlichen Kriegsschauplatz wiederfinden. Der Prinz unterstellte sich mir dort in hochherziger Weise im Interesse der großen Sache, obgleich er mir im Dienstalter wesentlich überlegen war. Im Dezember 1908 nahm ich auf Befehl Seiner Majestät des Kaisers im Verein mit dem damaligen General von Bülow, dessen Korps auch zur Armee-Inspektion des Prinzen gehörte, in München an der Feier des 50jährigen Dienstjubiläums Seiner Königlichen Hoheit teil. Wir hatten aus dieser Veranlassung die Ehre, von Seiner Königlichen Hoheit dem hochbetagten Prinz-Regenten Luitpold huldvoll empfangen zu werden.

Magdeburg, mein Standort, wird oft von solchen, die es nicht kennen, unterschätzt. Es ist eine schöne alte Stadt, deren „Breiter Weg“ und deren ehrwürdiger Dom als Sehenswürdigkeiten gelten müssen. Seit der Schleifung der Festung sind über deren Grenzen hinaus ansehnliche, allen modernen Anforderungen entsprechende Vorstädte entstanden. Was der nächsten Umgegend Magdeburgs an Naturschönheiten versagt ist, hat man durch weitausgedehnte Parkanlagen zu ersetzen gewußt. Auch für Kunst und Wissenschaft ist durch Theater, Konzerte, Museen, Vorträge und dergleichen gesorgt. Man sieht also, daß man sich dort auch außerdienstlich wohl fühlen kann, besonders wenn man so angenehme gesellige Verhältnisse vorfindet, wie es uns beschieden war.

Dem Verkehr in der Stadt schloß sich ein solcher an den Höfen von Braunschweig, Dessau und Altenburg sowie auf zahlreichen Landsitzen an. Sie alle zu nennen, würde zu weit führen. Aber eines von uns alljährlich wiederholten mehrtägigen Besuches bei meinem jetzt 93jährigen, ehrwürdigen väterlichen Freunde, dem General der Kavallerie Graf Wartensleben auf Carow, muß ich doch in besonderer Dankbarkeit gedenken.

Auch an Jagdgelegenheit war kein Mangel. Ganz abgesehen von den bekannten großen Hasen- und Fasanenjagden der Provinz Sachsen sorgten Hofjagden in Letzlingen, Mosigkau bei Dessau, Blankenburg im Harz und im Altenburgischen sowie Treibjagden und Pirschfahrten auf mehreren Gütern dafür, daß man auch auf Schwarz-, Dam-, Rot-, Reh- und Auerwild zu Schuß kam.

Immer mehr reifte allmählich in mir der Entschluß, aus der Armee auszuscheiden. Ich hatte in meiner militärischen Laufbahn viel mehr erreicht, als ich je zu hoffen wagte. Krieg stand nicht in Aussicht, und so erkannte ich es für eine Pflicht an, jüngeren Kräften den Weg nach vorwärts freizumachen, und erbat im Jahre 1911 meinen Abschied. Da sich die falsche Legendenbildung dieses unbedeutenden Ereignisses bemächtigt hat, so erkläre ich ausdrücklich, daß keinerlei Reibungen dienstlicher oder gar persönlicher Art diesen Schritt veranlaßt haben.

Der Abschied von liebgewonnenen, langjährigen Beziehungen und besonders von meinem IV. Korps, das mir fest ans Herz gewachsen war, wurde mir nicht leicht. Aber es mußte sein! Ich ahnte nicht, daß ich nach wenigen Jahren wieder zum Schwerte greifen und dann gleich meinem einstigen Armeekorps Kaiser und Reich, König und Vaterland erneut dienen durfte.

Im Verlauf meiner langjährigen Dienstzeit habe ich fast alle deutschen Stämme kennen gelernt. Ich glaube daher beurteilen zu können, über welch einen Reichtum wertvollster Eigenarten unser Volk verfügt, und wie kaum ein anderes Land der Welt in solcher Vielseitigkeit die Vorbedingungen für ein reiches geistiges und seelisches Leben in sich birgt als Deutschland.

Übergang in den Ruhestand

Mit treugehorsamstem Dank gegen meinen Kaiser und König, unter den heißesten Wünschen für seine Armee und in vollem Vertrauen auf die Zukunft unseres Vaterlandes war ich aus dem aktiven Dienst geschieden und blieb doch im Innern immer Soldat.

Das reiche Erleben auf allen Gebieten meines Berufes ließ mich zufrieden auf meine bisherige Tätigkeit zurückblicken. Nichts war imstande, mir das Gesamtbild zu trüben, über dem der Zauber der Verwirklichung glühender Jugendträume lag. Der Übergang zur selbstgewählten Ruhe vollzog sich daher auch bei mir nicht ohne Heimweh nach dem verlassenen Wirkungskreise, nicht ohne Sehnsucht nach den Reihen der Armee. Die Hoffnung, daß im Falle einer Gefahr fürs Vaterland mein Kaiser mich wieder rufen würde, der Wunsch, meine letzten Kräfte seinem Dienste zu widmen, verlor in der Stille meines veränderten Daseins nichts von seiner Stärke.

In der Zeit, in der ich die Armee verließ, pulsierte dort ein außergewöhnlich starkes geistiges Leben. Der erfrischende Kampf zwischen Altem und Neuem, zwischen rücksichtslosen Fortschritten und ängstlichem Zurückhalten suchte und fand seinen Ausgleich in den praktischen Erfahrungen der jüngsten Kriege. Diese Erfahrungen ließen trotz der neuen Bahnen, die sie uns öffneten, keinen Zweifel darüber, daß inmitten der Wertsteigerung aller Kampfmittel die Wertschätzung der Erziehung, der sittlichen Bildung des Soldaten die gleiche wie bisher bleiben mußte. Die herzhafte Tat hatte den Vorrang vor den Künsteleien des Verstandes auch jetzt noch behalten. Geistesgegenwart und Charakterfestigkeit blieben höher im kriegerischen Kurs als Feinheiten der Gedankenschulung. Über der Vervollkommnung der Vernichtungswaffen hatte der Krieg seine einfachen, ich möchte sagen groben Formen nicht verloren. Er vertrug keine Verbildung der menschlichen Natur, keine Überfeinerung der kriegerischen Erziehung. Was er auch weiterhin vor allem anderen forderte, das war die Bildung des Menschen zur willensstarken Persönlichkeit.

Man hat im Frieden vielfach geglaubt, der Armee Unproduktivität vorwerfen zu können. Mit vollem Rechte, wenn man unter Produktivität die Schaffung von materiellen Werten versteht, mit ebensolchem Unrecht, wenn man die Produktivität von höheren, sittlichen Gesichtspunkten auffaßt. Wer nicht aus Vorurteil und Übelwollen unsere militärische Friedensarbeit von vornherein verwarf, mußte in der Armee die trefflichste Schule für Wille und Tat, ja geradezu für Freude an der Tat anerkennen. Wieviele Tausende von Menschen haben unter ihrem Einfluß erst gelernt, was sie körperlich und seelisch zu leisten vermochten, haben in ihr das Selbstvertrauen und die innere Eigenkraft gewonnen, die ihnen dann durch das ganze Leben erhalten blieb. Wo hatte der Gleichheitsgedanke und Einheitssinn des Volkes eine durchgreifendere Vertretung gefunden als in der alle gleichmachenden Schule unseres großen, vaterländischen Heeres? In ihm wurde der Hang zum schrankenlosen Sichselbstleben mit seinen Gesellschaft und Staat auflösenden Bestrebungen durch straffe Selbstzucht des Einzelnen zum Wohle für die Allgemeinheit segensvoll geläutert und umgewandelt. Das Heer schulte und verstärkte jenen machtvollen organisatorischen Trieb, den wir in unserem Vaterlande allenthalben fanden, auf dem Gebiete des Staatslebens, wie auf dem der Wissenschaft, im Handel wie in der Technik, in der Industrie wie in den Arbeitermassen, in der Landwirtschaft wie im Gewerbe. Die Überzeugung von der Notwendigkeit, ja von dem Segen der Unterordnung des einzelnen unter das Wohl des Ganzen war dem deutschen Heere und durch dieses auch dem deutschen Volke zum vollen Bewußtsein gekommen. Nur auf dieser Grundlage waren die ungeheuren Leistungen möglich, mit denen wir bald in harter Not einer ganzen feindlichen Welt Trotz bieten mußten und konnten.

Auf den Kampffeldern Europas, Asiens und Afrikas hat denn auch der deutsche Offizier und Soldat den Beweis geliefert, daß unsere Heereserziehung die richtige war. Wenn auch unter mancherlei Einwirkungen die lange Dauer des letzten Krieges auf einige Naturen einen entsittlichenden Einfluß ausübte, oder unter den entnervenden Eindrücken seelischer und körperlicher Überanspannung die moralischen Begriffe sich teilweise verwirrten, sowie auch unter zahlreichen Versuchungen bislang tadelfreie Charaktere schwach wurden, der innerste Kern des Heeres blieb trotz der unerhörtesten Belastung sittlich gesund und seiner Aufgabe gewachsen.

Man hat der bisherigen Armee vorgeworfen, daß sie sich bemühte, den freien Menschen zum willenlosen Werkzeug herabzuwürdigen. Auf den Schlachtfeldern des großen Weltkrieges, inmitten der auflösenden Wirkungen endloser Kämpfe hat es sich aber gezeigt, welch willensstärkenden Einfluß unsere Erziehung ausgeübt hat. Zahllose erhebende und gleichzeitig erschütternde Vorgänge beweisen, zu welch großen freiwilligen Opfern der brave deutsche Mann befähigt war, nicht weil er sich sagte: „Ich muß", sondern weil er sich sagte: „Ich will."

Es liegt in dem Gange der Ereignisse, daß man mit der Auflösung der alten Armee neue Wege zur Erziehung des Volkes und seiner Wehrkraft fordert. Ich verbleibe dem gegenüber fest auf dem Boden der alten, bewährten Grundsätze. Mögen es andere für nicht unbedingt entscheidend ansehen, durch welche Mittel und auf welchem Wege wir die Möglichkeit zu gleichen Leistungen wie bisher erreichen, darin wenigstens werden sie gewiß mit mir übereinstimmen, daß es für die Zukunft unseres Vaterlandes bestimmend ist, daß wir diese Möglichkeit überhaupt wieder erlangen. Es sei denn, daß wir auf unsere Stellung in der Welt verzichten wollen und uns zum Amboß herabwürdigen lassen, weil wir weder den Mut noch die Kraft mehr finden, zum Hammer zu werden, wenn es die Stunde gebietet. Vielleicht ist es die Schicksalsfrage nicht nur für das politische sondern auch für das wirtschaftliche Neugedeihen unseres deutschen Vaterlandes, wie wir die große Schule für Organisation und Tatkraft, die wir in unserem alten Heere besaßen, wieder gewinnen. Wenn irgendein Land der Erde, so kann das deutsche nur unter äußerster Anspannung und Zusammenfassung seiner schöpferischen Kräfte gedeihen und einen lebenswerten Platz inmitten der übrigen Welt behaupten. Unter den zersetzenden Wirkungen eines unglücklichen Krieges und unter dem trügerischen Eindruck, als ob die strenge Unterordnung aller Volkskräfte unter einen beherrschenden Willen das Unglück des Vaterlandes nicht zu verhindern vermocht hätte, ist leider eine starke Auflehnung gegen die bestehende strenge Ordnung eingetreten. Die Empörung gegen die jahrelange freiwillige oder erzwungene Unterwerfung durchbrach die bisherigen Schranken und irrte planlos auf neuen Wegen. Ist ein Erfolg auf diesen neuen Wegen zu erhoffen? Bis jetzt haben wir jedenfalls unter den Einflüssen der staatlichen Auflösung weit mehr seelische und ethische Werte verloren, als unter den Wirkungen des eigentlichen Krieges.

Zweiter Teil

Kriegführung im Osten

Der Kampf um Ostpreußen

Kriegsausbruch und Berufung

Die Ruhe meines Lebens gab mir seit dem Jahre 1911 die Möglichkeit, mich den politischen Vorgängen in der Welt mit Muße zu widmen. Die Beobachtungen, die ich dabei machte, waren freilich nicht imstande, mich mit Befriedigung zu erfüllen. Ängstlichkeit lag mir ferne, und doch konnte ich ein gewisses bedrückendes Gefühl nicht los werden. Die Ansicht drängte sich mir auf, daß wir in den weiten Ozean der Weltpolitik hinaustrieben, ohne daß wir in Europa selbst genügend fest standen. Mochten die politischen Wetterwolken über Marokko stehen oder sich über dem Balkan zusammenziehen, die unbestimmte Ahnung, als ob unter unserem deutschen Boden miniert würde, teilte ich mit der Mehrzahl meiner Landsleute. Wir standen in den letzten Jahren zweifellos einer der sich augenscheinlich regelmäßig wiederholenden französisch-chauvinistischen Hochfluten gegenüber. Ihr Ursprung war bekannt; ihre Stütze suchte und fand sie in Rußland wie in England, ganz gleichgültig, wer und was dort die offenen oder geheimen, die bewußten oder unbewußten Triebfedern bildete.

Ich habe die besonderen Schwierigkeiten in der Führung der deutschen Politik nie verkannt. Die Gefahren, die sich aus unserer geographischen Lage, aus unseren wirtschaftlichen Notwendigkeiten und nicht zuletzt aus unseren völkisch gemischten Randgebieten er gaben, waren mit den Händen zu greifen. Eine gegnerische Politik, der es gelang, die fremden Begehrlichkeiten gegen uns zusammenzufassen, bedurfte nach meiner Ansicht hierzu keiner großen Gewandtheit. Sie betrieb letzten Endes den Krieg. Auf diese Gefahr uns einzustellen, versäumten wir. Unsere Bündnispolitik richtete sich mehr nach einem Ehrenkodex als nach den Bedürfnissen unseres Volkes und unserer Weltlage.

Wenn ein späterer deutscher Reichskanzler schon in den neunziger Jahren mit dem fortschreitenden Zerfall der uns verbündeten Donaumonarchie als mit etwas Selbstverständlichem rechnen zu müssen glaubte, so war es unverständlich, wenn unsere Politik daraus nicht die entsprechenden Folgerungen zog.

Den deutsch-österreichischen Stammesgenossen brachte ich jederzeit volle Sympathie entgegen. Die Schwierigkeiten ihrer Stellung innerhalb ihres Vaterlandes fanden ja bei uns allgemein die lebhafteste Teilnahme. Dieses unser Gefühl wurde aber nach meiner Auffassung von der österreichisch-ungarischen Politik allzu weitgehend ausgenutzt.

Das Wort von der Nibelungentreue war gewiß seinerzeit sehr eindrucksvoll. Es konnte uns aber über die Tatsache nicht hinwegtäuschen, daß Österreich-Ungarn uns in die bosnische Krisis, auf die dieses Wort gemünzt war, ohne bundesbrüderliche Verständigung überraschend hineingezerrt hatte und dann von uns verlangte, ihm den Rücken zu decken. Daß wir den Verbündeten damals nicht verlassen konnten, war klar. Das hätte geheißen, den russischen Koloß stärken, um dann selbst um so sicherer und widerstandsloser von ihm erdrückt zu werden.

Mir als Soldaten mußte besonders das Mißverhältnis zwischen den politischen Ansprüchen Österreich-Ungarns und seinen innerpolitischen sowie militärischen Kräften auffallen. Den ungeheuren Rüstungen des nach dem ostasiatischen Kriege wieder gekräftigten Rußland gegenüber verstärkten zwar wir Deutschen unsere Wehr, stellten aber nicht die gleichen Anforderungen an unseren österreichisch-ungarischen Bundesgenossen. Für die Staatsmänner der Donaumonarchie mochte es sehr einfach sein, sich gegenüber unseren Anregungen auf Erhöhung der österreichisch-ungarischen Rüstungen hinter Schwierigkeiten ihrer innerstaatlichen Verhältnisse zurückzuziehen. Warum aber fanden wir keine Mittel, Österreich-Ungarn in dieser Frage vor ein Entweder-Oder zu stellen? Wir kannten doch die gewaltige zahlenmäßige Überlegenheit unserer voraussichtlichen Gegner. Durften wir es denn dulden, daß der Verbündete einen großen Teil seiner Volkskräfte für die gemeinsame Verteidigung brach liegen ließ? Was nützte es uns, in Österreich-Ungarn ein nach Südosten vorgeschobenes Bollwerk zu besitzen, wenn dieses Bollwerk nach allen Seiten Risse aufwies und nicht genügend Verteidiger besaß, um seine Wälle zu halten?

Auf eine wirksame Waffenhilfe Italiens zu rechnen, schien mir von jeher bedenklich. Eine solche war zweifelhaft, selbst bei gutem Willen der italienischen Staatsmänner. Wir hatten Gelegenheit gehabt, die Schwächen des italienischen Heeres im Tripoliskrieg vollauf zu erkennen. Seitdem waren die dortigen Verhältnisse bei den schwer erschütterten Finanzen des Staates kaum besser geworden. Schlagbereit war Italien jedenfalls nicht.

In diesen Richtungen bewegten sich meine damaligen Betrachtungen und Sorgen. Ich hatte den Krieg schon zweimal kennengelernt, jedesmal unter kraftvoller politischer Führung vereint mit einfachen, klaren kriegerischen Zielen. Ich fürchtete den Krieg nicht, auch jetzt nicht! Aber ich kannte neben seinen erhebenden Wirkungen seine verheerenden Eingriffe in das menschliche Dasein zu gut, als daß ich ihn nicht hätte denkbar lange vermieden wissen wollen.

Und nun brach der Krieg über uns herein! Die Hoffnungslosigkeit, uns mit Frankreich auf dem bestehenden Boden vergleichen, den Geschäftsneid und die Rivalitätsangst Englands bannen, die russische Begehrlichkeit ohne unseren Bündnisbruch mit Österreich befriedigen zu können, hatte in Deutschland seit langem eine Stimmungsspannung hervorgerufen, in der der Kriegsausbruch fast wie eine Befreiung von einem beständigen, das ganze Leben beeinträchtigenden Drucke empfunden wurde.

Der deutsche kaiserliche Heerbann trat an! Eine stolze Kriegsmacht, wie sie die Welt in dieser Tüchtigkeit nur selten gesehen hat. Bei ihrem Anblick mußte der Herzschlag des ganzen Volkes kräftiger werden. Doch nirgends Übermut im Angesicht der Aufgabe, die unserer harrte. Hatten doch weder Bismarck noch Moltke uns über die wuchtende Last eines solchen Krieges im Unklaren gelassen, stellte doch jeder Einsichtige bei uns sich die Frage, ob wir politisch, wirtschaftlich, militärisch und moralisch imstande sein würden durchzuhalten. Doch größer als die Sorge war zweifellos das Vertrauen.

In diesen Stimmungen und Gedanken traf auch mich die Nachricht vom Losbrechen des Sturmes. Der Soldat in mir wurde in seiner nunmehr alles beherrschenden Kraft wieder lebendig. Würde mein Kaiser und König meiner bedürfen? Gerade das letzte Jahr war ohne eine amtliche Andeutung dieser Art für mich vorübergegangen. Jüngere Kräfte schienen ausreichend verfügbar. Ich fügte mich dem Schicksal und blieb doch in sehnsuchtsvoller Erwartung.

Zur Front

Die Heimat lauschte in Spannung.

Die Nachrichten von den Kriegsschauplätzen entsprachen unseren Hoffnungen und Wünschen. Lüttich war gefallen, das Gefecht bei Mülhausen siegreich geschlagen, unser rechter Heeresflügel und unsere Mitte im Vorschreiten durch Belgien. Die ersten jubelatmenden Nachrichten über die Lothringer Schlacht drangen ins Vaterland. Auch aus dem Osten klang es wie Siegesfanfaren.

Nirgends Ereignisse, die sorgende Gedanken gerechtfertigt erscheinen ließen.

Am 22. August 3 Uhr nachmittags erhielt ich eine Anfrage aus dem Großen Hauptquartier Seiner Majestät des Kaisers, ob ich bereit zur sofortigen Verwendung sei.

Meine Antwort lautete: „Bin bereit."

Noch bevor dieses Telegramm im Großen Hauptquartier eingetroffen sein konnte, erhielt ich ein zweites von dort. Danach rechnete man augenscheinlich bestimmt mit meiner Bereitschaft zur Annahme einer Feldstelle und teilte mir mit, daß General Ludendorff bei mir eintreffen werde. Weitere Mitteilungen aus dem Großen Hauptquartier klärten dann die Sachlage für mich dahin auf, daß ich als Armeeführer sogleich nach dem Osten abzugehen hätte.

Gegen 3 Uhr nachts fuhr ich, in der Eile nur unfertig ausgerüstet, zum Bahnhof und stand dort erwartungsvoll in der mäßig beleuchteten Halle. Meine Gedanken rissen sich von dem heimischen Herde, den ich so plötzlich verlassen mußte, erst völlig los, als der kurze Sonderzug einfuhr. Ihm entstieg mit frischem Schritte General Ludendorff, sich bei mir als mein Chef des Generalstabs der 8. Armee meldend.

Der General war mir bis zu diesem Augenblicke fremd gewesen, seine Tat bei Lüttich mir noch unbekannt. Er klärte mich zunächst über die Lage an unserer Ostfront auf, über die er am 22. August im Großen Hauptquartier Coblenz von dem Chef des Generalstabes des Feldheeres, Generaloberst von Moltke, persönlich unterrichtet worden war. Danach hatten sich die Operationen der 8. Armee in Ostpreußen folgendermaßen entwickelt: Die Armee hatte das XX. Armeekorps, verstärkt durch Festungsbesatzungen und sonstige Landwehrformationen, bei Beginn der Operationen zum Schutze der Südgrenze West- und Ostpreußens von der Weichsel bis an das Lötzener Seengebiet in Stellung belassen. Die Masse der Armee (I. Armeekorps, XVII. Armeekorps, I. Reservekorps, 3. Reservedivision, Festungsbesatzung Königsberg und 1. Kavalleriedivision) war an der Ostgrenze Ostpreußens versammelt worden und hatte dort am 17. August bei Stallupönen, am 19. und 20. August bei Gumbinnen im Angriff gegen die unter General Rennenkampf von Osten her vordringende russische Njemenarmee gefochten. Während der Kämpfe bei Gumbinnen war die Meldung vom Vormarsch der russischen Narewarmee unter General Samsonoff von Süden her gegen die deutsche Grenzlinie Soldau-Willenberg eingetroffen. Die Führung unserer 8. Armee glaubte damit rechnen zu müssen, daß der Russe diese Grenze schon am 21. August überschreiten würde. Angesichts dieser Bedrohung der rückwärtigen Verbindungen aus südlicher Richtung brach das Oberkommando die Schlacht bei Gumbinnen ab und meldete der Obersten Heeresleitung, daß es nicht imstande sein würde, das Land östlich der Weichsel weiterhin zu behaupten.

Generaloberst von Moltke hatte diesen Entschluß nicht gebilligt. Er vertrat die Auffassung, daß man noch eine Operation zur Vernichtung der Narewarmee versuchen müßte, bevor man daran denken dürfte, die militärisch, wirtschaftlich und politisch wichtige Stellung in Ostpreußen aufzugeben. Der Gegensatz in den

Anschauungen zwischen der Obersten Heeresleitung und dem Armee-Oberkommando hatte den Wechsel in den führenden Stellen der 8. Armee veranlaßt.

Zur Zeit schien die Lage bei dieser Armee folgende zu sein: Die Loslösung vom Feinde war gelungen. Das I. Armeekorps und die 3. Reservedivision befanden sich in Abbeförderung mit der Bahn nach Westen, während das I. Reservekorps und das XVII. Armeekorps der Weichsellinie im Fußmarsch zustrebten. Das XX. Armeekorps stand noch auf seinem Posten an der Grenze.

Ich war mit meinem nunmehrigen Armeechef in kurzem in der Auffassung der Lage einig. General Ludendorff hatte schon von Coblenz aus die ersten unaufschiebbaren Weisungen geben können, die dahin zielten, die Fortführung der Operationen östlich der Weichsel sicherzu stellen. Dazu gehörte in erster Linie, daß die Transporte des I. Armeekorps nicht zu weit nach Westen geführt, sondern auf Deutsch-Eylau, also feindwärts hinter den rechten Flügel des XX. Armeekorps, herangeleitet wurden.

Alles weitere mußte und konnte erst bei unserem Eintreffen im Hauptquartier der Armee in Marienburg entschieden werden.

Unser Gespräch hatte kaum mehr als eine halbe Stunde in Anspruch genommen. Dann begaben wir uns zur Ruhe. Die dazu verfügbare Zeit nützte ich gründlich aus.

So fuhren wir denn einer gemeinsamen Zukunft entgegen, uns des Ernstes der Lage voll bewußt, aber auch voll festen Vertrauens zu Gott dem Herrn, zu unseren braven Truppen und nicht zuletzt zu einander. Jahrelang sollte von nun ab das gemeinsame Denken und die gemeinsame Tat uns vereinen.

Ich möchte mich hier gleich über das Verhältnis zwischen mir und meinem damaligen Generalstabschef und späteren Ersten Generalquartiermeister General Ludendorff aussprechen. Man hat geglaubt, dieses Verhältnis mit dem Blüchers zu Gneisenau vergleichen zu können. Ich lasse dahingestellt sein, inwieweit man bei diesem Vergleiche von der wirklich richtigen historischen Grundlage ausgegangen ist. Die Stellung eines Chefs des Generalstabes hatte ich, wie aus meinen vorhergehenden Ausführungen ja bekannt ist, früher selbst jahrelang innegehabt. Die Tätigkeit eines solchen gegenüber dem die Verantwortung tragenden Führer ist, wie ich somit aus eigener Erfahrung wußte, innerhalb der deutschen Armee nicht theoretisch festgelegt. Die Art der Zusammenarbeit und das Ausmaß der gegenseitigen Ergänzung hängen vielmehr von den Persönlichkeiten ab. Die Grenzen der beiderseitigen Wirkungsbereiche sind also nicht scharf voneinander getrennt. Ist das Verhältnis zwischen Vorgesetzten und Generalstabschef ein richtiges, so werden sich diese Grenzen durch soldatischen und persönlichen Takt und die beiderseitigen Charaktereigenschaften leicht ergeben.

Ich selbst habe mein Verhältnis zu General Ludendorff oft als das einer glücklichen Ehe bezeichnet. Wie will und kann der Außenstehende das Verdienst des einzelnen in einer solchen scharf abgrenzen? Man trifft sich im Denken wie im Handeln, und die Worte des einen sind oftmals nur der Ausdruck der Gedanken und Empfindungen des anderen.

Eine meiner vornehmsten Aufgaben, nachdem ich den hohen Wert des Generals Ludendorff bald erkannt hatte, sah ich darin, den geistvollen Gedankengängen, der nahezu übermenschlichen Arbeitskraft und dem nie ermattenden Arbeitswillen meines Chefs soviel als möglich freie Bahn zu lassen und sie ihm, wenn nötig, zu schaffen. Freie Bahn in der Richtung, in der unser gemeinsames Sehnen, unsere gemeinsamen Ziele lagen: der Sieg unserer Fahnen, das Wohl unseres Vaterlandes, ein Friede, wert der Opfer, die unser Volk gebracht hatte.

Ich hatte dem General Ludendorff die Treue des Kampfgenossen zu halten, wie sie uns in deutscher Volksgeschichte von Jugend an gelehrt wird, die Kampfestreue, an der unser ethisches Denken so reich ist. Und wahrlich, seine Arbeit und sein Wollen, wie seine ganze sonstige Persönlichkeit waren dieser Treue wert. Mögen andere darüber urteilen wie sie wollen! Auch für ihn wird wie für so viele unserer Großen und Größten erst später die Zeit kommen, in der das Volk in seiner Gesamtheit bewundernd zu ihm aufblicken wird. Mein Wunsch aber ist es, daß unser Vaterland in gleich schwerem Geschick aufs neue einen solchen Mann finden möge, einen ganzen Mann, kraftvoll in sich geschlossen, freilich auch eckig und kantig, aber geschaffen für ein gigantisches Werk wie kaum ein zweiter in der Geschichte.

Wahrlich, er wurde in richtiger Erkenntnis seiner Bedeutung von seinen Gegnern gehaßt!

Auf die Harmonie unserer kriegerischen und politischen Überzeugungen gründete sich die Einheitlichkeit unserer Anschauungen in dem Gebrauch unserer Streitmittel. Verschiedenheiten der Auffassungen fanden ihren natürlichen Ausgleich und Abgleich, ohne daß das Gefühl gemachter Nachgiebigkeiten auf einer oder der anderen Seite jemals störend dazwischen trat. Die gewaltige Arbeit meines Generalstabschef setzte unsere Gedanken und Pläne auf das Räderwerk unserer Armeeführung um und später auf das der gesamten Obersten Heeresleitung, nachdem diese uns anvertraut worden war. Sein Einfluß belebte alle, niemand konnte sich ihm entziehen, es sei denn auf die Gefahr hin, aus der einheitlichen Bahn geschleudert zu werden. Wie konnte auch anders die ungeheure Aufgabe erfüllt, die Triebkraft zur vollen Wirkung gebracht werden?

In selbstverständlicher, soldatischer Pflichterfüllung, reich an Willen und Gedanken, schloß sich uns beiden der weitere Kreis der Mitarbeiter an. Mit treu dankbarem Herzen werde ich stets auch ihrer gedenken!

Tannenberg

Am frühen Nachmittag des 23. August erreichten wir unser Hauptquartier Marienburg. Wir betraten damit das Land östlich der Weichsel, das demnächstige Gebiet unseres Wirkens. Die Lage an der Front hatte sich bis zu diesem Zeitpunkt wie folgt entwickelt:

Das XX. Armeekorps war von seinen Grenzstellungen bei Neidenburg auf Gilgenburg und Gegend östlich zurückgegangen. Nach Westen anschließend an dieses Korps standen die aus den Festungen Thorn und Graudenz herausgezogenen Besatzungen bis gegen die Weichsel hin längs der Grenze. Die 3. Reservedivision war als Verstärkung für das XX. Armeekorps bei Allenstein eingetroffen. Die Heranbeförderung des I. Armeekorps nach Deutsch-Eylau hatte mit Verzögerungen begonnen. Das XVII. Armeekorps und I. Reservekorps waren im Fußmarsch in die Gegend um Gerdauen gekommen. Die 1. Kavallerie division stand südlich Insterburg der Armee Rennenkampf gegenüber. Die Besatzung von Königsberg hatte Insterburg im Rückmarsch nach Westen durchschritten.

Die Njemenarmee Rennenkampfs war auffallenderweise mit nennenswerten Infanterieteilen noch nicht über die Angerapp vorgedrungen. Von den beiden russischen Kavalleriekorps war das eine bei Angerburg, das andere westlich Darkehmen gemeldet worden. Die Narewarmee Samsonoffs hatte mit einer Division anscheinend die Gegend von Ortelsburg erreicht, auch sollte Johannisburg vom Feinde besetzt sein. Im übrigen schien die Masse dieser Armee wohl noch an der Grenze im Aufschließen begriffen, westlicher Flügel bei Mlawa.

In der Brieftasche eines gefallenen russischen Offiziers war ein Schriftstück gefunden worden, aus dem die Absichten der gegnerischen Führung hervorgingen. Danach hatte die Armee Rennenkampf, die masurischen Seen nördlich umgehend, gegen die Linie Insterburg-Angerburg vorzurücken. Sie sollte die hinter der Angerapp angenommenen deutschen Streitkräfte angreifen, während die Narewarmee über die Linie Lötzen-Ortelsburg den Deutschen die Flanke abzugewinnen hatte.

Die Russen planten also einen konzentrischen Angriff auf die 8. Armee, für welchen die Armee Samsonoffs aber jetzt schon erheblich weiter nach Westen ausholte, als ursprünglich beabsichtigt war.

Was sollen, ja was können wir gegen diesen gefährlichen feindlichen Plan tun? Gefährlich weniger wegen der Kühnheit, mit der er erdacht, als wegen der Stärke, mit der er ausgeführt werden soll, wenigstens mit der Stärke an Streitern, hoffentlich nicht mit der gleichen Stärke an Willen. Führte doch Rußland im Laufe der Monate August und September nicht weniger als 800.000 Soldaten und 1700 Geschütze gegen Ostpreußen heran, zu dessen Verteidigung nur 210.000 deutsche Soldaten mit 600 Geschützen verfügbar gemacht werden konnten. Unser Gegenplan ist einfach. Ich will versuchen, ihn dem Leser, auch wenn er kein Fachmann ist, in allgemeinen Umrissen verständlich zu machen.

Wir stellen zunächst der dichten Masse Samsonoffs eine dünne Mitte gegenüber. Ich sage dünn, nicht schwach. Denn Männer sind es mit stählernem Herzen und stählernem Willen. In ihrem Rücken die Heimat, Weib und Kind, Eltern und Geschwister, Hab und Gut! Es ist das XX. Korps, brave West- und Ostpreußen. Mag diese dünne Mitte unter dem Drucke der feindlichen Massen sich auch biegen, wenn sie nur nicht bricht. Während diese Mitte kämpft, sollen zwei wuchtige Gruppen an deren beide Flügel zum entscheidenden Angriff heranrücken. Die Truppen des I. Armeekorps, durch Landwehr verstärkt, auch alles Kinder des bedrohten Landes, werden von rechts her aus dem Nordwesten, die Truppen des XVII. Armeekorps und I. Reservekorps zusammen mit einer Landwehrbrigade, werden von links her aus dem Norden und Nordosten zur Schlacht herangeholt. Auch die Soldaten des XVII. Armeekorps und I. Reservekorps, ebenso wie die Männer der Landwehr und des Landsturms haben alles, was das Leben lebenswert macht, in ihrem Rücken.

Nicht mit einfachem Siege sondern mit Vernichtung müssen wir Samsonoff treffen. Denn nur dadurch bekommen wir freie Hände gegen den zweiten Feind, der zurzeit Ostpreußen plündert und versengt, gegen Rennenkampf. Nur so können wir das alte Preußenland wirklich und völlig befreien, und nur so gewinnen wir Freiheit für weitere Taten, die man noch von uns erwartet, nämlich für das Eingreifen in den mächtig entbrennenden Entscheidungskampf zwischen Rußland und unserem österreichisch-ungarischen Verbündeten in Galizien und Polen. Wird unser erster Schlag nicht durchgreifend, dann bleibt die Gefahr für unsere Heimat wie eine schleichende Krankheit bestehen, ungerächt bleibt das Brennen und Morden in Ostpreußen, und vergeblich wartet der Bundesgenosse im Süden auf uns. Also ganzes Handeln! Dazu muß alles heran, was im Bewegungskrieg einigermaßen brauchbar ist und irgendwo entbehrt werden kann. Was die Festungswälle von Graudenz und Thorn noch an kampftauglicher Landwehr beherbergen, wird herangezogen. Auch aus den Schützengräben, die zwischen den masurischen Seen unsere jetzige Operation im Osten decken, rücken unsere Wehrmänner ab und übergeben die dortige Verteidigung einer verschwindenden Minderzahl braver Landstürmer. Gewinnen wir die Feldschlacht, dann brauchen wir die Festungen Thorn und Graudenz nicht mehr und sind der Sorgen um die Seenengen ledig.

Gegen Rennenkampf, der wie ein Alpdruck aus dem Nordosten auf uns lasten könnte, soll nur unsere Kavalleriedivision sowie die Hauptreserve Königsberg mit zwei Landwehrbrigaden stehen bleiben. Doch können wir an diesem Tage noch nicht überblicken, ob diese Kräfte auch wirklich genügen. Sie bilden in ihrer Kampfkraft ja nur einen leicht zerreißbaren Schleier, vorausgesetzt, daß Rennenkampfs Massen marschieren, daß seine übermächtigen Reitergeschwader reiten sollten, so wie wir es befürchten müssen. Vielleicht tun sie das aber nicht; dann genügt der Schleier zur Deckung unserer Schwäche. Wir müssen es wagen in Flanke und Rücken, um an der entscheidenden Front stark zu sein. Hoffentlich gelingt es uns, Rennenkampf zu täuschen; vielleicht täuscht er sich selbst. Der starke Waffenplatz Königsberg mit seiner Besatzung und unsere Reiter können sich ja in der Phantasie des Feindes zu machtvolleren Größen erweitern.

Wenn sich aber auch Rennenkampf zu unseren Gunsten in falschen Vorstellungen wiegt, wird ihn nicht seine Oberste Heeresführung vorwärtstreiben in starken Märschen nach Südwesten und in unseren Rücken? Muß ihn nicht ein Hilfeschrei Samsonoffs in Bewegung aufs Kampffeld setzen? Und wird nicht, selbst wenn der Ruf menschlicher Stimme vergeblich verhallen sollte, der mahnende Donner der Schlacht bis zu den russischen Linien im Norden der Seen, ja selbst bis zum feindlichen Hauptquartier dringen?

Vorsicht gegen Rennenkampf bleibt also nötig, wir können ihr aber nicht durch Zurücklassung starker Kampftruppen Rechnung tragen, sonst werden wir auf dem Schlachtfelde noch schwächer, als wir es ohnehin sind.

Berechnen wir die gegenseitigen Stärken, zählen wir zu der unserigen auch die beiden Landwehrbrigaden, die zur Zeit von Schleswig-Holstein her aus dem Küstenschutz heranrollen und wohl noch rechtzeitig zur Schlacht eintreffen werden, so gibt ein Vergleich mit den wahrscheinlichen russischen Kräften immer noch große Verschiedenheiten zu unseren Ungunsten, auch wenn Rennenkampf nicht marschieren, nicht mitkämpfen will. Dazu kommt, daß in unseren vordersten Reihen viel Landwehr und Landsturm fechten muß. Alte Jahrgänge gegen beste russische Jugend. Ferner spricht gegen uns, daß die Mehrzahl unserer Truppen und, wie es die Lage fügt, gerade alle, die voraussichtlich den entscheidenden Stoß führen müssen, aus schweren und verlustreichen Kämpfen herankommen. Hatten sie doch den Russen das Schlachtfeld von Gumbinnen überlassen müssen. Die Truppen marschieren daher nicht mit dem stolzen Gefühle der Sieger. Und doch rücken sie zur Schlacht frohen Sinnes und fester Zuversicht. Der Geist ist gut, so wird uns gemeldet, also berechtigt er zu kräftigen Entschlüssen, und wo er etwa gedrückt sein sollte, da wird er durch diese kraftvollen Entschlüsse emporgerissen. So war es von jeher, sollte es diesmal anders sein? Ich hatte keine Bedenken wegen unserer zahlenmäßigen Unterlegenheit.

Wer in die Rechnung des Krieges nur die sichtbaren Werte einsetzt, rechnet falsch. Ausschlaggebend sind die inneren Werte des Soldaten. Auf diese baue ich mein Vertrauen. Ich denke mir:

Mag der Russe auch in unser Vaterland einmarschieren, mag die Berührung mit deutscher Erde sein Herz höher schlagen lassen, sie macht ihn nicht zum deutschen Soldaten, und die ihn führen, sind keine deutschen Offiziere. Auf den mandschurischen Schlachtfeldern hatte der russische Soldat mit dem größten Gehorsam gefochten, so fremd ihm auch die politischen Absichten seiner Regierung am Stillen Ozean gewesen waren. Es schien nicht ausgeschlossen, daß bei einem Kriege gegen die Mittelmächte die Begeisterung der russischen Armee für die Kriegsziele des Zarentums größer sein würde. Trotzdem nahm ich an, daß der russische Soldat und Offizier auch auf dem europäischen Kriegsschauplatz im großen und ganzen keine höheren militärischen Eigenschaften zeigen würde als auf dem ostasiatischen, und glaubte daher, statt des Minus unserer zahlenmäßigen Unterlegenheit ein Plus an innerer Kraft in die Berechnung der Stärkeverhältnisse zu unseren Gunsten aufnehmen zu können.

So ist unser Plan, sind unsere Gedanken vor der Schlacht und für die Schlacht. Wir fassen dieses Denken und Sollen am 23. August in einer kurzen Meldung aus Marienburg an die Oberste Heeresleitung zusammen des Inhalts:

> „Vereinigung der Armee am 26. August beim XX. Armeekorps für umfassenden Angriff geplant.“

Am Abend des 23. August führte mich ein kurzer Erholungsgang auf das westliche Nogatufer. Von dort boten die roten Mauern des stolzen Deutschordensschlosses, des größten Baudenkmals baltischer Ziegelgotik, im Abendsonnenstrahl einen gar wundersamen Anblick. Gedanken an die Vergangenheit hehrer Ritterzeit mischten sich unwillkürlich mit Fragen an die verschleierte Zukunft. Der Ernst der Stimmung wurde erhöht durch den Anblick vorüberziehender Flüchtlinge meiner Heimatprovinz. Eine traurige Mahnung, daß der Krieg nicht nur den wehrhaften Mann trifft, sondern daß er durch Vernichtung der Daseinsbedingungen Wehrloser zur tausendfachen Geißel der Menschheit wird.

Am 24. August begab ich mich mit dem engeren Stabe in Kraftwagen zum Generalkommando des XX. Armeekorps und kam hierbei in den Ort, von dem die bald entbrennende Schlacht ihren Namen erhalten sollte.

Tannenberg! Ein Wort schmerzlicher Erinnerungen für deutsche Ordensmacht, ein Jubelruf slawischen Triumphes, gedächtnisfrisch geblieben in der Geschichte trotz mehr als 500jähriger Vergangenheit. Ich hatte bis zu diesem Tage das Schicksalsfeld deutscher östlicher Kultureroberungen noch nie betreten. Ein einfaches Denkmal zeugt dort von Heldenringen und Heldentod. In der Nähe dieses Denkmals standen wir an einigen der folgenden Tage, in denen sich das Geschick der russischen Armee Samsonoff zur vernichtenden Niederlage gestaltete.

Auf dem Wege von Marienburg nach Tannenberg vermehrten sich die Eindrücke vom Kriegselend, das über die unglücklichen Einwohner hereingebrochen war. Massen von hilflos Flüchtenden drängten sich mit ihrer Habe auf den Straßen und behinderten teilweise die Bewegungen unserer an den Feind marschierenden Truppen.

Bei dem Stabe des Generalkommandos traf ich das Vertrauen und den Willen, die für das Gelingen unseres Planes unerläßlich waren. Auch die Eindrücke über die Haltung der Truppe an dieser unserer zunächst bedenklichsten Stelle waren günstig.

Der Tag brachte keine durchgreifende Klärung, weder hinsichtlich der Operationen Rennenkampfs noch der Bewegungen Samsonoffs. Es schien sich nur zu bestätigen, daß Rennenkampfs Marschtempo ein recht gemäßigtes war. Der Grund hierfür war nicht zu erklären. Von der Narewarmee erkannten wir, daß sie sich mit ihrer Hauptmacht gegen das XX. Armeekorps vorschob. Unter ihrem Drucke nahm das Korps seinen linken Flügel zurück. Diese Maßregel hatte nichts Bedenkliches an sich. Im Gegenteil. Der nachdrängende Feind wird unserer linken Angriffsgruppe, die heute die Marschrichtung auf Bischofsburg erhält, immer ausgesprochener seine rechte Flanke bieten. Auffallend und nicht ohne Bedenken für uns waren dagegen feindliche Bewegungen, die sich anscheinend gegen unseren Westflügel und gegen Lautenburg aussprachen. Der Eindruck bestand, daß der Russe uns hier zu überflügeln gedachte und damit den beabsichtigten Umgehungsangriff unserer rechten Gruppe seinerseits in der Flanke fassen würde.

Der 25. August brachte etwas mehr Einblick in die Bewegungen Rennenkampfs. Seine Kolonnen marschierten von der Angerapp nach Westen, also auf Königsberg. War der ursprüngliche russische Operationsplan aufgegeben? Oder war die russische Führung über unsere Bewegungen getäuscht und vermutete die Hauptmasse unserer Truppen in und bei der Festung? Jedenfalls schien nunmehr kaum noch ein Bedenken zu bestehen, gegen Rennenkampfs gewaltige Massen nur noch einen Schleier stehen zu lassen. Samsonoffs auffallend zögernde Operationen richteten sich auch an diesem Tage mit der Hauptstärke weiter gegen unser XX. Armeekorps. Das rechte russische Flügelkorps marschierte zweifellos in Richtung auf Bischofsburg, also unserem XVII. Armeekorps und I. Reservekorps entgegen, die an diesem Tage die Gegend nördlich dieses Städtchens erreichten. Bei Mlawa häuften sich augenscheinlich weitere russische Massen.

Mit diesem Tage ist für uns die Zeit des Wartens und der Vorbereitung vorüber. Wir führen unser I. Armeekorps an den rechten Flügel des XX. heran. Der allgemeine Angriff kann beginnen.

Der 26. August ist der erste Tag des mörderischen Ringens von Lautenburg bis nördlich Bischofsburg. Nicht in lückenloser Schlachtfront sondern in

Gruppenkämpfen, nicht in einem geschlossenen Akt sondern in einer Reihe von Schlägen beginnt das Drama sich abzuspielen, dessen Bühne sich auf mehr denn hundert Kilometer Breite erstreckt.

Auf dem rechten Flügel führt General von François seine braven Ostpreußen. Sie schieben sich gegen Usdau heran, um am nächsten Tag den Schlüsselpunkt dieses Teiles des südlichen Kampffeldes zu stürmen. Auch General von Scholtz' prächtiges Korps befreit sich allmählich aus den Fesseln der Verteidigung und beginnt zum Angriff zu schreiten. Erbitterter ist der Kampf schon am heutigen Tage bei Bischofsburg. Dort wird bis zum Abend von unserer Seite gründliche Kampfarbeit getan. In kräftigen Schlägen wird das rechte Flügelkorps Samsonoffs durch Mackensens und Belows Truppen (XVII. Armeekorps und I. Reservekorps) sowie durch Landwehr zerschlagen und weicht auf Ortelsburg. Die Größe des eigenen Erfolgs ist aber noch nicht zu erkennen. Die Führer erwarten für den folgenden Tag erneuten starken Widerstand südlich des heutigen Kampffeldes. Doch sie sind guter Zuversicht.

Da erhebt sich scheinbar von Rennenkampfs Seite drohende Gefahr. Man meldet eines seiner Korps im Vormarsch über Angerburg. Wird dieses nicht den Weg in den Rücken unserer linken Stoßgruppe finden? Ferner kommen beunruhigende Nachrichten aus der Flanke und dem Rücken unseres westlichen Flügels. Dort bewegt sich im Süden starke russische Kavallerie. Ob Infanterie ihr folgt, ist nicht festzustellen. Die Krisis der Schlacht erreicht ihren Höhepunkt. Die Frage drängt sich uns auf: wie wird die Lage werden, wenn sich bei solch gewaltigen Räumen und bei dieser feindlichen Überlegenheit die Entscheidung noch tagelang hinzieht? Ist es überraschend, wenn ernste Gedanken manches Herz erfüllen; wenn Schwankungen auch da drohen, wo bisher nur festester Wille war; wenn Zweifel sich auch da einstellen, wo klare Gedanken bis jetzt alles beherrschten? Sollten wir nicht doch gegen Rennenkampf uns wieder verstärken und lieber gegen Samsonoff nur halbe Arbeit tun? Ist es nicht besser, gegen die Narewarmee die Vernichtung nicht zu versuchen, um die eigene Vernichtung sicher zu vermeiden? Wir überwinden die Krisis in uns, bleiben dem gefaßten Entschlusse treu und suchen weiter die Lösung mit allen Kräften im Angriff. Demnach rechter Flügel unentwegt weiter auf Neidenburg und linke Stoßgruppe

„um 4 Uhr morgens antreten und mit größter Energie handeln", so etwa lautete der Befehl.

Der 27. August zeigt, daß der Erfolg des I. Reservekorps und XVII. Armeekorps bei Bischofsburg am vorhergehenden Tage ein durchschlagender gewesen ist. Der Gegner ist nicht nur gewichen, sondern flieht vom Schlachtfeld. Des weiteren überblickt man, daß Rennenkampf nur in der Phantasie eines Fliegers in unseren Rücken marschiert. In Wirklichkeit bleibt er in langsamem Vorgehen auf Königsberg. Sieht er nicht oder will er nicht sehen, daß das Verderben gegen die rechte Flanke Samsonoffs schon im vollen Vorschreiten ist und daß es auch gegen dessen linken Flügel andauernd wächst? Denn an diesem Tage erstürmen François und Scholtz die feindlichen Stellungen bei Usdau und nördlich und schlagen den südlichen Gegner. Mag nunmehr die feindliche Mitte weiter nach Allenstein-Hohenstein vordringen, sie findet dort nicht mehr den Sieg, sondern nur noch das Verderben. Die Lage ist für uns klar; wir geben am Abend des Tages den Befehl zum Einkreisen der Kernmasse des Gegners, nämlich seines XIII. und XV. Armeekorps.

Während des 28. August geht das blutige Ringen weiter.

Der 29. sieht einen großen Teil der russischen Hauptkräfte bei Hohenstein der endgültigen Vernichtung anheimfallen. Ortelsburg wird von Norden, Willenberg über Neidenburg von Westen erreicht. Der Ring um Tausende und Abertausende von Russen beginnt sich zu schließen. Viel russisches Heldentum ficht freilich auch in dieser verzweiflungsvollen Lage noch weiter für den Zaren, die Ehre der Waffen rettend, aber nicht mehr die Schlacht.

Rennenkampf marschiert immer noch ruhig weiter auf Königsberg. Samsonoff ist verloren, auch wenn sein Kamerad jetzt noch zu anderer und besserer kriegerischer Einsicht kommen sollte. Denn schon können wir Truppen aus der Schlachtfront ziehen zur Deckung unseres Vernichtungswerks, das sich in dem großen Kessel Neidenburg-Willenberg-Passenheim vollzieht und in dem der verzweifelnde Samsonoff den Tod sucht. Aus diesem Kessel heraus kommen größer und größer werdende russische Gefangenenkolonnen. In ihrem Erscheinen tritt der reifende Erfolg der Schlacht immer klarer zutage. Ein eigenartiger Zufall wollte es, daß ich in Osterode, einem unserer Unterkunftsorte während der Schlacht, den einen der beiden gefangenen russischen Kommandierenden Generale in dem gleichen Gasthofe empfing, in dem ich im Jahre 1881 auf einer Generalstabsreise als junger Generalstabsoffizier einquartiert gewesen war. Der andere meldete sich am folgenden Tage bei mir in einer von uns zu Geschäftsräumen umgewandelten Schule.

Schon während der Kämpfe konnten wir das teilweise prächtige Soldatenmaterial betrachten, über das der Zar verfügte. Nach meinen Eindrücken befanden sich darunter zweifellos bildungsfähige Elemente. Ich nahm bei dieser Gelegenheit, wie schon 1866 und 1870 wahr, wie rasch der deutsche Offizier und Soldat in seinem seelischen Empfinden und in seinem sachlichen Urteil in dem gefangenen Gegner den gewesenen Feind vergißt. Die Kampfeswut unserer Leute ebbt überraschend schnell zu rücksichtsvollem Mitgefühl und menschlicher Güte ab. Nur gegen die Kosaken erhob sich damals der allgemeine Zorn. Sie wurden als die Ausführer all der vertierten Roheiten betrachtet, unter denen Ostpreußens Volk und Land so grausam zu leiden hatten. Dem Kosak schlug anscheinend sein schlechtes Gewissen, denn er entfernte, wo und wie er immer konnte, bei drohender Gefangennahme die Abzeichen, die seine Waffenzugehörigkeit kenntlich machten, nämlich die breiten Streifen an den Hosen.

Am 30. August macht der Gegner im Osten und Süden den Versuch, mit frischen und wiedergesammelten Truppen unseren Einschließungsring von außen her zu sprengen. Von Myszyniec, also aus der Richtung Ostrolenka, führt er neue starke Kräfte auf Neidenburg und Ortelsburg gegen unsere Truppen, die schon das russische Zentrum völlig einkreisen und daher dem anrückenden Gegner den Rücken bieten. Gefahr ist im Verzug; um so mehr, als von Mlawa anrückende feindliche Kolonnen nach Fliegermeldung 35 km lang, also sehr stark sein sollen. Doch halten wir fest an unserem großen Ziele. Die Hauptmacht Samsonoffs muß umklammert und vernichtet werden. François und Mackensen werfen dem neuen Feind ihre freilich nur noch schwachen Reserven entgegen. An ihnen scheitert der russische Versuch, die Katastrophe Samsonoffs zu mildern. Während Verzweiflung den Umklammerten ergreift, hat Mattherzigkeit die Tatkraft desjenigen gelähmt, der die Befreiung hätte bringen können. Auch in dieser Beziehung bestätigen die Ereignisse auf dem Schlachtfelde von Tannenberg die alten menschlichen und soldatischen Erfahrungen.

Unser Feuerkreis um die dichtgedrängten, bald hierhin, bald dorthin stürzenden russischen Haufen wird mit jeder Stunde fester und enger.

Rennenkampf scheint an diesem Tage die Deimelinie östlich Königsberg zwischen Labiau und Tapiau angreifen zu wollen. Seine Kavalleriemassen nähern sich aus Richtung Landsberg-Bartenstein dem Schlachtfeld von Tannenberg. Wir aber haben bereits starke, siegesfrohe, wenn auch ermüdete Kräfte zur etwaigen Abwehr bei Allenstein gesammelt.

Der 31. August ist für unsere noch kämpfenden Truppen der Tag der Schlußernte, für unser Oberkommando der Tag des Überlegens über Weiterführung der Operationen, für Rennenkampf der Tag der Rückkehr in die Linie Deime-Allenburg-Angerburg.

Schon am 29. August hatte mir der Gang der Ereignisse ermöglicht, meinem Allerhöchsten Kriegsherrn den völligen Zusammenbruch der russischen Narewarmee zu melden. Noch am gleichen Tage erreichte mich auf dem Schlachtfelde der Dank Seiner Majestät, auch im Namen des Vaterlandes. Ich übertrug diesen Dank im Herzen wie in Worten auf meinen Generalstabschef und auf unsere herrlichen Truppen.

Am 31. August konnte ich meinem Kaiser und König folgendes berichten:

> „Eurer Majestät melde ich alluntertänigst, daß sich am gestrigen Tage der Ring um den größten Teil der russischen Armee geschlossen hat. XIII., XV. und XVIII. Armeekorps sind vernichtet. Es sind bis jetzt über 60.000 Gefangene, darunter die Kommandierenden Generale des XIII. und XV. Armeekorps. Die Geschütze stecken noch in den Waldungen und werden zusammengebracht. Die Kriegsbeute, im einzelnen noch nicht zu übersehen, ist außerordentlich groß. Außerhalb des Ringes stehende Korps, das I. und VI., haben ebenfalls schwer gelitten, sie setzen fluchtartig den Rückzug fort über Mlawa und Myszyniec.“

Die Truppen und ihre Führer hatten Gewaltiges geleistet. Nun lagerten die Divisionen in den Biwaks und das Dankeslied der Schlacht von Leuthen schallte aus ihrer Mitte. In unserem neuen Armeehauptquartier Allenstein betrat ich die Kirche in der Nähe des alten Ordensschlosses während des Gottesdienstes. Als der Geistliche das Schlußgebet sprach, sanken alle Anwesenden, junge Soldaten und alte Landstürmer, unter dem gewaltigen Eindruck des Erlebten auf die Knie. Ein würdiger Abschluß ihrer Heldentaten.

Die Schlacht an den masurischen Seen

Der Gefechtslärm auf dem Schlachtfelde von Tannenberg war noch nicht verstummt, als wir die Vorbereitungen für den Angriff auf die Armee Rennenkampf begannen. Am 31. August abends traf folgende telegraphische Weisung der Obersten Heeresleitung ein:

> „XI. Armeekorps, Garde-Reserve-Korps, 8. Kavalleriedivision werden zur Verfügung gestellt. Transport hat begonnen. Zunächst wird Aufgabe der 8. Armee sein, Ostgrenze von Armee Rennenkampf zu säubern.
>
> Verfolgung des letztgeschlagenen Gegners mit entbehrlichen Teilen in Richtung Warschau ist mit Rücksicht auf die Bewegungen der Russen von Warschau auf Schlesien erwünscht.
>
> Weitere Verwendung der 8. Armee, wenn es die Lage in Ostpreußen gestattet, in Richtung Warschau in Aussicht zu nehmen."

Der Befehl entsprach durchaus der Lage. Er stellte uns das Ziel klar hin und überließ uns Mittel und Wege zur Ausführung. Wir glaubten annehmen zu dürfen, daß die ehemalige Armee Samsonoffs nur noch aus Trümmern bestand, die sich entweder schon hinter den Narew in Sicherheit gebracht hatten, oder auf dem Weg dahin waren. Mit ihrer Auffrischung war zu rechnen. Es mußte jedoch darüber geraume Zeit vergehen. Für jetzt schien es genügend, diese Reste durch schwache Truppen längs unseres südlichen Grenzstreifens überwachen zu lassen. Alles übrige mußte zur neuen Schlacht heran. Selbst das Eintreffen der

Verstärkungen aus dem Westen erlaubte uns nach unserer Anschauung nicht, jetzt schon Kräfte über die Narewlinie hinüber gegen Süden einzusetzen.

Was das Wort „Warschau“ im zweiten Teil des Befehls zu bedeuten hat, ist uns klar. Nach vereinbartem Kriegsplan sollte die österreichisch-ungarische Heeresmacht von Galizien aus mit dem Schwerpunkt gegen den östlichen Teil des russischen Polens in Richtung Lublin angreifen, während deutsche Kräfte von Ostpreußen her dem Verbündeten über den Narew hinweg die Hand zu reichen hatten. Ein großer und schöner Gedanke, der aber, so wie die Dinge lagen, bedenkliche Schwächen aufwies. Er rechnete nicht damit, daß Österreich-Ungarn eine starke Armee an die serbische Grenze schickte, nicht damit, daß Rußland schon ein paar Wochen nach Kriegsausbruch voll gerüstet an der Grenze stehen konnte, nicht damit, daß 800.000 Moskowiter gegen Ostpreußen eingesetzt werden, am allerwenigsten aber damit, daß er in all seinen Einzelheiten an den russischen Generalstab schon im Frieden verraten werden würde.

Jetzt ist das österreichisch-ungarische Heer nach überkühnem Ansturm gegen die russische Übermacht in schwerste frontale Kämpfe verwickelt, ohne daß wir augenblicklich in der Lage sind, unmittelbar zu helfen, wenngleich wir starke feindliche Kräfte fesseln. Der Verbündete muß auszuhalten versuchen, bis wir auch noch Rennenkampf geschlagen haben. Erst dann sind wir zur Hilfeleistung befähigt, wenn auch nicht mit unserer gesamten Stärke, so doch mit ihrem größten Teile.

Rennenkampf steht, wie bekannt, in der Linie Deime-Allenburg-Gerdauen-Angerburg. Was die Gegend südöstlich von den masurischen Seen für gegnerische Geheimnisse birgt, wissen wir nicht. Das Gebiet von Grajewo ist jedenfalls verdächtig. Dort herrscht viel Unruhe. Noch verdächtiger ist das Gebiet im Rücken der Njemenarmee. Da ist ein ständiges Marschieren und Fahren und anscheinend eine Bewegung nach Südwesten und Westen. Rennenkampf erhält zweifellos Verstärkungen. Die russischen Reservedivisionen in der Heimat sind ja schlagbereit geworden. Vielleicht werden bis jetzt auch noch einzelne Korps verfügbar, deren die russische Oberste Heeresleitung gegen die Österreicher in Polen nicht mehr zu bedürfen glaubt. Schickt man diese Verbände zu Rennenkampf oder in seine Nähe, sei es zur unmittelbaren Stütze, sei es zu einem Schlage gegen uns aus überraschender Richtung?

Rennenkampf verfügt, soweit wir es beurteilen können, über mehr als 20 Infanteriedivisionen und steht still, bleibt es auch, während unsere Transporte aus dem Westen heranrollen und zum Kampfe gegen ihn aufmarschieren. Warum benutzt er die Zeit unserer größten Schwäche, die Zeit der Ermüdung unserer Truppen, ihrer Massenanhäufung auf dem Schlachtfelde von Tannenberg nicht, um uns anzufallen? Warum läßt er uns Zeit, die Truppen zu entwirren, neu aufzumarschieren, auszuruhen, Ersatz heranzuziehen? Der russische Führer ist doch bekannt als vortrefflicher Soldat und General. Als Rußland in Ostasien kämpfte, klang unter allen russischen Führern der Name Rennenkampf am hellsten. War sein Ruhm damals übertrieben? Oder hat der General seine kriegerischen Eigenschaften in der Zwischenzeit verloren?

Der soldatische Beruf hat schon manchmal selbst starke Naturen überraschend schnell erschöpft. Wo in einem Jahre noch triebkräftiger Verstand, vorwärtsdrängender Wille vorhanden war, da ist vielleicht im nächsten schon ein unfruchtbarer Kopf, ein mattes Herz zu finden gewesen. Das war schon vielfach die Tragik soldatischer Größe.

Wir haben Rennenkampfs Schuldbuch über Tannenberg aufgeschlagen und geschlossen. Begeben wir uns jetzt in Gedanken in sein Hauptquartier Insterburg, nicht um ihn anzuklagen, sondern um ihn zu verstehen.

Die Niederlage Samsonoffs zeigte dem General Rennenkampf, daß in Königsberg doch nicht die Masse der deutschen 8. Armee stand, wie er angenommen hatte. Starke Kräfte vermutet er aber jedenfalls immer noch in diesem mächtigen Waffenplatze. Daran vorbeizumarschieren, sich auf die siegreiche deutsche Armee in der Gegend von Allenstein zu stürzen, scheint also gewagt, zu gewagt. Es wäre mindestens ein unsicheres Unternehmen. Sicherer ist es, in den starken Verteidigungsstellungen zwischen Kurischem Haff und masurischen Seen zu bleiben. Gegen diese Stellungen können die Deutschen ihre Kunst des Umgehens und Umfassens von Norden her überhaupt nicht, von Süden aus nur schwer durchführen. Rennen sie gegen die Front an, so stürzt man sich mit zurückgehaltenen gewaltigen Reserven auf ihre zusammengeschossenen Truppen. Wagen sie das Unwahrscheinliche, und dringen sie durch die Engnisse des Seengebietes, so fällt man von Norden auf die linke Flanke ihrer Umgehungskolonnen, während man eine neugebildete Kampfgruppe aus Richtung Grajewo in ihre rechte Seite und in ihren Rücken wirft. Gelingt von alledem nichts, gut – so geht man nach Rußland zurück. Rußland ist groß, die befestigte Njemenlinie ist nahe. Keine operative Notwendigkeit kettet Rennenkampf weiter an Ostpreußen. Der Operationsplan im Zusammenwirken mit Samsonoff ist ja gescheitert, und, weil dessen Armee in hoffnungsvollem Vorwärtsstürmen zugrunde ging, so ist es jetzt das beste vorsichtig zu sein.

So kann Rennenkampf gedacht haben. Und Kritiker behaupten auch, er hätte so gedacht. Aus keinem dieser Gedanken spricht freilich ein großer Entschluß. Sie bewegen sich in wenig kühnen Bahnen. Und doch kann ihre Ausführung uns beträchtliche unmittelbare Krisen schaffen und auf die allgemeine Lage im Osten bedenkliche Wirkung ausüben. Die große zahlenmäßige Überlegenheit der Njemenarmee hätte genügt, um auch unsere jetzt verstärkte 8. Armee zu zertrümmern. Ein vorzeitiger Rückzug Rennenkampfs aber brächte uns um die Früchte unserer neuen Operation und macht uns die Richtung auf Warschau und damit die Unterstützung Österreichs auf absehbare Zeit hinaus unmöglich.

Wir müssen also vorsichtig und unternehmend zugleich sein. Diese Doppelforderung verleiht der Anlage unserer nun beginnenden Bewegungen ihren eigentümlichen Charakter. In breiter Front von Willenberg bis gegen Königsberg hin bauen wir unsere Front auf. Bis zum 5. September ist dies im allgemeinen geschehen, dann geht es vorwärts. 4 Korps (XX., XI., I. Reserve und Garde-Reserve) und die Truppen aus Königsberg, also verhältnismäßig starke Kräfte, gehen gegen die Linie Angerburg-Deime, d. h. gegen die feindliche Front vor. 2 Korps (I. und XVII.) sollen durch das Seengebiet dringen; die 3. Reservedivision hat, als rechte Staffel unseres umfassenden Flügels, südlich der masurischen Seen herum zu folgen, während die 1. und 8. Kavalleriedivision sich hinter den Korps zum Losreiten bereit halten, sobald die Seenengen geöffnet sind. Das sind die Kräfte gegen Rennenkampfs Flanke. Also andere Verhältnisse wie bei den Bewegungen, die zum Siege von Tannenberg führten. Die Sicherheit gegen Rennenkampfs starke Reserven veranlaßt uns zu dieser

Gruppierung der Kräfte. Auf diese Weise breitet sich unser Angriff in der Stärke von 14 Infanteriedivisionen trotzdem noch auf über 150 km Front aus. Wird der Gegner sie zerreißen?

Wir nähern uns am 6. und 7. den russischen Verteidigungslinien und beginnen klarer zu sehen. Starke russische Massen bei Insterburg und Wehlau, vielleicht noch stärkere nördlich Nordenburg. Sie bleiben zunächst unbeweglich und stören unsere Kampfentwickelung vor ihrer Front nicht.

Unsere beiden rechten Korps, das I. und XVII., beginnen am 7. September die Seenkette zu durchbrechen, die 3. Reservedivision schlägt bei Bialla in glänzendem Gefecht die Hälfte des XXII. russischen Korps in Trümmer. Wir treten in die Krisis unserer neuen Operation ein. Die nächsten Tage müssen zeigen, ob Rennenkampf entschlossen ist, zum Gegenangriff zu schreiten, ob sein Wille hierzu so stark ist, wie seine Mittel es sind. Zu seiner an sich schon bedeutenden bisherigen Überlegenheit scheinen drei weitere Reservedivisionen das Schlachtfeld erreicht zu haben. Erwartet der russische Führer noch mehr? Rußland hat mehr als 3 Millionen Kampfsoldaten an seiner Westfront; die österreichisch-ungarische Heeresmacht und wir zählen demgegenüber kaum ein Dritteil.

Am 8. September entbrennt die Schlacht auf der ganzen Linie. Unser frontaler Angriff kommt nicht vorwärts, auf unserem rechten Flügel geht es besser. Dort haben die beiden Korps die feindliche Seensperre durchbrochen und nehmen Richtung nach Nord und Nordost. Unser Ziel sind nunmehr die gegnerischen rückwärtigen Verbindungen. Unsere Reitergeschwader scheinen freie Bahn dorthin zu haben.

Am 9. tobt die Schlacht weiter, in der Front, von Angerburg bis zum Kurischen Haff, ohne bemerkenswertes Ergebnis, dagegen mit kühnem Vorschreiten unsererseits östlich der Seen, wenngleich die beiden Kavalleriedivisionen unerwarteten Widerstand nicht in der gewünschten Schnelligkeit zu brechen vermögen. Die 3. Reservedivision schlägt einen vielfach überlegenen Gegner bei Lyck und befreit uns so endgültig von der Sorge im Süden.

Wie ist es dagegen im Norden? Bei und westlich Insterburg glauben unsere Flieger nunmehr deutlich zwei feindliche Korps feststellen zu können und ein weiteres solches Korps wird im Anmarsch über Tilsit gesehen. Was wird das Schicksal unserer dünngestreckten, frontal kämpfenden Korps sein, wenn eine russische Menschenlawine von gegen 100 Bataillonen, geführt von festem, einheitlichem Willen, sich auf sie stürzt? Ist es trotzdem verständlich, wenn wir am Abend dieses 9. September wünschen und sprechen: „Rennenkampf, weiche ja nicht aus deiner für uns unbezwinglichen Front, pflücke Lorbeeren im Angriff aus deiner Mitte!“ Wir hatten jetzt volle Zuversicht, daß wir solche Lorbeeren dem feindlichen Führer durch kräftige Fortführung unseres Flügelangriffes wieder entreißen würden. Leider erkennt der russische Führer diese unsere Gedanken; er findet nicht den Entschluß, ihnen mit Gewalt zu begegnen, und senkt die Waffen.

In der Nacht vom 9. auf den 10. dringen unsere Patrouillen bei Gerdauen in die feindlichen Gräben und finden sie leer. „Der Gegner geht zurück.“ Die Meldung scheint uns unglaubwürdig. Das I. Reservekorps will sofort von Gerdauen gegen Insterburg antreten. Wir mahnen zur Vorsicht. Erst um Mittag des 10. müssen wir das Unwahrscheinliche und Unerwünschte glauben. Der Gegner hat in der Tat den allgemeinen Rückzug begonnen, wenn er auch da und dort noch erbittert Widerstand leistet, ja sogar uns starke Massen in zusammenhanglosen Angriffen entgegenwirft. Unsere ganze Front ist in vollem Vorgehen begriffen. Jetzt gilt es, unsere rechten Flügelkorps und Kavalleriedivisionen scharf nach Nordosten gerichtet heran an die feindlichen Verbindungen von Insterburg auf Kowno zu bringen.

Wir treiben vorwärts! Ungeduld ist, wenn irgendwann und -wo, so jetzt und hier begreiflich. Rennenkampf weicht unentwegt. Auch er scheint ungeduldig zu sein. Jedoch unsere Ungeduld zielt auf Erfolg, die seinige bringt Verwirrung und Auflösung.

Die Korps der Njemenarmee marschieren zum Teil in dreifachen, dicht nebeneinander gedrängten Kolonnen Rußland zu. Die Bewegung vollzieht sich langsam, sie muß durch Entgegenwerfen starker Kräfte gegen die nachdrängenden Deutschen gedeckt werden. Daher wird besonders der 11. September zum blutigen Kampftag von Goldap bis hin zum Pregel.

Am Abend dieses Tages sind wir uns klar, daß nur noch wenig Tage zur Durchführung der Verfolgung zur Verfügung stehen. Die Entwickelung der Gesamtlage auf dem östlichen Kriegsschauplatz macht sich in voller Wucht geltend. Wir ahnen mehr, als daß wir es aus bestimmt lautenden Nachrichten ersehen können: die Operation unseres Verbündeten in Polen und Galizien ist gescheitert! An unser Nachstoßen hinter Rennenkampf über den Njemen hinaus ist jedenfalls nicht zu denken. Soll aber unsere Operation nicht noch im letzten Augenblick innerhalb des großen Rahmens als gescheitert gelten, so darf die feindliche Armee den schützenden Njemen-Abschnitt nur derartig geschwächt und erschüttert erreichen, daß die Hauptmasse unserer Verbände zum dringend notwendig gewordenen Zusammenwirken mit dem österreichisch-ungarischen Heere freigemacht werden kann.

Am 12. September erreicht die 3. Reservedivision Suwalki, also russischen Boden. Mit knapper Not entgeht der Südflügel Rennenkampfs der Einkesselung durch unser I. Armeekorps südlich Stallupönen. Glänzend sind die Leistungen einzelner unserer verfolgenden Truppen. Sie marschieren und kämpfen, und marschieren wieder, bis die Soldaten vor Müdigkeit niederstürzen. Andererseits ziehen wir heute schon das Gardereservekorps aus der Kampffront, um es für weitere Operationen bereitzustellen.

An diesem Tage trifft unser Oberkommando in Insterburg ein, das seit dem 11. wieder in deutschem Besitz ist. Ich bin also nicht bloß in Gedanken, sondern auch in Wirklichkeit auf der breiten ostpreußischen Landstraße, vorbei an unseren siegreich ostwärts schreitenden Truppen und an westwärts ziehenden russischen Gefangenenkolonnen in das bisherige Hauptquartier Rennenkampfs gekommen. In den eben erst verlassenen Räumen merkwürdige Spuren russischer Halbkultur. Der aufdringliche Geruch von Parfüm, Juchten und Zigaretten vermag nicht, den Gestank anderer Dinge zu verdecken.

Genau ein Jahr später, an einem Sonntag, kam ich von einem eintägigen Jagdausflug zurückkehrend durch Insterburg. Auf dem Marktplatz wurde mein Kraftwagen zurückgewiesen, weil dort eine Dankesfeier zur Erinnerung an die

Befreiung der Stadt von der Russennot begangen werden sollte. Ich mußte einen Umweg machen. *Sic transit gloria mundi!* Man hatte mich nicht erkannt.

Am 13. September erreichen unsere Truppen Eydtkuhnen und feuern in die zurückflutenden russischen Scharen hinein. Unsere Artilleriegeschosse sprengen die dichtgedrängten Haufen auseinander, der Herdentrieb führt sie wieder zusammen. Leider kommen wir auch an diesem Tage nicht an die große Chaussee Wirballen-Wylkowyszki heran. Der Gegner weiß, daß dies für einen großen Teil seiner haltlos gewordenen Kolonnen die Vernichtung bedeuten würde. Er wirft deshalb unseren ermattenden Truppen südlich der Straße alles entgegen, was er an kampfwilligen Verbänden noch zur Hand hat. Nur noch ein einziger Tag bleibt uns zur Verfolgung. Nach diesem werden sich die Truppen Rennenkampfs in das Wald- und Sumpfgelände westlich der Njemenstrecke Olita-Kowno-Wileny geflüchtet haben. Dorthin können wir ihnen nicht nachdrängen.

Am 15. September waren die Kämpfe beendet. Die Schlacht an den masurischen Seen schloß auf russischem Boden, nach einer Verfolgung von über 100 km, von uns zurückgelegt innerhalb 4 Tagen. Die Masse unserer Verbände war beim Abschluß der Kämpfe zu neuer Verwendung bereit.

Es ist mir nicht möglich, hier auch noch auf die glänzenden Leistungen einzugehen, die die Landwehr-Division von der Goltz und andere Landwehrformationen im Angriff gegen mehrfache feindliche Überlegenheit im südlichen Grenzgebiet und zum Schutze unserer rechten Flanke fast bis zur Weichsel hin in diesen Tagen gezeigt haben. Der Schluß dieser Kämpfe dauerte über meine Kommandoführung bei der 8. Armee hinaus an. Er fand unsere Truppen bis Ciechanowo, Przasnysz und Augustowo vorgedrungen.

Der Feldzug in Polen

Abschied von der achten Armee

Anfangs September hatten wir aus dem österreichisch-ungarischen Hauptquartier gehört, daß die Armeen bei Lemberg durch starke russische Überlegenheiten sehr gefährdet wären, und daß ein weiteres Vorgehen der k. u. k. 1. und 4. Armee eingestellt sei.

Seit dieser Zeit verfolgten wir gespannt die dortigen Vorgänge und hörten noch mehr und noch Schlimmeres. Den Zusammenhang der Ereignisse erklären am besten nachstehende Telegramme:

Von uns an die Oberste Heeresleitung am 10. September 1914:

> „Erscheint mir fraglich, ob Rennenkampf entscheidend geschlagen werden kann, da Russen heute frühzeitig Rückmarsch angetreten haben. Für Weiterführung der Operationen kommt Versammlung einer Armee in Schlesien in Frage. Können wir auf weitere Verstärkungen aus Westen rechnen? Hier können zwei Armeekorps abgegeben werden."

Das war am 10. September, also an dem Tage, an dem Rennenkampf überraschend für uns nach Osten seinen Rückzug begann.

Von der Obersten Heeresleitung an uns am 13. September 1914:

> „Baldigst zwei Armeekorps freimachen und bereitstellen für Abtransport nach Krakau!" ...

Krakau? Merkwürdig! So meinen wir und sprechen noch einiges mehr darüber. Stutzig geworden drahten wir daher folgendes an die Oberste Heeresleitung:

13. September 14.

> „Verfolgung morgen beendet. Sieg scheint vollständig. Offensive gegen Narew in entscheidender Richtung in etwa 10 Tagen möglich. Österreich erbittet aber wegen Rumäniens direkte Unterstützung durch Verlegung der Armee nach Krakau und Oberschlesien. Verfügbar dazu vier Armeekorps

und eine Kavalleriedivision. Bahntransport allein dauert etwa 20 Tage. Lange Märsche nach österreichischem linken Flügel. Hilfe kommt dort spät. Bitte um Entscheidung. Armee müßte dort jedenfalls Selbständigkeit behalten.“

Das war an dem Tage, an dem Rennenkampf mit Verlust von nicht nur einigen Federn sondern eines ganzen Flügels und auch sonst noch erheblich angeschossen zwischen den Njemensümpfen zu verschwinden begann.

Antwort der Obersten Heeresleitung an uns vom 14. September 1914:

> „Operation über Narew wird in jetziger Lage der Österreicher nicht mehr erfolgversprechend gehalten. Unmittelbare Unterstützung der Österreicher ist politisch erforderlich.
>
> Operationen aus Schlesien kommen in Frage …
>
> Selbständigkeit der Armee bleibt auch bei gemeinsamer Operation mit den Österreichern bestehen.“

Also doch!

Es gibt ein Buch „Vom Kriege“, das nie veraltet. Clausewitz ist sein Verfasser. Er kannte den Krieg und kannte die Menschen. Wir hatten auf ihn zu hören, und wenn wir ihm folgten, war es uns zum Segen. Das Gegenteil bedeutete Unheil. Er warnte vor Übergriffen der Politik auf die Führung des Krieges. Weit entfernt bin ich jetzt davon, mit diesen Worten eine Verurteilung des damals erhaltenen Befehls auszusprechen. Mag ich 1914 in Gedanken und Worten kritisiert haben, heute habe ich meinen Lehrgang vollendet durch die Schule der rauhen Wirklichkeit, durch die Leitung eines Koalitionskrieges. Erfahrung wirkt mildernd auf die Kritik, ja sie zeigt vielfach deren Unwert! Wir hätten freilich manchmal während des Krieges versucht sein können zu denken: „Wohl dem, dessen soldatisches Gewissen leichter ist als das unsere, der den Kampf zwischen kriegerischer Überzeugung und politischen Forderungen leichter überwindet als wir.“ Politisch Lied, ein garstig Lied! Ich wenigstens habe selten Harmonien in diesem Liede während des Krieges empfunden, Harmonien, die in einem soldatischen Herzen angeklungen hätten. Hoffentlich werden andere, wenn die

Not des Vaterlandes wieder einmal den Kampf fordern sollte, in dieser Beziehung glücklicher sein, als wir es waren!

Am 15. September mußte ich mich von General Ludendorff trennen. Er war zum Chef der in Oberschlesien neuzubildenden 9. Armee ernannt worden. Doch schon am 17. September ordnete Seine Majestät der Kaiser an, daß ich den Befehl über diese Armee zu übernehmen hätte, gleichzeitig aber auch die Verfügung über die zum Schutze Ostpreußens zurückbleibende, nunmehr durch Abgabe des Garde-Reserve-Korps, des XI., XVII. und XX. Armeekorps sowie der 8. Kavalleriedivision an die 9. Armee geschwächte 8. Armee beibehielte. Die Trennung von meinem bisherigen Generalstabschef war also lediglich ein kleines Zwischenspiel gewesen. Ich erwähne sie nur, weil sich auch ihrer die Legende entstellend bemächtigt hat.

Am 18. September verlasse ich in früher Morgenstunde das Hauptquartier der 8. Armee Insterburg, um im Kraftwagen in zweitägiger Fahrt über Posen die schlesische Hauptstadt Breslau zu erreichen. Die Fahrt ging zunächst über die Schlachtfelder der letzten Wochen, dankerfüllte Erinnerungen an unsere Truppen auslösend. Anfänglich durch verlassene, niedergebrannte Wohnstätten, dann allmählicher Eintritt in unberührte Gebiete, Landvolk wieder nach Osten wandernd, seinen verlassenen Heimstätten zustrebend. Bewährtes Landvolk, der beste Untergrund unserer Kraft. Meine Gedanken begleiten es hin zu den vielleicht rauchgeschwärzten Trümmern seiner Häuser, ein Anblick, vor dem es länger als hundert Jahre dank der Tüchtigkeit unserer Heeresmacht bewahrt geblieben war. Weiter fort bis zur Weichsel durch schlichte Dörfer und Städte, kaum irgendwo Spuren des Glanzes alter westlicher Kultur! Kolonisationsboden Deutschlands, für dessen Besiedelung seinerzeit das zerrissene Vaterland wahrlich nicht die schlechtesten Kräfte abgab. Sein wertvollster Schatz liegt in der Arbeit und der Gesinnung seiner Bewohner. Ein einfaches, pflichttreu denkendes Volk. Es ist mir, wie wenn Kants Lehre vom kategorischen Imperativ hier nicht nur gepredigt, sondern auch besonders ernst verstanden und in die Welt der Wirklichkeit und des Schaffens übertragen worden ist. Fast alle deutschen Volksstämme haben sich hier in jahrhundertelanger schwerer Kulturarbeit zusammengefunden und sich dabei jenen harten Willen angeeignet, der dem Vaterland in schweren Zeiten manche unschätzbaren Dienste geleistet hat. Solche und ähnliche ernste Gedanken bewegten mich während der Fahrt und haben mich auch späterhin während unseres ganzen furchtbaren Ringens nicht verlassen. Deutsche, laßt sie mich in folgende Mahnung zusammenfassen:

Legt um euch alle nicht nur das einigende, goldene Band der sittlichen Menschenpflicht, sondern auch das Stahlband der gleichhohen Vaterlandspflicht! Verstärkt dieses Stahlband immer weiter, bis es zur ehernen Mauer wird, in deren Schutze ihr leben wollt und einzig und allein leben könnt inmitten der Brandung der europäischen Welt! Glaubt mir, diese Brandung wird andauern. Keine menschliche Stimme wird sie bannen, kein menschlicher Vertrag wird sie schwächen! Wehe uns, wenn die Brandung ein Stück von dieser Mauer abgebrochen findet. Es würde zum Sturmbock der europäischen Völkerwogen gegen die noch stehende deutsche Feste werden. Das hat uns unsere Geschichte leider nur zu oft gelehrt! Auch diesmal sagte ich der Heimat nicht mit leichtem Herzen Lebewohl. Ein anderer Abschied aber wurde nur in dieser Lage noch schwerer. Es war dies der Abschied von der bisherigen Selbständigkeit. Mag der Schlußsatz des letzten Telegrammes der Obersten Heeresleitung in dieser Richtung auch tröstlich lauten, ich ahne doch das Schicksal, dem wir entgegengehen. Ich kenne es nicht aus dem bisherigen Feldzug, denn in ihm war uns die goldene kriegerische Freiheit im reichsten Maße beschieden gewesen. Wohl aber entnehme ich es der Geschichte früherer Koalitionskriege.

Der Vormarsch

Wir hatten für das beste gehalten, unsere Armee in der Gegend von Kreuzburg in Mittelschlesien zu versammeln. Von dort glaubten wir größere Armfreiheit zum Operieren gegen die nördliche Flanke der russischen Heeresgruppe in Polen, deren Stellung zur Zeit allerdings nicht festgelegt war, zu besitzen. – „Unmöglich!“

Wir möchten, daß es unserer Armee gestattet wird, mit dem rechten Flügel über Kielce (Mitte Polens) vorzugehen. – „Unmöglich!“

Wir möchten, daß uns starke österreichisch-ungarische Kräfte nördlich der oberen Weichsel bis zur San-Mündung begleiten. – „Unmöglich!“

Wenn dieses Alles als unmöglich bezeichnet wird, so wird vielleicht die ganze Operation unmöglich sein oder werden.

Wir versammeln also unsere Truppen (XI., XVII., XX., Garde-Reserve-Korps, Landwehr-Korps Woyrsch, 35. Reservedivision, Landwehrdivision Bredow und 8. Kavalleriedivision) im von der Obersten Heeresleitung befohlenen engsten Anschluß an den linken österreichisch-ungarischen Heeresflügel nördlich Krakau. Unser Hauptquartier kommt vorübergehend nach Beuthen in Oberschlesien. Aus dem Aufmarschraum treten wir Ende September an, und zwar mit der Mitte, also nicht mit dem rechten Flügel der Armee, in Richtung über Kielce. Die österreichisch-ungarische Heeresleitung verschiebt von Krakau aus eine schwache Armee von nur 4 Infanteriedivisionen und 1 Kavalleriedivision nordwärts über die Weichsel. Mehr glaubt sie südlich des Flusses nicht entbehren zu können. Sie beabsichtigt dort selbst einen entscheidenden Angriff. Auch dieser Plan des Verbündeten ist kühn und macht seinem Urheber alle Ehre. Es fragt sich nur, ob Aussicht besteht, daß das stark geschwächte Heer trotz allem erhaltenen Ersatz die Durchführung ermöglicht. Meine Bedenken werden durch die Hoffnung gemildert, daß der Russe, sobald er das Auftreten unserer deutschen Truppen in Polen bemerkt, seine Hauptkräfte auf uns werfen wird und dadurch dem Verbündeten einen Erfolg ermöglicht.

Das Bild, das wir uns bei Beginn unserer Bewegungen über die Lage machen können, ist unklar. Bestimmt wissen wir nur, daß die Russen den weichenden österreichisch-ungarischen Armeen in der letzten Zeit über den San hinaus nur zögernd gefolgt sind. Ferner sind Anzeichen dafür vorhanden, daß nördlich der Weichsel 6–7 russische Kavalleriedivisionen und Grenzschutzbrigaden in unbekannter Zahl stehen. Bei Iwangorod scheint eine russische Armee in Bildung begriffen zu sein. Die Truppen hierfür werden augenscheinlich teils aus den Armeen entnommen, die uns bei den früheren Operationen in Ostpreußen gegenüber standen, teils kommen neue Kräfte aus Russisch-Asien heran. Auch liegt Nachricht vor, daß westlich Warschau an einer großen Stellung mit Front nach Westen gebaut wird. Wir marschieren also in eine recht unsichere Lage hinein und müssen auf Überraschungen gefaßt sein.

Wir betreten Russisch-Polen und lernen sofort die volle Bedeutung dessen kennen, was ein französischer General in seiner Beschreibung des von ihm miterlebten napoleonischen Feldzuges im Winter 1806 als besonderes Element der dortigen Kriegführung bezeichnet hat, nämlich – den Dreck! Und zwar den Dreck in jeder Form, nicht nur in der freien Natur, sondern auch in den sogenannten menschlichen Wohnungen und an deren Bewohnern selbst. Mit Überschreiten unserer Grenze waren wir geradezu in einer anderen Welt. Man legte sich unwillkürlich die Frage vor: wie ist es möglich, daß auf dem Boden Europas die Grenzsteine zwischen Posen und Polen solch scharfe Trennungslinien zwischen Kulturstufen des gleichen Volksstammes ziehen? In welch einem körperlichen, sittlichen und materiellen Elend hatte die russische Staatsverwaltung diese Landesteile gelassen, wie wenig hatte die Überfeinerung in den Kreisen der polnischen Großen zivilisatorische Kräfte in die niedergehaltenen unteren Schichten durchsickern lassen! Die offenkundige politische Gleichgültigkeit dieser Massen beispielsweise durch Einwirkung der Geistlichkeit in einen höheren Schwung zu bringen, der sich bis zu einem freiwilligen Kampfanschluß an uns hätte steigern lassen, schien mir schon nach den ersten Eindrücken fraglich.

Unsere Bewegungen werden durch grundlose Wege aufs äußerste erschwert. Der Gegner bekommt Einblick in sie und trifft Gegenmaßregeln. Er zieht aus der Front den Österreichern gegenüber ein halbes Dutzend Armeekorps in der offenkundigen Absicht heraus, diese uns über die Weichsel südlich Iwangorod frontal entgegen zu werfen.

Am 6. Oktober erreichen wir über Opatow-Radom die Weichsel. Was sich hier vom Gegner westlich des Flusses befunden hatte, war von uns zurückgetrieben worden. Nunmehr spricht sich jedoch eine Bedrohung unseres Nordflügels von Iwangorod-Warschau her aus. Unter diesen Umständen ist vorläufig eine Fortsetzung unserer Operation in östlicher Richtung über die Weichsel südlich Iwangorod hinweg unmöglich. Wir müssen zunächst mit dem Gegner im

Norden abrechnen. Alles übrige hängt von dem Ausgange der dort zu erwartenden größeren Kämpfe ab. Ein eigenartiges strategisches Bild entwickelt sich. Während gegnerische Korps von Galizien aus jenseits der Weichsel Warschau zustreben, bewegen sich auch die unserigen diesseits des Stromes in der gleichen nördlichen Richtung. Um unseren Linksabmarsch aufzuhalten, wirft der Feind bei und unterhalb Iwangorod starke Kräfte über die Weichsel. Sie werden in erbitterten Kämpfen auf ihre Übergangsstellen zurückgeworfen; wir sind aber nicht imstande, den Gegner völlig vom Westufer zu vertreiben. Zwei Tagemärsche südlich Warschau trifft unser linker Flügel unter General von Mackensen auf überlegene feindliche Truppen und wirft sie gegen die Festung. Etwa einen Tagemarsch von der Fortslinie entfernt kommt jedoch unser Angriff ins Stocken.

Auf dem Schlachtfeld südlich Warschau ist uns als wichtigstes Beutestück ein russischer Befehl in die Hände gefallen, der uns klaren Einblick in die Stärken des Gegners und in seine Absichten gibt. Von der Sanmündung bis Warschau haben wir es danach mit 4 russischen Armeen zu tun; das sind etwa 60 Divisionen gegenüber 18 auf unserer Seite. Aus Warschau heraus sind allein 14 feindliche Divisionen gegen 5 der unserigen angesetzt. Das sind etwa 224 russische Bataillone gegen 60 deutsche. Die gegnerische Überlegenheit erhöht sich noch dadurch, daß unsere Infanterie infolge der vorausgegangenen Kämpfe in Ostpreußen und Frankreich sowie durch die jetzigen langen und anstrengenden Märsche, bis über 300 km in 14 Tagen und auf grundlosen Wegen, auf kaum noch die Hälfte, ja teilweise bis unter ein Viertel der ursprünglichen Gefechtsstärke zusammengeschmolzen ist. Und diese Schwächung unserer Kampfkraft gegenüber neu eintreffenden, vollzähligen sibirischen Korps, Elitetruppen des Zarenreiches!

Die Absicht des Gegners ist, uns längs der Weichsel zu fesseln, während ein entscheidender Stoß aus Warschau heraus uns dem Verderben entgegenführen soll. Ein zweifellos großer Plan des Großfürsten Nikolaij-Nikolaijewitsch, ja der größte, den ich von ihm kennen lernte, und der meines Erachtens auch sein größter blieb, bis er sich in den Kaukasus begeben mußte.

War ich im Herbst 1897 auf dem Bahnhofe in Homburg vor der Höhe nach dem Kaisermanöver von dem Großfürsten in ein Gespräch gezogen worden, das sich besonders um die Verwendung der Artillerie drehte, so trat ich dem russischen Oberfeldherrn jetzt in Polen zum ersten Male *in praxi* unmittelbar gegenüber, denn in Ostpreußen schien er nur vorübergehend als Zuschauer geweilt zu haben. Gelingt seine Operation, so droht nicht nur für die 9. Armee, sondern für die ganze Ostfront, für Schlesien, ja für die ganze Heimat eine Katastrophe. Doch wir dürfen jetzt nicht so schwarzen Gedanken nachgehen, sondern müssen Mittel und Wege finden, die drohende Gefahr abzuwehren. Wir entschließen uns daher dazu, unter Festhaltung der Weichsellinie von Iwangorod südwärts alle dort noch freizumachenden Kräfte unserem linken Flügel zuzuführen und uns mit diesem auf den Gegner südlich von Warschau in der Hoffnung zu werfen, ihn zu schlagen, bevor neue Massen dort erscheinen können.

Eile tut not! Wir bitten daher Österreich-Ungarn, alles, was es an Truppen frei hat, sofort links der Weichsel gegen Warschau zu lenken. Das k. und k. Armee-Oberkommando zeigt für die Lage durchaus richtiges Verständnis, erhebt jedoch zugleich Bedenken, die gerade dieser Lage wenig entsprechen. Österreich-Ungarn, zu dessen Hilfe wir herangeeilt sind, ist bereit, uns zu unterstützen, aber nur auf dem langsamen und daher zeitraubenden Wege einer Ablösung unserer an der Weichsellinie zurückgelassenen Truppen. Dadurch wird freilich eine Vermischung deutscher und österreichisch-ungarischer Verbände vermieden, aber man bringt die ganze Operation in die Gefahr des Mißlingens. Gegenvorstellungen unsererseits führen zu keinem Ergebnis. So fügen wir uns denn den Wünschen unserer Verbündeten.

Der Rückzug

Was wir befürchten, tritt ein. Aus Warschau heraus quellen immer neue Truppenmassen, und auch weiter unterhalb überschreiten solche die Weichsel. Von unseren langgestreckten Kampflinien an der Stirnseite aufgehalten, droht die sich immer breiter nach Westen entwickelnde feindliche Überlegenheit um unsere linke Flanke herumzuschlagen. Die Lage kann und darf so nicht lange bleiben. Unsere ganze gemeinsame Operation kommt in Gefahr nicht nur zu versumpfen, sondern zu scheitern. Ja man könnte vielleicht sagen, sie ist schon gescheitert, da im Süden der oberen Weichsel, in Galizien, der erhoffte Erfolg nicht errungen wird, obwohl der Gegner gewaltige Massen von dort gegen unsere 9. Armee herangeführt, sich also unsern Verbündeten gegenüber geschwächt hat. Jedenfalls muß der schwere, von unserer Truppe zuerst unwillig aufgenommene Entschluß gefaßt werden, uns aus der drohenden Umklammerung loszumachen und auf andere Weise einen Ausweg aus der Gefahr zu suchen. Das Schlachtfeld von Warschau wird in der Nacht vom 18. auf den 19. Oktober dem Gegner überlassen. Um die Operation nicht schon jetzt aufzugeben, führen wir unsere vor Warschau unter Mackensen kämpfenden Truppen in die Stellung Rawa-Lowicz, etwa 70 km westlich der Festung, zurück. Wir hoffen, daß der Russe gegen diese nach Osten gerichtete Front anrennen wird. Dann wollen wir mit unseren inzwischen von den Österreichern vor Iwangorod abgelösten Korps von Süden her einen entscheidenden Schlag gegen den stärksten Teil der russischen Heeresgruppe im großen Weichselbogen führen. Vorbedingung für Durchführung dieses Planes ist, daß Mackensens Truppen den Anprall der russischen Heerhaufen aushalten, und daß die österreichisch-ungarische Verteidigung an der Weichsel so fest steht, daß unser beabsichtigter Stoß gegen russische Flankeneinwirkung aus östlicher Richtung sicher geschützt ist. Die Lösung dieser letzteren Aufgabe erscheint angesichts der Stärke der Weichselstellung für unseren Verbündeten einfach. Die österreichische Führung erschwerte sie sich aber durch den an sich guten Willen, auch ihrerseits einen großen Schlag auszuführen. Sie entschließt sich, dem Gegner die Weichselübergänge bei Iwangorod und nördlich frei zu geben, um dann über die gegnerischen Kolonnen während ihres Uferwechsels herzufallen. Ein kühner Plan, der im Frieden bei Kriegsspielen und Manövern in Ausführung und Kritik oftmals eine Rolle spielt, der auch im Kriege vom Feldmarschall Blücher und seinem Gneisenau an der Katzbach glänzend gelöst wurde. Gefährlich bleibt ein solches Unternehmen aber immer, besonders, wenn man seiner Truppe nicht völlig sicher ist. Wir raten daher ab. Doch vergeblich! Die russische Überlegenheit kann also bei Iwangorod über die Weichsel rücken; der österreichisch-ungarische Gegenangriff erringt anfangs Erfolge, erlahmt aber bald und verwandelt sich schließlich in einen Rückzug.

Was nützt es uns jetzt noch, wenn die ersten Anstürme der Russen gegen Mackensens neue Front scheitern? Die rechte Flanke unseres beabsichtigten Angriffs ist durch das Zurückweichen unseres Verbündeten entblößt. Wir müssen auf diese Operation verzichten. Es erscheint mir am besten, wir machen uns durch Fortsetzung des Rückzuges die Arme frei, um später anderwärts wieder zuschlagen zu können. Der Entschluß reift in mir in unserem Hauptquartier zu Radom, zunächst nur in Umrissen, aber doch klar genug, um für die weiteren Maßnahmen als Richtlinie zu dienen. Mein Generalstabschef wird diese festhalten, seine titanische Kraft wird für ihre Durchführung alles vorsorgen, des bin ich gewiß.

Freilich verbinden sich mit dem Gedanken auch ernste Bedenken. Was wird die Heimat sagen, wenn sich unser Rückzug ihren Grenzen nähert? Ist es ein Wunder, wenn Schlesien erbebt? Man wird dort an die russischen Verwüstungen in Ostpreußen denken, an Plünderungen, Verschleppung Wehrloser und anderes Elend. Das reiche Schlesien mit seinem mächtig entwickelten Bergbau und seiner großen Industrie, beides für die Kriegführung uns so notwendig wie das tägliche Brot! Man fährt im Kriege nicht einfach mit der Hand über die Karte und sagt: „Ich räume dieses Land!“ Man muß nicht nur soldatisch sondern auch wirtschaftlich denken; auch rein menschliche Gefühle drängen sich heran. Ja gerade diese sind oft am schwersten zu bannen.

Unser Rückzug wird in allgemeiner Richtung Czenstochau am 27. Oktober angetreten. Gründliche Zerstörungen aller Straßen und Eisenbahnen sollen die dichtgedrängten russischen Massen aufhalten, bis wir uns völlig losgelöst haben, und bis wir Zeit finden, eine neue Operation einzuleiten. Die Armee rückt hinter die Widawka und Warthe, linker Flügel in Gegend Sieradz; das Hauptquartier geht nach Czenstochau. Der Russe folgt anfangs dicht auf, dann erweitert sich der Abstand. So hat dieser wilde Wechsel spannendster Kriegslagen seine einstweilige Lösung gefunden.

Bei dieser Gelegenheit möchte ich nicht unerwähnt lassen, daß uns das rechtzeitige Erkennen der uns drohenden Gefahren durch die unbegreifliche Unvorsichtigkeit, ja man könnte sagen, durch die Naivität erleichtert wurde, mit der der Russe von seinen funkentelegraphischen Verbindungen Gebrauch machte. Durch Mitlesen der feindlichen Funksprüche waren wir vielfach instandgesetzt, nicht nur die Aufstellung sondern sogar die Absichten auf feindlicher Seite zu erfahren. Trotz dieser ungewöhnlichen Gunst der Verhältnisse stellten die eintretenden Lagen besonders wegen der großen zahlenmäßigen Überlegenheit des Gegners jedoch immer noch genügend starke Ansprüche an die Nerven der obersten Führung. Ich wußte aber die untere Führung fest in unserer Hand und hatte das unbedingte Vertrauen, daß von den Truppen das Menschenmögliche geleistet wurde. Solches Zusammengreifen aller hat uns die Überwindung der gefährlichsten Lagen ermöglicht. Doch schien unser schließliches Verderben dieses Mal nicht bloß aufgeschoben? Die Gegner jubelten wenigstens in diesem Sinne. Sie hielten uns augenscheinlich für völlig geschlagen. Vielleicht war diese ihre Ansicht unser Glück, denn am 1. November verkündet ein russischer Funkspruch: „Nachdem man jetzt 120 Werst verfolgt habe, sei es Zeit die Verfolgung der Kavallerie zu überlassen. Die Infanterie sei ermüdet, der Nachschub schwierig." Wir können also Atem schöpfen und an neue Pläne herantreten.

An diesem 1. November verfügte Seine Majestät der Kaiser meine Ernennung zum Oberbefehlshaber aller deutschen Streitkräfte im Osten, auch wurde mein Befehlsbereich über die deutschen östlichen Grenzgebiete erweitert. General Ludendorff blieb mein Chef. Die Führung der 9. Armee wurde General von Mackensen übertragen. Wir waren damit von der unmittelbaren Sorge für die Armee befreit; um so beherrschender wurde unser Einwirken auf das Ganze.

Als unser Hauptquartier wählen wir Posen. Noch bevor wir jedoch dahin übersiedeln, fällt in Czenstochau am 3. November die endgültige Entscheidung über unsere neue Operation, oder ich sage vielleicht besser, erhalten die neuen Absichten ihre endgültige Form.

Unser Gegenangriff

Der neue Plan gründet sich auf folgende Erwägung: Würden wir in der jetzigen Aufstellung den Angriff der gegenüberstehenden 4 russischen Armeen frontal abzuwehren versuchen, so würde der Kampf gegen die erdrückende Übermacht wohl ebenso verlaufen wie vor Warschau. Schlesien ist also auf diese Weise vor dem Einbruch des Gegners nicht zu retten. Diese Aufgabe ist nur im Angriff zu lösen. Ein solcher, gegen die Stirnseite des weit überlegenen Gegners geführt, würde einfach zerschellen. Wir müssen ihn gegen die offene oder bloß schwach gedeckte feindliche Flanke zu richten suchen. Eine ausholende Bewegung meiner linken Hand illustrierte bei der ersten Besprechung diesen Gedanken. Suchen wir den feindlichen Nordflügel in der Gegend von Lodz, so müssen wir unsere Angriffskräfte bis nach Thorn verschieben. Zwischen dieser Festung und Gnesen wird also unser neuer Aufmarsch geplant. Wir trennen uns damit weit vom österreichisch-ungarischen linken Heeresflügel. Nur noch schwächere deutsche Kräfte, darunter das hart mitgenommene Landwehrkorps Woyrsch, sollen in der Gegend von Czenstochau belassen werden. Vorbedingung für unseren Linksabmarsch ist, daß das k. u. k. Armee-Oberkommando an die Stelle unserer nach Norden abrückenden Teile in die Gegend von Czenstochau 4 Infanteriedivisionen aus der zur Zeit nicht bedrohten Karpathenfront heranbefördert.

Durch unseren neuen Aufmarsch bei Thorn-Gnesen werden die gesamten verbündeten Streitkräfte im Osten in 3 große Gruppen verteilt. Die erste wird gebildet durch das österreichisch-ungarische Heer beiderseits der oberen Weichsel, die beiden anderen durch die 9. und 8. Armee. Die Zwischenräume zwischen diesen 3 Gruppen können wir durch vollwertige Kampftruppen nicht schließen. Wir sind gezwungen, in die etwa 100 km breite Lücke zwischen den Österreichern und unserer 9. Armee im wesentlichen neuformierte Verbände einzuschieben. Diese besitzen an sich schon geringere Angriffskraft und müssen noch dazu an der Front einer mächtigen russischen Überlegenheit sich so breit ausdehnen, daß sie eigentlich nur einen dünnen Schleier bilden. Rein zahlenmäßig beurteilt brauchen die Russen gegen Schlesien nur anzutreten, um diesen Widerstand mit Sicherheit zu überrennen. Zwischen der 9. Armee bei Thorn und der 8. Armee in den östlichen Gebieten Ostpreußens befindet sich im wesentlichen nur Grenzschutz, verstärkt durch die Hauptreserven aus Thorn und Graudenz. Auch diesen Truppen gegenüber steht eine starke russische Gruppe von etwa 4 Armeekorps nördlich von Warschau auf dem Nordufer der Weichsel und des Narew. Diese russische Gruppe könnte, wenn sie über Mlawa angesetzt würde, die Lage, wie sie sich Ende August vor der Schlacht bei Tannenberg entwickelt hatte, nochmals wiederholen. Das Rückengebiet der 8. Armee scheint also erneut und bedenklich bedroht. Aus dieser Lage in Schlesien und Ostpreußen soll uns der Angriff der 9. Armee gegen die nur schwach geschützte Flanke der russischen Hauptmassen in Richtung Lodz befreien. Es ist klar, daß diese Armee, wenn ihr Angriff nicht rasch durchdringt, die feindlichen Massen von allen Seiten auf sich ziehen wird. Diese Gefahr ist um so größer, als wir weder zahlenmäßig hinreichende noch auch genügend vollwertige Truppen haben, um sowohl die russischen Heeresmassen im großen Weichselbogen als auch die feindlichen Korps nördlich der mittleren Weichsel durch starke, durchhaltende Angriffe frontal zu fesseln oder auch nur auf längere Zeitspanne hinaus zu täuschen. Wir werden freilich trotz alledem überall unsere Truppen zum Angriff vorgehen lassen, aber es wäre doch ein gefährlicher Irrtum, hiervon sich allzuviel zu versprechen.

Was an starken, angriffskräftigen Verbänden irgendwo freigemacht werden kann, muß zur Verstärkung der 9. Armee herangeholt werden. Sie führt den entscheidenden Schlag. Mag die 8. Armee noch so bedroht sein, sie muß 2 Armeekorps zugunsten der 9. abgeben. Die Verteidigung der erst vor kurzem befreiten Provinz kann unter solchen Verhältnissen freilich nicht mehr an der russischen Landesgrenze durchgeführt werden sondern muß in das Seengebiet und an die Angerapp zurückverlegt werden; ein harter Entschluß. Die Gesamtstärke der 9. Armee wird durch die geschilderte Maßnahme auf etwa 5½ Armeekorps und 5 Kavalleriedivisionen gebracht. Zwei von letzteren werden aus der Westfront herangeführt. Weitere Kräfte glaubt die Oberste Heeresleitung trotz unserer ernsten Vorstellungen dort nicht freimachen zu können. Sie hofft in dieser Zeit immer noch auf einen günstigen Ausgang der Schlacht bei Ypern. Die Schwierigkeiten des Zweifrontenkrieges zeigen sich erneut in ihrer ganzen Größe und Bedeutung.

Was auf unserer Seite an Kräften fehlt, muß wieder durch Schnelligkeit und Tatkraft ersetzt werden. Ich bin sicher, daß in dieser Beziehung das Menschenmögliche von seiten der Armeeführungen und Truppen geleistet werden wird. Schon am 10. November steht die 9. Armee angriffsbereit, am 11. bricht sie los, mit dem linken Flügel längs der Weichsel, mit dem rechten nördlich der Warthe. Es ist hohe Zeit, denn schon kündet sich an, daß auch der Gegner vorgehen will. Ein feindlicher Funkspruch verrät, daß die Armeen der Nordwestfront, d. h. also alles, was von russischen Kräften von der Ostsee bis einschließlich Polen steht, am 14. November zu einem tiefen Einfall in Deutschland antreten sollen. Wir entreißen dem russischen Oberbefehlshaber die Vorhand, und als er am 13. unsere Operation erkennt, wagt er nicht, den großen Stoß gegen Schlesien durchzuführen, sondern wirft alle verfügbaren Kräfte unserem Angriff entgegen. Schlesien ist damit vorläufig gerettet, der erste Zweck unserer Operation ist erreicht. Werden wir darüber hinaus eine große Entscheidung erringen können? Die feindliche Übermacht ist allenthalben gewaltig. Trotzdem erhoffe ich Großes!

Es würde den Rahmen dieses Buches überschreiten, wollte ich nunmehr einen, wenn auch nur allgemeinen Überblick über die Kampfereignisse, die unter der Bezeichnung „Schlacht bei Lodz“ zusammengefaßt sind, geben.

In dem Wechsel zwischen Angriff und Verteidigung, Umfassen und Umfaßtsein, Durchbrechen und Durchbrochenwerden zeigt dieses Ringen auf beiden Seiten ein geradezu verwirrendes Bild. Ein Bild, das in seiner erregenden Wildheit alle die Schlachten übertrifft, die bisher an der Ostfront getobt hatten!

Es war uns im Verein mit Österreich-Ungarn gelungen, die Fluten halb Asiens abzudämmen.

Die Kämpfe dieses polnischen Feldzuges endeten aber nicht bei Lodz sondern wurden auf beiden Seiten weiter genährt. Neue Kräfte kamen zu uns vom Westen heran, doch nur wenig frische, meist solche mit gutem Willen aber mit halbverbrauchter Kraft. Sie waren zum Teil herausgezogen aus einem ähnlich schweren, ja vielleicht noch schwereren Ringen, als wir es hinter uns hatten, nämlich aus der Schlacht bei Ypern. Wir versuchten trotzdem, mit ihnen die abgedämmte russische Flut zum Zurückweichen zu bringen. Und wirklich schien es eine Zeitlang, als ob uns dies gelingen würde. Unsere Kräfte zeigten sich jedoch schließlich auch jetzt ähnlich wie in den Kämpfen von Lodz als nicht ausreichend genug für dieses Ringen gegen die ungeheuerste Überlegenheit, die uns jemals auf dem Schlachtfelde gegenüberstand. Wir hätten mehr leisten können, wenn die Verstärkungen nicht so tropfenweise eingetroffen wären, wir also vermocht hätten, sie gleichzeitig einzusetzen. So aber bewegte sich der ungeheure slawische Block, den wir nach Osten hin rollen wollten, nur noch eine Strecke weit, dann lag er wieder still und unbeweglich. Unsere Kraft ermattete, sie ermattete aber nicht nur im Kampfe, sondern auch – im Sumpfe.

Erst der eingetretene Winter legte seine lähmenden Fesseln um die Tätigkeit von Freund und Feind. Die im Kampfe schon erstarrten Linien deckte Schnee und Eis. Die Frage war: Wer wird diese Linien in den kommenden Monaten zuerst aus ihrer Erstarrung lösen?

1915

Frage der Kriegsentscheidung

Die Leistungen Deutschlands und seines Heeres im Jahre 1914 werden in ihrer ganzen heldenhaften Größe erst dann einwandfrei gewürdigt werden, wenn Wahrheit und Gerechtigkeit wieder zur freien Wirkung kommen, wenn die Propaganda unserer Gegner in ihrer die Weltmeinung irreführenden Weise entlarvt ist, und wenn die deutsche kritische Selbstzerfleischung einem ruhigen besonnenen Urteil weicht. Ich zweifle nicht, daß dies alles eintreten wird.

Trotz der Größe all unserer Leistungen fehlte aber die Krönung des gewaltigen, uns aufgezwungenen Werkes. Bis jetzt war nur die augenblickliche Rettung, nicht aber ein durchgreifender Sieg erkämpft. Die Vorstufe, die zu diesem führte, war eine Entscheidung auf wenigstens einer unserer Fronten. Wir mußten herauskommen aus der kriegerischen, politischen und wirtschaftlichen Umklammerung, die uns einschnürte und uns auch moralisch den Atem zu nehmen drohte. Die Gründe für das bisherige Ausbleiben des Erfolges waren strittig und werden strittig bleiben. Die Tatsache bestand, daß unsere Oberste Heeresleitung sich genötigt geglaubt hatte, vom Westen, wo sie die rasche Entscheidung suchen wollte, vorzeitig starke Kräfte nach dem Osten zu werfen. Ob bei diesem Entschluß nicht auch eine Überschätzung der damals im Westen erreichten Erfolge eine große Rolle spielte, möchte ich dahingestellt sein lassen. Jedenfalls erwuchsen Halbheiten; das eine Ziel war aufgegeben, das andere nicht erreicht.

In zahlreichen Gesprächen mit Offizieren, die einen Einblick in den Verlauf der Ereignisse im August und September 1914 auf dem westlichen Kriegsschauplatz gehabt hatten, versuchte ich ein einwandfreies Urteil über die Vorgänge zu gewinnen, die für uns in der sogenannten Marneschlacht so verhängnisvoll wurden. Ich glaube nicht, daß eine einzelne Ursache die Schuld an dem Scheitern unseres großen, zweifellos richtigen Feldzugsplanes trägt. Eine ganze Reihe ungünstiger Einwirkungen entschied zu unseren Ungunsten. Zu diesen zähle ich: Verwässerung des Grundgedankens, mit einem starken rechten Flügel aufzumarschieren, Festrennen des überstark gemachten linken Heeresflügels durch falsche Selbsttätigkeit der unteren Führung, Verkennen der aus dem starkbefestigten, großen Eisenbahnknotenpunkt Paris zu erwartenden Gefahr, ungenügendes Eingreifen der Obersten Heeresleitung in die Bewegungen der Armeen und vielleicht auch mangelhaftes Herausfühlen der an sich nicht ungünstigen Lage an dieser und jener Kommandostelle im entscheidenden Augenblick der Schlacht. Die Geschichtsforschung und die Kritik werden hier ein dankbares Feld ihrer Tätigkeit haben.

Mit aller Entschiedenheit möchte ich mich aber dahin aussprechen, daß das Scheitern unseres ersten Operationsplanes im Westen zwar eine schwere Gefahr für uns brachte, daß dadurch aber keineswegs die Fortführung des Krieges für uns aussichtslos geworden war. Wäre dies nicht meine Überzeugung gewesen, so würde ich mich schon im Herbste 1914 für verpflichtet gehalten haben, dies nach oben hin, und zwar bis zu meinem Allerhöchsten Kriegsherrn zu vertreten. Unser Heer hatte derartige glänzende und den Gegnern allenthalben überlegene Eigenschaften entwickelt, daß nach meiner Ansicht bei einer entsprechenden Zusammenfassung unserer Kräfte trotz der feindlichen stets wachsenden zahlenmäßigen Überlegenheit eine Entscheidung wenigstens zunächst auf einem unserer Kriegstheater möglich blieb.

West oder Ost? Das mußte die große Frage sein, von deren Beantwortung unser Schicksal abhing. Bei Lösung dieser Frage konnte mir selbstverständlich eine entscheidende Stimme von seiten der Obersten Heeresleitung nicht zuerkannt werden. Die Verantwortung lag allein und ausschließlich auf ihren Schultern. Ich glaubte jedoch das Recht und damit auch die Pflicht zu haben, meine Anschauungen in dieser Richtung frei und offen zu äußern und zu vertreten.

Für das allgemeine Denken war die sogenannte Westentscheidung traditionell. Sie war, man darf vielleicht sagen, national. Im Westen stand der Feind, dessen chauvinistische Hetzereien uns im Frieden nicht hatten zur Ruhe kommen lassen. Dort stand jetzt aber zugleich auch derjenige Gegner, der nach unser aller Überzeugung die zur Vernichtung Deutschlands treibende Kraft darstellte. Demgegenüber fand man bei uns die Begehrlichkeit Rußlands auf Konstantinopel vielfach begreiflich; diejenige auf Ost- und Westpreußen nahm man nicht ernst.

Die deutsche Kriegsleitung konnte sonach beim Kampfe im Westen sicher damit rechnen, die führenden Geister des Vaterlandes, ja das Empfinden des größten Teiles des Volkes auf ihrer Seite zu haben. Darin lag ein nicht zu verachtender moralischer Faktor. Ob dieser in den Berechnungen unserer Heeresführung eine Rolle spielte, wage ich nicht zu behaupten; wohl aber weiß ich, daß der Gedanke einer Westentscheidung uns hundert- und tausendfach mündlich und schriftlich entgegengebracht wurde. Ja ich fand sogar später, als mir selbst die Kriegsleitung anvertraut wurde, Stimmen, die mir eine förmliche Schonung Rußlands nahelegten. Man glaubte eben vielfach, daß es verhältnismäßig leicht für uns sei, mit Rußland auf friedlichem Boden eine Verständigung zu finden.

Der entscheidende, den Endsieg erstrebende Kampf im Westen galt auch mir als *ultima ratio* für Erzwingung des Friedens, aber als eine *ultima ratio*, an die wir nur über den auf den Boden geworfenen Russen herantreten konnten. Vermochte man den Russen zu Boden zu werfen? Das Schicksal hat die Frage bejaht, aber erst, als zwei weitere Jahre vergangen waren, als es, wie es sich herausstellen sollte, zu spät geworden war. Denn bis dahin hatte sich unsere

Lage gründlich verändert. Die Zahl und Kraft unserer übrigen Gegner war in der Zwischenzeit ins Riesenhafte weiter gewachsen, und in den Kreis ihrer Kämpfer trat an Stelle Rußlands das jugendkräftige, wirtschaftsgewaltige Nordamerika!

Ich glaubte, die Frage, ob wir Rußland niederzwingen könnten, im Winter 1914/15 bejahen zu dürfen, und stehe noch heute auf diesem Standpunkt. Freilich: das Ziel war nicht in einem einzigen großen, ins Ungeheure gesteigerten Sedan zu erreichen, wohl aber in einer Reihe solcher und ähnlicher Schlachten. Hierfür aber bot, wie es sich damals bereits gezeigt hatte, wenn auch nicht die russische Heeresleitung so doch die Führung der russischen Armeen günstige Vorbedingungen. Tannenberg hatte dieses bewiesen; Lodz hätte es beweisen können, vielleicht mit noch gewaltigeren Zahlen wie Tannenberg, wenn wir nicht damals den Kampf in Polen gegen gar zu große Überlegenheiten hätten auf uns nehmen müssen und sozusagen mitten im Siege aus Mangel an Kräften steckenblieben.

Ich habe den Russen nie unterschätzt. Es war nach meiner Ansicht falsch, in Rußland nur Despotismus und Sklaventum, Unbeholfenheit, Stumpfsinn und Eigennutz zu sehen. Starke und hohe sittliche Kräfte waren auch dort am Werke, freilich nur in einzelnen Kreisen. Vaterlandsliebe, selbständiger Wille, Arbeitskraft und Weitblick waren dem Heere nicht unbedingt fremd. Wie hätten sich auch sonst die ungeheuren Massen bewegen lassen, wie wären anders das Land und die Truppen zu solchen Hekatomben von Menschenopfern bereit gewesen? Der Russe der Jahre 1914 und 1915 war nicht mehr der Russe von Zorndorf, der sich willenlos wie Schlachtvieh niederschlagen ließ. Aber es fehlte ihm doch in seiner Masse die Größe menschlicher und geistiger Eigenschaften, die bei uns Gemeingut des Volkes und Heeres waren.

Die bisherigen Kämpfe mit den Armeen des Zaren hatten unseren Offizieren und Soldaten das Gefühl unbedingter Überlegenheit über diese Feinde gegeben. Dieses Gefühl, das unsere alten Landstürmer ebenso wie unsere jungen Soldaten erfüllte, erklärte es, daß wir hier im Osten Truppengebilde in den Kampf werfen konnten, deren Kampfwert eine Verwendung an der Westfront nur unter Vorbehalt zugelassen hätte. Ein ungeheurer Vorteil für uns, da wir zahlenmäßig so sehr den Gesamtgegnern unterlegen waren! Freilich hatte die Verwendung solcher Verbände ihre Grenzen angesichts der großen Anforderungen, die an die Ausdauer und an die operative Beweglichkeit der Truppe in den östlichen Gebieten zu stellen waren. Die Hauptkraft mußte immer wieder durch schlagkräftige Divisionen geliefert werden. Konnte man ihre zur Führung entscheidender Operationen nötige Anzahl nicht durch Neubildungen gewinnen, so mußten sie nach meiner Ansicht, selbst unter Preisgabe von Teilen besetzter Gebiete, aus der westlichen Front gezogen werden.

Diese Darlegungen sind nicht erst das Ergebnis nachträglicher Gedankenkonstruktionen oder rückschauender Kritik. Man hat ihnen gegenüber darauf hingewiesen, daß der Russe jederzeit imstande sein würde, sich im Falle der Not in die sogenannte Endlosigkeit seines Reiches so weit zurückzuziehen, daß unsere operative Kraft im Nachfolgen erlahmen müßte. Ich glaube, daß diese Anschauungen sich allzusehr unter dem Banne der Erinnerungen an 1812 befanden, daß sie der inzwischen eingetretenen Entwickelung und Änderung der politischen und wirtschaftlichen Verhältnisse des inneren Zarenreiches – ich erinnere besonders an die Eisenbahnen – nicht genügend Rechnung trugen. Der napoleonische Feldzug hatte seinerzeit nur einen verhältnismäßig schmalen Keil in das weite, dünn bevölkerte, wirtschaftlich primitive, innerpolitisch noch völlig unerweckte Rußland getrieben. Wie ganz anders sprach sich eine breite, moderne Offensive aus; welche ganz andere innerstaatliche Verhältnisse mußte sie jetzt auch in Rußland vorfinden?

In diesen Anschauungen lag letzten Endes der Widerstreit zwischen der damaligen deutschen Heeresführung und meinem Oberkommando. Die Öffentlichkeit hat viele Legenden in diesen Widerstreit hineingetragen. Von dramatischen Vorgängen konnte nicht die Rede sein, so tief mich auch die Angelegenheit persönlich ergriff. Ich überlasse die nachträgliche sachliche Entscheidung der gelehrten Kritik der Nachwelt, bin jedoch überzeugt, daß auch diese zu einem widerspruchslosen Endergebnis nicht kommen wird. Jedenfalls werde ich dieses Endergebnis nicht mehr erleben.

Kämpfe und Operationen im Osten

Von den Ereignissen des Jahres 1915 im Osten möchte ich nur in großen Umrissen sprechen.

Den Kampf an unserem Teil der Ostfront riefen wir selbst in seiner ganzen Stärke wieder wach. Völlig geruht hatte er ja nie. Er hatte bei uns aber auch nicht mit der gleichen Wut getobt, wie in den Karpathen, wo die k. und k. Armeen im schwersten Ringen die Gefilde Ungarns vor russischer Überflutung schützen mußten. Dorthin war auch mein Armee-Chef in der Not der Tage vorübergehend gerufen worden. Die inneren Gründe, die zu unserer damaligen Trennung Veranlassung gaben, sind mir nicht bekannt geworden. Ich suchte sie auf sachlichem Gebiete und bat meinen Kaiser, diese Verfügung rückgängig zu machen, was Seine Majestät auch gnädigst bewilligte. General Ludendorff kam nach kurzer Zeit zurück mit ernsten Erfahrungen und noch ernsteren Ansichten über die Zustände bei österreichisch-slawischen Truppenteilen.

Dem k. u. k. Armee-Oberkommando mußte der Gedanke zu einer entscheidenden Operation im Osten ganz besonders nahe liegen. Er drängte sich ihm nicht nur aus militärischen sondern auch aus politischen Gründen auf. Die fortschreitende Abnahme des Wertes der österreichisch-ungarischen Kampfkräfte konnte ihm nicht verborgen bleiben. Ein längeres Hinziehen des Krieges verschlimmerte diese Zustände augenscheinlich in dem Heere der Donaumonarchie verhältnismäßig rascher als beim gegenüberstehenden Feind. Dazu kam die österreichische Sorge, daß der drohende Verlust von Przemysl nicht nur die Spannung in der Kriegslage an der eigenen Heeresfront wesentlich steigern werde, sondern daß auch unter dem Eindruck, den der Fall dieser Festung auf die Heimat machen mußte, die schon jetzt nicht unbedenklichen Erscheinungen von Lockerung im Staatsgefüge und von Schwinden des Vertrauens auf ein günstiges Kriegsende sich noch weiter verschärfen würden. Auch fühlte Österreich-Ungarn sich schon jetzt durch die politische Haltung Italiens im Rücken bedroht. Ein großer, erfolgreicher Schlag im Osten konnte die mißliche Lage des Staates gründlich ändern.

Aus dieser Beurteilung der Verhältnisse heraus trat ich auf die Seite des Generals von Conrad, als er bei der deutschen Obersten Heeresleitung entscheidende

Operationen auf dem östlichen Kriegsschauplatz anregte. Die von mir für eine solche Entscheidung nötig befundenen Truppenstärken glaubte unsere Oberste Heeresleitung nicht zur Verfügung stellen zu können. Aus dem vorgeschlagenen Plane wurde daher innerhalb meines Befehlsbereiches nur ein einziger großer Schlag, den wir in Ostpreußen führten.

4 Armeekorps rollten bei Beginn des Jahres zu unserer Verfügung aus der Heimat und dem Westen zu uns heran. Sie werden in Ostpreußen ausgeladen, verstärken teils die 8. Armee und bilden teils die 10. unter Generaloberst von Eichhorn, marschieren auf und rücken los, um seitlich beider Flügel unserer in der Linie Lötzen-Gumbinnen gelegenen dünnen Verteidigungsstellung vorzubrechen. Durch zwei starke Flügelgruppen soll die 10. russische Armee des Generals Sievers weit ausholend umfaßt werden, damit schließlich durch deren Zusammenschluß im Osten auf Rußlands Boden im großen Maßstabe alles zertrümmert werden kann, was noch vom Feinde etwa übrig geblieben ist.

Der erste grundlegende Gedanke der Operation wird am 28. Januar noch im Hauptquartier zu Posen für unsere Armeeführer in folgende Worte gefaßt:

> „Ich beabsichtige, die 10. Armee mit ihrem linken Flügel längs der Linie Tilsit-Wylkowyszki zur Umfassung des nördlichen Flügels des Gegners anzusetzen, den Feind mit der Landwehrdivision Königsberg und dem linken Flügel der 8. Armee in frontalem Kampf zu binden, und den rechten Flügel der 8. Armee auf Arys-Johannisburg und südlich angreifen zu lassen."

Am 5. Februar folgt dann aus Insterburg, wohin wir uns zur Schlachtenleitung begaben, der eigentliche Angriffsbefehl. Er setzt vom 7. ab die beiden Massen an den Flügeln in Bewegung, vielleicht etwas an unser ruhmreiches Sedan erinnernd, und ein vernichtendes Sedan sollte es für die 10. Russenarmee schließlich bei Augustowo auch werden. Dort schloß sich am 21. Februar der Kessel des gewaltigen Treibens, aus dem mehr denn 100.000 Gegner als Gefangene Deutschland zugeführt wurden. Eine noch weit größere Zahl von Russen war einem anderen Schicksal erlegen.

Das Ganze wurde auf Allerhöchsten Befehl Seiner Majestät des Kaisers „Winterschlacht in Masuren" benannt. Man befreie mich von ihrer näheren

Beschreibung. Was sollte ich auch Neues aus ihr erzählen? Ihr Name mutet an wie Eiseshauch und Totenstarre. Vor dem Gange dieser Schlacht steht der rückblickende Mensch, wie wenn er sich fragen müßte: Haben wirklich irdische Wesen dies alles geleistet, oder ist das Ganze nur ein Märchen oder Geisterspuk gewesen? Sind jene Züge durch Winternächte, jene Lager im eisigen Schneetreiben und endlich der Abschluß der für den Feind so schrecklichen Kämpfe im Walde von Augustowo nur die Ausgeburten erregter menschlicher Phantasien?

Trotz der großen taktischen Erfolge der Winterschlacht blieb uns die strategische Ausnutzung des Erreichten versagt. Wir waren wohl wieder imstande gewesen, eine der russischen Armeen nahezu völlig zu vernichten, aber an ihre Stelle traten sofort neue feindliche Kräfte, herangezogen von anderen Fronten, an denen sie nicht gebunden waren. Unter diesen Verhältnissen konnten wir mit den jetzt im Osten verfügbaren Mitteln zu keinem entscheidenden Ergebnis gelangen. Die russische Übermacht war allzu gewaltig.

Der Winterschlacht folgt als russische Antwort ein umfassender Angriff auf unsere Stellungen vorwärts der altpreußischen Grenzgebiete. Gewaltige Blöcke wälzt der feindliche Heerführer gegen uns heran, Blöcke von übermächtiger Größe, jeder einzelne schwerer, als alle unsere Kräfte zusammen. Aber der deutsche Wille überwindet auch diese Belastung. Ströme russischen Blutes fließen in den mörderischen Kämpfen bis Frühjahrsbeginn nördlich des Narew und westlich des Njemen; dem Himmel sei Dank, auf russischem Boden! Der Zar mag viele Soldaten haben, auch ihre Zahl schwindet bei solchen Massenopfern merklich dahin. Die russische Kraft, die vor unseren Linien zugrunde geht, wird nachher fehlen, wenn der große deutsch-österreichisch-ungarische Stoß weit im Süden die ganze russische Heeresfront erbeben macht.

Nicht nur in den preußischen Grenzgebieten, sondern auch in den Karpathen wird in dieser Zeit mit äußerster Erbitterung gefochten. Dort versucht der Russe auch über den Winter hinaus den Grenzwall Ungarns um jeden Preis zu bezwingen. Er fühlt wohl mit Recht, daß ein Einbruch der russischen Flut in die magyarischen Länder den Krieg entscheiden könnte, daß das Donaureich einen solchen Schlag nimmermehr überwinden würde. War es zu bezweifeln, daß der erste russische Kanonenschuß in der ungarischen Tiefebene seinen Widerhall in den oberitalienischen Gebirgen und in den transsylvanischen Alpen finden würde? Der russische Großfürst wußte wohl, für welch hohes Ziel er von dem Zarenheere die furchtbaren Opfer auf den schwierigen Kampffeldern des Waldgebirges forderte.

Die andauernd große Spannung der Kampflage in den Karpathen und ihre Rückwirkung auf die politischen Verhältnisse forderten gebieterisch eine Lösung. Die deutsche Oberste Heeresleitung fand eine solche. Sie durchbrach in den ersten Tagen des Mai die russische Heeresfront in Nordgalizien und faßte die gegnerische Schlachtfront an der ungarischen Grenze in Flanke und Rücken.

Mein Oberkommando war zunächst an der großen Operation, die bei Gorlice ihren Anfang nahm, nur mittelbar beteiligt. Unsere Aufgabe im Rahmen dieser großzügigen Unternehmung war es vorerst, starke feindliche Kräfte zu binden. Das geschah zunächst durch Angriffe im großen Weichselbogen westlich Warschau und an der ostpreußischen Grenze, in Richtung Kowno, dann aber im größeren Stile durch ein am 27. April begonnenes Reiterunternehmen nach Litauen und Kurland. Der Vorstoß von drei Kavalleriedivisionen, unterstützt von der gleichen Zahl Infanteriedivisionen, berührte eine empfindliche Stelle russischen Kriegsgebietes. Der Russe fühlte wohl zum ersten Male, daß die wichtigsten Eisenbahnen, die russisches Heer und russisches Kernland verbanden, durch ein solches Vorgehen ernstlich gefährdet werden konnten. Er warf unserem Einbruch starke Kräfte entgegen. Die Kämpfe auf litauischem Boden zogen sich bis zum Sommer hin. Wir sahen uns veranlaßt, weitere Kräfte dorthin zu werfen, um die besetzten Landesteile zu behaupten und unseren Druck auf den Gegner auch in jenen vom Krieg bisher unberührten Gebieten dauernd zu erhalten. So entstand dort allmählich eine neue deutsche Armee. Sie erhielt nach dem Hauptstrom des Gebietes die Bezeichnung „Njemenarmee“.

Es fehlt mir an Raum, um auf den Heereszug einzugehen, der am 2. Mai in Nordgalizien begann, um dann, auf unsere Linien übergreifend, in den Herbstmonaten östlich Wilna zu enden. Wie eine Lawine aus scheinbar kleinen Anfängen entsteht, immer neue und neue Teile auf ihrem verheerenden Weg mit sich reißt, so beginnt und verläuft dieser Zug in nie gesehener und nicht mehr wiederholter Ausdehnung. Wir werden zu unmittelbarem Eingreifen in seinen Gang veranlaßt, als der Durchstoß über Lemberg hinaus gelang. Jetzt schwenken nämlich die deutsch-österreichisch-ungarischen Armeen zum Vorgehen in nördlicher Richtung zwischen oberen Bug und Weichsel ein. Man halte sich das Bild der Lage vor Augen: Die russische Heeresfront ist in der südlichen Hälfte fast bis zur Zersprengung eingedrückt. Ihr Nordteil, nach Westen und Nordwesten festgehalten, hat eine neue mächtige Flanke zwischen der Weichsel und den Pripetsümpfen nach Süden gebildet. Eine Katastrophe droht der Masse des russischen Heeres, wenn ein neuer Durchbruch von Norden her gegen den Rücken der russischen Heeresmacht gelingt.

Der Gedanke, der uns zur Winterschlacht führte, drängt sich aufs neue auf, diesmal vielleicht in noch größeren Umrissen. Jetzt muß von Ostpreußen her der Schlag angesetzt werden, am nächsten und wirkungsvollsten über Ossowiez-Grodno. Doch verhindert auch jetzt dort das Bobrsumpfgebiet unser Vorgehen; wir kennen das vom Tauwetter des vergangenen Winters her. Es bleibt also nur die Wahl zwischen dem Vorbrechen westlich oder östlich dieser Linie. Der Stoß in die Tiefe der feindlichen Verteidigung, ich möchte sagen in die Herzgegend des russischen Heeres fordert die Richtung östlich Grodno vorbei. Wir vertreten diesen Gedanken. Die Oberste Heeresleitung verschloß sich seinem Vorteil nicht, aber sie hielt die westliche Stoßrichtung für kürzer und glaubte auch hier an große Erfolge. Sie forderte also den Angriff über den unteren Narew. Ich glaubte meinen Widerstand gegen diese Absicht zum Nutzen des Ganzen einstweilen aufgeben, die Folgen dieses Angriffes und den weiteren Verlauf der Operationen abwarten zu sollen. Der General Ludendorff jedoch hielt innerlich zähe an unserem ersten Plane fest, eine Abweichung, die übrigens weder irgendwelchen Einfluß auf unser weiteres gemeinsames Denken und Handeln hatte, noch die Kraft beeinträchtigte, mit der wir den Entschluß der verantwortlichen Obersten Heeresleitung Mitte Juli in die Tat umsetzten. Gallwitz' Armee brach beiderseits Przasnysz gegen den Narew vor. Zu diesem Angriff begab ich mich persönlich auf das Schlachtfeld, nicht um in die mir als meisterhaft bekannte Tätigkeit des Armee-Oberkommandos irgendwelche taktischen Eingriffe zu machen, sondern nur deswegen, weil ich wußte, welch eine ausschlaggebende Bedeutung unsere Oberste Heeresleitung dem Gelingen des hier befohlenen Durchbruches beilegte. Ich wollte zur Stelle sein, um nötigenfalls sofort eingreifen zu können, wenn das Armee-Oberkommando irgendwelcher weiteren Aushilfen für die Durchführung seiner schwierigen Aufgabe im Rahmen meines Befehlsbereiches bedurfte. Zwei Tage blieb ich bei der Armee und erlebte die Erstürmung des schon früher wiederholt heftig umstrittenen Przasnysz und den Kampf um das Gelände südlich der Stadt. Schon am 17. Juli stand Gallwitz am Narew. Unter dem Eindruck der auf allen Frontseiten einbrechenden verbündeten Armeen beginnt der Russe allmählich, auf allen Seiten zu weichen und sich der drohenden Umklammerung langsam zu entziehen. Unsere Verfolgung fängt an, sich in frontales Abringen zu verlaufen. Wir können auf diesem Wege die Früchte nicht ernten, die auf blutigen Schlachtfeldern immer wieder aufs neue gesät werden. Wir greifen daher unsern früheren Gedanken wieder auf und wollen angesichts dieses Verlaufs der Operationen über Kowno auf Wilna vordrücken, um dann die Massen des russischen Zentrums gegen die Pripet-Sümpfe zu pressen und ihre Verbindungen mit dem Herzland zu durchhauen. Doch die Absicht der Obersten Heeresleitung fordert unmittelbare Verfolgung, bei der der Verfolger stärker erlahmt als der Verfolgte. In diesen Zeitraum fällt die Wegnahme von Nowo Georgiewsk. Diese Festung hatte zwar trotz ihrer Anlage als strategischer Brückenkopf bisher noch keine besonders wichtige Rolle gespielt; ihr Besitz wurde aber jetzt für uns von Wert, weil sie die über Mlawa nach Warschau führende Bahn sperrte. Unmittelbar vor der Übergabe traf ich am 18. August mit meinem Kaiser vor dem Waffenplatz zusammen und fuhr später in seinem Gefolge in die Stadt. Dort brannten noch die von den russischen Truppen angezündeten Kasernen und andere militärische Gebäude. Große Massen von Gefangenen standen herum. Auffallend war es, daß die Russen vor der Übergabe ihre Pferde reihenweise erschossen hatten, wohl in der Überzeugung von dem außerordentlichen Werte, den diese Tiere für unsere Operationen im Osten hatten. Unser Gegner benahm sich überhaupt in der Zerstörung aller Mittel und Vorräte, die dem siegreichen Feinde für die Kriegführung von irgendwelchem Nutzen sein konnten, stets außerordentlich gründlich.

Um wenigstens freie Bahn für ein späteres Vorgehen gegen Wilna zu schaffen, lassen wir schon Mitte Juli unsere Njemenarmee gegen Osten vorbrechen. Mitte August fällt dann Kowno unter dem Ansturm der 10. Armee. Der Weg gegen Wilna ist geöffnet, aber noch immer fehlen die Kräfte zur weiteren

Durchführung unseres großen operativen Gedankens. Sie bleiben vorläufig in frontaler Verfolgung festgelegt. Wochen vergehen, bis Verstärkungen herangeholt werden können. Unterdessen weicht aber der Russe weiter nach Osten; er gibt alles preis, selbst Warschau, wenn er nur seine Hauptkräfte dem Verderben entziehen kann. Erst am 9. September können wir vorwärts auf Wilna. Möglicherweise kann in dieser Richtung auch jetzt noch Großes gewonnen werden. Hunderttausende russischer Truppen sind vielleicht unsere Beute. Wenn je stolze Hoffnungen mit Ungeduld und Sorgen sich mischten, so geschieht es jetzt. Kommen wir zu spät? Sind wir kräftig genug? Doch nur vorwärts, über Wilna hinaus und dann nach Süden. Unsere Reitergeschwader legen bald Hand an die russische Lebensader. Drücken wir diese zusammen, so stirbt die feindliche Hauptkraft. Der Gegner kennt das drohende Unheil, er tut alles, um es abzuwenden. Ein mörderisches Ringen bei Wilna beginnt. Jede gewonnene Stunde rettet dem Russen viele seiner nach Osten flutenden Heerhaufen. Unsere Kavalleriedivisionen müssen vor deren Rückstau wieder zurück. Die Bahnlinie ins Herz der Heimat wird für den Gegner wieder frei. Wir sind zu spät gekommen, und wir ermatten!

Ich täusche mich wohl nicht in der Annahme, daß der Gegensatz zwischen den Anschauungen der deutschen Obersten Führung und den unserigen ein geschichtliches Interesse behalten wird. Aber wir dürfen bei der Beurteilung der Pläne der Heeresleitung den Blick über das Gesamtbild des Krieges nicht verlieren. Wir selbst sahen damals nur einen Teil dieses Bildes. Die Frage, ob wir unter dem Eindrucke der gesamten politischen und kriegerischen Lage anders geplant und anders gehandelt hätten, mag unerörtert bleiben.

Lötzen

Aus diesem ernsten Gedankenstreit möchte ich zu einer idyllischeren Seite unseres Kriegslebens im Jahre 1915 übergehen, indem ich mich in meinen Erinnerungen nach Lötzen begebe. Das freundlich zwischen Seen, Wald und Höhen gelegene Städtchen wurde unser Hauptquartier, als die Winterschlacht in Masuren auszuklingen begann. Die Einwohner, befreit von Russengefahr und Russenschreck, gewährten uns eine rührend herzliche Aufnahme. Dankbarst gedenke ich auch des Landverkehrs auf den ohne zu großen Zeitverlust erreichbaren Gütern, der mir, wenn es der Ernst der Zeit erlaubte, Stunden der Erholung, Ablenkung und Anregung brachte. Auch das edle Weidwerk kam dabei nicht zu kurz; den Höhepunkt bildete hierbei dank der Gnade Seiner Majestät die Erlegung eines besonders starken Elches im Königlichen Jagdrevier Niemonien am Kurischen Haff.

Als im Frühjahr allmählich die Ruhe vor unserer Front einzutreten begann, fehlte es uns, ebensowenig wie später im Sommer, nicht an Besuchern jeglicher Art. Deutsche Fürstlichkeiten, Politiker, Männer aus wirtschaftlichen und wissenschaftlichen Berufskreisen, Verwaltungsbeamte kamen zu uns, geführt durch das Interesse, das die sonst so wenig besuchten östlichen Provinzen durch den bisherigen Kriegsverlauf gewonnen hatten. Künstler fanden sich ein, um General Ludendorff und mich durch Pinsel oder Meißel zu verewigen, eine Auszeichnung, auf die wir bei aller Liebenswürdigkeit und Tüchtigkeit der betreffenden Herrn gerne zu Gunsten unserer knappen Freistunden verzichtet hätten. Auch das neutrale Ausland stellte Gäste. So lernte ich unter anderen dort auch Sven Hedin, den bekannten Asienreisenden und überzeugten Deutschenfreund, kennen und schätzen.

Unter den Staatsmännern, die uns in Lötzen besuchten, nenne ich besonders den damaligen Reichskanzler von Bethmann Hollweg und den Großadmiral von Tirpitz.

Schon im Winter 1914/15 hatte ich in Posen Gelegenheit gehabt, den Reichskanzler bei mir begrüßen zu können. Seine Besuche entsprangen in erster Linie seiner persönlichen Liebenswürdigkeit und standen in keinem Zusammenhange mit irgendwelchen politischen Fragen. Ich erinnere mich auch nicht, daß die Unterhaltungen mit dem Reichskanzler dieses Thema damals berührten. Wohl aber gewann ich die Überzeugung, daß ich es mit einem klugen und gewissenhaften Mann zu tun hatte. Unsere Anschauungen über die damaligen Kriegsnotwendigkeiten deckten sich in dieser Zeit nach meinem Empfinden in allen wesentlichen Punkten. Ein tiefes Verantwortungsgefühl sprach aus allen Äußerungen des Kanzlers. Diesem Gefühl schrieb ich es zu, wenn mir in der Beurteilung der Kriegslage durch Herrn von Bethmann nach meinem soldatischen Empfinden etwas zu viel Bedenken und infolgedessen etwas zu wenig Zuversichtlichkeit entgegentraten.

Den in Posen erhaltenen Eindruck fand ich in Lötzen bestätigt.

Großadmiral von Tirpitz, der in dieser Zeit oft als Nachfolger für Bethmann Hollweg genannt wurde, war eine völlig anders geartete Persönlichkeit. Auf einem längeren Spaziergang trug er mir alle die Schmerzen vor, die sein flammendes vaterländisches und ganz besonders sein seemännisches Herz bewegten. Er empfand es bitter, daß er die gewaltige während der besten Jahre seines Lebens von ihm geschmiedete Waffe im Kriege in den heimatlichen Häfen festgebannt sah. Gewiß war die Lage für eine Flottenoffensive unsererseits ungemein schwierig, sie wurde aber mit langem Zuwarten nicht besser. Meines Erachtens würde die überaus große Empfindlichkeit des englischen Mutterlandes gegenüber dem Phantom einer deutschen Landung eine größere Tätigkeit, ja selbst schwere Opfer unserer Flotte gerechtfertigt haben. Ich hielt es nicht für ausgeschlossen, daß durch eine solche Flottenverwendung eine Bindung starker englischer Heereskräfte im Mutterlande und damit eine Entlastung unseres Landheeres erreicht werden konnte. Man sagt, daß unsere Politik sich die Möglichkeit schaffen wollte, bei etwaigen Friedensaussichten auf eine starke, intakte deutsche Seekraft hinweisen zu können. Eine solche Rechnung wäre wohl irrig gewesen. Denn eine Streitmacht, die man im Kriege nicht zu nützen wagt, ist auch bei Friedensverhandlungen ein kraftloser Faktor.

Im Frühjahr 1916 ist der Wunsch des Großadmirals doch noch in Erfüllung gegangen. Was unsere Flotte zu leisten vermochte, das hat sie im Skagerrak glänzend gezeigt.

Auch über die Frage unserer Unterseebootkriegführung äußerte sich Herr von Tirpitz. Er vertrat die Anschauung, daß wir diese Waffe zur Unzeit gezückt hätten, und daß wir dann, eingeschüchtert durch das Verhalten des Präsidenten der Vereinigten Staaten den mit lautem Kampfgeschrei erhobenen Arm ebenso zur Unzeit wieder hätten sinken lassen. Die damaligen Ausführungen des Großadmirals konnten auf meine spätere Stellungnahme zu dieser Frage keinen Einfluß ausüben. Bis die Entscheidung hierüber an mich herantrat, sollten fast noch anderthalb Jahre vergehen. In diesem Zeitraum hatte sich einerseits die

Kriegslage ganz wesentlich zu unseren Ungunsten verschoben und war andererseits die Leistungsfähigkeit unserer Marine auf dem Gebiete des Unterseebootswesens mehr als verdoppelt.

Kowno

Im Oktober 1915 verlegten wir unser Hauptquartier nach Kowno, in das besetzte Feindesland.

Zu der bisherigen Tätigkeit meines Generalstabschefs kamen jetzt noch die Arbeiten für die Verwaltung, den Wiederaufbau und die Ausnützung des Landes zur Versorgung der Truppen, der Heimat und der Landeseinwohner. Die hieraus erwachsende Beschäftigung wäre allein genügend gewesen, die Arbeitskraft eines Mannes voll und ganz in Anspruch zu nehmen. General Ludendorff betrachtete sie als eine Zugabe zu seinem übrigen Dienste und widmete sich ihr mit dem ihm eigenen rastlosen Arbeitswillen.

Von Kowno aus fand ich in der ruhigeren Winterzeit 1915/16 Gelegenheit den Bjalowjeser Forst aufzusuchen. Der Wildstand hatte leider unter den kriegerischen Ereignissen stark gelitten. Durchmarschierende Truppen und wilddiebende Bauern hatten ihn sehr gelichtet. Trotzdem gelang es mir noch, in viertägigen herrlichen Pirsch- und Schlittenfahrten im Januar 1916 einen Wisent und vier Hirsche zu erlegen. Die Verwaltung des ausgedehnten Waldreviers befand sich in den bewährten Händen des bayerischen Forstmeisters Escherich, der es meisterhaft verstand, uns die reichen Holzbestände nutzbar zu machen, ohne dabei Raubbau zu treiben.

Auch den Augustower Wald suchte ich im gleichen Winter auf. Eine mir zu Ehren veranstaltete Wolfsjagd verlief leider ergebnislos. Die Wölfe zogen es vor, außerhalb meiner Schußweite durch die Lappen zu gehen. Von den Kämpferspuren des Februar 1915 sah ich nur noch Schützengräben. Sonst war das Schlachtfeld, wenigstens an den Stellen, an denen ich den Forst berührte, völlig aufgeräumt.

In Kowno beging ich im April 1916 mein 50jähriges Dienstjubiläum. Mit Dank gegen Gott und meinen Kaiser und König, der mir den Tag durch gnädiges Meingedenken verschönte, blickte ich auf ein halbes Jahrhundert zurück, das ich in Krieg und Frieden im Dienste für Thron und Vaterland durchlebt hatte.

Bei Kowno waren im Sommer 1812 starke Teile des französischen Heeres nach Osten über den Njemen gegangen. Die Erinnerung an diese Zeit und an den tragischen Ausgang dieses kühnen Zuges hatte bei unseren Gegnern die Hoffnung ausgelöst, daß auch unsere Truppen in den weiten Wald- und Sumpfgebieten Rußlands einem ähnlichen Schicksal durch Hunger, Kälte und Krankheiten erliegen würden wie die stolzen Armeen des großen Korsen. Man verkündete uns diesen Ausgang, vielleicht weniger aus innerer Überzeugung als zur Beruhigung der eigenen urteilslosen Menge. Immerhin waren aber unsere Sorgen für die Erhaltung unserer Truppen im Winter 1915/16 keine geringen. Wußten wir doch, in welchen trotz aller Entwickelung der Neuzeit immer noch verhältnismäßig öden, vielfach von ansteckenden Krankheiten durchseuchten Landesteilen wir nunmehr die strenge Jahreszeit hinzubringen hatten.

Das Feldzugsjahr 1916 bis Ende August

Der Russenangriff gegen die deutsche Ostfront

Das Jahr 1915 war in unserem Oberkommando nicht ausgeklungen unter hellen Fanfaren eines voll befriedigenden Triumphes. In dem Gesamtergebnis der Operationen und Kämpfe dieses Jahres lag für uns etwas Unbefriedigendes. Der russische Bär hatte sich unserer Umgarnung entzogen, zweifellos aus mehr als einer Wunde blutend, aber doch nicht zu Tode getroffen. Unter wilden Anfällen hatte er sich von uns verabschiedet. Wollte er damit beweisen, daß er noch Lebenskraft genug übrig hatte, um uns auch weiterhin das Leben schwer zu machen? Wir fanden die Ansicht vertreten, daß die russischen Verluste an Menschen und Material bereits so bedeutend wären, daß wir auf lange hinaus an unserer Ostfront gesichert sein würden. Wir beurteilten diese Behauptung nach den bisherigen Erfahrungen mit Mißtrauen, und bald sollte sich zeigen, daß dieses Mißtrauen gerechtfertigt war.

Nicht einmal den Winter sollten wir in einiger Ruhe verbringen können. Zeigte sich doch bald, daß der Russe an alles eher dachte, als sich stille zu verhalten. Auf unserer ganzen Front, ja weit darüber hinaus nach Süden, war es in und hinter den gegnerischen Linien unruhig, ohne daß man zuerst die Absichten der russischen Führung irgendwie erkennen konnte. Ich hielt die Gegenden von Smorgon, Dünaburg und Riga für besondere Gefahrpunkte vor unseren Stellungen. In diese Gebiete führten die leistungsfähigsten russischen Bahnen. Aber ausgesprochene Anzeichen für einen feindlichen Angriff an den genannten drei Punkten ergaben sich lange Zeit nicht.

Die Tätigkeit im Rückengebiet des Feindes blieb ungemein emsig. Überläufer klagten über die harte Zucht, der die zurückgezogenen Divisionen unterworfen würden, denn mit eiserner Strenge wurden die Truppen gedrillt.

Das Stärkeverhältnis in den einzelnen Abschnitten war schon in den Zeiten der Ruhe für uns außerordentlich ungünstig. Wir mußten damit rechnen, daß durchschnittlich jedem einzelnen unserer Divisionsabschnitte (9 Bataillone) etwa 2–3 russische Divisionen (32–48 Bataillone) gegenüberstanden. Nichts kennzeichnet die ungeheuern Unterschiede in den Anforderungen an die Kräfte unserer Truppen gegenüber den feindlichen mehr als diese Zahlen. Dieser Unterschied spielte naturgemäß nicht nur im Gefecht eine gewaltige Rolle sondern auch in den notwendigen täglichen Arbeitsforderungen. Welch einen Umfang hatten die Arbeitsleistungen bei der großen Ausdehnung der Fronten doch angenommen! Der Stellungs- und Straßenbau, die Errichtung von Barackenlagern sowie unzählige Arbeiten für die Versorgung der Truppen mit Kriegsbedarf, Verpflegung, Baustoffen usw. machten das Wort „Ruhe" für Offizier und Mann meist zu einem völlig leeren Begriff. Trotzdem waren Stimmung und Gesundheitszustand der Truppen durchaus gut. Würde unser Sanitätsdienst nicht auf der Höhe gestanden haben, auf der er sich tatsächlich befand, so hätten wir schon aus diesem Grunde den Krieg nicht so lange Zeit durchhalten können. Die Leistungen unseres Feldsanitätswesens werden sich dereinst nach wissenschaftlicher Bearbeitung des gesamten vorliegenden

Materials als ein besonderes Ruhmesblatt deutscher Geistesarbeit und Hingabe für einen großen Zweck erweisen und dann hoffentlich dem Wohle der gesamten Menschheit dienstbar gemacht werden.

Von Mitte Februar ab begann es in der Gegend des Naroczsees und bei Postawy besonders unruhig zu werden. Immer klarer zeichneten sich aus der Masse der eintreffenden Nachrichten die Angriffsvorbereitungen des Gegners an jenen Stellen ab. Ich hatte anfangs nicht geglaubt, daß der Russe die von seinen leistungsfähigen Bahnverbindungen entlegenen Stellen, die zudem seinen Massen wenig Entfaltungsraum boten und der taktischen Führung infolge der Geländegestaltung nur geringe Armfreiheit ließen, zu einem wirklich großen Schlage auswählen würde. Die kommenden Ereignisse belehrten mich vom Eintritt des Unwahrscheinlichen.

Niemand von uns erkannte im Verlauf der damaligen russischen Vorbereitungen deren gewaltigen Umfang richtig. Wir hätten sonst wohl nicht geglaubt, daß wir mit den von uns allmählich im Gebiete des Naroczsees versammelten etwa 70 Bataillonen der ganzen dort bereitgestellten russischen Macht, gegen 370 Bataillone, standzuhalten vermöchten. Aber diese Gegenüberstellung gibt, wie eine auf unsere Feststellungen gestützte Veröffentlichung ausführt, doch nur ein ungenaues Bild, einmal weil auf beiden Seiten am ersten Tage keineswegs die ganze Masse der Kampftruppen eingesetzt wurde, und dann vor allem, weil die russischen Divisionen nicht etwa gleichmäßig in breiter Front gegen die Deutschen vorstießen, sondern sich in der Hauptsache zu zwei mächtigen Stoßgruppen vor den Flügeln des Korps von Hutier zusammenballten. Die nördliche dieser trieb 7 Infanterie- und 2 Kavalleriedivisionen zwischen Mosheiki und Wileity im Postawy-Abschnitt vor, in dem zunächst nur 4 deutsche Bataillone standen, während die südliche mit 8 Infanteriedivisionen und den Uralkosaken die Sperre zwischen Naroczsee und Wisznewsee einzudrücken suchte, die von unserer 75. Reservedivision und der verstärkten 9. Kavalleriedivision gehalten wurde. Also rund 128 russische gegen 19 deutsche Bataillone!

Am 18. März bricht der russische Angriff los. Nach einer artilleristischen Vorbereitung, wie sie die Ostfront in gleicher Stärke noch nie zu durchleben gehabt hatte, stürmen die feindlichen Massen gleich einer ununterbrochenen Sturzflut auf unsere dünnbesetzten Stellungen. Doch vergeblich treiben russische Batterien und Maschinengewehre die eigene Infanterie gegen die deutschen Linien; umsonst mähen zurückgehaltene feindliche Truppen die eigenen vordersten Linien nieder, wenn diese zu weichen und dem Verderben durch unser Feuer zu entgehen versuchen. Zu förmlichen Hügeln häufen sich die russischen Gefallenen vor unserer Front. Die Anstrengungen für den Verteidiger sind freilich in das Ungeheuere gesteigert. Eingebrochenes Tauwetter füllt die Schützengräben mit Schneewasser, verwandelt die bisher deckenden Brustwehren in zerfließenden Erdbrei und macht aus dem ganzen Kampffeld einen grundlosen Morast. Bis zur teilweisen Bewegungsunfähigkeit schwellen den Grabenbesatzungen die Gliedmaßen in den eisigen Wassern an. Allein es bleibt genug Lebenskraft und Kampfeswille in diesen Körpern, um die feindlichen Anstürme immer wieder zu brechen. So bringt der Russe auch diesmal alle Opfer vergebens, und vom 25. März ab können wir siegessicher auf unsere Heldenscharen am Naroczsee blicken.

Der Deutsche Heeresbericht vom 1. April 1916, der unter unserer Mitwirkung entstand, sprach sich nach Beendigung der Schlacht folgendermaßen aus:

> „Welcher größere Zweck mit den Angriffen angestrebt werden sollte, ergibt folgender Befehl des russischen Höchstkommandierenden der Armeen an der Westfront vom 4. (17.) März, Nr. 537:
>
> „Truppen der Westfront!
>
> Ihr habt vor einem halben Jahre, stark geschwächt, mit einer geringeren Anzahl Gewehre und Patronen den Vormarsch des Feindes aufgehalten und, nachdem ihr ihn in dem Bezirk des Durchbruches bei Molodetschno aufgehalten habt, eure jetzigen Stellungen eingenommen.
>
> Seine Majestät und die Heimat erwarten von euch jetzt eine neue Heldentat: Die Vertreibung des Feindes aus den Grenzen des Reiches! Wenn ihr morgen an diese hohe Aufgabe herantretet, so bin ich im Glauben an euren Mut, an eure tiefe Ergebenheit gegen den Zaren und an eure heiße Liebe zur Heimat davon überzeugt, daß ihr eure heilige Pflicht gegen den Zaren und

die Heimat erfüllen und eure unter dem Joche des Feindes seufzenden Brüder befreien werdet. Gott helfe uns bei unserer heiligen Sache!

Generaladjutant gez. Ewert."

Freilich ist es für jeden Kenner der Verhältnisse erstaunlich, daß ein solches Unternehmen zu einer Jahreszeit begonnen wurde, in der seiner Durchführung von einem Tage zum andern durch die Schneeschmelze bedenkliche Schwierigkeiten erwachsen konnten. Die Wahl des Zeitpunktes ist daher wohl weniger dem freien Willen der russischen Führung als dem Zwang durch einen notleidenden Verbündeten zuzuschreiben.

Wenn nunmehr die gegenwärtige Einstellung der Angriffe von amtlicher russischer Stelle lediglich mit dem Witterungsumschlag erklärt wird, so ist das sicherlich nur die halbe Wahrheit. Mindestens ebenso wie der aufgeweichte Boden sind die Verluste an dem schweren Rückschlage beteiligt. Sie werden nach vorsichtiger Schätzung auf mindestens 140.000 Mann berechnet. Richtiger würde die feindliche Heeresleitung daher sagen, daß die große Offensive bisher nicht nur im Sumpf, sondern in Sumpf und Blut erstickt ist."

Der Beschreibung dieser Frühjahrskämpfe durch einen deutschen Offizier entnehme ich zum Schluß folgende Stelle:

„Nicht viel mehr als ein Monat war vergangen, seit der russische Zar an der Postawyfront die Parade über die Sturmdivisionen abnahm, da fuhr Generalfeldmarschall von Hindenburg an die Front, um seinen siegreichen Regimentern zu danken. In Tschernjaty und Komai, Jodowze, Swirany und Kobylnik, nur wenige Kilometer Luftlinie vom Schauplatz der Zarenparade entfernt, sprach er zu den Abordnungen der Fronttruppen und verteilte die Eisernen Kreuze. Hand in Hand standen da für einen Augenblick Feldherr und Handgranatenwerfer, einer den anderen mit langem, vertrauensvollem Blicke ermessend. Die Frühlingssonne leuchtete als Siegessonne über der Hindenburgfront ..."

Das war mein Anteil an der Naroczschlacht.

Der Russenangriff gegen die österreichisch-ungarische Ostfront

„Verdun!“ – Der Name wurde bei uns im Osten von Anfang Februar des Jahres ab häufiger genannt. Man wagte nur halblaut und im Geheimnis davon zu sprechen. Man legte auf das Wort einen Ton, aus dem Zweifel und Bedenken hervorgingen. Und doch, der Gedanke, Verdun zu nehmen, war gut. Verdun in unserer Hand, das mußte die ganze Lage an unserer Westfront wesentlich festigen. Dadurch wurde die Einbuchtung an unserer verwundbarsten Druckstelle da drüben endgültig beseitigt. Vielleicht ergaben sich aus der Eroberung der Festung noch weitere operative Möglichkeiten in südlicher und westlicher Richtung.

Die Wichtigkeit des genannten Waffenplatzes berechtigte also meiner Anschauung nach zu dem Versuch, ihn anzugreifen. Man hatte ja in der Hand, das Unternehmen rechtzeitig wieder abzubrechen, wenn sich seine Durchführbarkeit als unmöglich erweisen oder die dafür nötigen Opfer als zu hoch herausstellen sollten. Und dann: Ist das Kühnste, das Unwahrscheinlichste im Angriff auf Festungen in diesem Kriege uns nicht schon wiederholt glänzend gelungen?

Von Ende Februar ab wird Verdun nicht mehr geheimnisvoll ausgesprochen, sondern laut und freudig. Das Wort „Douaumont“ leuchtet im Zusammenhang damit wie ein Fanal deutschen Heldentums bis in den entferntesten Osten herüber und erhebt die Gemüter auch derer, die jetzt eben mit Ernst und Sorge auf die Entwickelung der Ereignisse am Naroczsee blicken. Freilich liegt in dem Angriff auf Verdun für uns auch ein bitteres Gefühl. Bedeutet das Unternehmen doch das endgültige Aufgeben einer Kriegsentscheidung hier im Osten.

Verdun wird im weiteren Verlauf der Zeit noch in verschiedener Betonung genannt. Die Bedenken fangen allmählich an, zu überwiegen, man spricht sie aber nur selten aus. Sie lassen sich kurz in folgende Fragen zusammenfassen: Warum setzt man einen Angriff immer noch fort, der so unendliche Opfer fordert und dessen Aussichtslosigkeit dabei schon erkennbar ist? Wäre es nicht möglich, an die Stelle dieser rein örtlichen Frontalunternehmung gegen den auf permanente Werke gestützten nördlichen Verteidigungsbogen Verduns eine die Linienführung unserer Aufstellung zwischen Argonnerwald und St. Mihiel ausnutzende abschnürende Operation treten zu lassen? Erst spätere Zeiten werden nach unparteiischer Prüfung über die Berechtigung dieser Fragen urteilen können. Noch ein anderes Wort tritt späterhin zu Verdun, das ist „Italien“, zum ersten Male erwähnt, nachdem die Schlacht am Naroczsee beendet war. Auch Italien wird mit Zweifel genannt, mit weit größerem und stärkerem als Verdun, ja nicht nur mit Zweifel, sondern mit ernsten, schweren Bedenken. Der Plan eines österreichisch-ungarischen Angriffes gegen Italien ist kühn und hat von diesem Gesichtspunkt aus auch ein militärisches Anrecht auf Gelingen. Was diesen Plan aber als überkühn erscheinen läßt, das ist unsere Einschätzung des Instrumentes, mit dem er durchgeführt wird. Wenn gegen Italien die besten k. u. k. Truppen losbrechen, Truppen, an die nicht bloß Österreich und Ungarn sondern auch Deutschland mit Stolz und Vertrauen denken, was bleibt dann gegen Rußland? Rußland ist aber nicht so geschlagen, wie man es Ende 1915 vermutete. Am Naroczsee hat sich die ganze Entschlossenheit der russischen Heerhaufen wieder gezeigt in einer Wildheit und Massenhaftigkeit, gegenüber der so manche mit slawischen Elementen stark durchsetzten österreichisch-ungarischen Heeresverbände sich bisher als wenig widerstandsfähig erwiesen haben.

Die Sorge bei uns wächst trotz der Siegesmeldungen aus Italien täglich mehr und mehr. Sie wird nur zu bald in ihrer Berechtigung bewiesen durch die nunmehr eintretenden Ereignisse südlich des Pripet. Am 4. Juni stürzt die österreichisch-ungarische Heeresfront in Wolhynien und in der Bukowina auf den ersten russischen Anhieb weithin zusammen. Die schwerste Krisis des ganzen bisherigen Krieges an der Ostfront tritt ein, schwerer noch als diejenige des Jahres 1914. Denn diesmal steht nirgends ein siegreiches deutsches Heer als helfender Retter bereit: im Westen tobt der Kampf um Verdun und drohen Sturmeszeichen an der Somme.

Die Wogen dieser Krisis schlagen bis an unsere Front hinüber, aber zum Heile für das Ganze nicht in Form russischer Angriffe. So können wir wenigstens helfen, wo die Not am größten ist.

Der Russe steht bis jetzt vor der deutschen Front noch ungeschwächt in seinen Stellungen. Den ersten Erfolg südlich des Pripet hat er daher nicht durch seinen sonst gewohnten Einsatz überlegener Massen sondern mit verhältnismäßig schwachen Kräften erreicht.

> „Der Plan Brussilows muß eingangs streng genommen als eine Erkundung aufgefaßt werden, als eine Erkundung unternommen auf gewaltige Ausdehnungen und mit kühner Entschlossenheit, aber doch immer nur eine Erkundung, kein Schlag mit einem gewählten Ziel ... Seine Aufgabe war es, die Stärke der gegnerischen Linien anzufühlen auf einer Front von nahezu 500 km zwischen Pripet und Rumänien. Brussilow glich einem Manne, der an eine Mauer schlägt, um herauszubringen, welche Teile solider Stein und welche nur Latten und Mörtel waren."

So schrieb ein Ausländer über Brussilows erste Schlachttage. Und dieser Ausländer sagt einwandfrei das Richtige.

Die österreichisch-ungarische Mauer zeigt aber nur wenige solide Steine, sie bricht unter dem Pochen von Brussilows Hammer zusammen, und herein braust die Sturmflut der russischen Haufen, die nunmehr erst von unserer Front weg herangeführt worden sind. Wo wird ihnen ein Halt geboten werden können? Nur eine starke Säule bleibt zunächst noch inmitten dieser Brandung. Es ist die Südarmee unter ihrem trefflichen General Grafen Bothmer. Deutsche, Österreicher und Ungarn; alle gehalten in guter Zucht.

Was auf unserem Teil der großen Ostfront entbehrlich ist, rollt nunmehr nach dem Süden und verschwindet auf den Schlachtfeldern Galiziens.

Inzwischen verdüstert sich auch die Lage an der Westfront. Französisch-englische Übermacht wirft sich auf unsere verhältnismäßig schwach gehaltenen Linien beiderseits der Somme und drückt die Verteidigung ein. Ja es droht vorübergehend die Gefahr eines vollendeten Durchbruchs!

Mein Allerhöchster Kriegsherr ruft mich und meinen Generalstabschef zweimal zu Beratungen über die schwere Lage an der Ostfront in sein Hauptquartier nach Pleß. Das letzte Mal, Ende Juli, fällt dort die Entscheidung über die Neuregelung des Befehls auf der Ostfront. Die deutsche Oberste Heeresleitung hat von

Österreich-Ungarn als Entgelt für die trotz Verdun und Somme gebotene rettende Hand Gewähr für straffere Organisation des Befehls an der Ostfront gefordert. Mit Recht! So wurde meine Befehlsgewalt bis in die Gegend von Brody, östlich Lemberg, ausgedehnt; starke k. und k. Truppenverbände wurden mir unterstellt.

Wir besuchten baldigst die uns neu zugewiesenen Oberkommandos und fanden bei den österreichisch-ungarischen Stellen volles Entgegenkommen und rückhaltslose Kritik der eigenen Schwächen. Freilich, die Erkenntnis war nicht allenthalben vom Tatenwillen begleitet, der bessernd in die vorhandenen Schäden eingreift. Und doch, wenn je in einem Heere, so bedurfte es in diesem Völkergemisch einer alles beherrschenden, durchgreifenden Gewalt und eines einheitlichen Zuges, sonst mußte auch das beste Blut in diesem Körper machtlos rinnen und vergeblich verrinnen.

Die Ausdehnung der Befehlsfront veranlaßte mich zur Verlegung meines Hauptquartiers nach Süden, nach Brest-Litowsk. Dort trifft mich am 28. August mittags der Befehl Seiner Majestät des Kaisers, baldmöglichst in sein Großes Hauptquartier abzureisen. Als Grund teilt mir der Chef des Militärkabinetts nur mit: „Die Lage ist ernst!"

Ich lege den Hörapparat weg und denke an Verdun und Italien, an Brussilow und die österreichische Ostfront, dazu an die Nachricht: „Rumänien hat uns den Krieg erklärt." Starke Nerven werden nötig sein!

Dritter Teil

Von der Übertragung der Obersten Heeresleitung bis zur Zertrümmerung Rußlands

Berufung zur Obersten Heeresleitung

Chef des Generalstabes des Feldheeres

Es war bekanntlich nicht das erste Mal, daß mich mein Kaiserlicher und Königlicher Herr zur Besprechung über militärische Lagen und Absichten zu sich berief. Daher vermutete ich auch diesmal, daß Seine Majestät meine Anschauungen über eine bestimmte Frage persönlich und mündlich hören wollte. In der Annahme eines nur kurzen Aufenthaltes nahm ich auch nur das für einen solchen unbedingt nötige Gepäck mit mir. Am 29. August vormittags traf ich in Begleitung meines Chefs in Pleß ein. Auf dem Bahnhof empfing mich im Auftrage des Kaisers der Chef des Militärkabinetts. Aus seinem Munde erfuhr ich zuerst die für mich und General Ludendorff beabsichtigten Ernennungen.

Vor dem Schlosse in Pleß traf ich meinen Allerhöchsten Kriegsherrn selbst, der das Eintreffen Ihrer Majestät der Kaiserin, die von Berlin aus kurz nach mir Pleß erreicht hatte, erwartete. Der Kaiser begrüßte mich sogleich als Chef des Generalstabes des Feldheeres und General Ludendorff als meinen Ersten Generalquartiermeister. Auch der Reichskanzler war von Berlin aus erschienen und augenscheinlich von der Veränderung in der Besetzung der Chefstelle, die ihm Seine Majestät in meiner Gegenwart mitteilte, nicht weniger überrascht als ich selbst. Ich erwähne dies, weil auch hier die Legendenbildung eingesetzt hat.

Die Übernahme der Geschäfte aus den Händen meines Vorgängers vollzog sich bald nachher. General von Falkenhayn reichte mir zum Abschied die Hand mit den Worten: „Gott helfe Ihnen und unserem Vaterland!“

Welche Gründe unsere plötzliche Berufung in den neuen Wirkungskreis veranlaßten, erfuhr ich aus dem Munde meines Kaisers, der meines Vorgängers stets ehrend gedachte, weder bei der Übernahme meiner neuen Stellung noch später. Derartige Feststellungen rein historischen Wertes zu machen, fehlte mir immer die Neigung, damals aber auch die Zeit. Drängten sich doch die Entscheidungen nicht nach Tagen sondern nach Stunden.

Kriegslage Ende August 1916

Die Kriegslage, unter welcher der Wechsel in der Leitung der Operationen erfolgte, war nach den ersten Eindrücken, die ich gewann, folgende:

Die Verhältnisse an der Westfront waren nicht ohne Bedenken. Verdun war nicht in unsere Hände gefallen, auch die Hoffnung auf Zerreibung der französischen Heereskraft in dem gewaltigen Feuerbogen, der sich um die Nord- und Nordostfront der Festung gebildet hatte, war nicht verwirklicht. Ein Erfolg unseres dortigen Angriffes war immer aussichtsloser geworden, aber das Unternehmen war noch nicht aufgegeben. An der Somme raste das Ringen nunmehr seit fast zwei Monaten. Wir kamen dort von einer Krisis in die andere. Unsere Linien standen andauernd im Zustand äußerster Zerreißprobe.

Im Osten war die russische Offensive im Südostteil der Karpathen bis auf den Gebirgskamm hinaufgebrandet. Ob dieser letzte Schutzwall ungarischen Landes mit den jetzt verfügbaren Kräften gegen neue Anstürme zu behaupten sein würde, mußte nach den bisherigen Ergebnissen bezweifelt werden. Auch im Vorlande des Nordwestteils der Karpathen war die Lage aufs äußerste gespannt. Zwar hatten die russischen Angriffe zurzeit dort etwas nachgelassen, aber es war nicht zu hoffen, daß diese Ruhe von längerer Dauer sein würde.

Der österreichisch-ungarische Angriff aus Südtirol hatte angesichts des Zusammenbruchs an der galizischen Front aufgegeben werden müssen. Der Italiener ging nun seinerseits wieder zum Angriff an der Isonzofront über. Diese Kämpfe zehrten in starkem Maße an den österreichisch-ungarischen Heereskräften, welche sich dort unter den schwierigsten Verhältnissen gegen mehrfache feindliche Überlegenheit, wert des höchsten Ruhmes schlugen.

Von Wichtigkeit für die Gesamtlage wie für die Not des Augenblickes waren schließlich auch die derzeitigen Verhältnisse auf dem Balkan. Die von den Bulgaren auf unsere Anregung hin in Mazedonien unternommene Offensive gegen Sarrail hatte nach anfänglichen Erfolgen abgebrochen werden müssen. Das mit diesem Angriff verbundene politische Ziel, Rumänien vom Eingreifen in den Krieg abzuhalten, war nicht erreicht worden.

Die Vorhand lag zur Zeit überall in den Händen unserer Gegner. Es war damit zu rechnen, daß diese alle Kräfte einsetzen würden, uns weiter unter diesem Drucke zu halten. Die Aussichten auf eine vielleicht nahe und erfolgreiche Kriegsbeendigung mußten die gegnerischen Verbündeten auf allen Fronten zu den größten Kraftanstrengungen und zu den schwersten Opfern bereit finden. Alle gaben wohl ihr letztes her, um sich an dem Todesstoß gegen die Mittelmächte zu beteiligen, zu dem Rumänien das siegessichere Halali blies!

Die augenblicklich freien und verfügbaren Reserven des deutschen sowie des österreichisch-ungarischen Heeres waren gering. Einstweilen standen an der zunächst bedrohten siebenbürgisch-rumänischen Grenze nur schwache Postierungen, größtenteils Finanz- und Zollwachen. Im Innern Siebenbürgens waren abgekämpfte österreichisch-ungarische Divisionen untergebracht, zum Teil gefechtsunbrauchbare Trümmer. Dort aufgestellte oder in Aufstellung begriffene Neubildungen hatten eine zu geringe Stärke, um für einen ernsten Widerstand gegen einen rumänischen Einfall in das Land in Betracht kommen zu können. Die Verhältnisse auf dem südlichen Donauufer waren in dieser Beziehung für uns günstiger. Eine aus bulgarischen, osmanischen und deutschen Verbänden neugebildete Armee war im bulgarischen Grenzgebiete der Dobrudscha und an der Donau weiter aufwärts in Versammlung begriffen, zusammen etwa 7 Divisionen von sehr verschiedener Stärke.

Das war im wesentlichen alles, was zurzeit an der wundesten der wunden Stellen unseres europäischen Kriegsschauplatzes, nämlich an den rumänischen Grenzen, verfügbar war. Weiterer Kräftebedarf mußte entweder aus anderen Kampffronten weggezogen oder abgekämpften und der Ruhe bedürftigen Verbänden entnommen oder endlich durch Bildung neuer Divisionen gewonnen werden. Gerade in letzterer Beziehung lagen aber die Verhältnisse bei uns wie bei unseren Verbündeten nicht günstig. Die Ersatzlage drohte bei andauernd gleicher oder gar erhöhter Anspannung bedenklich zu werden. Auch war der Verbrauch von Gerät und Schießbedarf durch die lange Dauer und den Umfang der Kämpfe auf allen Fronten ein solch ungeheurer geworden, daß die Gefahr einer Lähmung unserer Kriegführung schon aus diesem Grunde nicht ausgeschlossen erschien. Auf die Lage in der Türkei komme ich später zurück.

Politische Lage

Nicht nur die ersten Eindrücke über die militärische, sondern auch diejenigen über die politische Gesamtgestaltung bedürfen einer kurzen Darlegung. Ich beginne mit den Verhältnissen in unserem eigenen Vaterlande.

Als mir die Leitung der Operationen übertragen wurde, hielt ich die Stimmung in unserer Heimat zwar nicht für verzagt, aber doch für ernst. Kein Zweifel, daß man dort durch manche kriegerischen Vorgänge der letzten Monate enttäuscht war. Dazu kam, daß sich die Not des täglichen Lebens wesentlich gesteigert hatte. Besonders bitter litt der Mittelstand unter den für ihn ungewöhnlich nachteiligen wirtschaftlichen Verhältnissen. Die Lebensmittel wurden immer knapper zugewiesen, die Ernteaussichten waren mäßig.

Die Kriegserklärung Rumäniens bedeutete unter diesen Verhältnissen eine weitere Mehrbelastung des heimatlichen Kriegswillens. Doch war das Vaterland augenscheinlich auch jetzt zum Durchhalten bereit. Wie lange und wie stark diese Stimmung anhalten werde, ließ sich freilich nicht vorhersagen. Der Verlauf der kriegerischen Ereignisse der nächsten Zeit mußte in dieser Hinsicht entscheidend wirken.

Was die Beziehungen Deutschlands zu seinen Verbündeten betrifft, so sollten wir diese nach den propagandistischen Äußerungen der gegnerischen Presse während des Krieges schrankenlos beherrschen. Es wurde behauptet, wir hielten Österreich-Ungarn, Bulgarien und die Türkei sozusagen am Halse fest, bereit sie zu würgen, wenn sie nicht taten, was wir wollten. Und doch konnte es kaum eine größere Entstellung des wirklichen Sachverhaltes geben, als sie in dieser Behauptung lag. Ich glaube, daß sich nirgends die Schwäche Deutschlands im

Vergleich zu England deutlicher zeigte, als in der Verschiedenheit der politischen Einwirkungen auf die beiderseitigen Bundesgenossen.

Wenn zum Beispiel das offizielle Italien es jemals gewagt hätte, offen Friedensneigungen ohne britische Erlaubnis zu zeigen, so war England jeder Zeit imstande, diesen Verbündeten einfach durch Hunger zur Fortsetzung der einmal eingeschlagenen Politik zu zwingen. Ähnlich stark und unbedingt herrschend war Englands Stellung Frankreich gegenüber. Unabhängiger war in dieser Beziehung wohl nur Rußland; aber auch die politische Selbständigkeit des Zarenreiches fand aus wirtschaftlichen und finanziellen Gründen England gegenüber ihre Grenzen. Wie viel ungünstiger war in dieser Richtung die Stellung Deutschlands. Welche politischen, wirtschaftlichen oder militärischen Machtmittel lagen in unserer Hand, um etwaigen Abfallbestrebungen irgend eines unserer Bundesgenossen entgegenzutreten? Sofern sich diese Staaten nicht durch den freien Willen oder durch das drohende sichere Verderben an uns gekettet fühlten, hatten wir keine Macht, sie bei uns festzuhalten. Ich stehe nicht an, diese unbestreitbare Tatsache als eine besondere Schwäche unserer gesamten Lage hervorzuheben.

Nunmehr zu den einzelnen Verbündeten.

Die innerpolitischen Verhältnisse in Österreich-Ungarn hatten sich im Laufe des Sommers 1916 nicht unbedenklich gestaltet. Die dortige politische Leitung hatte wenige Wochen vor unserem Eintreffen in Pleß unserer Reichsleitung gegenüber kein Hehl daraus gemacht, daß die Donaumonarchie eine weitere Belastung durch militärische und politische Mißerfolge nicht mehr vertrug. Die Enttäuschung über das Scheitern der mit allzu lauten Verheißungen begleiteten Offensive gegen Italien war eine tiefgehende. Der rasche Zusammenbruch des Widerstandes an der galizisch-wolhynischen Front ließ in der großen Masse des österreichisch-ungarischen Volkes einen mißtrauischen Pessimismus aufkommen, der in der Volksvertretung ein rückhaltloses Echo fand. Die leitenden Kreise Österreich-Ungarns standen zweifellos unter der Wirkung dieser Stimmung. Es war freilich nicht das erste Mal, daß solche bedenkliche Auffassungen aus deren Mitte zu uns herüberklangen. Man traute sich dort zu wenig selbst zu. Da man die eigenen Kräfte nicht zusammenzufassen wußte, mißtraute man deren Größe. Bei diesem Urteil verkenne ich nicht, daß die politischen Schwierigkeiten der Doppelmonarchie unendlich viel größer waren, als diejenigen unseres geeinten deutschen Vaterlandes. Auch die Lebensmittelfrage war eine ernste. Besonders litten die deutsch-österreichischen Landesteile bitter unter der Not. Nach meiner Ansicht lag keine Veranlassung vor, der Bündnistreue Österreich-Ungarns irgendwie zu mißtrauen. Jedoch mußte unter allen Umständen dafür gesorgt werden, daß das Land von dem auf ihm liegenden Druck baldmöglichst entlastet wurde.

Anders, ich darf sagen national gefestigter, als in Österreich-Ungarn lagen die innerpolitischen Verhältnisse in Bulgarien. Das Land führte mit dem Kampfe um die staatliche Vereinigung der bulgarischen Stammesgenossen gleichzeitig den Kampf um seine endgültige Vormachtstellung auf dem Balkan. Die mit den Mittelmächten und der Türkei abgeschlossenen Verträge im Verein mit den bisherigen Kriegserfolgen schienen Bulgariens weitgehenden Wünschen sichere Erfüllung bringen zu wollen. Das Land war freilich aus dem letzten Balkankriege stark erschöpft in den neuen Krieg eingetreten. Außerdem war es in den jetzigen Kampf bei weitem nicht mit jener allgemeinen Begeisterung gegangen wie in denjenigen des Jahres 1912. Diesmal war es mehr von der kühlen Berechnung seiner Staatsmänner als von nationalem Schwung geführt. Kein Wunder daher, wenn das Volk sich im jetzigen Besitz der erstrebten Landesteile befriedigt fühlte und keine starken Neigungen zu neuen Unternehmungen zeigte. Ob das Zögern mit der Kriegserklärung an Rumänien – sie war bei meinem Eintreffen in Pleß noch nicht erfolgt – lediglich ein Ausfluß dieser Stimmung war, möchte ich freilich heute noch bezweifeln. Die Verhältnisse in der Lebensmittelversorgung des Landes waren, am deutschen Maßstabe gemessen, gute.

Im allgemeinen glaubte ich die Hoffnung zu haben, daß unser Bündnis mit Bulgarien eine etwaige militärische Belastungsprobe vertragen würde.

Ein nicht geringeres Vertrauen brachte ich der Türkei entgegen. Das osmanische Reich war in den Kampf getreten ohne jegliche Bestrebungen nach politischer Machterweiterung. Seine führenden Persönlichkeiten, allen voran Enver Pascha, hatten klar erkannt, daß es für die Türkei in dem ausgebrochenen Kampfe keine Neutralität geben könne. Man kann sich in der Tat nicht vorstellen, daß Rußland und die Westmächte die einschränkenden Bestimmungen über die Benutzung der Meerengen auf die Dauer hätten berücksichtigen können. Die Aufnahme des Kampfes bedeutete für die Türkei eine Frage des Seins oder Nichtseins, ausgesprochener fast wie für uns andere. Unsere Gegner taten uns einen Gefallen damit, dies von Anfang an laut und deutlich zu verkünden.

Die Türkei hatte bei diesem Kampfe bisher eine Stärke entwickelt, die alle in Erstaunen setzte. Ihre aktive Kriegführung überraschte Freunde wie Feinde; sie fesselte starke gegnerische Kräfte auf allen asiatischen Kriegsschauplätzen. Man hat in Deutschland späterhin oftmals den Vorwurf gegen die Oberste Heeresleitung erhoben, daß sie zur Stärkung der Kampfkraft der Türkei ihre eigenen Mittel zersplittert hätte. Man beachtete aber bei diesem Urteil nicht, wie wir durch eben jene Unterstützungen den Bundesgenossen andauernd befähigten, mehrere 100.000 Mann bester gegnerischer Kampftruppen von unseren mitteleuropäischen Kriegsschauplätzen fernzuhalten.

Die deutsche Oberste Kriegsleitung

Die Erfahrungen des Frühjahrs und Sommers 1916 hatten die Notwendigkeit ergeben, eine führende und voll verantwortliche Befehlsstelle für uns und unsere verbündeten Heere einzurichten. Im Benehmen mit den regierenden Staatshäuptern wurde eine Oberste Kriegsleitung geschaffen. Sie wurde Seiner Majestät dem Deutschen Kaiser übertragen. Der Chef des Generalstabes des deutschen Feldheeres erhielt das Recht „im Auftrage dieser Obersten Kriegsleitung“ Anweisungen herauszugeben und Vereinbarungen mit den verbündeten Heereschefs zu treffen.

Bei dem großen Entgegenkommen und der verständnisvollen Mitarbeit der mir im übrigen gleichgestellten Chefs der verbündeten Heere konnte ich die Anwendung meiner neuen Rechte auf einzelne besonders wichtige kriegerische Entscheidungen beschränken. Die Behandlung gemeinsamer politischer und wirtschaftlicher Fragen fiel nicht in den Bereich dieser Obersten Kriegsleitung.

Meine Aufgabe bestand sonach im wesentlichen darin, den Verbündeten die leitenden Gesichtspunkte für die gesamte Kriegsführung zu geben und ihre

Kräfte und Tätigkeit zur Erreichung des gemeinsamen Zieles zusammenzufassen. Unser aller Interessen würde es entsprochen haben, wenn die Oberste Kriegsleitung unter Zurückstellung der einzelnen Sonderinteressen, ja selbst unter Preisgabe einzelner für die Entscheidung nebensächlicher Rücksichten, einen durchschlagenden Erfolg auf einem der Hauptkriegsschauplätze hätte erzwingen können. Im unabänderlichen Wesen des Koalitionskrieges lag es aber, daß unserer Obersten Kriegsleitung durch Rücksichten aller möglichen Art hierin oft Schwierigkeiten bereitet wurden.

Es ist bekannt, daß Deutschland in diesem Krieg seinen Bundesgenossen gegenüber in weit höherem Maße der gebende als der empfangende Teil war. Mit dieser Feststellung soll und kann freilich nicht die Auffassung vertreten werden, als ob Deutschland diesen ungeheuren Kampf ohne Bundesgenossen hätte durchführen können. Auch liegt in der vielfach ausgesprochenen Ansicht, Deutschland habe sich nur auf krüppelhafte Verbündete gestützt, eine arge Verkennung der Wirklichkeit und eine einseitige Übertreibung. Man übersieht dabei, daß auch unsere Verbündeten vielerorts starke feindliche Überlegenheiten auf sich gezogen hatten.

Wenn ich jetzt den Blick auf das Vergangene zurückwende, so habe ich den Eindruck, daß nicht in großen Operationen, sondern in dem Ausgleich verschiedengerichteter Interessen der einzelnen Bundesgenossen der schwierigste Teil unserer Aufgaben vom Standpunkt der Obersten Kriegsleitung lag. Ich will es dahin gestellt sein lassen, ob sich in den meisten Fällen politische Verhältnisse dringender geltend machten, als militärische Gründe. Eine ganz besondere Erschwerung lag für unsere Pläne und Entscheidungen in den verschiedenen Werten der verbündeten Heere. Wir mußten nach Übernahme der Obersten Heeresleitung erst allmählich lernen, was wir von den Waffen unserer Verbündeten erwarten und verlangen konnten.

Die österreichisch-ungarische Wehrmacht hatte ich zum erstenmal bei dem Feldzug in Polen in unmittelbarem Zusammenwirken mit unseren Truppen kennen gelernt. Sie entsprach schon damals den Anforderungen, die wir an unsere eigenen Kräfte zu stellen gewohnt waren, nicht mehr vollständig. Der Hauptgrund für den Rückgang des Durchschnittswertes der k. u. k. Truppenteile lag unbestrittenermaßen in der außerordentlichen Erschütterung, die das Heer bei seiner, wie ich mich schon ausdrückte, überkühnen, rein frontalen Operation bei Kriegsbeginn in Galizien und Polen erlitten hatte. Man hat nachträglich behauptet, daß die österreichisch-ungarische Offensive damals das Ergebnis hatte, den Ansturm der russischen Heeresmassen zu brechen. Vielleicht hätte sich aber dieses auf weniger gewagtem Wege und mit erheblich geringeren Opfern erreichen lassen. Jedenfalls erholte sich das russische Heer nach den damals erlittenen Verlusten wieder, das österreichisch-ungarische aber nicht mehr, ja es schlug der kühne Unternehmungsgeist Österreich-Ungarns in eine dauernde Überempfindlichkeit gegenüber den russischen Massen um. Allen Anstrengungen der österreichisch-ungarischen Obersten Heeresleitung, die erlittenen schweren Schäden zu beheben, stellten sich unüberwindliche Schwierigkeiten entgegen. Diesen im einzelnen nachzugehen, glaube ich mir versagen zu können. Ich möchte nur die Frage aufwerfen: Wie hätte es Menschenkräften gelingen können, einen neuen erhebenden Antrieb einheitlichen, nationalen Kampfwillens in das Völkergemisch der Doppelmonarchie hineinzubringen, nachdem die erste Blüte des Willens, der Begeisterung und des Selbstvertrauens geknickt war? Wie sollte besonders das Offizierkorps, das bei dem ersten Vorstürmen so schwer gelitten hatte, einigermaßen wieder auf die alte Höhe gebracht werden? Vergessen wir nicht, daß Österreich-Ungarn keineswegs über die geistigen Kräfte verfügte, aus denen Deutschland so oft und lange zu schöpfen vermochte.

Ein Irrtum lag in der Annahme, daß die österreichisch-ungarische Armee in ihrer Gesamtheit von dem andauernden Rückgang des Wertes ihrer Truppen überall gleichmäßig betroffen wurde. Die Donaumonarchie verfügte bis zuletzt über hochwertige Verbände. Ein starker Hang zu einem ungerechtfertigten Pessimismus in kritischen Lagen zeigte sich freilich an vielen Stellen. Besonders war auch die höhere österreichisch-ungarische Truppenführung hiervon nicht unberührt. Nur so konnte es kommen, daß selbst nach hervorragenden Angriffsleistungen der Gefechtswille unseres Bundesgenossen ganz überraschend zusammenbrach, ja sich geradezu ins Gegenteil verkehrte.

Durch die berührten Erscheinungen wurde natürlicherweise ein Element großer Unsicherheit in die Berechnungen unserer Obersten Kriegsleitung hineingebracht. Wir waren nie sicher, ob uns nicht überraschendes Nachgeben verbündeter Heeresteile unerwartet vor ganz veränderte Lagen stellen und dadurch unsere Pläne umwerfen würde. Schwächemomente treten in den Truppenteilen jeden Heeres auf. Sie liegen in der menschlichen Natur begründet. Die Führung muß damit rechnen, wie mit einem gegebenen Faktor, dessen Größe aber nicht festzustellen ist. Durch eine vollwertige Truppe werden jedoch solche Momente meist rasch überwunden, oder es bleibt selbst im größten Zusammenbruch wenigstens noch ein Kern von Schlagkraft und Widerstandswille übrig. Wehe aber, wenn auch dieser letzte Kern völlig verbrennt. Das Unheil fällt dann verheerend nicht nur auf die betroffene Truppe sondern auch auf die anschließenden oder eingestreuten zäheren Verbände; sie werden von der Katastrophe in Flanke und Rücken gefaßt und erleiden vielfach ein schlimmeres Schicksal, als die weniger Standhaften. Das war so oft das traurige Ende unserer in österreichisch-ungarische Fronten eingebauten Stützen. War es ein Wunder, daß hierdurch die Stimmung unserer Truppen gegenüber den österreichisch-ungarischen Waffengefährten nicht immer vertrauensvoll und günstig war?

Im großen und ganzen dürfen wir aber die Leistungen Österreichs-Ungarns in diesem gewaltigen Kampfe nicht unterschätzen und bitteren Gefühlen nachhängen, die manchmal unter dem Eindruck enttäuschter Erwartungen entstanden sind. Die Donaumonarchie blieb uns ein getreuer Waffengenosse. Wir haben stolze Zeiten gemeinsam durchlebt und sollten uns hüten, im gemeinsamen Unglück uns innerlich zu trennen.

Einen anderen inneren Aufbau als das österreichisch-ungarische Heer hatte das bulgarische. Es war national in sich völlig geschlossen. Die bulgarische Armee hatte im großen Kriege bis zum Herbste 1916 verhältnismäßig wenig gelitten. Bei der Beurteilung ihres Wertes dürfte aber nicht vergessen werden, daß sie erst vor kurzem einen anderen mörderischen Krieg überstanden hatte, in dem der größte Teil der Blüte des Offizierskorps, ja der gesamten Intelligenz des Landes zugrunde gegangen war. Ihr Wiedererstarken war in Bulgarien zum mindesten ebenso schwierig wie in Österreich-Ungarn. Die verhältnismäßig noch primitiven Zustände des Balkanlandes erschwerten außerdem dem Heere Einführung und Gebrauch mancher für den modernen Krieg unbedingt notwendiger Kampf- und Verkehrsmittel. Dies machte sich um so mehr fühlbar, als auch an der mazedonischen Front vollwertige französische und englische Truppenteile uns gegenüberstanden. Schon aus diesem Grunde konnte nichts Überraschendes darin gefunden werden, daß wir Bulgarien nicht nur mit materiellen Mitteln, sondern auch mit personellen Kräften unterstützen mußten.

Wieder anders als in der österreichisch-ungarischen und der bulgarischen Armee lagen die Verhältnisse in der türkischen. Unsere deutsche Militärmission hatte vor dem Kriege kaum Zeit gehabt, zu wirken, geschweige denn eine durchgreifende Besserung in den zerrütteten Verhältnissen des türkischen Heeres zu erreichen. Trotzdem war es gelungen, eine große Anzahl türkischer Verbände mobil zu machen. Die Armee hatte aber an den Dardanellen und bei ihren ersten Angriffsoperationen in Armenien außerordentlich schwer gelitten. Dessen ungeachtet schien ihre Leistungsfähigkeit für die ihr von der Obersten Kriegsleitung zunächst gestellte Aufgabe: Verteidigung des türkischen Landbesitzes, ausreichend. Ja, es war sogar möglich, starke Teile des osmanischen Heeres allmählich auf europäischem Boden zu verwenden. Unsere militärische Unterstützung der Türkei beschränkte sich im wesentlichen auf die Lieferung von Kampfmitteln und auf die Gestellung von zahlreichen Offizieren. Die für die asiatischen Kriegsschauplätze bis zum Herbste 1916 abgegebenen deutschen Formationen wurden von uns mit Zustimmung der türkischen Obersten Heeresleitung nach und nach zurückgezogen, je nachdem die Türkei imstande war, das Material dieser Formationen selbst zu übernehmen und zu bedienen. Unsere Materiallieferungen gingen bis zu den Senussen an der Nordküste Afrikas, denen wir mit Hilfe unserer Unterseeboote hauptsächlich Gewehre und Schießbedarf lieferten. Waren diese Sendungen auch klein, so wirkten sie doch außerordentlich erhebend auf den kriegerischen Geist der mohammedanischen Stämme. Die praktischen Ergebnisse ihres Kampfes für unsere Kriegführung lassen sich bis jetzt noch nicht überblicken; vielleicht waren sie größer, als wir es damals ahnen konnten.

Selbst über die Nordküste Afrikas hinaus versuchten wir unseren Waffengenossen Unterstützung zu bringen. So traten wir unter anderm dem von Enver Pascha im Jahre 1917 angeregten Gedanken näher, den Stämmen im

Yemen, die ihrem Padischah in Konstantinopel treu geblieben waren, finanzielle Hilfe zu schicken. Da uns der Weg dorthin zu Lande durch aufrührerische Nomadenstämme der arabischen Wüste versperrt war, und die Küsten des Roten Meeres für unsere Unterseeboote wegen ihres nicht genügenden Aktionsradius unerreichbar waren, so wäre uns nur der Luftweg übrig geblieben. Zu meinem größten Bedauern verfügten wir aber damals noch nicht über ein Luftschiff, das die meteorologischen Schwierigkeiten einer Fahrt über die große Wüste mit Sicherheit hätte überwinden können. Die Durchführung des Planes mußte also unterbleiben.

In diesem Zusammenhang darf ich vorgreifend erwähnen, daß ich 1917 den Versuch, unserer Schutztruppe in Ostafrika auf dem Luftwege Waffen und Medikamente zuzuführen, mit dem regsten Interesse verfolgte. Das Zeppelinschiff mußte bekanntlich über dem Sudan umkehren, da unsere Schutztruppe in der Zwischenzeit weiter nach Süden gerückt war und ihre Operationen nach Portugiesisch-Ostafrika verlegt hatte. Mit welch stolzen Gefühlen ich während des Krieges die Taten und fast übermenschlichen Leistungen dieser prächtigen Truppe in Gedanken begleitete, bedarf keiner näheren Ausführung. Sie hat auf afrikanischem Boden ein unvergängliches Denkmal deutschen Heldentums errichtet.

Rückblickend auf die Leistungen unserer Bundesgenossen muß ich anerkennen, daß sie die ihnen eigenen Kräfte in dem gemeinsamen Dienst unserer großen Sache so weit anspannten, als die Eigenart ihrer staatlichen, wirtschaftlichen, militärischen und ethischen Mittel ihnen das ermöglichte. Das Ideal erreichte freilich keiner, und wenn wir vor allen anderen diesem Ideal uns am meisten näherten, so war das nur möglich, infolge der gewaltigen, uns selbst anfangs gar nicht vollbewußten inneren Kräfte, die wir im Laufe der letzten Jahrzehnte unserer Geschichte angesammelt hatten, Kräfte, die in allen Schichten des Vaterlandes vorhanden waren, hier nicht schlummerten sondern lebendig waren und in beständiger Regung sich weiter stärkten. Nur wenn ein Staat in sich gesund ist und unverdorbene Lebenskräfte ihn so stark durchfluten, daß die ungesunden im entscheidenden Augenblick mit fortgerissen werden, nur dann sind solche Leistungen denkbar, wie wir sie vollbrachten, und zwar vollbrachten weit über die Verpflichtungen hinaus, vor die unsere Bündnisse uns stellten.

Daß dem so sein konnte, dafür gebührt der Dank geschichtlich nachweisbar vornehmlich den Hohenzollern und unter diesen in der letzten Zeitepoche deutscher Größe unserem Kaiser Wilhelm II. Getreu den Überlieferungen seines Hauses erblickte dieser Herrscher in dem Heere die beste Schule des Volkes und arbeitete unermüdlich an dessen Fortentwickelung. So stand denn Deutschlands Heeresmacht als die erste der Welt da: vor dem Kriege der achtunggebietende Schutz friedlicher Arbeit, während des Krieges der Kern aller Kraftäußerung.

Pleß

Das oberschlesische Städtchen Pleß war von der deutschen Obersten Heeresleitung schon in früheren Zeitabschnitten des Krieges als vorübergehender Sitz des Großen Hauptquartiers gewählt worden. Der Grund dieser Wahl lag in der Nähe des Aufenthaltes des k. u. k. Armee-Oberkommandos in der österreichisch-schlesischen Stadt Teschen. Der Vorteil, der sich aus der Möglichkeit rascher und persönlicher Aussprache zwischen den beiden Hauptquartieren ergab, war auch jetzt maßgebend für den weiteren Beibehalt dieses Hauptquartiers.

Das deutsche Große Hauptquartier bildete natürlicherweise den Treffpunkt deutscher und verbündeter Fürstlichkeiten, die mit meinem Kaiserlichen Herrn über politische und militärische Fragen unmittelbare Rücksprache nehmen wollten. Zu den ersten Monarchen, denen ich dort näher zu treten die Ehre hatte, zählte Zar Ferdinand von Bulgarien. Er machte auf mich den Eindruck eines hervorragenden Diplomaten. Sein politischer Blick ging weit über die Grenzen des Balkans hinaus. Mit Meisterschaft verstand er es dabei, in den großen entscheidenden Fragen der Weltpolitik die Stellung seines Landes wirkungsvoll zu beleuchten und in den Vordergrund zu rücken. Die Zukunft Bulgariens sollte sich, wie er meinte, in diesem Kriege durch die endgültige Beseitigung des russischen Einflusses und die endliche Vereinigung aller bulgarischen Stammesangehörigen unter einheitlicher Führung entscheiden. Andere Ziele seiner Politik hat der Zar mir gegenüber niemals zur Sprache gebracht. Einen besonderen Eindruck machte mir die Art, wie der Beherrscher der Bulgaren die politische Erziehung seines ältesten Sohnes leitete. Kronprinz

Boris war gewissermaßen der Privatsekretär seines königlichen Vaters und schien mir in die geheimsten politischen Gedankengänge des Zaren eingeweiht zu sein. Der hochbegabte Prinz mit seiner vornehmen Denkungsart spielte die ihm anvertraute wichtige Rolle in taktvollster Weise mit bescheidener Zurückhaltung. Das väterliche Regiment war dabei anscheinend ein ziemlich scharfes.

Die Außenpolitik seines Staates führte der Zar im wesentlichen ganz allein. Inwiefern er auch die schwierigen innerpolitischen Verhältnisse seines Landes unbedingt beherrschte, vermag ich nicht zu beurteilen. Ich glaube aber, daß er es verstand, mitten in der oftmals einreißenden parlamentarischen Anarchie Bulgariens seinen Willen, und sei es manchmal auch mit autokratischen Mitteln, geltend zu machen. Seine Aufgabe war in dieser Beziehung zweifellos eine schwere. Die Bulgaren waren, wie alle Balkanvölker, aus der Knechtschaft in die volle staatliche Freiheit hineingesprungen. Die Schulung und die harte Arbeit des Übergangs von einem Zustand zum anderen fehlte ihnen daher. Ich fürchte, daß diese oft so vortrefflich beanlagten Völkerschaften noch viele Jahrzehnte unter den Folgen des Mangels jener erzieherischen Zwischenzeit leiden werden.

Der bulgarische König war zurzeit jedenfalls einer der bedeutendsten Herrscher. Uns gegenüber bewährte er sich als treuer Bundesgenosse.

Während unseres Aufenthaltes in Pleß starb Kaiser Franz Joseph. Sein Heimgang war für das Donaureich und uns ein Verlust, der in seiner ganzen Größe wohl erst später voll gewürdigt werden kann. Es unterlag keinem Zweifel, daß mit seinem Tode für die Völkervielheit der Doppelmonarchie der ideelle Vereinigungspunkt verloren ging. Sank doch mit dem ehrwürdigen, greisen Kaiser ein großer Teil des nationalen Gewissens des verschiedenstämmigen Reiches für immer ins Grab.

Die Schwierigkeiten, denen der junge Kaiser gegenübergestellt war, lassen sich in ihrer Größe und Mannigfaltigkeit mit denjenigen eines Thronwechsels in stammeseinheitlichen Reichen nicht in Vergleich ziehen. Der neue Herrscher versuchte den Wegfall der ethisch bindenden Macht, der durch das Ableben Kaiser Franz Josephs eingetreten war, durch völkisch versöhnende Schritte zu ersetzen. Selbst staatszersetzenden Elementen gegenüber glaubte er an die moralische Wirkung politischer Gnadenbeweise. Das Mittel versagte völlig; diese Elemente hatten ihren Pakt mit unseren gemeinsamen Feinden längst geschlossen und waren weit entfernt, ihn freiwillig wieder zu kündigen.

Bei den vielfachen regen persönlichen Beziehungen, die mir der Aufenthalt in Pleß mit dem damaligen Generaloberst Conrad von Hötzendorf brachte, bestätigte sich mir der Eindruck, den ich schon früher von ihm als Soldat und Führer erhalten hatte. General von Conrad war eine hochbegabte Persönlichkeit, ein glühender österreichischer Patriot und ein warmherziger Anhänger unserer gemeinsamen Sache. Gegen politische Einflüsse, die ihn aus dieser Richtung bringen wollten, war er zweifellos aus tiefster Überzeugung ablehnend. Der Generaloberst war in seinem operativen Denken sehr großzügig; er verstand es, die Kernpunkte unserer gemeinsamen, großen Fragen aus dem Wuste der weniger entscheidenden Nebendinge herauszuschälen. Er war ein besonders vortrefflicher Kenner der Verhältnisse des Balkans und Italiens.

Die bedeutenden Schwierigkeiten, die einem nationalen Einheitsgeist der österreichisch-ungarischen Armee entgegenstanden und die sich hieraus ergebenden Mängel waren dem Generaloberst wohlbekannt. Trotzdem überschätzte er bei seinen hohen Plänen hier und da die möglichen Leistungen des ihm anvertrauten Heeres.

Auch die militärischen Führer der Türkei und Bulgariens lernte ich im Laufe des Herbstes und Winters in Pleß persönlich kennen.

Enver Pascha zeigte mir gegenüber einen ungewöhnlich weiten und freien Blick für das Wesen der Führung des gegenwärtigen Krieges und seiner Durchführung. Die Hingabe dieses Osmanen an unsere gemeinsame, große und schwere Sache war eine unbedingte. Ich werde nie den Eindruck vergessen, den ich bei unserer ersten Besprechung Anfang September 1916 von dem türkischen Vizegeneralissimus erhielt. Er schilderte uns damals auf meine Bitte hin die militärische Lage in der Türkei. Mit einer bemerkenswerten Klarheit, Bestimmtheit und Offenheit gab er uns hiervon ein erschöpfendes Bild, und, sich an mich wendend, schloß er mit den Worten: „Die Lage der Türkei in Asien ist zum Teil sehr schwierig. Wir müssen befürchten, in Armenien noch weiter zurückgeworfen zu werden. Es ist auch nicht ausgeschlossen, daß die Kämpfe im

Irak sich bald wieder erneuern. Auch glaube ich, daß der Engländer in kurzer Zeit imstande sein wird, uns in Syrien mit Übermacht anzugreifen. Aber was auch in Asien geschehen mag, die Entscheidung des Krieges liegt auf europäischem Boden, und hierfür stelle ich alle meine jetzt noch freien Divisionen zur Verfügung.“ Sachlicher und selbstloser hat wohl noch nie ein Bundesgenosse zu einem anderen gesprochen. Und es blieb nicht lediglich bei Worten.

Bei aller hohen Auffassung vom Kriege im allgemeinen entbehrte Enver Pascha aber doch einer gründlichen militärischen, ich möchte sagen, Generalstabsschulung. Ein Nachteil, der augenscheinlich bei allen türkischen Führern wie auch in ihren Stäben zu finden war. Es machte den Eindruck, als wenn bei den Orientalen in dieser Beziehung ein von der Natur gegebener Mangel vorläge. Die türkische Armee schien nur ganz wenige Offiziere zu besitzen, die imstande waren bei der Verwirklichung richtig gedachter Operationen die technischen, inneren Aufgaben der Führung zu beherrschen. Es fehlte das Gefühl für die Notwendigkeit, daß sich der Generalstab inmitten der Durchführung großer Gedanken auch mit dem Kleinen beschäftigen muß. So kam es, daß der orientalische Gedankenreichtum durch den mangelnden militärischen Wirklichkeitssinn oftmals unfruchtbar gemacht wurde.

Eine wesentlich andere Natur wie der ideenreiche Osmane war unser bulgarischer Kampfgenosse, General Jekoff, ein Mann von nüchterner Beobachtungsgabe, großen Gedanken nicht fremd, aber doch in erster Linie auf den Gesichtskreis des Balkans sich beschränkend. Inwieweit er in letzterer Beziehung unter dem Banne seiner Regierung stand, vermag ich nicht einwandfrei zu beurteilen. Er war jedenfalls ein warmer Anhänger der außenpolitischen Richtung der bulgarischen Staatsleitung. Mit ihrem innerpolitischen Gebaren hatte seine Auffassung wohl nichts gemein.

General Jekoff liebte seine Soldaten und ward von ihnen geliebt. Sein Vertrauen zu ihnen, auch in politischer Beziehung, war ein sehr weitgehendes. Bemerkenswert in dieser Richtung war eine seiner Äußerungen, als Zweifel darüber auftauchten, ob der bulgarische Soldat sich nicht etwa weigern würde, gegen den Russen zu kämpfen: „Wenn ich meinen Bulgaren sage, sie sollen kämpfen, dann werden sie es tun, gegen wen es auch sei!" Im übrigen waren dem General einzelne im Volkscharakter liegende Schwächen seiner Soldaten nicht unbekannt. Ich werde hierauf später noch zurückkommen. Außer mit den leitenden militärischen Persönlichkeiten trat ich in Pleß auch mit den politischen Führern unserer Bundesgenossen in persönliche Fühlung. Ich möchte an dieser Stelle nur vom osmanischen Großwesir Talaat Pascha und dem bulgarischen Ministerpräsidenten Radoslawow sprechen.

Talaat Pascha machte den Eindruck eines genialen Staatsmannes. Er war sich über die Größe der Aufgabe wie über die Mängel seines Staatswesens nicht im Zweifel. Wenn es ihm nicht gelang, die Selbstsucht und die nationale Trägheit, die auf seinem Vaterlande lastete, auszurotten, so lag das lediglich an der Größe der dabei zu überwindenden Schwierigkeiten. Es konnte eben nicht in Monaten gebessert werden, was in Jahrhunderten versäumt war, was Vermischung von Volksrassen und innere, moralische Erschöpfung weiter Kreise des Staates längst vor dem Kriege verdorben hatten. Er selbst trat mit reinen Händen an die Spitze seines Staates und blieb mit reinen Händen dort. Talaat war ein vollwertiger Vertreter des alten, ritterlichen Türkentums. Politisch unbedingt zuverlässig, so begegnete er mir zum ersten Male 1916, so verabschiedete er sich von uns im Herbste 1918.

Die Schwächen der türkischen Staats- und Kriegsleitung lagen in ihrer großen Abhängigkeit von den inneren Verhältnissen. Politische und wirtschaftlich selbstsüchtige Persönlichkeiten der sogenannten Komiteeregierung mischten sich in die kriegerische Führung und banden dieser in vielen Fällen die Hände, so daß sie außerstande war, richtig erkannte Mißstände mit an sich vorhandenen Mitteln zu bessern. Zwar taten einzelne hervorragende Männer alles, was in ihren Kräften stand. Aber die staatliche Gewalt durchdrang nicht mehr das Reich. Das Herz des Landes, Konstantinopel, pulsierte zu schwach und trieb keine gesunden, erfrischenden und staatsfördernden Säfte in die entfernten Provinzen. Neue Gedanken waren freilich während des Krieges entstanden und wuchsen mit den kriegerischen Lorbeeren der Siege an den Dardanellen und am Tigris in echt orientalischer Üppigkeit. Man begann, an die religiöse und politische Vereinigung des gesamten Islams zu denken. Man erbaute sich, trotz der sichtbaren Mißerfolge bei Verkündung des Heiligen Krieges, an dem

Auftreten mohammedanischer Glaubenskämpfer, wie zum Beispiel im nördlichen Afrika. Der Gang der Ereignisse sollte indessen beweisen, daß diese Erscheinung religiösen Fanatismus nur örtlichen Sonderheiten entsprang, und daß Hoffnung auf deren Übertragung in die weiten Gebiete des inneren Asiens eine Täuschung war, ja noch mehr als das: eine verhängnisvolle militärische Gefahr.

Der Bulgare Radoslawow war in seinem politischen Denken mehr an die Scholle gebunden, als der großzügige osmanische Staatsmann Talaat Pascha. Ich wage zu bezweifeln, ob Radoslawow die Kühnheit des Schrittes, der Bulgarien 1915 an unsere Seite führte, in seiner ganzen Größe – ich darf vielleicht sagen, in der von seinem Zaren ganz durchdachten Größe – wirklich voll in sich aufgenommen hatte. Unbedingt zuverlässig war Radoslawow in seiner Außenpolitik für uns jederzeit. Das bulgarische innerpolitische Parteigetriebe hatte in seiner wilden Erregtheit während des großen Krieges nicht nachgelassen und war auch in der Armee stark verbreitet. Nicht nur russophile Ideen trieben hier spaltende Keile ein, auch der Kampf zwischen innerpolitischen Parteigruppen übertrug sich auf die Truppen und deren Führer. An dieser Tatsache war Radoslawow nicht unschuldig.

Leben im Großen Hauptquartier

Ermuntert durch das Interesse, das von vielen Seiten an meinem persönlichen Leben während des großen Krieges genommen wurde, möchte ich an dieser Stelle die Beschreibung eines regelmäßigen Tagesverlaufes in unserem Hauptquartier einschieben. Ich bitte alle diejenigen, die an solcher Kleinmalerei inmitten gewaltigster Weltereignisse wenig Gefallen haben, die nächstfolgenden Seiten zu überschlagen. Ihre Kenntnis ist zum Verständnis der großen Zeit nicht notwendig.

Während des Bewegungskrieges in Ostpreußen und Polen im Herbst 1914 war an einen nach Stunden geregelten Dienstbetrieb innerhalb unseres Armeestabes nicht zu denken gewesen. Erst mit der Verlegung unseres Quartiers nach Posen im November 1914 begann eine größere Regelmäßigkeit in unserem dienstlichen und, wenn man im Kriege davon sprechen kann, auch außerdienstlichen Leben. Späterhin war der längere ständige Aufenthalt in Lötzen besonders geeignet zur Einführung eines streng geregelten Ganges unserer Arbeit.

Meine Berufung als Chef des Generalstabes des Feldheeres änderte im wesentlichen nichts an unserem eingelebten und bewährten Geschäftsgang, wenn auch von jetzt ab ein in mancher Beziehung großzügigeres und belebteres Treiben für uns einsetzte.

Die gewöhnliche Tagesbeschäftigung begann für mich damit, daß ich mich etwa gegen 9 Uhr vormittags, das heißt, nachdem die Morgenmeldungen eingetroffen waren, zu General Ludendorff begab, um mit ihm die Änderungen der Lage und etwa zu treffende Anordnungen zu besprechen. Meist handelte es sich dabei nicht um lange Aussprachen. Wir lebten beide ununterbrochen in der Kriegslage und kannten gegenseitig unsere Gedanken. Die Entschlüsse fielen daher meistens auf Grund etlicher weniger Sätze, ja manchmal genügten einige Worte, um das gegenseitige Einverständnis festzulegen, das dem General als Grundlage für die weiteren Ausarbeitungen diente.

Nach dieser Besprechung machte ich mir eine etwa einstündige Bewegung im Freien, begleitet von meinem Adjutanten. Zur Teilnahme an meinen morgendlichen Spaziergängen forderte ich gelegentlich auch Gäste des Großen Hauptquartiers auf, nahm hierbei ihre Schmerzen wie ihre Anregungen entgegen und läuterte manche sorgende Seele, bevor sie sich auf meinen Ersten Generalquartiermeister stürzte, um sich bei diesem mehr ins einzelne gehende Wünsche, Hoffnungen und Vorschläge vom Herzen zu reden.

Nach meiner Rückkehr in das Dienstgebäude erfolgten weitere Besprechungen mit General Ludendorff und dann unmittelbare Vorträge meiner Abteilungschefs in meinem Arbeitszimmer.

Neben dieser dienstlichen Tätigkeit bewegte sich die Erledigung der an mich eingetroffenen persönlichen Briefe. Die Zahl der Menschen, die mir über alle nur erdenklichen Angelegenheiten schriftlich ihr Herz ausschütten oder ihre Gedanken offenbaren zu müssen glaubten, war nicht gering. Für mich war es völlig ausgeschlossen, alles selbst zu lesen. Ich bedurfte hierfür die besondere Arbeitskraft eines Offiziers. In dieser Korrespondenz spielte Poesie wie Prosa eine Rolle. Begeisterung und ihr Gegenteil zeigte sich in allen möglichen Abstufungen. Es war oft sehr schwer, einen Zusammenhang zwischen den mir vorgetragenen Anliegen und meiner dienstlichen Stellung zu konstruieren. Um nur zwei von den hundertfachen Beispielen herauszugreifen, so wurde es mir nie klar, was ich als Chef des Generalstabes des Feldheeres mit der an sich ja dringend notwendigen Müllabfuhr einer Provinzialstadt oder mit dem verloren gegangenen Taufschein einer deutschen Chilenin zu tun haben sollte. Trotzdem wurde in beiden Fällen meine Hilfe beansprucht. Zweifellos lag ja in derartigen brieflichen Anliegen ein rührendes, wenn auch manchmal etwas naives Vertrauen auf meinen persönlichen Einfluß. Wo ich Zeit und Gelegenheit hatte, half ich gern, wenigstens mit meiner Unterschrift. Weitergehende Eigenleistungen glaubte ich mir freilich meist versagen zu müssen.

Um die Mittagsstunde war ich regelmäßig zum Vortrag bei Seiner Majestät dem Kaiser befohlen. Hierbei entwarf General Ludendorff das Bild der Lage. Bei wichtigeren Entschlüssen übernahm ich selbst den Vortrag und erbat, sofern solches notwendig war, die kaiserliche Genehmigung unserer Pläne. Das hohe Vertrauen des Kaisers entband uns in allen nicht grundsätzlichen Fragen von einer besonderen Allerhöchsten Zustimmung. Seine Majestät begnügte sich übrigens auch bei Vorschlägen über neue Operationen allermeist mit der Entgegennahme meiner Begründungen. Ich erinnere mich keines Gegensatzes, der nicht schon während des Vortrags durch meinen Kriegsherrn ausgeglichen wurde. Das ausgezeichnete Gedächtnis des Kaisers für Kriegslagen unterstützte uns bei diesen Vorträgen in hohem Maße. Seine Majestät studierte nicht nur die Karten mit größter Genauigkeit, sondern nahm auch persönliche Einzeichnungen vor. Die Zeit des mittäglichen Vortrages vor dem Kaiser wurde vielfach auch zu Besprechungen mit Vertretern der Reichsleitung ausgenutzt.

Nach Beendigung des Kaiservortrages vereinigte der Mittagstisch die Offiziere meines engeren Stabes um mich. Die Essenszeit wurde auf das unbedingt nötige Maß beschränkt. Ich hielt darauf, daß meine Offiziere Zeit gewannen, sich nachher etwas zu ruhen oder sonstwie in ihrer Tätigkeit auszuspannen. Zu meinem wiederholten persönlichen Bedauern konnte ich von dieser Kürzung der

Essenszeit auch dann nicht absehen, wenn wir Gäste bei uns zu Tische hatten. Die Rücksicht auf die Erhaltung der Arbeitskraft meiner Mitarbeiter mußte ich geselligen Formen voranstellen. War doch eine 16stündige Arbeitszeit für die Mehrzahl dieser Offiziere eine tagtägliche Forderung. Und dies im Gange eines mehrjährigen Krieges! Wir waren eben genötigt, bei der Obersten Heeresleitung wie im Schützengraben unser Menschenmaterial bis zur äußersten Grenze der Leistungsfähigkeit auszunutzen.

Der Nachmittag verlief für mich ähnlich dem Vormittage. Die längste Abspannung brachte für alle der um 8 Uhr beginnende Abendtisch. Ihm schloß sich ein gruppenweises Zusammensitzen in Nebenräumen an, für dessen Beendigung General Ludendorff pünktlich um 9½ Uhr abends das Zeichen gab. Die Unterhaltung in unserem Kreise war meist sehr lebhaft. Sie bewegte sich in zwangloser Form und offenster Aussprache über alle uns unmittelbar berührenden und allgemein interessierenden Gebiete und Begebenheiten. Auch der Frohsinn kam zu seinem Recht. Diesen zu unterstützen, hielt ich für eine Pflicht gegenüber meinen Mitarbeitern. Ich freute mich der Wahrnehmung, daß unsere Gäste vielfach einerseits von der zuversichtlichen Ruhe, andererseits von der Ungezwungenheit unseres Verkehrs sichtlich überrascht waren.

Nach dem Schluß unseres abendlichen Zusammenseins begaben wir uns gemeinsam in das Dienstgebäude. Dort waren inzwischen die abschließenden Tagesmeldungen eingetroffen und die Lagen auf den verschiedenen Fronten zeichnerisch festgelegt. Die Erläuterungen gab ein jüngerer Generalstabsoffizier. Von den Ereignissen auf den Kriegsschauplätzen hing es ab, ob ich mich mit General Ludendorff auch jetzt noch einmal eingehender besprechen mußte, oder ob ich ihn nicht mehr länger in Anspruch zu nehmen brauchte. Für die Offiziere meines engeren Stabes begann nunmehr die Arbeit aufs neue. Vielfach waren ja jetzt erst die abschließenden Anhaltspunkte zur Abfassung und Hinausgabe endgültiger Anordnungen gegeben, oder es trafen erst von jetzt ab die zahllosen Anforderungen, Anregungen und Vorschläge der Armeen und sonstigen Stellen ein. Die Tagesbeschäftigung endete daher nie vor Mitternacht. Die Vorträge der Abteilungschefs bei General Ludendorff dauerten nahezu regelmäßig bis in die ersten Stunden des neuen Tages. Es bedurfte schon ganz besonders ruhiger Zeiten, wenn mein Erster Generalquartiermeister vor

Mitternacht sein Arbeitszimmer verlassen konnte, das er tagtäglich am Beginn der 8. Tagesstunde schon wieder betrat. Wir alle freuten uns, wenn General Ludendorff sich einmal ein früheres Ausspannen, das ja nur nach Stunden zählen konnte, zu gönnen vermochte. Unser aller Leben, Arbeit, Denken und Fühlen ging völlig ineinander auf. Die Erinnerung daran erfüllt mich noch jetzt mit dankbarer Genugtuung.

Wir blieben im allgemeinen ein enggeschlossener Kreis. Der Personalwechsel war mit Rücksicht auf einen geregelten Dienstbetrieb natürlicherweise gering. Immerhin war es ab und zu möglich, dem drängenden Verlangen der Offiziere nach wenigstens zeitweiliger Verwendung an der Front Rechnung zu tragen. Auch ergaben sich Gelegenheiten und Notwendigkeiten zur Entsendung von Offizieren an besonders wichtige Teile unserer eigenen Heeresfronten oder an diejenigen unserer Verbündeten. Im allgemeinen verlangte aber der Zusammenhang in den außerordentlich verwickelten und vielseitigen Arbeiten die dauernde Anwesenheit wenigstens der älteren Offiziere an ihren Kriegsstellen innerhalb der Obersten Heeresleitung.

Auch der Tod griff mit rauher Hand in unsere Mitte ein. Schon 1916 hatte ich als Oberkommandierender im Osten meinen mir sehr nahestehenden, allgemein geschätzten persönlichen Adjutanten, Major Kämmerer, an den Folgen einer Erkältung verloren. Im Oktober 1918 erlag Hauptmann von Linsingen einer Erkrankung an Grippe, die in dieser Zeit unter den Angehörigen des Großen Hauptquartiers zahlreiche Opfer forderte. Entgegen den dringenden Vorstellungen von seiten des Arztes wie der Kameraden glaubte Hauptmann von Linsingen in der damals außerordentlich schwierigen Zeit seinen Posten nicht verlassen zu dürfen, bis er körperlich kraftlos und vom Fieber geschüttelt die Arbeit doch aus der Hand legen mußte, zu spät, um noch gerettet werden zu können. Wir verloren an ihm einen geistig wie charakterlich gleich hochstehenden Kameraden. Seine junge Frau kam nicht mehr rechtzeitig genug, um ihm die Augen zudrücken zu können. Manche von denen, die zeitweise meinem Stabe angehört hatten, sind außerdem später an der Front gefallen.

Das Bild unseres Lebens würde unvollständig sein, wenn ich nicht auch auf die Besucher zu sprechen käme, die sich bei uns allenthalben und zu jeder Zeit einstellten. Ich habe hierbei nicht das ständige Ab und Zu von Persönlichkeiten zahlreicher Berufsklassen im Auge, die dienstlich mit uns in Berührung kommen mußten, sondern ich denke an diejenigen, die durch vielfach andere Interessen zu uns geführt wurden. Ich öffnete jedermann gern Tür und Herz, vorausgesetzt, daß er selbst mir offen entgegenkam.

Die Zahl unserer Gäste war groß. Wir waren nur wenige Tage ohne solche. Nicht nur Deutschland und seine Verbündeten, sondern auch die Neutralen stellten ein beträchtliches Kontingent. Oftmals machten unsere Reihen bei Tisch den Eindruck eines bunten Völkergemisches, und es traf sich auch, daß christliche Würdenträger mit mohammedanischen Gläubigen Stuhl an Stuhl saßen. Leute aller Stände und Parteirichtungen fanden herzliche Aufnahme. Ich widmete allen gern meine knappe Freizeit. Unter den Politikern gedenke ich mit Vorliebe des Grafen Tisza, der mich im Winter 1916/17 in Pleß aufsuchte. Aus seinem Wesen sprach die ungebrochene Kraft seines Willens, ein glühendes patriotisches Gefühl. Auch andere Politiker aller Schattierungen aus unseren und unserer Verbündeten Ländern sprachen bei mir vor. In ihren Denkrichtungen mir vielfach fremd, in ihren Gefühlen für die gemeinsame große Sache aber damals gleichgeartet. Ich erinnere mich so mancher warmer patriotischer Worte beim Abschied. Ich drückte in meinem Kreise die schwielig kräftigen Hände von Handwerkern und Arbeitern und freute mich ihres offenen Blickes und ihrer aufrichtigen Rede. Vertreter führender Industrien und Männer der Wissenschaft setzten uns in Kenntnis von neuen Erfindungen und Gedanken und schwärmten von künftigen wirtschaftlichen Plänen. Sie klagten wohl auch über den engen Bureaukratismus der Heimat und über die Beschränkung der Mittel zur Verwirklichung ihrer Ideen. Bureaukraten andrerseits jammerten über die geldfressende Begehrlichkeit gefürchteter Phantasten und über die uferlosen Pläne von Erfindern. Ich erinnere mich der interessierten Fragen eines heimatlichen recht hohen Finanzbeamten, der die Preise eines Schusses jeden Geschützkalibers wissen wollte, um daraus die ungefähren Kosten einer Schlacht zu berechnen. Er hat mich mit dem Ergebnis seines Kalkuls verschont, wohl in der Befürchtung, daß ich deswegen den Munitionsverbrauch doch nicht einschränken würde.

Nicht nur Notwendigkeiten, Sorgen und Arbeit fanden zu uns den Weg, auch Neugierde suchte Eintritt. Oft lachte ich im stillen über verlegene Redensarten, mit denen so manches Erscheinen Rechtfertigung finden wollte. Ob das Ergebnis solcher Besuche stets den gehegten Erwartungen entsprach, wage ich nicht in allen Fällen zu bejahen. Im Gegensatz hierzu war mir manch prächtiger Truppenoffizier, der die Merkmale schweren Kampfes und harten Lebens an sich trug, ein hochwillkommener Tischnachbar. Kurze Erzählungen aus dem Kriegsleben sprachen mehr, als lange schriftliche Berichte. Die Wirklichkeit des früher Selbsterlebten trat mir so oft mit aller Lebendigkeit wieder vor die Seele. Freilich war in diesem furchtbarsten aller Ringen unseren früheren Kriegen gegenüber alles in das Groteske gesteigert. Die stundenlange Schlacht vergangener Zeiten war zu monatelangem Titanenkampf erhoben, menschliches Ertragen schien keine Grenzen zu haben.

Auch Graf Zeppelin besuchte uns noch in Pleß und wirkte auf uns alle durch die rührende Einfachheit seines Auftretens. Er betrachtete damals schon seine Luftschiffe als veraltete Kriegswaffen. Nach seiner Ansicht gehörte dem Flugzeug in Zukunft die Herrschaft in der Luft. Der Graf starb bald nach seinem Besuch, ohne das Unglück seines Vaterlandes erleben zu müssen – ein glücklicher Mann! Noch zwei andere berühmt gewordene Herrscher der Lüfte folgten meiner Einladung, unbezwungene junge Helden: Hauptmann Bölcke und Rittmeister von Richthofen. Beider frisches und bescheidenes Wesen erfreute uns. Ehre ihrem Andenken! Unterseebootsführer sah ich gleichfalls in der Zahl meiner Gäste; unter ihnen fehlte auch nicht der Führer des Unterseehandelsbootes „Deutschland“, Kapitän König.

So blieb kein Stand und kein Stamm seitab von uns, und ich glaubte den gemeinsamen Pulsschlag von Heer und Heimat, von unseren Verbündeten und uns selbst oft in meiner nächsten Nähe zu fühlen.

Kriegsereignisse bis Ende 1916

Der rumänische Feldzug

Unsere politische Lage Rumänien gegenüber hatte im Verlauf der Kriegsjahre 1915/16 nicht allein an unsere politische Leitung sondern auch an unsere Heeresführung ungewöhnlich hohe Anforderungen gestellt. Es ist eine billige Weisheit, nach dem Eintritt Rumäniens in den Kreis unserer Feinde und angesichts unserer unzureichenden militärischen Vorbereitungen dem neuen Gegner gegenüber ein scharfes Urteil über unsere damals verantwortlichen Stellen und Persönlichkeiten auszusprechen. Solche Urteile, meist ohne Kenntnis der wirklichen Vorgänge auf willkürlichen Behauptungen aufgebaut, erinnern mich an eine Äußerung Fichtes in seinen „Reden an die deutsche Nation", in welcher er von jener Art von Schriftstellern spricht, die erst nach gegebenen Erfolgen wissen, was da hätte geschehen sollen.

Es dürfte wohl kein Zweifel darüber bestehen, daß die Entente in unserer Lage die rumänische Gefahr, oder vielleicht besser gesagt, die rumänische militärische Drohstellung spätestens 1915 beseitigt hätte, und zwar mit der Anwendung ähnlicher Mittel, wie sie solche gegen Griechenland in Tätigkeit brachte. Wie es sich später herausstellen sollte, wurde Rumänien im Sommer 1916 durch ein Ultimatum der Entente in den Kriegsstrudel hineingetrieben, indem es aufgefordert wurde, entweder zum sofortigen Angriff zu schreiten oder dauernd auf seine Vergrößerungspläne zu verzichten. Eine ähnliche Lösung war aber politisch zu gewalttätig, als daß sie bei uns ohne dringendste Not Anhänger hätte finden können. Wir glaubten, mit Rumänien säuberlicher verfahren zu sollen, wohl in der Hoffnung, daß es sich sein Grab selbst graben würde. Gewiß trat dies auch ein, aber nach welchen Krisen und Opfern!

Die Beteiligung Rumäniens am Kriege auf der Seite unserer Gegner rückte in greifbare Nähe, als die österreichische Ostfront zusammenbrach. Es wäre vielleicht nicht ausgeschlossen gewesen, daß sich diese Gefahr auch dann noch hätte beschwören lassen, wenn der deutsche Plan eines großen Gegenangriffes gegen den bis zu den Karpathen vorgedrungenen russischen Südflügel hätte verwirklicht werden können. Allein bei den immer erneuten Zusammenbrüchen in den österreichisch-ungarischen Linien kam diese Operation nicht zustande. Die Angriffskräfte verschwanden in Verteidigungsfronten.

Angesichts dieses Verlaufes der Kämpfe an der Ostfront hatte die deutsche Oberste Heeresleitung Mitte August im Einvernehmen mit General Jekoff zu dem Aushilfsmittel gegriffen, mit den bulgarischen Flügelarmeen einen großen Schlag gegen die Ententekräfte bei Saloniki zu führen. Der Gedanke war sowohl politisch wie militärisch durchaus zu billigen. Gelang das Unternehmen, so war zu erwarten, daß Rumänien eingeschüchtert und seine zweifellos vorhandene Hoffnung auf eine Zusammenwirkung mit Sarrail zerstört würde. Rumänien wäre daher vielleicht schon dann zur Ruhe veranlaßt worden, wenn starke bulgarische Kräfte nach einem Siege über Sarrail für beliebige andere Verwendung freigeworden wären. Die deutsche Oberste Heeresleitung geriet freilich gerade durch diesen Angriff der Bulgaren zunächst in einen gewissen militärischen Widerspruch hinein. Da sie nämlich gleichzeitig gezwungen war, Truppen in Nordbulgarien zu versammeln, um auf die täglich stärker werdenden rumänischen Kriegsleidenschaften ernüchternd zu wirken, so wurden Kräfte, die zum Angriff auf Sarrail an der mazedonischen Front hätten Verwendung finden können, aus politischen Gründen an die Donau gezogen. Das Verfahren der deutschen Obersten Heeresleitung wird erklärlich einerseits durch das Vertrauen, das man auf den Angriffswert des bulgarischen Heeres hatte, andererseits durch eine gewisse Unterschätzung der gegnerischen Stärke bei Saloniki. Ganz besonders täuschte man sich über die Bedeutung der dort auftretenden, neugebildeten serbischen Verbände in der Zahl von 6 Infanteriedivisionen.

Der bulgarische Angriff in Mazedonien gelangte zwar mit der linken Flügelarmee bis an die Struma, drang dagegen mit dem rechten Flügel in Richtung auf Vodena nicht durch. Hier blieb das Unternehmen aus Gründen hängen, deren Erörterungen uns an dieser Stelle zu weit führen würden. Die bulgarische Infanterie schlug sich auch bei dieser Gelegenheit im Angriff wieder vortrefflich, freilich mehr heldenhaft als kriegerisch gewandt. Der Ruhm blieb ihr, aber der Erfolg war ihr versagt. Dieser Ausgang des Angriffes in Mazedonien stellte die deutsche Oberste Heeresleitung vor eine neue schwierige Frage. Die rumänische Kriegslust steigerte sich dauernd. Es war zu erwarten, daß die Stockung der bulgarischen Operationen in Mazedonien auf die politischen Kreise in Bukarest kriegsermunternd wirken würde. Sollte die deutsche Oberste Heeresleitung nunmehr den Angriff der Bulgaren endgültig abbrechen lassen, um starke bulgarische Kräfte aus den jetzt wesentlich verkürzten mazedonischen Fronten nach Nordbulgarien zu führen, oder sollte sie es wagen, die an der Donau schon versammelten Streitkräfte nach Mazedonien überzuführen, um hier nochmals zu versuchen, den rumänischen gordischen Knoten mit dem Schwerte durchzuschlagen? Die Kriegserklärung Rumäniens befreite die Oberste Heeresleitung aus diesen Zweifeln.

So also hatte sich die allgemeine Entwicklung der Verhältnisse südlich der Donau gestaltet. Nicht weniger schwierig war die Lage nördlich der transsylvanischen Alpen geworden. Während nämlich Rumänien offenkundig rüstete, verzehrten die Kämpfe an der deutschen Westfront sowie diejenigen an der österreichischen Ost- und Südwestfront alles, was den Obersten Heeresleitungen irgendwie an Reserven verfügbar schien oder aus nicht angegriffenen Frontteilen noch verfügbar gemacht werden konnte. Gegen Rumänien glaubte man keine Kräfte freimachen zu können. Man vertrat den an sich richtigen Grundsatz, von Streitkräften, die auf den augenblicklichen Schlachtfeldern dringend benötigt waren, nichts aus politischen Gründen brachliegen zu lassen.

So kam es, daß die rumänische Kriegserklärung am 27. August uns dem neuen Feind gegenüber in einer nahezu völlig wehrlosen Lage traf. Ich bin auf diese Entwicklung der Verhältnisse deswegen ausführlicher eingegangen, um die Entstehung der großen Krisis verständlich zu machen, in der wir uns seit dem genannten Tage befanden. Das Bestehen einer solchen kann auch angesichts der späteren erfolgreichen Durchführung des Feldzuges nicht gut bestritten werden.

Wenn auch von seiten des Vierbundes nur unzureichende Vorbereitungen getroffen werden konnten, um der rumänischen Gefahr zu begegnen, so hatten sich doch seine verantwortlichen militärischen Führer selbstredend über die beim eintretenden Kriegsfall zu treffenden Maßnahmen frühzeitig geeinigt. Am 28. Juli 1916 hatte zu diesem Zwecke eine Besprechung der Heereschefs

Deutschlands, Österreich-Ungarns und Bulgariens zu Pleß stattgefunden. Sie führte zur Aufstellung eines Kriegsplanes, in dessen entscheidender Ziffer 2 es wörtlich heißt:

> „Schließt Rumänien sich der Entente an: schnellstes, kräftigstes Vorgehen, um Krieg von bulgarischem Boden sicher, von österreichisch-ungarischem, soweit irgend möglich, fernzuhalten und nach Rumänien hineinzutragen. Hierzu
>
> a) demonstrative Operationen deutscher und österreichischer Truppen von Norden her, zwecks Fesselung starker rumänischer Kräfte;
>
> b) Vorstoß bulgarischer Kräfte von der Dobrudschagrenze gegen die Donauübergänge von Silistria und Tutrakan zum Schutze der rechten Flanke der Hauptkräfte;
>
> c) Bereitstellung der Hauptkräfte zum Übergang über die Donau bei Nikopoli zwecks Offensive gegen Bukarest.“

In einer kurz darauf folgenden Zusammenkunft mit Enver Pascha in Budapest wurde auch die Teilnahme der Türken an einem etwaigen rumänischen Feldzug festgelegt. Enver verpflichtete sich zur baldigen Bereitstellung von zwei osmanischen Divisionen für den Einsatz auf der Balkanhalbinsel.

Dieser Kriegsplan gegen Rumänien erfuhr, so lange mein Vorgänger noch die Zügel der Heeresleitung in der Hand hatte, keine Änderung. Wohl aber fand noch ein wiederholter Gedankenaustausch darüber zwischen den einzelnen Feldheereschefs statt. Auch Generalfeldmarschall von Mackensen, der zur Führung der südlich der Donau bereitgestellten Kräfte bestimmt war, wurde zur Sache gehört. Bei diesen Gelegenheiten zeichneten sich zwei Gedankenrichtungen deutlich ab. Generaloberst von Conrad vertrat diejenige eines rücksichtslosen sofortigen Vorgehens auf Bukarest, General Jekoff diejenige eines Feldzugsbeginns in der Dobrudscha. Die Kräfte südlich der Donau waren bei Kriegsausbruch noch viel zu schwach, um die an dieser Front beabsichtigte Doppelaufgabe, nämlich Donauübergang und Angriff gegen Silistria und Tutrakan, gleichzeitig durchführen zu können.

Am 28. August erging von meinem Vorgänger an Generalfeldmarschall von Mackensen der Befehl zum baldmöglichsten Angriff. Richtung und Ziel blieben dem Feldmarschall überlassen.

So fand ich am 29. August bei der Übernahme der Operationsleitung die militärische Lage gegenüber Rumänien. Sie war schwierig.

Wahrlich, noch niemals war einem verhältnismäßig so kleinen Staatswesen wie Rumänien, eine weltgeschichtliche Entscheidungsrolle von gleicher Größe in einem ebenso günstigen Augenblicke in die Hände gelegt. Noch niemals waren starke Großmächte wie Deutschland und Österreich in gleicher Gebundenheit der Kraftentfaltung eines Landes ausgeliefert, das kaum ein Zwanzigstel der Bevölkerung der beiden Großstaaten zählte, wie im jetzt vorliegenden Falle. Auf Grund der Kriegslage hätte man annehmen können, daß Rumänien nur zu marschieren brauchte, wohin es wolle, um den Weltkampf zugunsten derjenigen Staaten zu entscheiden, die seit Jahren vergeblich gegen uns anstürmten. Alles schien davon abzuhängen, ob Rumänien gewillt war, von seiner augenblicklichen Stärke einigermaßen Gebrauch zu machen.

Nirgends schien diese Tatsache klarer erkannt, lebhafter gefühlt und mehr gefürchtet zu werden, als in Bulgarien. Seine Regierung zögerte mit dem Kriegsentschluß. Darf ihr daraus ein Vorwurf gemacht werden? Als dann aber am 1. September der bulgarische Kriegsentschluß zu unseren Gunsten gefallen war, trat das Land mit all seinen Kräften und mit dem ganzen Haß seiner Volksseele, der im Jahre 1913 aus dem rumänischen Überfall in den Rücken des gegen Serbien und Griechenland schwer ringenden Landes entsprungen war, an unsere Seite. Der mörderische Tag von Tutrakan gab den ersten Beweis für die kriegswillige Stimmung unseres Bundesgenossen.

Der vorhandene Kriegsplan hatte angesichts unserer mangelnden Vorbereitungen zunächst naturgemäß jede Bedeutung verloren. Der Gegner verfügte fürs erste über die volle Freiheit des Handelns. Bei seiner Kriegsbereitschaft und seiner zahlenmäßigen Stärke, die durch die uns bekannte russische Hilfe noch wesentlich gesteigert wurde, war zu befürchten, daß unsere eigenen Mittel nicht ausreichen würden, der rumänischen Heeresleitung vorerst diese Freiheit wesentlich zu beschränken. Wohin der Rumäne auch seine

Operationen richten wollte, ob über das transsylvanische Gebirge gegen Siebenbürgen oder aus der Dobrudscha gegen Bulgarien, überall schienen ihm große Ziele und leichte Erfolge zu winken. Ganz besonders glaubte ich rumänisch-russische Offensivbewegungen gegen Süden befürchten zu sollen. Selbst Bulgaren hatten darüber Zweifel ausgesprochen, ob ihre Soldaten gegen die Russen kämpfen würden. Das feste Vertrauen des Generals Jekoff in dieser Richtung – ich sprach an früherer Stelle schon davon – wurde in Bulgarien keineswegs allgemein geteilt. Es war nicht zu bezweifeln, daß unsere Gegner mit dieser russenfreundlichen Stimmung wenigstens eines starken Teiles der bulgarischen Armee rechnen würden. Ganz abgesehen aber auch hiervon lag es für Rumänien nahe, durch einen Angriff nach Süden der Armee Sarrails die Hand zu reichen. Wie mußte alsdann unsere Lage werden, wenn es den Gegnern auch nur gelang, unsere Verbindung mit der Türkei, ähnlich wie das vor Durchführung der Operation gegen Serbien der Fall gewesen, erneut zu unterbrechen oder gar Bulgarien von unserem Bündnis abzusprengen? Eine abermals isolierte Türkei, gleichzeitig bedroht aus Armenien und Thrazien, ein fast hoffnungslos gewordenes Österreich-Ungarn hätten einen solchen Umschwung der Lage zu unseren Ungunsten nimmermehr überwunden.

Das von meinem Vorgänger angeordnete sofortige Vorgehen Mackensens entsprach durchaus dem Gebot der Stunde. Eine Überschreitung der Donau mit den in Nordbulgarien verfügbaren Kräften konnte hierbei freilich nicht in Frage kommen. Es genügte aber schon, wenn wir dem Gegner die Vorhand in der Dobrudscha abgewannen und seine Feldzugspläne dadurch verwirrten. Um letzteres Ziel wirklich und durchgreifend zu erreichen, durften wir den Angriff des Feldmarschalls aber nicht auf die Gewinnung von Tutrakan und Silistria beschränken. Wir mußten vielmehr durch eine weitgehendere Ausnützung von Erfolgen in der Süddobrudscha bei der rumänischen Heeresführung Besorgnis für den Rücken ihrer an der siebenbürgischen Grenze eingesetzten Hauptkräfte zu erregen suchen. Und wirklich gelang uns dies. Angesichts des Vordringens des Feldmarschalls bis in bedrohliche Nähe der Linie Constanza-Czernavoda sah sich die rumänische Führung veranlaßt, Kräfte aus ihrer gegen Siebenbürgen gerichteten Operation nach der Dobrudscha zu entsenden. Sie versuchte sogar durch Einsatz weiterer frischer Kräfte, der Offensive Mackensens über Rahowo, donauabwärts Rusčuk, in den Rücken zu gehen. Auf dem Papier ein schöner

Plan! Ob dieser dem rumänischen Gedankenkreis oder demjenigen eines seiner Verbündeten entsprang, ist bis heute nicht bekannt. Nach den Erfahrungen, die wir bis zu dem Tage dieses Rahowo-Intermezzos, dem 2. Oktober, mit den Rumänen gemacht hatten, hielt ich das Unternehmen für mehr als kühn und dachte mir nicht nur, sondern sprach es auch aus: „Man verhafte diese Truppen!" Dieser Wunsch, in entsprechende Befehlsworte gekleidet, wurde auch von den Deutschen und Bulgaren bestens erfüllt. Von dem Dutzend rumänischer Bataillone, die bei Rahowo das südliche Donauufer betreten hatten, sahen während des Krieges nur einzelne Leute die Heimat wieder.

Das Verhängnis brach über Rumänien herein, weil seine Armee nicht marschierte, weil seine Führung nichts verstand, und weil es uns doch noch gelang, ausreichende Kräfte in Siebenbürgen rechtzeitig zu versammeln.

Ausreichend? Gewiß ausreichend für diesen Gegner! Tollkühn wird man uns vielleicht einmal nennen, wenn man die Stärkeverhältnisse vergleichen wird, unter denen wir gegen das rumänische Heer zum Angriff schritten, und mit denen General von Falkenhayn am 29. September den westlichen rumänischen Flügel bei Hermannstadt zerrieb.

Aus der Schlacht von Hermannstadt wirft der General dann seine Armee nach Osten herum. Er rückt unter Nichtachtung der ihm durch rumänische Überlegenheit und günstige gegnerische Lage nördlich des oberen Alt drohenden Gefahr mit der Masse seiner Truppen südlich des genannten Flusses am Fuße des Gebirges entlang gegen Kronstadt vor. Der Rumäne stutzt, verliert das Vertrauen zur eigenen Überlegenheit wie zum eigenen Können, vergißt die Ausnutzung der ihm immer noch günstigen Kriegslage und macht auf der ganzen Front Halt. Damit tut er aber auch schon den ersten Schritt rückwärts. General von Falkenhayn reißt die Vorhand nunmehr völlig an sich, zertrümmert südlich des Geisterwaldes den gegnerischen Widerstand und marschiert weiter. Der Rumäne weicht nunmehr allenthalben aus Siebenbürgen, nicht ohne am 8. Oktober bei Kronstadt noch eine blutige Niederlage erlitten zu haben. So geht er denn auf den schützenden Wall seiner Heimat zurück. Unsere demnächstige Aufgabe ist es, diesen Wall zu überschreiten. Wir halten zuerst an der Hoffnung fest, die bisherigen taktischen Erfolge strategisch dahin auswerten zu können, daß wir von Kronstadt unmittelbar auf Bukarest durchbrechen. Mögen auch das wilde Hochgebirge und die feindliche Überlegenheit unsere wenigen und schwachen Divisionen vor eine sehr schwere Aufgabe stellen, die Vorteile dieser Vormarschrichtung sind zu groß, als daß wir den Versuch unterlassen dürften. Er gelingt nicht, so tapfer auch unsere Truppen um jede Kuppe, jeden Felshang, ja jeden Felsblock kämpfen. Unsere Bewegung stockt völlig, als am 18. Oktober ein rauher Frühwinter die Berge in Schnee hüllt und die Straßen zu Eisrinnen verwandelt. Unter unsäglichen Entbehrungen und Leiden halten unsere Truppen wenigstens die gewonnenen Gebirgsteile, bereit, sich weiter durchzuringen, wenn die Zeit und Gelegenheit dazu kommen wird.

Die bisherigen Erfahrungen weisen darauf hin, andere Wege in das walachische Tiefland zu suchen als diejenigen, die von Kronstadt aus über den breitesten Teil der transsylvanischen Alpen führen. General von Falkenhayn schlägt den Durchbruch über den westlicher gelegenen Szurdukpaß vor. Die Richtung ist freilich strategisch weniger wirkungsvoll, aber unter den jetzigen Verhältnissen die taktisch und technisch einzig mögliche. So brechen wir über diesen Paß am 11. November in Rumänien ein.

Inzwischen hat sich Generalfeldmarschall von Mackensen südlich der Donau bereitgestellt, um dem nördlichen Einbruch von Süden her die Hand zu reichen. Er hatte am 21. Oktober die russisch-rumänische Armee südlich der Linie Constanza-Czernavoda gründlich geschlagen. Am 22. Oktober war Constanza in die Hand der dritten bulgarischen Armee gefallen. Der Gegner weicht von da ab unaufhaltsam nach Norden. Wir aber lassen die Bewegung einstellen, sobald nördlich der erwähnten Eisenbahn eine Verteidigungslinie erreicht wird, die mit geringen Kräften behauptet werden kann. Alles, was dort an Truppen entbehrlich ist, rückt gegen Sistow. Verlockend war ja der Gedanke, sofort die ganze Dobrudscha in die Hand zu nehmen und dann bei Braila im Rücken der rumänischen Hauptmacht in das nördliche Donaugebiet einzubrechen. Allein, wie sollten wir das notwendige Brückenmaterial in die nördliche Dobrudscha bringen? Eisenbahnen bestehen dorthin nicht, und den Wasserweg versperren die rumänischen Batterien vom Nordufer der Donau. Wir müssen dem Schicksal dankbar sein, daß diese nicht schon längst unseren einzigen verfügbaren schweren Brückentrain bei Sistow in Trümmer geschossen haben, der, seit

Monaten im Bereich der feindlichen Geschützwirkung, nur durch einen für uns nicht aufklärbaren Fehler des Gegners der Zerstörung entgangen ist. So können wir wenigstens dort den Stromübergang im Auge behalten.

Im Morgengrauen des 23. November gewinnt Generalfeldmarschall von Mackensen das nördliche Donauufer. Das erstrebte Zusammenwirken zwischen ihm und General von Falkenhayn ist erreicht. Auf dem Schlachtfeld am Argesch findet es seine Krönung in der Zertrümmerung der rumänischen Hauptkräfte. Der Schlußakt vollzieht sich am 3. Dezember. Bukarest fällt widerstandslos in unsere Hand.

Am Abend dieses Tages schließe ich den gemeinsamen Vortrag über die Kriegslage mit den Worten: „Ein schöner Tag." Als ich später in die Winternacht hinaustrete, beginnt von den Kirchtürmen des Städtchens Pleß das Dankgeläute für den großen neuen Erfolg. Ich hatte längst aufgehört, in solchen Augenblicken an anderes zu denken als an die wunderbaren Leistungen unseres braven Heeres, und einen anderen Wunsch zu hegen, als daß diese Leistungen uns dem endlichen Abschluß des schweren Ringens und der großen Opfer nahe brächten.

Den Gewinn der rumänischen Hauptstadt hatten wir uns freilich etwas kriegerischer vorgestellt. Wir hatten Bukarest für eine mächtige Festung gehalten, hatten schwerstes Artilleriematerial zu ihrer Bezwingung herangeführt, und nun zeigte sich der berühmte Waffenplatz als offene Stadt. Kein Geschütz krönt mehr die mächtigen Wälle der Forts, und die Panzerkuppeln haben sich in Holzdeckel verwandelt. Unsere vom Feinde so viel verschrieene Friedensspionage hatte nicht einmal dazu ausgereicht, die Entfestigung von Bukarest vor dem Beginn des rumänischen Feldzuges festzustellen.

Das Schicksal Rumäniens hatte sich mit dramatischer Wucht vollzogen. Die ganze Welt mußte sehen, und Rumänien sah es wohl auch selbst, daß kein leerer Schall in dem alten Landsknechtvers lag:

Wer Unglück will im Kriege han,

Der binde mit dem Deutschen an.

Mit Anführung dieses Verses will ich aber nicht die Mitwirkung Österreich-Ungarns, der Türkei und Bulgariens an diesem großen und schönen Unternehmen irgendwie verkleinern. Unsere Bundesgenossen waren alle zur Stelle und hatten treulich mitgeholfen an dem großen mannhaften Werke. Rumänien, in dessen Hand das Schicksal der Welt gelegen hatte, mußte froh sein, daß seine Heerestrümmer durch russische Hilfe vor Vernichtung bewahrt wurden. Sein Traum, daß noch einmal, wie im Jahre 1878 auf dem Schlachtfelde von Plewna, der Russe ihm in pflichtmäßiger Dankbarkeit, wenn auch mit bitterem Gefühl im Herzen, die Hand für die erwiesenen Dienste drücken müßte, hatte sich in das grausame Gegenteil verkehrt. Die Zeiten hatten sich gewandelt.

Meinem Allerhöchsten Kriegsherrn hatte ich Ende Oktober 1916 meine Anschauung dahin ausgesprochen, daß wir am Ende des Jahres den rumänischen Feldzug beendet haben würden. Am 31. Dezember konnte ich Seiner Majestät melden, daß unsere Truppen den Sereth erreicht hätten, und daß die Bulgaren am Südufer des Donaudeltas stünden. Die gesteckten Ziele waren erreicht.

Kämpfe an der mazedonischen Front

Die Schwierigkeiten unserer Kriegslage im Herbste 1916 wurden durch den Fortgang der Kämpfe an der mazedonischen Front nicht unwesentlich erhöht.

Die Armee Sarrails hätte jeden Anspruch auf Daseinsberechtigung verloren, wenn sie nicht im Augenblick der rumänischen Kriegserklärung auch ihrerseits die Offensive ergriffen hätte. Ihr Vorgehen erwarteten wir im Wardartal. Wäre sie hier bis in die Gegend von Gradsko vorgedrungen, so hätte sie das Zentrum der wichtigsten bulgarischen Verbindungen in Besitz genommen und hätte auch das Verbleiben der Bulgaren in der Gegend von Monastir unmöglich gemacht. Sarrail wählte die unmittelbare Angriffsrichtung auf Monastir, vielleicht durch besondere politische Gründe veranlaßt.

Die bulgarische rechte Flügelarmee wurde durch diese Offensive aus ihren Stellungen, die sie beim Angriff im August südlich Florina gewonnen hatte, zurückgeworfen. Sie verlor im weiteren Verlauf der Kämpfe Monastir, behauptete sich aber dann.

Wir waren hierdurch genötigt gewesen, den Bulgaren Unterstützungen aus unseren Kampffronten zuzuführen, Unterstützungen, die meist für den rumänischen Feldzug bestimmt gewesen waren. War die Größe dieser Hilfe im Verhältnis zur gesamten Stärke unseres Heeres auch nicht sehr bedeutend – es waren gegen 20 Bataillone sowie zahlreiche schwere und Feldbatterien – so traf uns diese Abgabe doch in einer außerordentlich kritischen Zeit, in der wir tatsächlich mit jedem Mann und jedem Geschütz geizen mußten.

Wie wir, so leistete auch die Türkei dem verbündeten Bulgarien in diesen schweren Kämpfen bereitwilligst Hilfe. Enver Pascha stellte über die für den rumänischen Krieg versprochene Unterstützung hinaus ein ganzes türkisches Armeekorps zur Ablösung bulgarischer Truppen an der Strumafront zur Verfügung. Diese Unterstützung wurde von bulgarischer Seite ungern gesehen, da man befürchtete, es würden sich daraus unangenehme türkische Ansprüche auf politischem Gebiet geltend machen. Enver Pascha versicherte uns jedoch ausdrücklich, daß er solches verhindern würde. Es war ja begreiflich, daß Bulgarien deutsche Unterstützung der osmanischen vorgezogen hätte, unbegreiflich aber war es, daß man in Sofia nicht einsehen wollte, wie wenig Deutschland in dieser Zeit imstande war, seine Kräfte noch weiter anzuspannen.

Der Verlust Monastirs war nach meiner Auffassung ohne militärische Bedeutung. Die freiwillige Zurücknahme des bulgarischen rechten Heeresflügels in die außerordentlich starken Stellungen bei Prilep wäre von großem militärischen Vorteil gewesen, weil alsdann die bulgarische Heeresversorgung ganz wesentlich erleichtert, diejenige unserer Gegner um vieles erschwert worden wäre. Gerade die ungeheuren Schwierigkeiten in den rückwärtigen Verbindungen hatten auf bulgarischer Seite die in den Kämpfen wiederholt eingetretenen Krisen wesentlich mitverschuldet. Die Truppen mußten tagelang hungern und litten zeitweise auch Mangel an Schießbedarf. Wir haben unter Hintansetzung eigener Interessen mit allen Mitteln versucht, den Bulgaren die

Schwierigkeiten in dieser Richtung zu erleichtern. Die Größe der zurückzulegenden Wegesstrecken, die Wildheit und Unkultur des Gebirgslandes erschwerten die Lösung dieser Aufgabe ungemein.

Bei den Kämpfen um Monastir hatten die Bulgaren zum ersten Male in schweren Verteidigungsschlachten gestanden. Hatten die bisherigen Nachrichten unserer Offiziere über die Haltung des bulgarischen Heeres den glänzenden Geist des Soldaten beim Angriff gerühmt, so trat jetzt bei diesem eine gewisse Empfindlichkeit gegenüber einem länger andauernden feindlichen Artilleriefeuer in die Erscheinung. Diese Wahrnehmung mochte überraschen, man konnte sie aber bei allen Völkern, sowohl auf feindlicher als auch auf unserer Seite bestätigt finden, die mit sogenannter unverdorbener Naturkraft in den Krieg traten. Es macht den Eindruck, als ob die modernen Angriffsmittel in ihren nervenzerstörenden Wirkungen für durchhaltende Verteidigung eine Zugabe zu dieser Naturkraft verlangen, die nur durch eine höhere Willenskultur geliefert werden kann. In der Hauptmasse unseres deutschen Soldatenmaterials scheint die richtige Mischung von sittlicher und körperlicher Kraft vorhanden zu sein, die unsere Truppen in Verbindung mit unserer militärischen Willensschulung in den Stand setzt, den gewaltigen Eindrücken eines modernen Kampfes erfolgreich Widerstand zu leisten. Der Oberbefehlshaber des bulgarischen Heeres hatte das richtige Gefühl für die eben erwähnte Empfindlichkeit seiner Soldaten. Er äußerte darüber in soldatischer Offenheit seine Sorgen, wenn er auch weit davon entfernt war, eine ängstliche Natur zu sein.

Auf den asiatischen Kriegsschauplätzen

Durch die Stellung, die der deutsche Chef des Generalstabes des Feldheeres nunmehr innerhalb der gesamten Kriegsleitung einnahm, wurden wir auch zur Beschäftigung mit den Vorgängen auf den asiatischen Kriegsschauplätzen veranlaßt. Zur Zeit der Anwesenheit Enver Paschas in unserem Großen Hauptquartier Anfang 1917 glaubten wir die Lage in Asien folgendermaßen beurteilen zu können:

Die russische Offensive in Armenien war nach der Gewinnung der Linie Trapezunt-Erzinghan zum Stillstand gekommen. Die türkische Offensive, die im Sommer dieses Jahres von Süden her aus Richtung Diabekr gegen die linke Flanke dieses russischen Vorgehens angesetzt war, kam infolge der außerordentlichen Geländeschwierigkeiten und der ganz ungenügenden Nachschubmöglichkeiten nicht vorwärts. Es war jedoch zu erwarten, daß die Russen in diesem Jahre mit Rücksicht auf den im armenischen Hochlande früh eintretenden Winter ihre weiteren Angriffe bald endgültig einstellen würden.

Die Gefechtskraft der beiden türkischen Kaukasusarmeen war aufs äußerste zurückgegangen, einzelne Divisionen bestanden nur noch dem Namen nach. Entbehrungen, blutige Verluste, Fahnenflucht hatten verheerend auf die Truppenbestände gewirkt. Mit schweren Sorgen sah Enver Pascha dem kommenden Winter entgegen. Es fehlte seinen Truppen die notwendigste Bekleidung; dazu bot die Ernährung der Armeen in diesen armen, großenteils entvölkerten und verwüsteten Gebieten außerordentliche Schwierigkeiten. Bei dem Mangel an Zug- und Tragtieren mußten den osmanischen Soldaten in dem öden, wegarmen Gebirgslande die Kampf- und Lebensbedürfnisse durch Trägerkolonnen in vielen Tagemärschen zugeführt werden. Weiber und Kinder fanden dabei einen mageren Verdienst, aber auch oft den Tod.

Besser waren die Verhältnisse zu dieser Zeit im Irak. Dort war der Engländer augenblicklich in dem Ausbau seiner rückwärtigen Verbindungen noch nicht so weit vorgeschritten, um schon jetzt zur Rache für Kut-el-Amara schreiten zu können. Daß er eine solche nehmen würde, war für uns zweifellos. Ob alsdann die türkische Macht im Irak hinreichte, um dem englischen Angriff erfolgreich zu widerstehen, vermochten wir nicht zu beurteilen. Trotz der sehr optimistischen Anschauungen der osmanischen Obersten Heeresleitung ermahnten wir zu Verstärkung der dortigen Truppen. Leider ließ sich aber die Türkei aus politischen und panislamitischen Gründen verführen, ein ganzes Armeekorps nach Persien hineinzuschicken. Der dritte asiatische Kriegsschauplatz, nämlich derjenige in Südpalästina, gab Veranlassung zu unmittelbarer Sorge. Die zweite gegen den Suez-Kanal gerichtete türkische Unternehmung war Anfang August 1916 in der Mitte des nördlichen Teiles der Sinai-Halbinsel gescheitert. Daraufhin waren die türkischen Truppen allmählich aus diesem Gebiete hinausgedrängt worden und standen jetzt im südlichen Teile Palästinas in der Gegend von Gaza. Die Frage, ob und wann sie auch hier angegriffen würden, schien lediglich von dem Zeitpunkt abzuhängen, an dem die Engländer ihre Eisenbahn aus Ägypten bis hinter ihre Truppen ausgebaut hatten. Der somit drohende Angriff auf Palästina schien für den militärischen und politischen Bestand der Türkei weit gefährlicher als ein solcher auf das fernab liegende Mesopotamien. Man mußte annehmen, daß der Verlust von Jerusalem – ganz abgesehen davon, daß er voraussichtlich den Verlust des ganzen südlichen Arabiens nach sich zog – die jetzige türkische Politik vor eine Belastungsprobe stellen würde, die sie nicht ertragen könnte.

Leider waren die operativen Verhältnisse für die osmanische Kriegführung in Südsyrien nicht wesentlich besser als in Mesopotamien. Hier wie dort litten die Türken, im schärfsten Gegensatz zu ihren Gegnern, unter solch außerordentlichen Schwierigkeiten der rückwärtigen Verbindungen, daß eine wesentliche Verstärkung ihrer Streitkräfte über den jetzigen Stand hinaus den Hunger, ja selbst den Durst für alle bedeutet hätte. Die Verpflegungsverhältnisse waren auch in Syrien zeitweise trostlos. Zu ungünstigen Ernten, ungewolltem und gewolltem Versagen der verantwortlichen Stellen kam die nahezu durchweg feindliche Haltung der arabischen Bevölkerung.

Zahlreiche wohlgemeinte Darlegungen suchten mich im Laufe des Krieges von der Notwendigkeit zu überzeugen, daß Mesopotamien und Syrien mit stärkeren Kräften verteidigt, ja daß hier wie dort zum Angriff übergegangen werden müßte. Das Interesse weiter deutscher Kreise an diesen Kriegsschauplätzen war groß. Augenscheinlich irrten die Gedanken uneingestandenermaßen vielfach über Mesopotamien durch Persien, Afghanistan nach Indien und von Syrien nach Ägypten. Man träumte im stillen an der Hand der Karten, daß wir auf diesen Landwegen an den Lebensnerv der uns so gefährlichen britischen Weltmachtstellung herankämen. Vielleicht lag in solchen Gedanken oft unbewußt das Wiedererwachen früherer napoleonischer Pläne. Zu ihrer Durchführung fehlte uns aber die erste Vorbedingung derartiger weitgreifender Operationen, nämlich genügend leistungsfähige Nachschublinien.

Die Ost- und Westfront bis zum Ende des Jahres 1916

Während wir Rumänien niederschlugen, dauerten die Angriffe der Russen in den Karpathen und in Galizien ununterbrochen an. Von russischer Seite war nicht beabsichtigt gewesen, dem neuen Bundesgenossen bei seinem Angriff auf Siebenbürgen unmittelbar zu unterstützen, wohl aber sollte diese rumänische Operation durch ununterbrochene Fortsetzung der bisherigen russischen Angriffe gegen die galizische Front erleichtert werden. Unmittelbare Hilfe gewährten die Russen den Rumänen dagegen in der Dobrudscha, und zwar von Anfang an. Die Gründe hierfür lagen ebensosehr auf politischem wie militärischem Gebiete; Rußland rechnete zweifellos sehr stark mit russophilen Neigungen innerhalb der bulgarischen Armee. Daher versuchten auch bei Beginn der Kämpfe in der Süddobrudscha russische Offiziere und Truppen, sich den Bulgaren als Freunde zu nähern, und waren bitter enttäuscht, als die Bulgaren mit Feuer antworteten. Dazu kam, daß Rußland zwar ohne politische Eifersucht zusehen konnte, wenn Rumänien sich in den Besitz von Siebenbürgen setzte, aber nicht dulden durfte, daß der neue Verbündete selbständig Bulgarien auf die Knie warf und dann möglicherweise noch den Weg nach Konstantinopel einschlug oder wenigstens freimachte. Galt doch die Eroberung der türkischen Hauptstadt seit Jahrhunderten als historisches und religiöses Vorrecht Rußlands.

Es mag dahingestellt bleiben, ob es von russischer Seite klug war, den Rumänen ohne unmittelbare Unterstützung, sei es auch nur durch etliche russische Kerntruppen, die Operation nach Siebenbürgen allein zu überlassen. Man überschätzte dabei jedenfalls die Leistungsfähigkeit der rumänischen Armee und ihrer Führung und ging von der irrigen Ansicht aus, daß die Kräfte der Mittelmächte an der Ostfront durch die russischen Angriffe vollständig gebunden, ja sogar erschöpft seien.

Diese Angriffe erreichten zwar ihren Zweck nicht in vollem Umfange, stellten uns aber immerhin wiederholt vor nicht unbedenkliche Krisen. Die Lage wurde zeitweise so mißlich, daß wir befürchten mußten, unsere Verteidigung würde von den Karpathenkämmen heruntergeworfen werden. Deren Behauptung war aber für uns eine Vorbedingung zur Durchführung unseres Aufmarsches und unserer ersten Operationen gegen den neuen Feind. Auch in Galizien mußten wir den Russen mit allen Mitteln aufhalten. Eine Preisgabe weiterer dortiger Gebietsteile würde an sich für unsere Gesamtlage von geringer militärischer Bedeutung gewesen sein, wenn nicht hinter unserer galizischen Stellung die für uns so kostbaren, ja für die Kriegführung unentbehrlichen Ölfelder gelegen hätten. Wiederholt mußten aus diesen Gründen für den Angriff gegen Rumänien bestimmte Truppenverbände gegen die ins Wanken geratenen Frontteile abgedreht werden.

Wenn auch die kritischen Lagen schließlich immer wieder überwunden und unser Feldzug gegen Rumänien einem glücklichen Abschluß entgegengeführt wurde, so kann man doch nicht behaupten, daß die russischen Entlastungsangriffe ihren großen operativen Zweck völlig verfehlt hätten. Rumänien unterlag wahrlich nicht durch die Schuld seiner Verbündeten. Die Entente tat im Gegenteil alles, was sie nach der Lage und ihren Kräften tun konnte, und zwar nicht nur im unmittelbaren Anschluß an das rumänische Heer, sondern auch mittelbar durch die Angriffe Sarrails in Mazedonien, durch die italienischen Angriffe am Isonzo und schließlich auch durch die Fortsetzung der englisch-französischen Anstürme im Westen.

Wir hatten, wie ich schon früher andeutete, von Anfang an damit gerechnet, daß der Gegner mit dem Eintritt Rumäniens in den Krieg seine Angriffe auch gegen unsere Westfront mit aller Kraft, mit englischer Zähigkeit und französischem Elan fortführen würde. Dies trat auch ein.

Unsere Führereinwirkung auf diese Kämpfe war einfach. An einen Entlastungsangriff konnten wir mangels genügender Kräfte weder bei Verdun noch an der Somme denken, so sehr auch ein solcher meinen eigenen Neigungen entsprochen hätte. Kurz nach der Übernahme der Obersten Heeresleitung sah ich mich auf Grund der Gesamtlage gezwungen, Seiner Majestät dem Kaiser den Befehl zur Einstellung unserer Angriffe bei Verdun zu unterbreiten. Die dortigen Kämpfe zehrten wie eine offene Wunde an unseren Kräften. Es ließ sich auch klar überblicken, daß das Unternehmen in jeder Hinsicht aussichtslos geworden war und seine Fortsetzung uns weit größere Verluste kostete, als wir dem Gegner beizubringen imstande waren. Unsere vordersten Stellungen lagen in allseitig flankierendem Feuer übermächtiger gegnerischer Artillerie; die Verbindungen zu den Kampflinien waren außerordentlich schwierig. Das Schlachtfeld war eine wahre Hölle und in diesem Sinne bei der Truppe geradezu berüchtigt. Jetzt in rückschauender Betrachtung stehe ich nicht an, zu sagen, daß wir aus rein militärischen Gründen gut daran getan hätten, die Kampfverhältnisse vor Verdun nicht nur durch Beendigung der Offensive sondern auch durch freiwilliges Aufgeben noch größerer Teile des eroberten Geländes als geschehen zu bessern. Im Herbste 1916 glaubte ich jedoch davon Abstand nehmen zu müssen. Für das Unternehmen war eine große Masse unserer besten Kampfkraft geopfert worden; die Heimat war bis dahin in Erwartung auf einen endlichen ruhmreichen Ausgang des Angriffs erhalten worden. Nur zu leicht konnte jetzt der Eindruck hervorgerufen werden, als ob alle Opfer umsonst gebracht seien. Das wollte ich in dieser an sich schon so sehr gespannten heimatlichen Stimmung vermeiden.

Unsere Hoffnung, daß mit der Einstellung unseres Angriffes bei Verdun auch der Gegner dort im wesentlichen zum reinen Stellungskrieg übergehen würde, erfüllte sich nicht. Ende Oktober brach der Franzose auf dem Ostufer der Maas zu einem großangelegten, kühn durchgeführten Gegenstoß vor und überrannte unsere Linien. Wir verloren Douaumont und hatten keine Kräfte mehr, um diesen Ehrenpunkt deutschen Heldentums wieder zu nehmen.

Der französische Führer hatte sich bei diesem Gegenstoß von der bisherigen Gepflogenheit einer tage- oder gar wochenlangen Artillerievorbereitung freigemacht. Er hatte seinen Angriff durch Steigerung der Feuergeschwindigkeit seiner Artillerie und Minenwerfer bis zur äußersten Grenze der Leistungsfähigkeit von Material und Bedienung nur kurze Zeit vorbereitet und war dann gegen den schlagartig körperlich und seelisch niedergedrückten Verteidiger sofort zum Angriff übergegangen. Wir hatten diese Art gegnerischer Angriffsvorbereitung wohl schon innerhalb des Rahmens der langen Dauerschlachten kennengelernt, aber als Eröffnung einer großen Angriffshandlung war sie für uns neu und verdankte vielleicht gerade diesem Umstand ihren ohne Zweifel bedeutenden Erfolg. Im großen und ganzen schlug uns der Gegner diesmal mit unserem eigenen bisherigen Angriffsverfahren. Wir konnten nur hoffen, daß er es im kommenden Jahre nicht mit gleichem Erfolg in noch größerem Umfang wiederholen würde.

Die Kämpfe bei Verdun erstarben erst im Dezember.

Die Sommeschlacht hatte auch von Ende August ab den Charakter eines außerordentlich erbitterten, rein frontalen Abringens der beiderseitigen Kräfte gezeigt. Die Aufgabe der Obersten Heeresleitung konnte nur darin bestehen, den Armeen die nötigen Kräfte zum Durchhalten zur Verfügung zu stellen.

Man gab dieser Art von Kämpfen bei uns den Namen „Materialschlachten". Man könnte sie vom Standpunkt des Angreifers aus auch als „Taktik eines Rammklotzes" bezeichnen, denn es fehlte ihrer Führung jeder höhere Schwung. Die mechanischen und materiellen Elemente des Kampfes waren in den Vordergrund geschoben, während die geistige Führung allzusehr in den Hintergrund trat.

Wenn es unseren westlichen Gegnern in den Kämpfen von 1915 bis 1917 nicht gelang, ein entscheidendes Feldzugsergebnis zu erreichen, so lag das im wesentlichen an einer gewissen Einseitigkeit der dortigen Führung. An der nötigen zahlenmäßigen Überlegenheit an Menschen, Kriegsgerät und Schießbedarf fehlte es dem Feinde wahrlich nicht; auch kann man nicht behaupten, daß die Güte der gegnerischen Truppen den Anforderungen einer tätigeren und gedankenreicheren Führung nicht hätte genügen können. Außerdem war für unsere Feinde im Westen bei dem reichentwickelten Eisenbahn- und Straßennetz und den in Massen vorhandenen Beförderungsmitteln jeder Art freieste Entfaltungsmöglichkeit für eine weit größere operative Gelenkigkeit vorhanden. Von alledem machte jedoch die gegnerische Führung nicht vollen Gebrauch. Die lange Dauer unseres Widerstandes war also doch wohl neben anderen Gründen auch auf eine gewisse Unfruchtbarkeit des Bodens zurückzuführen, auf dem die feindlichen Pläne reiften. Ungeheuer blieben aber trotzdem die Anforderungen, die auf den dortigen Schlachtfeldern an unsere Armeeführungen und unsere Truppen gestellt werden mußten.

Anfang September besuchte ich mit meinem Ersten Generalquartiermeister die Westfront. Wir mußten die dortigen Kampfverhältnisse sobald als möglich kennen lernen, um wirklich helfend eingreifen zu können. Seine Kaiserliche und Königliche Hoheit der Deutsche Kronprinz schloß sich uns unterwegs an und ehrte mich in Montmédy durch Aufstellung einer Sturmkompagnie auf dem Bahnsteige. Dieser Empfang entsprach ganz dem ritterlichen Sinn des hohen Herrn, dem ich fortan öfters begegnen sollte. Sein frisches, offenes Wesen und sein gesundes militärisches Urteil haben mich stets mit Freude und Vertrauen erfüllt. In Cambrai überreichte ich auf Befehl Seiner Majestät des Kaisers zwei anderen bewährten Heerführern, den Thronfolgern Bayerns und Württembergs, die ihnen verliehenen preußischen Feldmarschallstäbe und hielt dann eine längere Besprechung mit den Generalstabschefs der Westfront ab. Aus deren Darlegungen ging hervor, daß rasches und energisches Handeln dringend not tat, um unsere erschreckende Unterlegenheit an Fliegern, Waffen und Munition einigermaßen auszugleichen. Die eiserne Arbeitskraft des Generals Ludendorff hat diese ernste Krisis überwunden. Zu meiner Freude hörte ich später durch Frontoffiziere, daß sich die Früchte der Besprechung von Cambrai bald bei der Truppe bemerkbar gemacht hätten.

Die Größe der Anforderungen, die an das Westheer gestellt wurden, war mir bei diesem Besuch in Frankreich zum erstenmal so recht plastisch vor die Augen getreten. Ich stehe nicht an, zu bekennen, daß ich damals erst einen vollen Einblick in die bisherigen Leistungen des Westheeres gewann. Wie undankbar war die Aufgabe für Führung und Truppe, da in der aufgezwungenen reinen Verteidigung ein sichtbarer Gewinn immer versagt bleiben mußte! Der Erfolg in der Abwehrschlacht führt den Verteidiger, auch wenn er siegreich ist, nicht aus dem ständig lastenden Druck, ich möchte sagen, aus dem Anblick des Elends des Schlachtfeldes heraus. Der Soldat muß auf den mächtigen seelischen Aufschwung verzichten, den das erfolgreiche Vorwärtsschreiten gewährt, ein Aufschwung von so unsagbarer Gewalt, daß man ihn erlebt haben muß, um ihn in seiner ganzen Größe begreifen zu können. Wie viele unserer braven Soldaten haben dieses reinste Soldatenglück nie empfinden dürfen! Sie sahen kaum etwas anderes als Schützengräben und Geschoßtrichter, in denen und um die sie wochen-, ja monatelang mit dem Gegner rangen. Welch ein Nervenverbrauch und welch geringe Nervennahrung! Welche Stärke des Pflichtgefühls und welche selbstlose Hingabe gehörten dazu, solch einen Zustand jahrelang in stiller Entsagung auf höheres kriegerisches Glück zu ertragen! Ich gestehe offen, daß diese Eindrücke für mich tief ergreifend waren. Ich konnte nun verstehen, wie alle, Offiziere wie Mannschaften, aus solchen Kampfverhältnissen sich heraussehnten, wie sich alle Herzen mit der Hoffnung füllten, daß nun endlich nach diesen erschöpfenden Schlachten ein hoher Angriffszug auch in die Westfront ein frisches kriegerisches Leben bringen würde.

Freilich sollten unsere Führer und Truppen noch lange auf die Erfüllung dieser Sehnsucht warten müssen! Viele unserer besten, sturmbegeisterten Soldaten mußten noch vorher in zertrümmerten Schützengräben ihr Herzblut hingeben!

In dem Kampfgebiet an der Somme wurde es erst stiller, als die einbrechende nasse Jahreszeit den Kampfboden grundlos zu machen begann. Die Millionen von Geschoßtrichtern füllten sich mit Wasser oder wurden zu Friedhöfen. Von Siegesfreude war auf keiner der beiden kämpfenden Parteien die Rede. Über allen lag der furchtbare Druck dieses Schlachtfeldes, das in seiner Öde und seinem Grauen selbst dasjenige vor Verdun zu übertreffen schien.

Meine Stellung zu politischen Fragen

Äußere Politik

Die Beschäftigung mit der reichen geschichtlichen Vergangenheit unseres Vaterlandes war mir stets ein Bedürfnis. Lebensgeschichten seiner großen Söhne waren für mich gleichbedeutend mit Erbauungsschriften. In keiner Lage meines Lebens, auch im Kriege nicht, wollte ich diese Art meiner Belehrung und inneren Erhebung vermissen. Und doch hätte man ein volles Recht gehabt, in mir eine unpolitische Natur zu sehen. Betätigung innerhalb der Gegenwartspolitik widersprach meinen Neigungen. Vielleicht war hierfür mein Hang zur politischen Kritik zu schwach, vielleicht auch mein soldatisches Gefühl zu stark entwickelt. Auf letztere Ursache ist dann wohl auch meine Abneigung gegen alles Diplomatische zurückzuführen. Man nenne diese Abneigung Vorurteil oder Mangel an Verständnis, die Tatsache hätte ich auch dann an dieser Stelle nicht abgeleugnet, wenn ich ihr während des Krieges nicht so oft und so laut hätte

Ausdruck geben müssen. Ich hatte das Empfinden, als ob die diplomatische Beschäftigung wesensfremde Anforderungen an uns Deutsche stellt. Darin liegt wohl einer der Hauptgründe für unsere außenpolitische Rückständigkeit. Eine solche mußte sich um so stärker geltend machen, je mehr wir durch machtvolle Entfaltung unseres Handels und unserer Industrie sowie durch Hinausdrängen unserer geistigen Kräfte über die vaterländischen Grenzen hinaus zu einem Weltvolk zu werden schienen. Das in sich geschlossene, ruhige, staatliche Kraftbewußtsein, wie es Englands Politiker bewahrten, fand ich nicht immer bei den unserigen.

Weder bei meiner Tätigkeit in den höheren Führerstellen des Ostens noch bei meiner Berufung in den Wirkungskreis als Chef des Generalstabes des Feldheeres hatte ich das Bedürfnis und die Neigung, mich mehr als unbedingt notwendig mit gegenwärtigen politischen Fragen zu beschäftigen. Freilich hielt ich in einem Koalitionskrieg mit seinen unendlich vielen und mannigfaltigen, auf die Kriegführung wirkenden Entscheidungen eine völlige Zurückhaltung der Kriegsleitung von der Politik für unmöglich. Trotzdem erkannte ich auch in unserem Falle das, was Bismarck als Norm für das gegenseitige Verhältnis zwischen militärischer und politischer Führung im Kriege hingestellt hatte, als durchaus einem gesunden Zustand entsprechend. Auch Moltke stand auf dem Boden der bismarckschen Auffassung, wenn er sagte:

> „Der Führer hat bei seinen Operationen den militärischen Erfolg in erster Linie im Auge zu behalten. Was aber die Politik mit seinen Siegen oder Niederlagen anfängt, ist nicht seine Sache, deren Ausnützung ist vielmehr allein Sache der Politiker."

Andererseits würde ich es aber doch vor meinem Gewissen nicht haben verantworten können, wenn ich nicht meine Anschauungen in all den Fällen zur Geltung gebracht hätte, in denen die Bestrebungen anderer uns nach meiner Überzeugung auf eine bedenkliche Bahn führten, wenn ich nicht da zur Tat getrieben hätte, wo ich Tatenlosigkeit oder Tatenunlust zu bemerken glaubte, wenn ich endlich meine Ansichten für Gegenwart und Zukunft nicht dann mit aller Schärfe vertreten hätte, wenn die Kriegführung und die zukünftige militärische Sicherheit meines Vaterlandes durch politische Maßnahmen berührt oder gar gefährdet wurden. Man wird mir zugeben, daß die Grenzen zwischen Politik und Kriegführung sich wohl nie mit voller Schärfe ziehen lassen werden. Beide müssen schon im Frieden zusammenwirken, da ihre Gebiete eine wechselseitige Verständigung unbedingt verlangen. Sie müssen sich im Kriege, in dem ihre Fäden tausendfach verschlungen sind, gegenseitig ununterbrochen ergänzen. Dieses schwierige Verhältnis wird sich nie durch Bestimmungen regeln lassen. Auch der lapidare Stil Bismarcks läßt die Grenzlinien ineinander überfließend erscheinen. Es entscheidet eben in diesen Fragen nicht nur die sachliche Materie sondern auch der Charakter der an ihrer Lösung arbeitenden Persönlichkeiten.

Ich gebe zu, daß ich gar manche Äußerungen über politische Fragen mit meinem Namen und meiner Verantwortung deckte, auch wenn sie mit unserer derzeitigen kriegerischen Lage nur in losem Zusammenhang standen. Ich drängte mich in solchen Fällen niemandem auf. Wenn jedoch jemand meine Ansicht haben wollte, wenn eine Frage kam, die einer Erledigung und Äußerung von deutscher Seite harrte und keine fand, dann sah ich keinen Grund dafür ein, warum ich schweigen sollte.

Bei einer der ersten politischen Fragen, die an mich kurz nach Übernahme der Obersten Heeresleitung herantraten, handelte es sich um die Zukunft Polens. Angesichts der großen Bedeutung dieser Frage während des Krieges und nach diesem glaube ich auf den Verlauf ihrer Behandlung eingehen zu müssen.

Ich habe früher nie eine persönliche Abneigung gegen das polnische Volk empfunden; andererseits hätte mir aber auch jeder vaterländische Instinkt, jede Kenntnis geschichtlicher Entwicklungen fehlen müssen, wenn ich die schweren Gefahren verkannt hätte, die in einer Wiederaufrichtung Polens für mein Vaterland lagen. Ich gab mich keinem Zweifel darüber hin, daß wir von Polen nie und nimmer auch nur die Spur eines Dankes dafür erwarten könnten, daß wir es durch unser Schwert und Blut von der russischen Knute befreiten, so wenig wir je eine Anerkennung für die wirtschaftliche und geistige Hebung unserer preußisch-polnischen Volksteile erhalten haben. Nie also würde Dankesschuld, sofern eine solche in der Politik überhaupt anerkannt würde, das neu errichtete freie Polen von einer Irredenta in unseren angrenzenden Landesteilen abgehalten haben.

Von welcher Seite man auch das polnische Problem zu lösen versuchte, immer mußte Preußen-Deutschland der leidtragende Teil sein, der die politische Zeche zu zahlen hatte. Österreich-Ungarns Staatsleitung schien dagegen in der Schöpfung eines freien geeinigten Polens keine Gefahr für das eigene Staatswesen zu befürchten. Einflußreiche Kreise in Wien wie in Budapest glaubten vielmehr, daß es möglich sein würde, das katholische Polen dauernd an die Doppelmonarchie zu fesseln. Bei der grundsätzlich deutschfeindlichen Haltung der Polen schloß diese österreichische Politik eine schwere Gefahr für uns in sich. Es war nicht zu verkennen, daß hierdurch die Festigkeit unseres Bündnisses in Zukunft einer auf die Dauer unerträglichen Belastungsprobe ausgesetzt werden würde. Die Oberste Heeresleitung durfte diesen politischen Gesichtspunkt bei ihrer Sorge um unsere zukünftige militärische Lage an der Ostgrenze unter keiner Bedingung aus dem Auge verlieren.

Aus all diesen politischen wie militärischen Erwägungen hätte sich meines Erachtens für Deutschland die Lehre ergeben, an der polnischen Frage möglichst wenig zu rühren oder sie wenigstens, wie man sich in solchen Fällen ausdrückt, dilatorisch zu behandeln. Dies war aber von deutscher Seite leider nicht geschehen. Die Gründe, warum wir aus der gebotenen Vorsicht heraustraten, sind mir unbekannt. Zwischen der deutschen und österreichisch-ungarischen Reichsleitung war nämlich Mitte August 1916 in Wien eine Vereinbarung getroffen worden, nach welcher baldmöglichst die öffentliche Verkündigung eines selbständigen Königreichs Polen mit erblicher Monarchie und konstitutioneller Verfassung erfolgen sollte. Diese Abmachung hatte man dadurch für uns Deutsche schmackhafter zu machen versucht, daß die beiden Vertragschließenden sich verpflichtet hatten, keinen Teil ihrer einstmals polnischen Landesteile dem neuen polnischen Staat zufallen zu lassen, und daß Deutschland die oberste Führung der einheitlichen polnischen Zukunftsarmee zugesprochen erhielt. Beide Zugeständnisse hielt ich für Utopien.

Durch diese öffentliche Verkündigung würden die politischen Verhältnisse im Rückengebiet unserer Ostfront völlig verändert worden sein. Mein Vorgänger hatte infolgedessen mit Recht sofort gegen diese Verkündigung Einspruch erhoben. Seine Majestät der Kaiser entschied zugunsten des Generals von Falkenhayn. Nun war es aber für jedermann, der die Zustände in der

Donaumonarchie kannte, klar, daß die in Wien einmal getroffene Vereinbarung nicht geheim bleiben würde. Sie konnte wohl noch eine kurze Zeit offiziell zurückgehalten aber nicht mehr aus der Welt geschafft werden. In der Tat war sie schon Ende August allgemein bekannt. So stand ich bei Übernahme der Obersten Heeresleitung einer vollendeten Tatsache gegenüber.

Kurze Zeit darauf forderte der mir dienstlich nicht unterstellte Generalgouverneur von Warschau von unserer Reichsleitung die Verkündigung des polnischen Königsreichs als eine nicht länger hinausschiebbare Tatsache. Er ließ die Wahl zwischen Schwierigkeiten im Lande und der sicheren Aussicht auf eine Verstärkung unserer Streitkräfte durch polnische Truppen, die sich im Frühjahr 1917 bei freiwilligem Eintritt auf 5 ausgebildete Divisionen, bei Einführung der allgemeinen Wehrpflicht auf 1 Million Mann belaufen würden. Eine so wenig günstige Meinung ich auch glaubte, 1914 und 15 von einer Teilnahme der polnischen Bevölkerung am Krieg gegen Rußland gewonnen zu haben, der Generalgouverneur mußte es besser wissen. Er kannte die Entwicklung der inneren politischen Verhältnisse des eroberten Landes seit 1915 und war der Überzeugung, daß uns die Geistlichkeit wirksam bei der Werbung zum Kampf unterstützen würde.

Wie hätte ich es da bei unserer Kriegslage verantworten können, diese als so bestimmt bezeichnete Hilfe abzulehnen? Entschied ich mich aber für diese, so durfte keine Zeit verloren gehen, damit wir bis zum Beginn der nächsten Frühjahrskämpfe leidlich ausgebildete Truppen in der vordersten Linie einsetzen konnten. Mochte dann ein siegreiches Deutschland sich nach dem Frieden mit der nun einmal aufgerollten polnischen Frage abfinden.

Da stießen wir, überraschend für mich, auf den Widerstand der Reichsleitung. Sie glaubte in dieser Zeit Fäden für einen Sonderfrieden mit Rußland gefunden zu haben und hielt es für bedenklich, die eingeleiteten Schritte durch die Proklamation eines unabhängigen Polens in den Augen des Zaren zu kompromittieren. Die politischen und militärischen Rücksichten gerieten also in Widerstreit.

Der Ausgang der ganzen Angelegenheit war schließlich der, daß die Hoffnungen auf einen Sonderfrieden mit Rußland scheiterten, daß in den ersten Tagen des

Novembers das Manifest doch veröffentlicht wurde, und daß die daraufhin eingesetzten Werbungen polnischer Freiwilligen völlig ergebnislos verliefen. Der Werberuf fand nicht nur keine Unterstützung der katholischen Geistlichkeit, sondern löste offenen Widerstand aus.

Sofort nach Verkündigung des Manifestes trat der Widerstreit zwischen den Interessen Österreichs und denjenigen Deutschlands in dem polnischen Problem hervor. Unsere Verbündeten erstrebten immer offenkundiger eine Vereinigung Kongreß-Polens mit Galizien unter ihrem beherrschenden Einfluß. Ich glaubte diesen Bestrebungen gegenüber, sofern sie nicht von unserer Reichsleitung überhaupt zum Scheitern gebracht werden konnten, wenigstens für eine entsprechende Verbesserung an unserer Ostgrenze nach rein militärischen Gesichtspunkten eintreten zu müssen.

Eigentlich konnte ja über alle diese Fragen nur der Ausgang des Krieges entscheiden. Ich bedauerte es daher lebhaft, daß unsere Zeit durch diese im Kriege überreichlich in Anspruch genommen wurde. Im übrigen muß ich betonen, daß die mit unserem Verbündeten entstandenen Reibungen auf politischem Gebiete niemals auf unsere beiderseitigen militärischen Verhältnisse irgend welchen Einfluß ausübten.

Eine ähnliche Rolle wie Polen in unseren Beziehungen zu Österreich-Ungarn spielte die Dobrudscha in unseren politischen und militärischen Auseinandersetzungen mit Bulgarien. Bei der Dobrudschafrage handelte es sich letzten Endes darum, ob Bulgarien mit dem uneingeschränkten zukünftigen Besitz dieses Landes den Schienenweg über Cernavoda-Constanza in seine Hand bekommen würde. Geschah das, so beherrschte es die letzte und nächst der Orientbahn wichtigste Landesverbindung zwischen Mitteleuropa und dem nahen Orient. Bulgarien erkannte natürlich die günstige Gelegenheit, uns in dieser Richtung während des Krieges Zugeständnisse abzuringen. Andererseits bat die Türkei als zunächst berührt um unseren politischen Beistand gegen diese bulgarischen Pläne. Wir gaben ihr diese Unterstützung. So brach ein politischer Kleinkrieg unter militärischer Maske los und dauerte nahezu ein Jahr lang an. Der Verlauf war kurz beschrieben folgender:

Der zwischen uns und Bulgarien abgeschlossene Bündnisvertrag stellte für einen rumänischen Kriegsfall unseren Bundesgenossen den Wiedergewinn der im Jahre 1912 verlorenen Teile der südlichen Dobrudscha sowie dortige Grenzverbesserungen in Aussicht, sprach aber mit keinem Worte von dem Anheimfall dieser ganzen rumänischen Provinz an Bulgarien. Auf Grund dieses Vertrages hatten wir die früheren bulgarischen Teile der südlichen Dobrudscha nach der wesentlichen Beendigung des rumänischen Feldzuges sofort der Verwaltung der bulgarischen Regierung übergeben, richteten aber in der Mitteldobrudscha im Einverständnis mit allen unseren Verbündeten eine deutsche Verwaltung ein. Sie arbeitete auf Grund eines besonderen Abkommens in wirtschaftlicher Beziehung nahezu ausschließlich zugunsten Bulgariens. Die nördliche Dobrudscha fiel als Operationsgebiet der dort stehenden 3. bulgarischen Armee zu. Die Verhältnisse schienen äußerlich völlig befriedigend geregelt. Doch dauerte diese Zufriedenheit nicht lange.

Der Fehdehandschuh wurde uns von dem bulgarischen Ministerpräsidenten hingeworfen. Noch vor Abschluß des rumänischen Feldzuges regte er bei seinen Politikern den Gedanken des Heimfalls der ganzen Dobrudscha an Bulgarien an und stellte die deutsche Oberste Heeresleitung als Hemmschuh dieser Bestrebungen hin. Hieraus entstand eine scharfe politische Bewegung gegen uns. König Ferdinand war zunächst mit dem Vorgehen seiner Regierung nicht einverstanden. Dem Druck der entstandenen Erregung glaubte er jedoch später nachgeben zu müssen. Ebenso hatte sich die bulgarische Oberste Heeresleitung anfangs nicht in die Angelegenheit hineinziehen lassen. Sie fühlte wohl die Gefahr, wenn in die schon an sich starken und verschiedenen politischen Strömungen innerhalb ihres Heeres ein neues Element der Beunruhigung hineingeworfen würde. Bald leistete aber auch General Jekoff dem Drängen seines Ministerpräsidenten keinen weiteren Widerstand mehr. Die angezettelte Bewegung wuchs der bulgarischen Regierung über den Kopf, und es entstand ein allgemeines politisches Kesseltreiben gegen die deutsche Oberste Heeresleitung, hauptsächlich geführt durch unverantwortliche Agitatoren und ohne jede Rücksicht auf das bestehende waffenbrüderliche Verhältnis. Die Verbissenheit, mit der bulgarische Kreise an diesem Ziele ihres Heißhungers festhielten, hätte sich auf dem Gebiete der Kriegführung für die allgemeinen Zwecke besser gelohnt.

In diesen Zuständen zeigten sich die Folgen einer schädlichen Seite unserer Bündnisverträge. Wir hatten den Bulgaren bei Abschluß unseres Waffenbundes seinerzeit die denkbar weitestgehenden Zusicherungen in bezug auf Vergrößerung des Landes und Vereinigung seiner völkischen Stämme gemacht, Zusicherungen, die wir nur im Falle eines vollen Sieges hätten halten können. Bulgarien war aber auch mit diesen Zusicherungen noch nicht zufrieden. Fortdauernd vergrößerte es seine Ansprüche ganz ohne Rücksicht darauf, ob das bisher kleine Staatswesen imstande sein würde, solche Vergrößerungen später politisch und wirtschaftlich beherrschen zu können.

Solche Begehrlichkeiten enthielten für uns aber auch eine unmittelbare militärische Gefahr. Ich habe schon früher darauf hingewiesen, von welch großem militärischen Vorteil es gewesen wäre, wenn wir im Herbste 1916 die Verteidigung an der mazedonischen Front auf dem westlichen Flügel bis in die Gegend von Prilep zurückverlegt hätten. Nur eine Andeutung unsererseits in dieser Beziehung genügte, um in allen politischen bulgarischen Kreisen augenscheinlich schwerwiegende Bedenken hervorzurufen. Man befürchtete sofort den Verlust der Ansprüche auf militärisch geräumte Gebiete, man setzte lieber eine ganze Armee auf das Spiel, als daß man, wie es hieß, die Preisgabe „der altbulgarischen Stadt Ochrida“ vor dem eigenen Lande zu verantworten wagte. Wir werden später sehen, wohin uns unsere großen Zugeständnisse an Bulgarien noch führen sollten.

Das Hin und Her all dieser zahllosen politischen Fragen und Gegenfragen brachte mir nur unbefriedigende Stunden und verstärkte beträchtlich meine Abneigung gegen die Politik.

Einen wesentlich anderen Inhalt als unser Bündnisvertrag mit Bulgarien hatte derjenige mit der Türkei. Deren Regierung gegenüber hatten wir uns nur zur Erhaltung ihres territorialen Besitzstandes vor dem Kriege verpflichtet. Nun hatte aber der Osmane im Verlauf der beiden ersten Kriegsjahre bedeutende Teile seiner asiatischen Randgebiete verloren. Unsere Bündnisverpflichtungen waren dadurch sehr belastet. Eine bedenkliche Rückwirkung dieser mißlichen Verhältnisse auf die Gesamtleitung des Krieges schien nicht ausgeschlossen, weil die türkische Regierung in dieser Richtung Forderungen stellen konnte, denen wir uns aus politischen Gründen vielleicht nicht zu entziehen vermochten. In dieser Hinsicht war daher für uns die hohe Auffassung Enver Paschas von der gemeinsamen Kriegführung und ihren entscheidenden Gesichtspunkten von größtem Wert. Auch die politische Auffassung der übrigen türkischen Machthaber schien uns einstweilen eine Gewähr dafür zu geben, daß die bisherigen osmanischen Verluste unser Kriegskonto nicht übertrieben belasten würden. Wurde uns doch versichert, daß die osmanische Regierung sich im Falle des Eintritts von Friedensverhandlungen nicht auf den Wortlaut unserer Vertragsbestimmungen versteifen, sondern sich mit der Anerkennung einer mehr oder minder formellen Hoheit über große Teile der verlorenen Gebiete abfinden würde, sofern es gelingen solle, eine Formel zur Erhaltung des Prestiges ihrer jetzigen Regierung zu finden.

Für unsere Politik wie Kriegsleitung war es also eine ganz wesentliche Aufgabe, die derzeitige osmanische Reichsleitung zu stützen; für Enver wie für Talaat Pascha fand sich nicht leicht ein Ersatz, der uns voll und sicher zugetan war. Das durfte uns freilich nicht hindern, politischen Strömungen in der Türkei entgegenzutreten, die auf die militärischen Aufgaben des Landes im Rahmen des Gesamtkrieges störend wirkten. Ich verweise hierbei auf meine früheren Bemerkungen über die panislamitische Bewegung. Sie drohte andauernd die Türkei militärisch in eine falsche Richtung abzulenken. Nach dem Zusammenbruch Rußlands suchte der Panislamismus sein Ausdehnungsgebiet in der Richtung auf den Kaukasus. Ja, er faßte darüber hinaus ein Weitergreifen auf die transkaspischen Länder ins Auge und verlor sich schließlich in den weiten Räumen Zentralasiens mit dem phantastischen Wunsche, auch dortige alte Kultur- und Glaubensgemeinschaften mit dem osmanischen Reiche zu vereinen.

Daß wir solchen orientalischen politischen Traumgebilden unsere militärische Unterstützung nicht leihen konnten, daß wir vielmehr die Rückkehr aus diesen weitschweifenden Plänen auf den Boden der jetzigen kriegerischen Wirklichkeiten fordern mußten, war klar, das Bemühen aber leider nicht erfolgreich.

Weit schwieriger als unser Einfluß auf die außenpolitischen Probleme der Türkei mußte natürlich unser Einfluß auf innere Verhältnisse dieses Reiches sein. Und doch konnten wir uns wenigstens des Versuches solcher Schritte nicht völlig entschlagen. Nicht nur die primitiven wirtschaftlichen Zustände gaben hierzu Veranlassung sondern auch allgemein menschliche Empfindungen.

Das überraschende nochmalige Aufleben osmanischer Kriegskraft, das Wiederaufflammen früheren Heldentumes in diesem Daseinskampf beleuchtete gleichzeitig die dunkelste Seite der türkischen Herrschaft: ich meine ihr Vorgehen gegen die armenischen Volksteile ihres Gebietes. Die armenische Frage barg eines der allerschwierigsten Probleme für die Türkei in sich. Sie berührte sowohl den pantürkischen wie auch den panislamitischen Ideenkreis. Die Art, wie sie von fanatischer türkischer Seite zu lösen versucht wurde, hat die ganze Welt während des Krieges beschäftigt. Man hat uns Deutsche mit den grausigen Vorkommnissen in Verbindung bringen wollen, die sich in dem ganzen osmanischen Reiche und gegen Schluß des Krieges auch im armenischen Transkaukasien abspielten. Ich fühle mich daher verpflichtet, sie hier zu berühren, und habe wahrlich keinen Grund, unsere Einwirkung mit Stillschweigen zu übergehen. Wir haben nicht gezögert, in Wort und Schrift einen hemmenden Einfluß auf die wilde, schrankenlose Art der Kriegführung auszuüben, die im Orient durch Rassenhaß und Religionsfeindschaften in traditionellem Gebrauch war. Wir haben wohl zusagende Äußerungen maßgebender Stellen der türkischen Regierung erhalten, waren aber nicht imstande, den passiven Widerstand zu überwinden, der sich gegen diese unsere Einmischungen richtete. So erklärte man beispielsweise von türkischer Seite die armenische Frage als lediglich innere Angelegenheit und war sehr empfindlich, wenn sie von uns berührt wurde. Auch unsere manchmal an Ort und Stelle befindlichen Offiziere erreichten nicht immer eine Abmilderung der Haß- und Racheakte. Das Erwachen der Bestie im Menschen beim Kampf auf Leben und Tod, im politischen und religiösen Fanatismus, bildet eines der schwärzesten Kapitel in der Geschichte aller Zeiten und Völker.

Die übereinstimmenden Urteile völkisch völlig neutraler Beobachter gingen dahin, daß die in ihren innersten Leidenschaften aufgewühlten Parteien bei der gegenseitigen Vernichtung sich die Wage hielten. Das entsprach wohl den sittlichen Begriffen, die bei Völkern jener Gebiete durch die noch herrschenden oder erst seit kurzem überwundenen Gesetze der Blutrache geheiligt erschienen. Der Schaden, der durch diese Vernichtungsakte angerichtet wurde, ist ganz unübersehbar. Er machte sich nicht allein auf menschlichem und politischem sondern auch auf wirtschaftlichem und militärischem Gebiete geltend. Die Zahl der besten türkischen Kampftruppen, die im Verlauf des Krieges im kaukasischen Hochlandswinter als Folgen dieser Vernichtungspolitik wider die Armenier einen elenden Erschöpfungstod fanden, wird wohl niemals mehr festzustellen sein. Die Tragik in der Geschichte des braven anatolischen Soldaten, dieses Kernmenschen des osmanischen Reiches, wurde durch dieses massenhafte Hinsterben infolge aller denkbaren Entbehrungen um ein weiteres Kapitel erweitert. – Ob es das letzte gewesen ist?

Die Friedensfrage

Mitten in den Vorbereitungen zum rumänischen Feldzug trat an mich die Friedensfrage heran. Diese war, soweit mir bekannt, durch den österreichisch-ungarischen Außenminister Baron Burian ins Rollen gebracht. Daß ich einem solchen Schritt alle meine menschlichen Zuneigungen entgegenbrachte, bedarf für den Kenner meiner Person und meiner Auffassung vom Kriege wohl keiner weiteren Versicherung. Im übrigen gab es für mich bei der Mitwirkung in dieser Frage nur Rücksichten auf meinen Kaiser und mein Vaterland. Ich hielt es für meine Aufgabe, bei der Behandlung und versuchten Lösung des Friedensgedankens dafür zu sorgen, daß weder Heer noch Heimat irgendwelchen Schaden litten. Die Oberste Heeresleitung hatte bei der Festsetzung des Wortlautes unseres Friedensangebotes mitzuwirken; eine ebenso schwierige als undankbare Aufgabe, bei der der Eindruck der Schwäche im In- und Ausland wie auch alle Schroffheiten des Ausdrucks vermieden werden sollten. Ich war Zeuge, mit welch tiefinnerem Pflichtbewußtsein Gott und den Menschen gegenüber sich mein Allerhöchster Kriegsherr der Lösung dieser Friedensanregung hingab; und glaube nicht, daß er ein völliges Scheitern dieses Schrittes für wahrscheinlich hielt. Mein Vertrauen auf das Gelingen war dagegen von Anfang an recht gering. Unsere Gegner hatten sich förmlich in ihren Begehrlichkeiten überboten, und es schien mir ausgeschlossen, daß eine der feindlichen Regierungen von den Versprechungen, die sie sich gegenseitig und ihren Völkern gemacht hatten, freiwillig zurücktreten könnte und würde. Durch diese Ansicht wurde aber mein ehrlicher Wille zur Mitarbeit an diesem Werke der Menschlichkeit nicht beeinträchtigt.

Am 12. Dezember wurde der uns feindlichen Welt unsere Bereitschaft zum Frieden verkündet. Wir fanden in der gegnerischen Propaganda wie in den gegnerischen Regierungslagern als Antwort nur Hohn und Abweisung.

Unserem eigenen Friedensschritte folgte eine gleichgerichtete Bemühung des Präsidenten der Vereinigten Staaten von Nordamerika auf dem Fuße. Die Oberste Heeresleitung wurde vom Reichskanzler über die Anregungen, die er durch unseren Botschafter in den Vereinigten Staaten hatte ergehen lassen, unterrichtet. Ich selbst hielt den Präsidenten Wilson nicht geeignet für eine parteilose Vermittelung, konnte mich vielmehr des Gefühles nicht erwehren, daß der Präsident eine starke Hinneigung zu unseren Gegnern, und zwar in erster Linie zu England, hatte. Das war wohl die ganz natürliche Folgeerscheinung seiner angelsächsischen Herkunft. Ebenso wie Millionen meiner Landsleute konnte ich das bisherige Verhalten Wilsons nicht für parteilos halten, wenn es vielleicht auch dem Wortlaut der Neutralitätsbestimmungen nicht widersprach. In allen Fragen der Verletzung des Völkerrechtes ging der Präsident gegen England mit allen möglichen Rücksichten vor. Er ließ sich hierbei die schroffsten Abweisungen gefallen. In der Frage des Unterseebootkrieges dagegen, die doch nur unsere Gegenwirkung gegen die englischen Willküren war, zeigte Wilson die größte Empfindlichkeit und verstieg sich sofort zu Kriegsdrohungen. Deutschland gab seine Zustimmung zu dem Grundgedanken der Wilsonschen Anregung. Die Gegner äußerten sich Wilson gegenüber über Einzelheiten ihrer Forderungen, die im wesentlichen auf eine dauernde wirtschaftliche und politische Lähmung Deutschlands, auf eine Zertrümmerung Österreich-Ungarns und auf eine Vernichtung des osmanischen Staatswesens hinausliefen. Jedem, der die damalige Kriegslage ruhig würdigte, mußte sich der Gedanke aufdrängen, daß die gegnerischen Kriegsziele nur bei einem völlig Unterlegenen Aussicht auf

Annahme finden konnten, daß wir aber keine Veranlassung hatten, uns als die Unterlegenen zu erklären. Jedenfalls würde ich es nach dem damaligen Stande der Dinge für ein Verbrechen an meinem Vaterlande und einen Verrat an unseren Bundesgenossen erachtet haben, wenn ich mich derartigen feindlichen Anforderungen gegenüber anders als völlig ablehnend verhalten hätte. Ich konnte bei der damaligen Kriegslage meiner Überzeugung und meinem Gewissen nach keinen anderen Frieden gut heißen als einen solchen, der unsere zukünftige Stellung in der Welt derartig festigte, daß wir gegen gleiche politische Vergewaltigungen, wie sie dem jetzigen Kriege zugrunde lagen, geschützt blieben, und daß wir auch unseren Bundesgenossen eine dauernd starke Stütze gegen jedwede Gefahr bieten konnten. Auf welchen politischen und geographischen Grundlagen dieses Ziel erreicht wurde, war für mich als Soldat eine Frage zweiter Linie; die Hauptsache war, daß es erreicht wurde. Ich glaubte mich auch keinem Zweifel darüber hingeben zu brauchen, daß das deutsche Volk und seine Verbündeten die Kraft besitzen würden, die unerhörten feindlichen Forderungen, koste es was es wolle, mit den Waffen in der Hand abzuweisen. In der Tat war die Haltung unserer Heimat gegenüber den feindlichen Ansprüchen durchaus ablehnend. Auch kam weder von türkischer noch bulgarischer Seite zu dieser Zeit irgendeine Mahnung zur Nachgiebigkeit. Die Schwächeanwandlungen Österreich-Ungarns hielt ich für überwindbar. Hauptsache war, daß man sich dort andauernd das Schicksal vor Augen hielt, dem die Donaumonarchie bei diesen feindlichen Anforderungen entgegenging, und daß man sich von dem Wahne freihielt, als ob mit dem Feinde vorderhand auf einer gerechteren Grundlage zu verhandeln sei. Wir hatten mit Österreich-Ungarn schon wiederholt die Erfahrung gemacht, daß es zu weit höheren Leistungen fähig war, als es selbst von sich glaubte. Die dortige Staatsleitung mußte sich nur einem unbedingten Zwange gegenübergestellt sehen, um dann auch größeres leisten zu können. Aus diesen Gründen war es meiner Ansicht nach verfehlt, Österreich-Ungarn gegenüber mit Trostsprüchen zu arbeiten. Solche stärken nicht und heben nicht das Vertrauen und die Entschlußkraft. Das gilt Politikern ebenso wie Soldaten gegenüber. Alles zu seiner Zeit, aber wo es hart auf hart geht, da reißen starke Forderungen gepaart mit starkem Eigenwillen des Fordernden die Schwachwerdenden mehr und schärfer empor, als es Worte des Trostes und Hinweises auf kommende bessere Zeiten zu tun vermögen.

Im Gegensatz zu unserer Auffassung sah eine Botschaft des Präsidenten Wilson an den amerikanischen Senat vom 22. Januar in der auf die ablehnende Antwort der Entente vom 30. Dezember folgenden Erklärung der Kriegsziele unserer Feinde vom 12. Januar eine geeignetere Grundlage für Friedensbemühungen als in unsrer diplomatischen Note, die sich lediglich auf die grundsätzliche Zustimmung zur Fortsetzung seiner Friedensschritte beschränkte. Dieses Verhalten des Präsidenten erschütterte mein Vertrauen auf seine Unparteilichkeit noch weiter. Ich suchte in seiner an schönen Worten reichen Botschaft vergebens die Zurückweisung des Versuches unserer Gegner, uns als Menschen zweiter Kategorie zu erklären. Auch der Satz über die Herstellung eines einigen, unabhängigen und selbständigen Polens erregte meine Bedenken. Er schien mir unmittelbar gegen Österreich und gegen uns gerichtet, stellte die Donaumonarchie vor einen Verzicht auf Galizien und deutete Gebietsverluste oder Verluste an Hoheitsrechten auch für Deutschland an. Wie konnte da noch von einer Unparteilichkeit des Vermittlers Wilson gegen die Mittelmächte die Rede sein? Die Botschaft war für uns mehr eine Kriegserklärung als ein Friedensschritt. Vertrauten wir uns erst einmal der Politik des Präsidenten an, so mußten wir auf eine abschüssige Bahn geraten, die uns schließlich zu einem Frieden des Verzichtes auf unsere ganze politische, wirtschaftliche und militärische Stellung zu führen drohte. Es schien mir nicht ausgeschlossen, daß wir nach dem ersten zustimmenden Schritt allmählich politisch immer weiter in die Tiefe gedrückt und dann schließlich zur militärischen Kapitulation gezwungen würden.

Durch Veröffentlichungen im Oktober 1918 ist mir bekannt geworden, daß Präsident Wilson unmittelbar nach Verkündigung der Senatsbotschaft vom 22. Januar 1917 dem deutschen Botschafter in Washington seine Bereitwilligkeit zur Einleitung einer offiziellen Friedensvermittelung überreichen ließ. Die Mitteilung hiervon war am 28. Januar in Berlin eingetroffen. Ich hatte von diesem uns anscheinend sehr weit entgegenkommenden Schritt Wilsons bis zum Herbste 1918 nichts gehört. Ob Irrtümer oder Verkettung von widrigen Verhältnissen Schuld daran waren, weiß ich heute noch nicht. Meines Erachtens war der Krieg mit Amerika Ende Januar 1917 nicht mehr zu verhindern. Wilson befand sich zu jener Zeit in Kenntnis unserer Absicht, am 1. Februar den uneingeschränkten Unterseebootkrieg zu beginnen. Es kann keinen Zweifeln unterliegen, daß der Präsident hierüber durch Auffangen und Entzifferung unserer diesbezüglichen Telegramme an den deutschen Botschafter in Washington von seiten Englands ebenso unterrichtet war, wie von dem Inhalt unserer übrigen Depeschen. Die Senatsbotschaft vom 22. Januar und das daran anknüpfende Angebot der Friedensvermittelung wird hierdurch ohne weiteres gekennzeichnet. Das Unheil war im Rollen. Es wurde daher auch nicht mehr aufgehalten durch unsere Erklärung vom 29. Januar, in der wir bereit waren, den Unterseebootkrieg sofort abzubrechen, wenn es den Bemühungen des Präsidenten gelingen würde, eine Grundlage für Friedensverhandlungen zu sichern.

Die Ereignisse von 1918 und 1919 scheinen mir eine volle Bestätigung meiner damaligen Anschauungen zu sein, die auch von meinem Ersten Generalquartiermeister in jeder Beziehung geteilt wurden.

Innere Politik

Den Tagesfragen der inneren Politik hatte ich als aktiver Soldat ferner gestanden. Auch nach meinem Übertritt in den Ruhestand beschäftigten sie mich nur in dem Rahmen eines stillen Beobachters. Ich vermochte nicht zu verstehen, daß hier und da das Gesamtwohl des Vaterlandes oft recht kleinlichen Parteiinteressen gegenüber zurücktreten sollte, und fühlte mich in meiner politischen Überzeugung am wohlsten in dem Schatten des Baumes, der in dem ethisch-politischen Boden der Epoche unseres großen greisen Kaisers festwurzelte. Diese Zeit mit ihrer für mich wunderbaren Größe hatte ich voll und ganz in mich aufgenommen und hielt an ihren Gedanken und Richtlinien fest. Die Erlebnisse während des jetzigen Krieges waren nicht geeignet, mich für die Änderungen einer neueren Zeit besonders zu erwärmen. Ein kraftvoll in sich geschlossener Staat im Sinne Bismarcks war die Welt, in der ich mich in

Gedanken am liebsten bewegte. Zucht und Arbeit innerhalb des Vaterlandes standen für mich höher als kosmopolitische Phantasien. Auch erkannte ich kein Recht für einen Staatsbürger an, dem nicht eine gleichwertige Pflicht gegenüberzustellen wäre.

Im Kriege dachte ich nur an den Krieg. Hindernisse, die der Kraft seiner Führung entgegentraten, sollten nach meiner Auffassung vom Ernst der Lage rücksichtslos beseitigt werden. So machten es unsere Feinde, und wir hätten an ihrem Beispiel lernen können. Leider haben wir es nicht getan, sondern sind einem Wahngebilde der Völkergerechtigkeit verfallen, anstatt das eigene Staatsgefühl und die eigene Staatskraft im Kampfe um unser Dasein über alles andere zu stellen.

Während des Krieges mußte sich die Oberste Heeresleitung mit einzelnen innerstaatlichen Aufgaben, besonders auf wirtschaftlichem Gebiete, beschäftigen. Wir suchten diese Aufgaben nicht; sie drängten sich, mehr als mir erwünscht war, an uns heran. Die innigen Beziehungen zwischen Heer und Volkswirtschaft machten es uns unmöglich, die wirtschaftlichen Heimatfragen von der Kriegführung durch eine Grenzlinie ähnlich einer solchen zwischen Kriegsgebiet und Heimat zu trennen.

Das große Kriegsindustrieprogramm, das meinen Namen trägt, vertrat ich mit der vollen Verantwortung für seinen Inhalt. Die einzige Richtlinie, die ich für seine Bearbeitung gab, lautete dahin, daß der Bedarf für unsere kämpfenden Truppen unter allen Umständen gedeckt werden müßte. Einen anderen Grundsatz als diesen hätte ich im vorliegenden Falle für ein Vergehen an unserem Heere und an unserem Vaterlande gehalten. Bei unsern Forderungen waren die Zahlen den früheren gegenüber freilich ins Riesige gewachsen; ob sie erreicht werden konnten, vermochte ich nicht zu beurteilen. Man hat nach dem Kriege dem Programm den Vorwurf gemacht, es sei durch die Verzweiflung diktiert worden. Der Erfinder dieser Phrase täuschte sich vollständig über die Stimmung, unter deren Einfluß dieses Programm entstanden ist.

An der Einbringung des Gesetzes über den Kriegshilfsdienst war ich mit ganzem Herzen beteiligt. In der Not des Vaterlandes sollten sich nach meinem Wunsche nicht nur alle waffenfähigen sondern auch alle arbeitsfähigen Männer, ja selbst

Frauen, in den Dienst der großen Sache stellen oder gestellt werden. Ich glaubte, daß durch ein solches Gesetz nicht nur personelle sondern auch sittliche Kräfte ausgelöst würden, die wir in die Wagschale des Krieges werfen konnten. Die schließliche Gestaltung des Gesetzes zeigte freilich ein wesentlich anderes, weit bescheideneres Ergebnis, als mir vorgeschwebt hatte. Angesichts dieser Enttäuschung bedauerte ich fast, daß wir unser Ziel nicht auf den schon bestehenden Gesetzesgrundlagen angestrebt hatten, wie das von anderer Seite beabsichtigt gewesen war. Der Gedanke, die Annahme des Gesetzes zu einer macht- und eindrucksvollen Kundgebung des gesamten deutschen Volkes zu gestalten, hatte mich den Einfluß der bestehenden inneren politischen Verhältnisse übersehen lassen. Das Gesetz kam schließlich zustande auf dem Boden innerpolitischer Handelsgeschäfte, nicht aber auf dem tiefgehender vaterländischer Stimmung.

Man hat der Obersten Heeresleitung vorgeworfen, daß sie durch das Gesetz über den „Vaterländischen Hilfsdienst" und durch die Forderungen des sogenannten „Hindenburg-Programms" in sozialer wie in finanzieller und wirtschaftlicher Beziehung zu überstürzenden Maßnahmen Anlaß gegeben hätte, deren Folgen sich bis zu unserem staatlichen Umsturz, ja sogar darüber hinaus noch deutlich verfolgen ließen. Ich muß der zukünftigen, von den gegenwärtigen Parteiströmungen befreiten Forschung zur Entscheidung überlassen, ob diese Vorwürfe gerechtfertigt sind. Auf einen Punkt möchte ich jedoch noch hinweisen: Das Fehlen eines für den Krieg geschulten wirtschaftlichen Generalstabes machte sich im Verlauf unseres Kampfes außerordentlich fühlbar. Die Erfahrung zeigte, daß sich ein solcher während des Krieges nicht aus dem Boden stampfen läßt. So glänzend unsere militärische und, ich darf wohl sagen, finanzielle Mobilmachung geregelt war, so sehr fehlte es andererseits an einer wirtschaftlichen. Was sich in letzterer Beziehung als notwendig erwies und geleistet werden mußte, überstieg alle früheren Vorstellungen. Wir sahen uns angesichts der nahezu völligen Absperrung von den Auslandslieferungen bei der langen Dauer des Krieges sowie bei dem ungeheuren Materialverbrauch und Schießbedarf vor völlig neue Aufgaben gestellt, an die sich im Frieden kaum irgend eine menschliche Phantasie herangewagt hatte. Bei all den entstehenden Riesenaufgaben, die Heer und Heimat gleichzeitig und aufs innigste berührten, zeigte sich das unbedingte Erfordernis einer festen Zusammenarbeit von allen

Staatsstellen, wenn das Getriebe nur einigermaßen reibungslos arbeiten sollte. Notwendig wäre es wohl gewesen, eine gemeinsame Zentralbehörde zu schaffen, bei der alle Forderungen zusammenliefen, und von der alle Leistungen verteilt wurden. Nur eine solche Behörde hätte wirtschaftlich und militärisch weitblickende Entscheidungen treffen können. Sie hätte unterstützt von volkswirtschaftlichen Größen, die imstande waren, die Folgen ihrer Entscheidungen weithin zu überblicken, im freien Geiste geleitet werden müssen. An einer solchen Behörde fehlte es. Es bedarf keiner näheren Erläuterungen, daß nur ein ungewöhnlich begabter Verstand und eine ungewöhnlich organisatorische Kraft einer solchen Aufgabe hätte gewachsen sein können. Selbst bei Erfüllung aller dieser Vorbedingungen wären schwere Reibungen nicht ausgeblieben.

So sehr ich zu vermeiden trachtete, mich bei inneren politischen Fragen in das Parteigetriebe einzumischen oder gar einer der bestehenden Parteien Vorspanndienste zu leisten, so gern lieh ich sozialen Fragen allgemeiner Natur meine Unterstützung. Besonders glaubte ich zur Frage der Kriegerheimstätten die wohlwollendste Stellung einnehmen zu müssen. Meinen Beifall hatte vornehmlich die ethische Seite dieser Bestrebungen. Kannte ich doch keinen schöneren und befriedigerenden Blick als den über ein wohlgepflegtes Stück Kulturland hinweg in das Heim zufriedener Menschen. Wie viele unserer Tapferen an der Front werden in stillen Stunden ein Hoffen und Sehnen nach solchem in sich gefühlt haben. Mein Wunsch geht dahin, daß recht zahlreichen meiner treuen Kriegsgefährten nach allen Leiden und Mühen dieses Glück beschieden sei!

Vorbereitungen für das kommende Feldzugsjahr

Unsere Aufgaben

Als sich das Ergebnis der Kämpfe des Jahres 1916 mit einiger Sicherheit überblicken ließ, mußten wir über die Weiterführung des Krieges im Jahre 1917 ins klare kommen. Über das, was der Gegner im nächsten Jahre tun würde, war bei uns kein Zweifel. Wir mußten auf einen allgemeinen feindlichen Angriff rechnen, sobald die gegnerischen Vorbereitungen und die Witterungsverhältnisse einen solchen zuließen. Vorauszusehen war, daß unsere Feinde, gewitzigt durch die Erfahrungen der vorhergegangenen Jahre, eine Gleichzeitigkeit ihrer Angriffe auf allen Fronten anstreben würden, sofern wir ihnen hierzu die Zeit und Gelegenheit ließen.

Nichts konnte näher liegen und unser aller Wünschen und Empfindungen mehr entsprechen, als diesem zu erwartenden Generalsturm zuvorzukommen, die gegnerischen Pläne dadurch über den Haufen zu werfen und damit von Anfang an die Vorhand an uns zu reißen. Ich darf wohl behaupten, daß ich in dieser Beziehung in den vorausgehenden Feldzugsjahren nichts versäumt hatte, sobald mir die Mittel hierfür in einem nur einigermaßen genügenden Ausmaß zur Verfügung standen. Jetzt aber durften wir uns über diesen Wünschen den Blick für die tatsächliche Lage nicht trüben lassen.

Es bestand kein Zweifel, daß sich das Stärkeverhältnis zwischen uns und unseren Gegnern am Ende des Jahres 1916 noch mehr zu unseren Ungunsten verschoben hatte, als dies schon bei Beginn des Jahres der Fall gewesen war. Rumänien war zu unseren Gegnern getreten und trotz seiner schweren Niederlage ein Machtfaktor geblieben, mit dem wir weiter rechnen mußten. Das geschlagene Heer fand hinter den russischen Linien Schutz und Zeit für seinen Wiederaufbau und konnte dabei auf die Mitwirkung der Entente im weitesten Umfang rechnen.

Es war ein Verhängnis für uns, daß es unserer Heeresführung während des ganzen Krieges nicht gelungen ist, auch nur einen unserer kleineren Gegner mit Ausnahme von Montenegro zum baldigen Ausscheiden aus der Zahl unserer Feinde zu zwingen. So war im Jahre 1914 die belgische Armee aus Antwerpen entkommen und stand uns, wenn auch im allgemeinen tatenlos, andauernd gegenüber, uns zu einem immerhin nicht unbedeutenden Kräfteverbrauch zwingend. Mit der serbischen Armee war es uns im Jahre 1915 nur scheinbar günstiger gegangen. Sie war unsern umfassenden Bewegungen entgangen, allerdings in einem trostlosen Zustande. Im Sommer 1916 erschien sie jedoch wieder kampfkräftig auf dem Kriegstheater in Mazedonien und erhielt zur Auffrischung ihrer Verbände andauernd Zuzug und Ersatz aus allen möglichen Ländern, zuletzt besonders auch durch österreichisch-ungarische Überläufer slawischer Nationalitäten.

In allen drei Fällen, Belgien, Serbien und Rumänien, hatte das Schicksal der gegnerischen Armee an einem Haare gehangen. Die Gründe ihres Entrinnens mochten verschieden sein, die Wirkung war stets die gleiche.

Man ist angesichts solcher Tatsachen nur zu leicht geneigt, dem Zufall im Kriege eine große Rolle zuzusprechen. Mit diesem Ausdruck würdigt man den Krieg aus seiner stolzen Höhe zu einem Glücksspiel herab. Als solches ist er mir niemals erschienen. Ich sah in seinem Verlauf und Ergebnis, auch wenn letzteres sich gegen uns wendete, immer und überall eine herbe Folgenreihe unerbittlicher Logik. Wer zugreift und zugreifen kann, hat den Erfolg auf seiner Seite, wer das unterläßt oder unterlassen muß, verliert.

Für das Feldzugsjahr 1917 konnten wir darüber im Zweifel sein, ob die Hauptgefahr für uns aus West oder Ost kommen würde. Rein vom Standpunkte zahlenmäßiger Überlegenheit schien die Gefahr an der Ostfront größer. Wir mußten annehmen, daß es dem Russen im Winter 1916/17 ebenso wie in den Vorjahren gelingen würde, seine Verluste zu ersetzen und seine Armee mit Erfolg angriffsfähig zu machen. Keine Kunde drang zu uns, aus der besonders auffallende Zersetzungserscheinungen innerhalb des russischen Heeres hervorgegangen wäre. Die Erfahrung hatte mich übrigens gelehrt, derartige Nachrichten jederzeit und von wem sie auch kommen mochten, mit äußerster Vorsicht aufzunehmen.

Dieser russischen Stärke gegenüber konnten wir die Verhältnisse in dem österreichisch-ungarischen Heere nicht ohne Sorge betrachten. Nachrichten, die uns zukamen, ließen die Zuversicht nicht recht aufkommen, daß der glückliche

Ausgang des rumänischen Feldzuges und die verhältnismäßig günstige, wenn auch immer gespannte Lage an der italienischen Front auf den moralischen Halt der k. u. k. Truppen einen ausreichend erhebenden und stärkenden Einfluß ausgeübt hatten. Wir mußten weiterhin damit rechnen, daß Angriffe der Russen wieder Zusammenbrüche in den österreichischen Linien verursachen könnten. Es war sonach ausgeschlossen, den österreichischen Fronten die unmittelbare deutsche Unterstützung zu nehmen; wir mußten uns im Gegenteil bereithalten, bei gelegentlichen Notfällen an den Fronten des Verbündeten mit weiteren Kräften auszuhelfen.

Wie sich die Verhältnisse an der mazedonischen Front gestalten würden, war ebenfalls unsicher. Dort hatte im Verlauf der letzten Kämpfe ein deutsches Heeresgruppenkommando die Führung der rechten und mittleren bulgarischen Armee, d. h. im allgemeinen die Front von Ochrida bis zum Doiran-See, übernommen; auch waren sonst noch aus den Kämpfen der Jahre 1915 und 1916 her höhere deutsche Befehlshaber in dieser Front tätig geblieben. Andere unserer Offiziere waren ferner damit beschäftigt, die reichen Kriegserfahrungen auf allen unseren Fronten der bulgarischen Armee zu übermitteln. Das Ergebnis dieser Arbeit konnte sich aber erst beim Wiederaufleben der Kämpfe zeigen. Vorderhand schien es gut, unsere Hoffnungen nicht allzu hoch zu spannen. Unterstützungsbereit mußten wir jedenfalls auch für die mazedonische Front sein.

Auch an unserer Westfront mußten wir damit rechnen, daß die Gegner im kommenden Frühjahr trotz ihrer zweifellos schweren Verluste des vergangenen Jahres mit voller Kraft wieder auf dem Kampfplatz erscheinen würden. Ich möchte den Ausdruck „volle Kraft“ natürlich bedingt aufgefaßt wissen, denn die verlorene alte Kraft ersetzt sich im Verlauf weniger Monate wohl zahlenmäßig, aber nicht ihrem inneren Werte nach voll und ganz. Der Feind unterlag in dieser Richtung den gleichen harten Gesetzen wie auch wir.

Das taktische Bild an den wichtigsten Teilen dieser Front war folgendes: Der Gegner hatte im zähesten, fünfmonatigen Ringen an der Somme unsere Linien in 40 km Breite und etwa 10 km Tiefe zurückgeworfen. Vergessen wir diese Zahlen für spätere Vergleiche nicht!

Dieser Erfolg, der mit hunderttausenden von blutigen Opfern bezahlt war, war bei der Größe unserer Gesamtfront eigentlich gering. Die Einbiegung unserer Linien drückte aber auf unsere nach Nord und Süd anschließenden Nebenfronten. Die Lage forderte gebieterisch eine Verbesserung; wir liefen sonst Gefahr, aus diesem Bogen heraus durch erneute feindliche Angriffe, verbunden mit nördlich und südlich davon angesetzten Nebenangriffen, umfaßt zu werden. Ein eigener, umfassender Angriff gegen den eingebrochenen Feind war die nächstliegende, angesichts unserer Gesamtlage aber auch die bedenklichste Lösung. Durften wir es wagen, alle unsere Kraft zu einem großen Angriff in der mit feindlichen Truppen angefüllten Gegend an der Somme einzusetzen, während wir vielleicht an anderer Stelle der Westfront oder an der Ostfront einen Zusammenbruch erlebten? Es zeigte sich hier wieder einmal, daß unsere Kriegführung, wenn sie mit großen Plänen nach der einen Seite blickte, die Augen nach der anderen nicht verschließen durfte. Das Jahr 1916 redete in dieser Beziehung eine Sprache, die sich Gehör verschaffen mußte.

Wenn wir nun die durch die Sommeschlacht entstandene Frontgestaltung durch einen Angriff nicht verbessern konnten, so mußten wir die Folgerungen daraus ziehen und unsere Linien zurücknehmen. Wir entschieden uns daher auch zu dieser Maßnahme und verlegten unsere Stellung, die bis Peronne eingedrückt war und andrerseits noch bis westlich Bapaume, Roye und Noyon vorsprang, in die Sehnenlinie Arras-St. Quentin-Soissons zurück. Diese neue Linie ist unter dem Namen Siegfriedstellung bekannt.

Also Rückzug an der Westfront statt Angriff! Kein leichter Entschluß. Schwere Enttäuschung für das Westheer, vielleicht eine noch schwerere für die Heimat, die schwerste, wie zu befürchten, bei unseren Verbündeten. Heller Jubel bei unsern Gegnern! Kann man sich auch einen geeigneteren Stoff für Propaganda vorstellen? Glänzender, wenn auch spät sichtbarer Erfolg der blutigen Sommeschlacht, zusammengebrochener deutscher Widerstand, heftige unaufhörliche Verfolgungen mit großen Beutezahlen, Schauergeschichten über unsere Kriegführung. Man konnte das ganze Register, das aufgezogen werden würde, schon vorher hören. Welch ein Hagel propagandistischer Literatur wird nunmehr auf und hinter unseren Linien niederfallen!

Unsere große Rückwärtsbewegung begann am 16. März 1917. Der Gegner folgte ihr ins freie Gelände zumeist mit gemessener Vorsicht. Wo diese Vorsicht sich zu größerem Drängen steigern wollte, verstanden es unsere Deckungstruppen, abkühlend auf den feindlichen Eifer zu wirken.

Mit der getroffenen Maßnahme schufen wir uns nicht nur günstigere örtliche Kampfbedingungen an der Westfront sondern verbesserten auch unsere gesamte Kriegslage. Gab uns doch die Verkürzung der Verteidigungslinie im Westen die Möglichkeit zur Schaffung starker Reserven. Verlockend war der Plan, wenigstens einen Teil derselben auf den Feind zu werfen, wenn dieser unserem Rückzug in die Siegfriedstellung über das freie Gelände folgen würde, in dem wir uns ihm unbedingt überlegen fühlten. Wir verzichteten jedoch hierauf und hielten unser Pulver für die Zukunft trocken.

Man kann die Lage, wie wir sie uns bis zum Frühjahr des Jahres 1917 geschaffen hatten, vielleicht als eine große strategische Bereitstellung bezeichnen, in der wir dem Gegner einstweilen die Vorhand überließen, aus der heraus wir aber jederzeit imstande waren, gegen feindliche Schwächepunkte zum Angriff zu schreiten. Geschichtliche Vergleiche aus früheren Kriegen können bei der ungeheuer gesteigerten Größe aller Verhältnisse nicht gezogen werden.

Im Zusammenhang mit diesen Ausführungen muß ich zwei Pläne besprechen, mit denen wir uns im Winter 1916/17 zu beschäftigen hatten. Es waren Vorschläge für einen Angriff sowohl in Italien als auch in Mazedonien. Die Anregung in der erstgenannten Richtung ging noch im Winter 1916/17 vom Generaloberst von Conrad aus. Er versprach sich von einem großen Erfolge gegen Italien eine weitgehende Einwirkung auf unsere gesamte kriegerische und politische Lage. Dieser Anschauung konnte ich mich nicht anschließen. Wie ich schon früher ausführte, vertrat ich dauernd die Anschauung, daß Italien viel zu sehr unter dem wirtschaftlichen und damit auch unter dem politischen Druck Englands stünde, als daß dieses Land, selbst durch eine große Niederlage, zu einem Sonderfrieden zu zwingen wäre. Generaloberst von Conrad dachte bei seinem Vorschlage wohl in erster Linie an die günstige Rückwirkung eines siegreichen Feldzuges gegen Italien auf die Stimmung in den österreichisch-ungarischen Ländern. Er hoffte auf die große militärische Entlastung, die mit einem solchen Erfolge für Österreich-Ungarn eintreten mußte. Diese Gesichtspunkte konnte ich ihm als wohlberechtigt durchaus nachempfinden. Allein ohne starke deutsche Unterstützung – es handelte sich um etwa 12 deutsche Divisionen – glaubte Generaloberst von Conrad nicht nochmals einen Angriff auf die Italiener aus Südtirol heraus unternehmen zu können. Demgegenüber glaubte ich es jedoch nicht verantworten zu können, so viele deutsche Truppen auf nicht absehbare Zeit in einem Unternehmen festzulegen, das nach meiner Anschauung zu weit von unseren allerwichtigsten und gefährlichsten Fronten in Ost und West ablag.

Ähnlich verhielt es sich mit der Frage eines Angriffes auf die Ententetruppen in Mazedonien. Bulgarien liebäugelte mit diesem Plane, und von seinem Standpunkte aus natürlich mit vollster Berechtigung. Ein entscheidender Erfolg unsererseits hätte die Entente zur Räumung dieses Landes zwingen können. Bulgarien wäre dadurch militärisch und politisch nahezu völlig entlastet worden. Das Unternehmen hätte auch den lebhaften Wünschen des Landes und seiner Regierung entsprochen. Richtete man doch bulgarischerseits fortgesetzt begehrliche Augen auf den viel umstrittenen, schönen Hafen von Saloniki. Letzterer Gesichtspunkt machte freilich bei mir keinen Eindruck. Auch die militärische Entlastung Bulgariens hätte nach meiner damaligen Ansicht keinen Nutzen für unsere Gesamtlage bedeutet. Hätten wir die Ententekräfte zum Abzug aus Mazedonien gezwungen, so würden wir sie an unserer Westfront auf den Hals bekommen haben. Ob wir dagegen die dadurch frei werdenden bulgarischen Truppen irgendwo außerhalb des Balkans hätten einsetzen können, erschien mir mindestens fraglich. Hatte doch schon die Verwendung bulgarischer Divisionen außerhalb des unmittelbarsten bulgarischen Interessengebietes während des rumänischen Feldzuges nördlich der Donau zu nicht sehr erfreulichen Reibungen mit diesen Verbänden geführt. Nach meiner Anschauung verwertete sich also die bulgarische Kampfeskraft im gesamten Rahmen unserer Kriegführung am besten, wenn wir sie mit dem Festhalten der Ententetruppen in Mazedonien beschäftigten. Das schloß natürlich nicht aus, daß ich einen selbständigen Angriff der Bulgaren in Mazedonien jederzeit freudig begrüßt hätte. Das Ziel eines solchen hätte dann aber wohl wesentlich begrenzter gefaßt werden müssen, als es die Vertreibung der Entente aus dem Balkan oder die Eroberung von Saloniki bedeutete. An irgendwelche

Angriffsunternehmungen glaubte indessen Bulgarien ohne sehr wesentliche deutsche Hilfe, allermindestens 6 Divisionen, nicht herangehen zu können, und wohl mit Recht.

Nachrichten über die Entwicklung der politischen Verhältnisse in Griechenland klangen allerdings in der Zeit, in der die Frage eines Angriffs in Mazedonien an uns herantrat, also im Winter 1916/17, wie verführerische Lockrufe. Gegen solche Sirenenstimmen war ich aber völlig unempfindlich. Ich bezweifelte es, daß das Volk der Hellenen mit großer Begeisterung einen Kampf, ganz besonders aber einen solchen Schulter an Schulter mit den Bulgaren, ersehnte. Im großen und ganzen wäre es dabei um das gleiche Ziel gegangen wie 1913, und die beiden siegreichen Partner hätten sich auch diesmal wieder nach dem gemeinsamen Erfolge nicht poetisch in den Armen sondern prosaisch in den Haaren gelegen.

Aus meinen vorstehenden Ausführungen dürfte mit aller Klarheit hervorgehen, daß die Anspannung der deutschen Kräfte durch die gesamte Lage eine so hohe war, daß wir sie nicht durch weitere, außerhalb unbedingtester kriegerischer und politischer Notwendigkeiten liegende Absichten noch mehr steigern durften. Selbst vortreffliche Pläne, die sichere Aussichten auf große kriegerische Erfolge boten, konnten uns nicht von der zunächst wichtigsten Kriegsaufgabe ablenken. Diese war der Kampf im Osten und Westen, und zwar auf beiden Fronten gegen erdrückende Überlegenheiten.

Wenn ich mir aufgrund der inzwischen eingetretenen Folgen meiner im Jahre 1917 ablehnenden Haltung gegen Operationen in Italien und Mazedonien heute nochmals die Frage vorlege, ob ich anders hätte entscheiden sollen und dürfen, so muß ich diese Frage auch jetzt noch verneinen. Ich glaube sagen zu können, daß der Gang der Ereignisse in Mitteleuropa späterhin unser Verhalten als das Richtige bestätigt hat. Wir konnten und durften nicht einen Zusammenbruch unserer West- oder Ostfront auf das Spiel setzen, um billige Lorbeeren in der oberitalienischen Tiefebene oder am Wardar zu pflücken.

Die Türkei war für 1917 mit besonderen Weisungen von unserer Seite nicht zu versehen. Sie hatte ihren Landbesitz zu verteidigen und uns die ihr gegenüberstehenden Kräfte vom Leibe zu halten. Gelang ihr beides, so erfüllte sie durchaus ihre Aufgabe im Gesamtrahmen des Krieges.

Um die hierfür nötigen Truppen kampfkräftig zu erhalten, hatten wir schon im Herbste 1916 bei der osmanischen Obersten Heeresleitung angeregt, sie möchte die Masse ihrer beiden kaukasischen Armeen aus dem entvölkerten und ausgesogenen armenischen Hochlande zurückziehen, um den Truppen die Überwinterung zu erleichtern. Der Befehl hierzu wurde zu spät erteilt. Infolgedessen erlagen ganze Truppenteile durch Hunger und Kälte dem vorausgesehenen Verderben. Kein Lied, kein Heldenbuch wird vielleicht ihr tragisches Ende je verkünden, so sei es an dieser bescheidenen Stelle getan.

Der Unterseebootkrieg

Man denke an 70 Millionen Menschen, die im Halbhunger dahinleben, und an die Vielen unter ihnen, die langsam an seinen Wirkungen zugrunde gehen! Man denke an die vielen Säuglinge, die infolge Aushungerung der Mütter dahinsterben, und an die zahllosen Kinder, die zeitlebens siech und krank bleiben werden! Nicht im fernen Indien oder China, wo eine mitleidslose, kaltherzige Natur den segenspendenden Regen verweigert hat, sondern hier mitten in Europa, inmitten der Kultur und der Menschlichkeit! Ein Halbhunger, hervorgerufen durch den Machtspruch und durch die Gewalt von Menschen, die sich sonst mit ihrer Gesittung brüsten! Wo ist da Gesittung? Stehen sie als Menschen höher wie jene, die im armenischen Hochlande zum Grauen der ganzen zivilisierten Welt gegen Wehrlose wüteten und dafür vom Schicksal bestraft zu Tausenden einen elenden Tod fanden? Zu diesen hartgesinnten Anatoliern hat freilich kaum jemals ein anderer Geist als derjenige der Rache, sicherlich niemals derjenige der Nächstenliebe gesprochen.

Wohin zielt denn der Machtspruch jener sonst so „Gesitteten"? Ihr Plan ist klar. Sie haben eingesehen, daß ihre Kriegskraft nicht ausreicht zur Erkämpfung ihres tyrannischen Willens, daß ihre Kriegskunst unfruchtbar bleibt gegenüber ihrem Gegner mit stählernen Nerven. Man zermürbe also dessen Nerven! Gelingt es nicht durch den Kampf Mann gegen Mann, so gelingt es vielleicht von rückwärts her auf dem Wege über die Heimat. Man lasse die Weiber und Kinder hungern!

Das wirkt „so Gott will“ auf den Gatten und Vater an der Kampffront ein, wenn auch nicht sofort, so doch allmählich! Vielleicht entschließen sich diese Gatten und Väter, die Waffen zu strecken, denn sonst droht in der Heimat der Tod von Weib und Kind, der Tod – der Gesittung. So denken Menschen und können dabei beten!

„Der Gegner überschüttet uns mit amerikanischen Granaten, warum versenken wir nicht seine Transportschiffe? Haben wir denn nicht das Mittel dazu? Rechtsfragen? Wo und wann denkt denn der Gegner an Recht?“ Das fragt der Soldat an unseren Fronten.

Heimat und Heer wenden sich mit solchen und ähnlichen Ausführungen an ihre Führer, nicht erst seit dem 29. August 1916, sondern schon lange vorher. Der Wille, die ganze Schärfe des Unterseebootkrieges anzuwenden, um die Leiden der Heimat abzukürzen und das Heer in seinem ungeheueren Ringen zu entlasten, war schon vor meiner Übernahme der Obersten Heeresleitung vorhanden. In diesem mitleidlosen Kampfe gegen unsere wehrlose Heimat gilt nur „Auge um Auge, Zahn um Zahn.“ Alles andere erscheint Erbarmungslosigkeit gegen das eigene Blut.

Wenn wir aber auch die Waffe und den Willen hatten, sie einzusetzen, so durften doch nicht Folgen außer acht gelassen werden, die aus der rücksichtslosen Anwendung dieses vernichtenden Kampfmittels entspringen konnten. Werden Rücksichten gegen den kaltherzigen Feind verneint, so gibt es doch Rücksichten gegen bisher neutrale seefahrende Nationen. Die Heimat darf durch Anwendung der Waffe nicht in größere Gefahren und Sorgen gebracht werden, als die sind, aus denen man sie befreien will. Es schwankt also der Entschluß, ein begreifliches Schwanken, bei dem auch menschliche Gefühle mitreden!

So finde ich die Lage bei meinem Erscheinen im Großen Hauptquartier. Vereint mit den schweren Krisen zu Lande eine schwere bedeutungsvolle Frage zu See. Nach dem ersten Anschein liegt die Entscheidung darüber bei der Reichsleitung und beim Admiralstabe; doch ist auch die Oberste Heeresleitung stark davon berührt. Ist es doch klar, daß wir aus allgemein militärischen Gründen die Führung des Unterseebootkrieges wünschen müssen. Die Vorteile, die wir hieraus für unsere Landkriegführung erwarten können, sind mit den Händen zu greifen. Schon dann, wenn auf gegnerischer Seite die Fertigung von Kriegsbedürfnissen oder deren Beförderung über See wesentlich eingeschränkt werden müßte, wäre das für uns eine große Erleichterung. Das gleiche gilt, wenn es gelänge, die gegnerischen überseeischen Operationen wenigstens teilweise zu unterbinden. Welch große Entlastung würde das nicht bloß für Bulgarien und die Türkei, sondern auch für uns bedeuten, ohne daß wir hierfür deutsches Blut opferten! In weiterer Ferne steht auch die Möglichkeit, den Ententeländern die Versorgung mit Rohprodukten und Lebensmitteln bis zu einem unerträglichen Maße zu erschweren oder wenigstens England vor die sein Geschick entscheidende Frage zu stellen: entweder uns die versöhnende Hand zu reichen oder seine Stellung in der Weltwirtschaft zu verlieren. So schien der Unterseebootkrieg geeignet, bestimmend auf den Gang des Krieges einzuwirken, ja er war am Beginn des Jahres 1917 das einzige Mittel, das wir noch für eine siegreiche Beendigung des Krieges neu einsetzen konnten, nachdem wir zum Weiterkämpfen gezwungen waren.

In welchen Zusammenhang wir die Führung des Unterseebootkrieges zu der gesamten kriegerischen und politischen Lage brachten, ergibt sich aus einer Zuschrift vom Ende September 1916 unsererseits an die Reichsleitung. Diese Zuschrift sollte als Grundlage für eine Anweisung an unseren Botschafter in Washington dienen und lautete:

> „Dem Grafen Bernstorff wird zu seiner persönlichen Unterweisung mitgeteilt, daß die Absicht der Entente, die Ost- und Westfront zu durchbrechen, bisher nicht gelungen ist und nicht gelingen wird, ebensowenig wie ihre Offensivoperationen von Saloniki her und in der Dobrudscha. Dagegen nehmen die Operationen der Mittelmächte gegen Rumänien erfreulichen Fortgang. Ob es hier aber gelingen wird, schon in diesem Jahre einen den Krieg beendenden Erfolg zu erringen, ist noch zweifelhaft. Daher muß vorläufig mit längerer Kriegsdauer gerechnet werden.
>
> Demgegenüber verspricht sich die Kaiserliche Marine durch den rücksichtslosen Einsatz der vermehrten Unterseeboote angesichts der wirtschaftlichen Lage Englands einen schnellen Erfolg, der den Hauptfeind,

England, in wenigen Monaten dem Friedensgedanken geneigt machen würde. Deshalb muß die Deutsche Oberste Heeresleitung den rücksichtslosen Unterseebootkrieg in ihre Maßnahmen einbeziehen, unter anderem auch, um die Lage an der Sommefront durch Verminderung der Munitionszufuhr zu entlasten und der Entente das Vergebliche ihrer Anstrengungen an dieser Stelle vor Augen zu führen. Schließlich können wir nicht ruhig zusehen, wie England in der Erkenntnis der vielen Schwierigkeiten, mit denen es zu rechnen hat, mit allen Mitteln die neutralen Mächte bearbeitet, um seine militärische und wirtschaftliche Lage zu unseren Ungunsten zu verbessern. Aus allen diesen Punkten müssen wir die Freiheit unserer Handlungen, die wir in der Note vom 4. Mai uns vorbehielten, wiedergewinnen.

Die Gesamtlage würde sich aber vollständig ändern, falls Präsident Wilson, seinen angedeuteten Absichten folgend, den Mächten einen Friedensvermittlungsantrag macht. Dieser müßte allerdings ohne bestimmte Vorschläge territorialer Art gehalten sein, da diese Fragen Gegenstand der Friedensverhandlungen seien. Eine diesbezügliche Aktion müsse aber bald erfolgen. Wolle Wilson bis nach seiner Wahl oder bis kurz vor derselben warten, so würde er zu einem solchen Schritte kaum mehr Gelegenheit finden. Auch dürften die Verhandlungen nicht erst auf Abschluß eines Waffenstillstandes abzielen, sondern müßten lediglich unter den Kriegsparteien geführt werden und innerhalb kurzer Frist unmittelbar den Präliminarfrieden bringen. Ein längeres Hinausziehen würde die militärische Lage Deutschlands verschlechtern und auch weitere Vorbereitungen der Mächte zur Fortsetzung des Krieges bis in das nächste Jahr zur Folge haben, sodaß an einen Frieden in absehbarer Zeit dann nicht mehr zu denken wäre.

Graf Bernstorff soll die Angelegenheit mit Colonel House – dem Mittelsmann, durch welchen er mit dem Präsidenten verhandelt – besprechen und die Absichten des Mr. Wilson in Erfahrung bringen. Eine Friedensaktion des Präsidenten, die nach außen hin am besten spontan erscheinen würde, würde bei uns ernsthaft in Erwägung gezogen werden, und diese würde ja auch für die Wahlkampagne Wilsons schon einen Erfolg bedeuten."

Die schwierigste Frage ist und bleibt: „Innerhalb welcher Zeitspanne wird der Erfolg des Unterseebootkrieges erreicht werden können?" Der Admiralstab kann hierfür natürlich nur unbestimmte Angaben machen. Aber selbst seine, wie er sagt, auf vorsichtigster Berechnung aufgestellten Schätzungen sind so günstig für uns, daß ich grundsätzlich die Gefahr in den Kauf nehmen zu können glaube, uns mit der Anwendung des neuen Kampfmittels einen oder den anderen neuen Gegner auf den Hals zu ziehen.

Mochte die Marine auch noch so sehr drängen, so verlangten doch politische und militärische Rücksichten eine Verzögerung des Beginns des uneingeschränkten Unterseebootkrieges über den Herbst 1916 hinaus. Wir durften in der damals so hochgespannten Kriegslage keine neuen Gegner auf uns ziehen. Wir mußten jedenfalls warten, bis wir einen günstigen Abschluß des rumänischen Feldzuges überblicken konnten. Gelang ein solcher, so verfügten wir über genügend Kräfte, um angrenzende neutrale Staaten von einem Eintritt in die Reihen unserer Gegner abhalten zu können, mochte England auch deren wirtschaftliche Bedrückung noch weiter steigern.

Zu den Rücksichten aus militärischen Gründen treten solche aus politischen. Bevor sich unser Friedensschritt nicht als ein völliger Fehlschlag erwies, wollten wir an die verstärkte Anwendung der Unterseebootwaffe nicht denken.

Als dann aber dieser Friedensschritt scheiterte, gab es für mich nur noch militärische Rücksichten. Die Entwicklung unserer Kriegslage, besonders in Rumänien, bis Ende Dezember gestattete nunmehr nach meiner Überzeugung die weitestgehende Anwendung der wirkungsvollen Waffe.

Am 9. Januar 1917 gab unser Allerhöchster Kriegsherr gegen die Ansicht des Reichskanzlers von Bethmann auf Vorschlag des Admiralstabs und Generalstabs die bejahende Entscheidung. Wir waren uns alle nicht im Zweifel über die Schwere des Schrittes.

Jedenfalls gab aber die Anwendung des Unterseebootkrieges mit seinen verlockenden Aussichten Heer und Heimat lange Zeit hindurch eine große moralische Stärkung für Fortführung des Landkrieges.

Angesichts des für uns verhängnisvollen Ausgangs des Krieges hat man die Erklärung des uneingeschränkten Unterseebootkrieges für ein Vabanquespiel halten zu müssen geglaubt. Damit versuchte man diesen unseren Entschluß politisch und militärisch wie auch moralisch herabzuwürdigen. Man übersieht bei diesem Urteil, daß nahezu alle entscheidenden Entschlüsse, und zwar nicht nur diejenigen im Kriege, ein schweres Risiko in sich tragen, ja, daß die Größe einer Tat hauptsächlich darin liegt und daran zu messen ist, daß ein hoher Einsatz gewagt wird. Wenn ein Feldherr auf dem Schlachtfelde seine letzten Reserven in den Kampf schickt, so tut er nichts anderes, als was sein Vaterland mit Recht von ihm fordert: Er nimmt die volle Verantwortung auf sich und beweist den Mut zum letzten entscheidenden Schritt, ohne den der Sieg nicht zu erringen wäre. Ein Führer, der es nicht auf sich nehmen kann oder will, die letzte Kraft an den Erfolg zu setzen, ist ein Verbrecher an dem eigenen Volk. Mißlingt ihm der Schlag, dann freilich wird er von dem Fluch und dem Hohn der Schwachen und Feiglinge getroffen. Das ist nun einmal das Schicksal des Soldaten. Es würde jeder Größe entbehren, wenn es nur auf sicheren Berechnungen sich gründen ließe, und wenn die Erringung des Lorbeers nicht abhängig wäre von dem Mute der Verantwortung. Diesen Mut heranzubilden, war Ziel unserer deutschen militärischen Erziehung. Sie konnte dabei hinweisen auf die größten Vorbilder in der eigenen Geschichte sowie auf die mächtigsten Taten unserer gefährlichsten Gegner. Gab es einen kühneren Einsatz der letzten Kraft, als ihn der große König bei Leuthen wagte und damit das Vaterland und seine Zukunft rettete? Hat man nicht auch den Entschluß Napoleons I. als richtig anerkannt, als er bei Belle Alliance seine letzten Bataillone an die Entscheidung setzte, um dann freilich, wie Clausewitz sagt, arm wie ein Bettler vom Schlachtfeld zu verschwinden? Wäre nicht ein Blücher dem Korsen gegenüber gewesen, der Korse hätte gesiegt, und die Weltgeschichte wäre wohl einen anderen Weg gegangen. Und auf der anderen Seite der viel umjubelte Marschall Vorwärts; wagte er nicht auch in dieser Entscheidungsschlacht das Äußerste? Hören wir, was vor dem Kriege einer unserer heftigsten Gegner darüber sagte:

„Das schönste Manöver, das ich je auf Erden habe ausführen sehen, ist die Tat des Greises Blücher, der zu Boden geworfen wurde, unter die Hufe der Pferde geriet und sich aus dem Staube erhob, auf seine besiegten Soldaten losstürmte, ihrer Flucht Einhalt gebot und sie von der Niederlage bei Ligny dem Triumph von Waterloo entgegenführte."

Ich möchte dieses Kapitel nicht schließen, ohne meine Zweifel der Behauptung gegenüber zu äußern, daß mit dem Eintritt Amerikas in die Reihen unserer Gegner unsere Sache endgültig verloren gewesen sei. Warten wir erst einmal den Einblick in die Krisen ab, in die wir durch unseren Unterseebootkrieg und durch unsere zeitweise großen Erfolge zu Lande vom Frühjahr 1917 ab unsere Gegner versetzten. Wir werden dann vielleicht erfahren, daß wir so manchmal nahe daran waren, den Siegerkranz an uns zu reißen, und wir werden auch vielleicht erkennen lernen, daß andere als militärische Gründe uns um ein erfolgreiches oder wenigstens erträgliches Kriegsende brachten.

Kreuznach

Nach erfolgreicher Beendigung des rumänischen Feldzuges und der dadurch eingetretenen Entspannung der Ostlage, mußte das Schwergewicht unserer demnächstigen Tätigkeit im Westen gesucht werden. Dort war jedenfalls ein frühzeitiger Beginn der Kämpfe im folgenden Feldzugsjahre zu erwarten. Wir wollten dem Schauplatz dieser Schlachten nahe sein. Von einem im Westen gelegenen Hauptquartier bot sich leichter und weniger zeitraubend die Möglichkeit, mit den Oberkommandos der Heeresgruppen und Armeen in unmittelbare persönliche Berührung zu treten. Dazu kam, daß Kaiser Karl einerseits in der Nähe der politischen Behörden seines Landes zu sein wünschte und andererseits auf den unmittelbaren persönlichen Verkehr mit seinem Generalstab nicht verzichten wollte. Das k. u. k. Armee-Oberkommando siedelte daher in den ersten Monaten des Jahres 1917 nach Baden bei Wien über. Damit entfiel für Seine Majestät unseren Kaiser und für die Oberste

Heeresleitung jeder Grund, weiterhin in Pleß zu bleiben. Wir verlegten im Februar das Hauptquartier nach Kreuznach.

Beim Abschied von Pleß war es mir ein besonderes Bedürfnis, dem dortigen Fürsten und seiner Beamtenschaft für die große Gastfreundschaft zu danken, die uns in der Unterbringung aller Befehlsstellen und in unserm Privatleben erwiesen worden war. Ich selbst hatte obenein dankbar mancher herrlichen Pirschfahrt an ausnahmsweise dienstfreien Abenden sowohl im Plesser- wie auch im benachbarten Neudecker Revier zu gedenken.

An die Gegend, in die wir nun kamen, knüpften sich für mich Erinnerungen aus meiner früheren Tätigkeit als Chef des Generalstabes in der Rheinprovinz. Auch die Stadt Kreuznach selbst war mir damals bekannt geworden. Ihre Einwohner wetteiferten jetzt in Beweisen rührender Freundlichkeit. Diese äußerte sich unter anderem auch darin, daß unser Heim und unser gemeinsamer Speiseraum täglich durch die Hände junger Damen mit frischen Blumen geschmückt wurden. Ich nahm all das als Zeichen der Huldigung an die Gesamtheit des Heeres entgegen, zu dessen ältesten Vertretern im Kriege ich gehörte.

Kurz nach unserem Weggang von Pleß trat Generaloberst von Conrad von der Heeresleitung Österreich-Ungarns zurück, um den Oberbefehl an der Front Südtirols zu übernehmen. Die Ursache seines Abganges ist mir nicht bekannt geworden. Ich glaubte sie auf persönlichem Gebiete suchen zu müssen, da sachliche Gründe meines Erachtens nicht vorlagen. Ich bewahre ihm ein treues, kameradschaftliches Gedenken. Sein Nachfolger wurde General von Arz. Ein praktischer Kopf mit gesunden Anschauungen, ein trefflicher Soldat, also gleich seinem Vorgänger ein wertvoller Kampfgenosse! Er ging auf das Wesen der Dinge los und verachtete den Schein. Ich glaube, daß uns beiden die Abneigung gegen die Beschäftigung mit politischen Fragen gemeinsam war. Was unter den früher von mir berührten schwierigen Verhältnissen in der Donaumonarchie erreicht werden konnte, hat General von Arz nach meiner Überzeugung mit bewundernswürdiger Ausdauer geleistet. Er hat sich über die ganze Schwere seiner Aufgabe keinem Zweifel hingegeben. Um so mehr ist es anzuerkennen, daß er mit so mannhaftem Vertrauen an sie herantrat.

Für mich persönlich brachte der Aufenthalt in Kreuznach Anfang Oktober die Feier meines 70jährigen Geburtstages.

Seine Majestät mein Kaiser, König und Herr, hatte die große Gnade, mir als Erster an diesem Tage persönlich seine Glückwünsche in meinem Heim auszusprechen. Das war für mich die größte Weihe des Tages!

Auf dem Wege zu unserem Dienstgebäude begrüßte mich später in der strahlenden Herbstsonne die Kreuznacher Jugend; vor dem Eingang zur gemeinsamen Arbeitsstätte erwarteten mich meine Mitarbeiter, im anschließenden Garten Vertreter der Stadt und Umgegend, junge Soldaten, verwundet und krank, Erholung suchend in den Heilstätten des Badeortes, daneben alte Veteranen, Mitkämpfer aus längst vergangener Zeit.

Das Ende des Tages brachte ein kleines kriegerisches Zwischenspiel. Aus einer mir nie bekannt gewordenen Ursache hatte sich das Gerücht von der Wahrscheinlichkeit eines großen feindlichen Fliegerangriffes auf unser Großes Hauptquartier für den heutigen Tag verbreitet. Möglich auch, daß das eine oder andere Flugzeug des Gegners, wie so oft, an diesem Abend den Weg von der Saar- zur Rheinlinie oder zurück längs der Nahe suchte. Kein Wunder, wenn die Phantasien lebhafter arbeiteten als sonst, und wenn in der Nacht zwischen der Erde und dem strahlenden Mond mehr gesehen und gehört wurde, als tatsächlich vorhanden war. Kurzum, gegen Mitternacht eröffneten unsere Flugabwehrgeschütze ein heftiges Dauerfeuer. Dank der hohen Feuergeschwindigkeit erschöpfte sich rasch die vorhandene Munition, und ich konnte ruhig einschlafen in dem Gedanken, nun nicht weiter gestört zu werden. Beim Vortrag des folgenden Tages zeigte mir der Kaiser eine große Schale, angefüllt mit Sprengstücken deutscher Geschosse, die in dem Garten seines Quartiers gesammelt worden waren. In einer gewissen Gefahr hatten wir also doch geschwebt.

Ein Teil der Kreuznacher hatte übrigens die nächtliche Schießerei für den militärischen Abschluß meines Geburtstagsfestes gehalten.

Der feindliche Ansturm im ersten Halbjahr 1917

Im Westen

Mit größter Spannung sahen wir vom Eintritt der besseren Jahreszeit ab dem Beginn des erwarteten allgemeinen gegnerischen Angriffes im Westen entgegen. Wir hatten uns durch die Neugruppierung unserer Kräfte auf ihn strategisch vorbereitet, aber wir hatten im Laufe des Winters auch in taktischer Beziehung alle Maßnahmen getroffen, dieser jedenfalls größten aller bisherigen feindlichen Kraftanstrengungen zu begegnen.

Zu diesen Maßnahmen gehörten nicht in letzter Linie die Änderungen unseres bisherigen Verteidigungsverfahrens. Sie wurden von uns auf Grund der Erfahrungen in den bisherigen Kämpfen verfügt. Nicht mehr aus einzelnen Linien und Stützpunkten sondern aus Liniensystemen und Stützpunktgruppen sollten in Zukunft unsere Verteidigungsanlagen bestehen. In den dadurch gebildeten tiefen Zonen wollten wir die Truppen nicht in zusammenhängenden, starren Fronten, sondern in reicher Gruppierung und Gliederung nach der Breite und Tiefe aufbauen. Der Verteidiger hatte seine Kräfte beweglich zu halten, um der vernichtenden feindlichen Wirkung während des Vorbereitungskampfes auszuweichen, hier und dort unhaltbar gewordene Stellungsteile freiwillig preiszugeben und dann im Gegenstoß das wieder zu gewinnen, was zur Behauptung der allgemeinen Stellung nötig war. Diese Grundsätze galten im Kleinen wie im Großen.

Der verheerenden Wirkung der feindlichen Artillerie und Minenwerfer und den überraschenden gegnerischen Anstürmen setzten wir also eine Vermehrung und reichere Gliederung unserer Verteidigungsanlagen und die Beweglichkeit unserer Kampfmittel entgegen. Gleichzeitig wurde der Grundsatz verwirklicht, in den vorderen Widerstandslinien durch Erhöhung der Zahl der Maschinengewehre Menschenkräfte zu schonen und damit solche zu sparen.

Mit dieser tiefgreifenden Änderung unseres Verteidigungsverfahrens nahmen wir ohne Zweifel ein Wagnis auf uns. Dies bestand in erster Linie darin, daß wir mitten im Kriege den Bruch mit taktischen Gewohnheiten und Erfahrungen forderten, in die sich die untere Führung und die Truppe eingelebt hatten, und die sie vielfach mit begreiflichen Vorurteilen schätzten. Der Übergang von einer taktischen Anschauung in eine andere bedeutet schon im Frieden eine gewisse Krisis. Er bringt auf der einen Seite Übertreibungen im Neuen, auf der anderen schwer belehrbares Festhalten am Alten mit sich. Mißverständnisse drängen sich in den klarsten Wortlaut der Vorschriften ein; selbständige und willkürliche Auslegungen feiern Orgien; das Trägheitsmoment im menschlichen Denken und Handeln wird manchmal nicht ohne kräftigsten Antrieb überwunden.

Aber nicht nur aus diesen Gründen bedeuteten unsere taktischen Änderungen einen gewagten Schritt. Fast noch schwerer war es, die Frage zu bejahen, ob denn unser Heer mitten im Kriege in seiner jetzigen Verfassung imstande sein würde, diese Änderungen in sich aufzunehmen und auf die Wirklichkeit des Schlachtfeldes zu übertragen. Wir konnten uns nicht im Zweifel darüber sein, daß das Kriegsinstrument, mit dem wir jetzt zu arbeiten hatten, mit demjenigen der Jahre 1914 und 1915, ja selbst mit demjenigen des Beginnes von 1916 kaum noch zu vergleichen war. Eine Unsumme herrlichster Kraft lag in unseren Ehrenfriedhöfen gebettet oder war mit zertrümmerten Gliedern oder krankem Körper an die Heimat gebannt. Ein stolzer Kern unserer Soldaten vom Jahre 1914 war freilich auch heute noch vorhanden, und an ihn schloß sich viel junge, begeisterungsfähige Kraft und opferfreudiger Wille. Aber das allein macht die Stärke eines Heeres nicht aus; Kraft und Wille müssen geschult und durch Erfahrungen geläutert werden. Ein Heer mit dem sittlichen und geistigen Reichtum, mit der machtvollen geschichtlichen Überlieferung wie das deutsche von 1914 überdauert zwar in seinem inneren Werte manche Kriegsjahre, wenn ihm nur die Zufuhr frischer körperlicher und sittlicher Kräfte aus der Heimat erhalten bleibt. Der Gesamtwert jedoch wird, ja er muß nach dem natürlichen Lauf der Dinge sinken, wenn auch sein Verhältniswert jedem Feinde gegenüber, der gleich lang im Felde steht, in voller Höhe und Überlegenheit erhalten bleibt.

Unser neues Verteidigungsverfahren stellte an die moralische Kraft und an das Können der Truppe hohe Anforderungen, indem es den festen äußeren Zusammenhalt der Verteidigung lockerte und damit die Selbständigkeit kleinster Teile zum höchsten Grundsatz erhob. Der taktische Zusammenhang war nicht mehr in äußerlich sichtbaren Linien und Gruppen gegeben, sondern im geistigen Bande taktischen Zusammengreifens. Es liegt keine Übertreibung darin, wenn ich sage, daß unter den vorliegenden Verhältnissen in dem Übergang zu diesen neuen Grundsätzen die größte Vertrauenskundgebung lag, die wir der geistigen und sittlichen Kraft unseres Heeres, und zwar all seiner Teile, aussprechen konnten. Schon die nächste Zukunft mußte den Beweis liefern, ob dieses Vertrauen gerechtfertigt war.

Das erste Unwetter im Westen bricht nach begonnenem Frühjahr los. Am 9. April gibt der englische Angriff bei Arras den Auftakt zur großen, feindlichen Frühjahrsoffensive. Der Angriff wird tagelang vorbereitet mit der ganzen brutalen Wucht feindlicher Artillerie- und Minenwerfer-Massen, nichts von Überraschungstaktik im Sinne Nivelles vom Oktober des vergangenen Jahres. Traut man diesem Verfahren von englischer Seite nicht, oder fühlt man sich taktisch hierfür zu ungewandt? Der Grund ist für den Augenblick gleichgültig, die Tatsache genügt und redet eine furchtbare Sprache. Der englische Angriff braust über die ersten, zweiten, dritten Gräben hinweg. Stützpunktgruppen versagen oder verstummen nach heldenmütigem Widerstand; Artillerie geht in Masse verloren. Das Verteidigungsverfahren hatte scheinbar versagt!

Eine schwere Krise tritt ein. Eine jener Lagen, in der alles haltlos geworden zu sein scheint. „Krisen muß man vermeiden“, ruft der Laie. Der Soldat kann ihm nur antworten: „Dann verzichten wir besser von vornherein auf den Krieg, denn sie sind unvermeidlich. Sie liegen einfach in der Natur des Krieges und kennzeichnen ihn als das Gebiet des Ungewissen und der Gefahr. Nicht Krisen zu vermeiden sondern sie zu überwinden, ist Aufgabe der Kriegskunst. Wer schon vor ihrem Drohen zurückschrecken wollte, bindet sich selbst die Hände, wird ein Spielball des kühneren Gegners und geht bald in einer Krisis zu Grunde.“

Ich will hiermit nicht behaupten, daß die Krisis am 9. April nach all den Vorbereitungen, die man zu treffen imstande gewesen wäre, nicht hätte vermieden werden können. Sie brauchte wenigstens nicht in dieser furchtbaren Größe einzutreten, wenn man mit rechtzeitig herangeholten Reserven im Gegenstoß dem feindlichen Einbruch entgegenging. Mit schweren örtlichen

Erschütterungen der Verteidigung wird man freilich bei solch höllischer Vorbereitung des Angriffs immer rechnen müssen.

Der abendliche Vortrag entwirft an diesem 9. April ein düsteres Bild, viel Schatten, wenig Licht. Doch man muß in solchen Fällen nach Licht suchen. Ein Strahl, wenn auch noch in unsicheren Umrissen, deutet sich an. Der Engländer scheint es nicht verstanden zu haben, den errungenen Erfolg bis zu seinem letztmöglichen Ergebnis auszunützen. Ein Glück für uns, jetzt, wie schon manchmal vorher. Nach dem Vortrag drücke ich meinem Ersten Generalquartiermeister die Hand mit den Worten: „Nun, wir haben schon Schwereres miteinander durchgemacht als heute.“ Heute, an seinem Geburtstage! Mein Vertrauen bleibt unerschüttert. Ich wußte, neue Truppen von uns marschieren auf das Schlachtfeld, Eisenbahnzüge rollen heran. Die Krisis wird überwunden. In mir selbst wenigstens war sie zu Ende. Der Kampf aber tobte weiter.

Ein anderes Schlachtbild: Auch bei Soissons und von da ab weit hin nach Osten bis in die Gegend von Reims donnern gleichfalls von der ersten Aprilwoche ab die französischen Kanonen; viele hundert feindliche Minenwerfer schleudern dort ihre Geschosse. Hier befehligt Nivelle, wohl dank seines berechtigten Ruhmes von Verdun. Auch er hat aus seinen letzten Erfahrungen bei Verdun nicht die taktischen Folgerungen gezogen, die wir erwarteten. Tage-, ja eine Woche lang wütet das französische Feuer. Unsere Verteidigungszonen sollen in ein Trümmer- und Leichenfeld verwandelt, was vielleicht noch zufällig der körperlichen Zerstörung entgeht, soll wenigstens seelisch gebrochen werden. In dieser furchtbaren Esse scheint die Erreichung solcher Absicht außer Zweifel zu stehen. Endlich hält Nivelle unsere Truppen für vernichtet oder wenigstens hinreichend zermürbt. Er läßt seine siegessicheren Bataillone am 16. April zum Sturme, wir wollen besser sagen, zur Ernte der in der Feuerglut gereiften Früchte antreten. Da geschieht das Unbegreifliche. Zwischen den Trümmern und Trichtern erhebt sich deutsches Leben, deutsche Kraft und deutscher Wille und schleudert sein Verderben in die stürmenden Linien und die ihnen folgenden, in unserem losbrechenden Feuer wirbelnden und sich zusammenballenden Haufen. Wohl wird der deutsche Widerstand an den am schwersten erschütterten Stellen niedergetreten, aber was bedeutet in diesem Riesenkampfe ein Verlust von einzelnen Stellungsteilen gegenüber der siegreichen Behauptung der allgemeinen Front?

Die Schlacht zeigt schon in den ersten Tagen eine ausgesprochene französische Niederlage. Der blutige Rückschlag wirft die französische Führung und Truppe in bitterste, ja verbitterte Enttäuschung.

Der Kampf bei Arras, bei Soissons und bei Reims tobt noch wochenlang. Er bringt nur einen einzigen taktischen Unterschied gegenüber dem Ringen an der Somme im vergangenen Jahre, und den möchte ich zu erwähnen nicht vergessen: der Gegner erringt nämlich über die ersten Tage hinaus nirgends mehr einen nennenswerten Erfolg, und schon nach wenigen Wochen sinkt er auf seinen Angriffsfeldern erschöpft in den Stellungskrieg zurück. Unser Abwehrverfahren hat sich also doch noch glänzend bewährt!

Und nun noch ein drittes Bild: Die Szenen spielen sich ab auf den Höhen von Wytschaete und Messines, nordwestlich Lille, angesichts des Kemmel. Es ist der 7. Juni. Also ein Zeitpunkt, an dem das Scheitern der vorher erwähnten Kämpfe schon zweifelsfrei feststeht. Die Lage auf den Wytschaeter Höhen, dem Schlüsselpunkt des dortigen Stellungsbogens, ist wenig günstig für neuzeitliche Verteidigung. Der verhältnismäßig schmale Rücken gestattet nicht die Anwendung einer genügend tiefen Zone. Das vorderste Grabensystem liegt auf den Westhängen und bietet feindlicher Artillerie treffliche Ziele. Das feuchte Erdreich rutscht im Sommer und Winter, der Boden ist vielfach vom Minenkrieg zerwühlt, einer Kampfart, die früher gerade hier um den Besitz der wichtigsten Stellungsteile mit äußerster Erbitterung angewendet worden war. Doch hört man seit langem nichts mehr von unterirdischem Wühlen. Nicht nur von Westen, sondern auch von Süd und Nord her ist die Verteidigung auf den Höhen bei St. Eloi sowie an den beiden Eckpfeilern Wytschaete und Messines durch die gegnerische Artillerie zu fassen.

Der Engländer bereitet seinen Angriff in gewohnter Weise vor. Der Verteidiger leidet schwer, schwerer als nur irgendwo bisher. Auf unsere besorgte Frage, ob die Höhen nicht besser freiwillig geräumt würden, erfolgt die mannhafte Antwort: „Wir werden halten, noch stehen wir fest!“ Als aber der verhängnisvolle 7. Juni anbricht, erhebt sich der Boden unter den Verteidigungslinien, ihre wichtigsten Stützteile brechen zusammen und durch den Rauch und die niederstürzenden Erdmassen der gesprengten Minenreihen schreiten die englischen Sturmtruppen über die letzten Reste deutscher Verteidigungskraft hinweg. Krampfhafte Versuche unsererseits, die Lage durch Gegenstoß zu retten, scheitern an dem mörderischen feindlichen Artilleriefeuer, das aus weitem Bogen das Rückengebiet der verlorenen Stellungen in einen wahren Feuerkessel verwandelt. Trotzdem gelingt es auch hier, den Gegner vor vollendetem Durchbruch unserer Linien zum Halten zu bringen. Unsere Verluste an Menschen wie Kriegsgerät sind schwer; die Preisgabe des Geländes wäre zu verschmerzen gewesen. Das bisherige Gesamtergebnis der großen feindlichen Offensive im Westen war nach meinem Urteil für uns nicht unbefriedigend. Geschlagen waren wir nirgends. Selbst die bedenklichsten Gefahren hatten wir aufgefangen. Nirgends war es dem Feinde gelungen, über einen mäßigen Geländegewinn hinaus größere Ziele zu erreichen, geschweige denn aus der Durchbruchsschlacht zur freien Operation übergehen zu können. Die Auswertung dieser unserer Erfolge im Westen sollte auch diesmal an anderen Fronten stattfinden.

Im nahen und fernen Orient

Noch bevor der wilde Tanz an unserer Westfront begann, erneuerte Sarrail seine Angriffe in Mazedonien mit dem Schwergewicht bei Monastir. Auch diese Ereignisse zogen unsere volle Aufmerksamkeit auf sich. Waren doch die Ziele des Gegners auch hier sehr weitgesteckt. Gleichzeitig mit diesem Ansturm gegen die bulgarische Front veranlaßte der Feind einen Aufstand in Serbien, hierdurch unsere Verbindungen auf der Balkanhalbinsel gefährdend. Der Aufstand wurde indessen an der bedrohlichsten Stelle, nämlich bei Nisch, niedergeschlagen, ehe er die besonders von den bulgarischen Regierungskreisen befürchtete Ausdehnung über ganz Altserbien annahm.

Die Schlacht an der mazedonischen Front wurde mit großer Erbitterung geführt. Der bulgarischen Armee gelang es, ohne daß wir ihr weitere deutsche Unterstützung zusenden mußten, ihre Stellungen nahezu restlos zu behaupten. Ein uns sehr befriedigendes Ergebnis! Unser Verbündeter hatte sich sehr gut geschlagen. Er erkannte damals rückhaltslos an, daß sich die deutsche Arbeit in seinen Kampfreihen bestens bewährt hatte. Ich gewann daraus die Überzeugung, daß die bulgarische Armee ihrer Aufgabe auch weiterhin gewachsen sei. Dies bestätigte sich bei Erneuerung der Angriffe der Entente im Mai. Auch diesmal wurden deren Anstürme in ihrer Ausdehnung von Monastir bis zum Doiran-See völlig zum Scheitern gebracht. Im armenischen Hochlande war es still geblieben. Gelegentliche kleinere Zusammenstöße im Winter schienen mehr durch Beutezüge als durch das Erwachen der Kampflust auf einer der beiden Seiten veranlaßt worden zu sein. Der Russe hatte unter dem Einfluß der auch bei ihm bestehenden ungeheuren Nachschubschwierigkeiten die Masse seiner Truppen aus den wildesten und verödetsten Hochgebirgsteilen in bessere Verpflegungsgebiete des Landesinnern zurückgezogen. Die völlige Erstarrung der russischen Kampflust war aber überraschend. Wir erhielten von türkischer Seite keine Nachricht, die uns die Gründe hierfür hätte erkennen lassen.

Im Irak griff der Engländer im Februar an und kam schon am 11. März in den Besitz von Bagdad. Diesen Erfolg verdankte er einer geschickten Umgehung der starken türkischen Front. In Südpalästina, bei Gaza, brach dagegen der englische Angriff, mit erdrückender Überlegenheit aber rein frontal und mit geringem taktischen Geschick geführt, vor den türkischen Linien vollständig zusammen. Nur das Versagen einer zum umfassenden Gegenstoß angesetzten türkischen Kolonne rettete hier England vor einer vernichtenden Niederlage. Die Rückwirkung dieser Ereignisse in Asien auf unsere gesamte Kriegslage werde ich noch zu besprechen haben.

An der Ostfront

Noch bevor Franzosen und Engländer im Westen zum allgemeinen Angriff antraten, erbebte die russische Front in ihren Grundfesten. Unter unseren bisherigen wuchtigen Schlägen hatte das Gefüge des russischen Staates sich zu lockern begonnen. Wie ein Alpdruck hatte der plumpe russische Koloß bisher auf der ganzen europäischen und asiatischen Welt gelastet. Nun begann es, sich innerhalb seiner Masse zu dehnen und zu recken. Tiefgreifende Risse traten an die Oberfläche und durch die entstandenen Spalten gewann man bald Einblick in die Glut politischer Leidenschaften und in das Getriebe teuflisch roher Kräfte. Das Zarentum stürzt! Wird sich eine neue Macht finden, die diese politischen Leidenschaften im Eishauch sibirischer Gefängnisse wieder zur Erstarrung bringt und die wilden Gewalten wieder unter Gräberhügeln erdrückt?

Rußland in Revolution! Wie oft hatten uns wirkliche oder sogenannte Kenner des Landes das Nahen dieses Ereignisses verkündet. Ich hatte den Glauben daran verloren. Nun da es eintrat, löste es in mir keineswegs Gefühle politischer Genugtuung, wohl aber solche kriegerischer Erleichterung aus. Auch diese letzteren traten erst langsam in Geltung. Ich fragte mich: war der Sturz des Zaren ein Sieg der Kriegs- oder der Friedensströmung? Hatten die Totengräber des bisherigen Zarentums nur gearbeitet, um mit dem letzten Träger der Krone den uns bekannten Friedenswillen hoher russischer Kreise und die Friedenssehnsucht breiter Massen zum Falle zu bringen?

Solange das Verhalten des russischen Heeres auf diese Frage keine klare Antwort gab, war und blieb unsere Lage Rußland gegenüber unsicher. Der Zersetzungsprozeß hatte im russischen Staat zweifellos eingesetzt. Kam es nicht bald zur Errichtung einer Diktatur mit gleich rücksichtsloser Gewalt wie die eben gestürzte, so schritt diese Zersetzung weiter, wenn auch in dem großen schweren russischen Koloß mit seinen plumpen Lebensäußerungen vielleicht langsamer als sonstwo. Unser Plan ist von Anfang an, diesen Gang der Ereignisse nicht zu stören, wir müssen nur auf der Hut sein, daß er uns nicht stört: ja vielleicht zerstört. Man muß in dieser Lage an die Lehren der Kanonade von Valmy denken, die mehr als hundert Jahre früher die aufgewühlten und zerrissenen französischen Volkskräfte wieder zusammenschweißte und den Antrieb gab zu jener großen blutroten Flut, die ganz Europa überschwemmte. Freilich, das Rußland des Jahres 1917 verfügt nicht mehr über die großen, unverbrauchten Menschenmassen des damaligen Frankreichs. Des Zarenreiches beste und tauglichste Kräfte stehen an der Front oder liegen in Massengräbern vor und hinter unseren Linien.

Der Verzicht, der mir persönlich durch ruhiges Warten angesichts der beginnenden russischen Zersetzung auferlegt wird, ist groß. Kann ich mich jetzt aus politischen Gründen mit einer Offensive an der Ostfront nicht befreunden, so drängt das soldatische Empfinden zu einem Angriff im Westen. Ich denke an das Stocken des englischen Angriffs bei Arras, an die schwere Niederlage Frankreichs zwischen Soissons und Reims. Gibt es einen näher liegenden Gedanken als den, alle brauchbaren Kampftruppen vom Osten nach dem Westen zu werfen und dort zum Angriff vorzugehen? Noch ist Amerika weit weg. Mag es kommen, nachdem auch Frankreichs Kräfte gebrochen sind. Dann kommt es zu spät!

Die ihr drohende schwere Gefahr erkennt aber auch die Entente, und sie arbeitet mit allen Mitteln, um den Zusammenbruch der russischen Macht und damit eine weitgehende Entlastung unserer Ostfront zu verhindern. Rußland muß aushalten, wenigstens bis Amerikas neugebildete Armeen den französischen Boden betreten können, sonst scheint die kriegerische und moralische Niederlage Frankreichs sicher. Also schafft die Entente Politiker, Agitatoren, Offiziere nach Rußland, um die dortige zerwühlte und rissige Front zu stützen; sie vergißt auch nicht diesen Missionen Geld mitzugeben, das an manchen Stellen Rußlands kräftiger wirkt als politische Gründe.

Durch diese Gegenwirkung werden uns auch diesmal die größten Siegesaussichten geraubt. Die russische Front wird gehalten, nicht durch eigene Stärke, sondern hauptsächlich durch die agitatorischen Mittel, die unsere Feinde dorthin bringen, und die ihre Zwecke erreichen, selbst gegen den Willen der russischen Massen.

Hätten wir nicht vielleicht doch angreifen sollen, als sich die ersten Zerreißungen im russischen Gebäude zeigten? Verdarben uns nicht vielleicht politische Gesichtspunkte die schönsten Früchte unserer bisherigen größten Erfolge?

Unsere Beziehungen zum russischen Heere an der Ostfront entwickeln sich zunächst in immer ausgesprochenerem Grade zu einem Waffenstillstand, wenn auch ohne schriftliche Festsetzung. Die russische Infanterie erklärte allmählich fast überall, daß sie nicht mehr kämpfen würde. Doch bleibt sie mit der ihrer Masse eigenen Stumpfheit in ihren Gräben sitzen. Wo die gegenseitigen Beziehungen allzu offenkundig freundschaftliche Verkehrsformen annehmen, schießt die russische Artillerie ab und zu dazwischen. Diese Waffe ist noch in den Händen ihrer Führer, nicht aus einem ihr angeborenen konservativen Sinn, sondern weil sie nicht in so viele selbständige Köpfe zerfällt als ihre Schwesterwaffe. Der Einfluß der Ententeagitatoren und Offiziere macht sich in den russischen Batterien noch durchgreifend geltend. Der russische Infanterist schimpft zwar über diese Störung der ihm so willkommenen Waffenruhe, verprügelt wohl auch hier und da mal die artilleristische Schwester und freut sich, wenn unsere Granaten in deren Geschützständen krepieren, aber der geschilderte Zustand bleibt monatelang unverändert.

Die russische Kriegsunlust ist am ausgesprochensten auf dem nördlichen Flügel. Von da nimmt sie nach Süden ab. Der Rumäne ist augenscheinlich von ihr unberührt. Vom Mai ab zeigt sich auch im Norden, daß die Führung die Zügel wieder in die Hand bekommt. Die Freundschaft zwischen den beiderseitigen Schützengräben hört mehr und mehr auf. Man kehrt wieder zu den alten Umgangsformen mit den Waffen in der Hand zurück. Bald ist auch kein Zweifel mehr, daß im Rückengebiet der russischen Front mit aller Kraft gearbeitet und diszipliniert wird. So wird das russische Heer wenigstens zum Teil wieder widerstandsbereit, ja sogar angriffsfähig gemacht. Die Kriegsströmung hat sich durchgesetzt, und Rußland schreitet zu einer großen Offensive unter Kerenski.

Kerenski, nicht Brussilow? Den letzteren haben wohl die Ströme eigenen Volksblutes, die im Jahre 1916 in Galizien und Wolhynien flossen, von dieser höchsten Stelle hinweggerissen, ähnlich wie es in diesem Frühjahr Nivelle in Frankreich erging. Auch in dem menschenreichen Rußland scheint man demnach empfindsam geworden zu sein gegen Massenopfer. Man hat im großen Schuldbuch des Krieges die Seite aufgeschlagen, auf der die russischen Verluste verzeichnet sind, die Zahl ist aber nicht erkennbar. Fünf oder acht Millionen? Auch wir haben keine Ahnung von ihrer Größe. Wir wissen nur, daß wir ab und zu in den Russenschlachten die Hügel der feindlichen Leichen vor unseren Gräben entfernen mußten, um das Schußfeld gegen neuanstürmende Gewalthaufen frei zu bekommen. Mag die Phantasie hieraus die Zahl der Verluste zusammenstellen, eine richtige Berechnung bleibt für ewig ein mißlingender Versuch.

Ob Kerenski aus eigenem Entschluß oder durch die Lockungen und den Zwang der Entente zum Angriff bewogen wird, ist schwer zu entscheiden. Jedenfalls hat die Entente das größte Interesse daran, daß Rußland nochmals zu einer Offensive vorgetrieben wird. Sie hat im Westen die gute Hälfte ihrer Sturmkraft bis jetzt schon vergeblich geopfert, ja vielleicht schon mehr als die Hälfte. Was bleibt ihr aber übrig als den Einsatz des gebliebenen Restes zu wagen, wenn auch die Hilfe Amerikas noch fern ist? Der Unterseebootkrieg frißt gerade in jenen Monaten an dem Lebensmark unseres erbittertsten, unversöhnlichsten Gegners in einer Stärke, daß es fraglich erscheinen muß, ob für Amerikas Hilfe im kommenden Jahr noch die Möglichkeit des Transportes gegeben sein wird. Deutschlands Truppen müssen also im Osten festgehalten werden, und deswegen wird Kerenski die letzte Kraft Rußlands im Angriff einsetzen. Ein gewagtes Spiel, am meisten gewagt für Rußland! Doch voll berechtigt; denn gelingt es, dann ist nicht nur die Entente gerettet, sondern es kann auch eine russische Diktatur geschaffen und erhalten werden. Ohne solche ist Rußland dem Chaos verfallen.

Die Aussichten für die Offensive Kerenskis gegen die deutsche Front sind freilich jetzt kaum besser als in früheren Zeiten. Mögen auch gute, deutsche Divisionen nach dem Westen gezogen worden sein, die verbliebenen genügen, um einen russischen Anprall auszuhalten. Zu einer langandauernden Sturmflut wie 1917 wird der Angriff nicht werden, dazu fehlt dem Gegner die innere Kraft. Zahlreiche russische Freiheitsverkünder durchziehen plündernd das Rückengebiet der Armee oder strömen der Heimat zu. Auch gute Elemente verlassen die Front, aus Sorge um Angehörige und Besitz angesichts der drohenden innerpolitischen Katastrophe.

Bedenklich liegen dagegen die Verhältnisse an der österreichisch-ungarischen Front; es ist zu befürchten, daß dort auch jetzt wieder, wie 1916, der russische Ansturm schwache Stellen finden wird. Vielleicht, ja sicher wohl, hat Kerenski darüber die gleichen Nachrichten, wie wir. Wird uns doch schon im Frühjahr durch einen Vertreter der verbündeten Macht ein tiefernstes Bild von dortigen Zuständen entworfen mit dem Gesamteindruck, daß „die österreichisch-slawischen Truppen in überwiegender Mehrzahl einem russischen Angriff jetzt noch geringeren Widerstand entgegensetzen werden wie 1916", denn sie sind gleichzeitig mit den russischen Truppen auch politisch zersetzt worden.

Aus ähnlichem Einblick, den Überläufer ihm liefern, wird sich wohl Kerenskis Kriegsplan ergeben haben, nämlich: Örtliche Angriffe gegen die Deutschen, um diese zu binden, den Massenstoß aber gegen die k. u. k. Mauer. Und so geschah es.

Bei Riga, Dünaburg und Smorgon greift der Russe die deutschen Stellungen an und wird zurückgetrieben. Die Mauer in Galizien erweist sich nur da als steinern, wo österreichisch-ungarische Truppen mit deutschen vereint stehen. Dagegen stürzt die österreichisch-slawische Wand bei Stanislau vor dem einfachen Pochen Kerenskis. Aber Kerenskis Truppen sind nicht mehr Brussilows Truppen. Ein Jahr verging seit des letzteren Offensive. Es war ein Jahr schwerer Verluste und tiefer Zersetzung für das russische Heer. So dringt die russische Offensive trotz günstigster Aussichten auch bei Stanislau nicht vollständig durch.

Die russische Saat ist nun endlich zum Schneiden reif. Die Schnitter stehen auch schon bereit. Es ist die Zeit, in der auch auf den Fluren der deutschen Heimat die wirkliche Ernte beginnt. Mitte Juli!

Unser Gegenstoß im Osten

Gegenstoß! Keine Truppe, kein Führer an der Front kann diese Nachricht mit freudigerer Genugtuung vernommen haben, wie ich sie empfand, als ich endlich den Zeitpunkt hierfür gekommen sah.

An früherer Stelle habe ich unsere Lage bis zum Frühjahr 1917 als eine große strategische Bereitstellung bezeichnet. Unsere Reserven waren dabei freilich nicht eng vereinigt, wie etwa die Heeresmassen Napoleons, als er im Herbste 1813 den Angriff der ihn von allen Seiten umringenden Gegner erwartete. Die ungeheuren Räume, die wir zu beherrschen hatten, verboten ein derartiges Verfahren. Die Leistungen unserer Eisenbahnen ermöglichten andererseits, auch weit verstreut stehende Verfügungstruppen rasch zu einem Stoß auf ein gewähltes Operationsfeld zu werfen.

Die Abwehrkämpfe im Westen hatten an dem Bestand unserer Reserven stark gezehrt. Mit dem verbliebenen Reste dort eine Gegenoffensive zu machen, verboten die Stärkeverhältnisse und die Kampfschwierigkeiten. Dagegen schienen diese unsere Kräfte auszureichen, um mit ihnen im Osten die Lage endgültig zu unseren Gunsten zu entscheiden und dadurch den politischen Zusammenbruch unserer dortigen Gegner herbeizuführen. Die Stützen Rußlands waren morsch geworden. Die letzten Kraftäußerungen des jetzt republikanischen Heeres waren nur das Ergebnis einer künstlich hochgetriebenen Welle, die ihre Stärke nicht mehr aus den Tiefen des Volkes schöpfte. War aber in diesem Völkerringen die Fäulnis in ein Volksheer einmal eingedrungen, so mußte der völlige Zusammenbruch unvermeidlich sein. Aus dieser Überzeugung heraus war ich der Meinung, daß wir in Rußland auch mit geringen Mitteln nunmehr Entscheidendes erreichen könnten.

Begreiflicherweise fehlte es nicht an Stimmen, die vor einem Einsatz unserer verfügbaren Reserven zu einem Angriff auch jetzt noch warnten. Und in der Tat, die Frage war nicht so einfach zu entscheiden, als es jetzt, wo sich der Gang der Ereignisse klar überblicken läßt, scheinen möchte. Wir hatten in der Zeit des Entschlusses manche schwere Bedenken und Sorgen zurückzustellen. War doch damals schon klar, daß der englische Angriff bei Wytschaete und Messines am 7. Juni nur den Vorbereitungskampf zu einem weit größeren Schlachtendrama bildete, das, sich an ihn anschließend, seinen Hintergrund in der weiter nördlich gelegenen flandrischen Landschaft haben würde. Auch mußten wir damit rechnen, daß Frankreich wieder zum Angriff schreiten würde, sobald sich sein Heer von den schweren Rückschlägen aus der Frühjahrsoffensive erholt hatte.

Das Wegziehen von Kräften aus dem Westen, es handelte sich um 6 Divisionen, war zweifellos ein Wagnis, ähnlich, wie wir es im Jahre 1916 beim Angriff auf Rumänien übernehmen mußten. Damals freilich zwang uns die offene Not. Jetzt führte uns der freie Entschluß. In beiden Fällen aber war das Wagnis gegründet auf das unerschütterliche Vertrauen zu unseren Truppen.

Auch aus anderen Gründen, als aus denen der allgemeinen Kriegslage erhoben sich gegen unseren Plan abmahnende Stimmen. An der Hand der Erfahrungen, die die Gegner unserer Verteidigung gegenüber gemacht hatten, wurde die Möglichkeit durchschlagender Angriffserfolge unsererseits bezweifelt. Ich erinnere mich, daß wir noch kurz vor dem Beginne unseres Gegenstoßes an der galizischen Front gewarnt wurden, mit den bereitgestellten Kräften nicht mehr zu erhoffen, als einen örtlichen Erfolg; also eine Einbeulung der feindlichen Linien, so wie der Gegner sie vielfach gegen unsere Verteidigung im ersten Anlauf erreichte. War dies anzustreben? Verzichteten wir dann nicht besser auf die ganze Operation?

Unter solchen Annahmen wurde auch die Anregung begreiflich: Wir sollten unsere Landkräfte lediglich zur Abwehr bereithalten und im übrigen abwarten, bis unsere Unterseeboote unsere Hoffnungen erfüllt haben würden. Der Gedanke hatte etwas verführerisches. Das Ergebnis des Unterseebootkrieges übertraf nach den uns damals zukommenden Mitteilungen alle unsere Erwartungen. Seine Wirkungen mußten daher bald offen zutage treten. Trotzdem konnte ich mich mit diesem Vorschlag nicht befreunden. Die militärischen wie politischen Verhältnisse im Osten drängten gerade jetzt derartig zur Entscheidung, daß wir nicht monatelang stillhalten und nur zusehen konnten. Wir mußten befürchten, daß, wenn dem Angriff Kerenskis unser Gegenschlag nicht auf dem Fuße folgte, die kriegerischen Strömungen in Rußland wieder die unbedingte Oberhand gewinnen würden. Es ist nicht notwendig, sich die Rückwirkung eines solchen Ganges der Ereignisse auf unser Land und auf unsere Verbündeten näher auszumalen.

Während sich Kerenski vergeblich abmüht, mit der Masse seiner noch angriffsfähigen Truppen nordwestlich Stanislau die inzwischen durch deutsche Kräfte stärker gestützten österreichisch-ungarischen Linien zu durchbrechen, versammeln wir südwestlich Brody, also seitwärts des russischen Einbruchs, eine starke Angriffsgruppe und treten am 19. Juli in südöstlicher Richtung auf Tarnopol zum Angriff an. Unsere Operation trifft wenig widerstandsfähige, im voraufgegangenen Angriff erschöpfte Teile der russischen Linien. Sie werden rasch über den Haufen geworfen, und mit einem Schlage bricht die ganze Offensive Kerenskis zusammen. Nur schleuniger Rückzug kann die nach Norden und vor allem die nach Süden an unsere Durchbruchstelle anschließenden russischen Kräfte vor dem Verderben retten. Unsere gesamte Ostfront in Galizien, bis weit nach Süden in die Karpathen hinein, setzt sich in Bewegung und folgt dem weichenden Feinde. Schon Anfang August ist fast ganz Galizien und die Bukowina vom Gegner befreit. An diesem schönen Erfolge haben unsere Bundesgenossen entsprechenden Anteil. Es wurde mir mitgeteilt, daß sich in den österreichisch-ungarischen Verfolgungskämpfen ganz besonders die Feldartillerie ausgezeichnet hätte. Sie fuhr in kühner Rücksichtslosigkeit über die eigene Infanterie hinaus an die Russen heran. Ich habe diese treffliche Waffe ja schon 1866 bei Königgrätz als Gegner bewundern gelernt und freute mich daher doppelt der erneuten Bewährung ihres Ruhmes auf unserer Seite.

Unsere Offensive kam an der Grenze der Moldau zum Stehen. Niemand konnte das mehr bedauern als ich. Wir waren in der denkbar günstigsten strategischen Lage, um uns durch Fortsetzung der Bewegungen in den Besitz dieses letzten Teiles Rumäniens zu setzen. Bei den damaligen politischen Verhältnissen in Rußland hätte das rumänische Heer sich wohl sicher aufgelöst, wenn wir es zum völligen Verlassen seines heimatlichen Bodens zwingen konnten. Wie hätten ein rumänischer König und ein königlich rumänisches Heer auf revoltierendem russischen Boden weiter bestehen können? Unsere rückwärtigen Verbindungen waren jedoch infolge Bahnzerstörungen durch die weichenden Russen so schwierig geworden, daß wir schweren Herzens auf die Fortsetzung der Operationen an dieser Stelle verzichten mußten. Ein späterer Versuch unsererseits durch einen Angriff bei Focsani die rumänische Armee in der Moldau ins Wanken zu bringen, drang nicht durch.

Wir halten nun weiter an dem Entschluß fest, Rußland bis zur endgültigen militärischen Ausschaltung nicht mehr locker zu lassen, mochte auch zu dieser Zeit im Westen der Beginn des flandrischen Dramas unsere Aufmerksamkeit, ja unsere vermehrten Sorgen auf sich ziehen. Konnten wir in Wolhynien und in der Moldau auf das russische Heer nicht weiter losschlagen, so mußte das an einem anderen Frontteil geschehen.

Bei Riga bot sich nun hierfür eine besonders geeignete Stelle, an der Rußland nicht nur militärisch sondern auch politisch empfindlich getroffen werden konnte. Dort sprang der russische Nordflügel wie eine mächtige Flankenstellung auf mehr als 70 km Breite bei nur 20 km Tiefe längs des Meeres auf das Westufer der Düna vor, eine strategische und taktische Drohstellung gegenüber unserer eigenen Front. Diese Lage hatte uns bereits früher, als ich noch das Oberkommando im Osten führte, gereizt. Wir hatten schon 1915 und 1916 Pläne geschmiedet, wie wir diese Stellung in der Nähe ihrer Basis durchbrechen und dadurch einen großen Schlag gegen ihre Besatzung führen könnten.

Auf dem glatten Papier eigentlich eine sehr leichte Operation, in der rauhen Wirklichkeit aber doch nicht ganz so einfach. Der Durchbruchskeil mußte nämlich oberhalb Riga über die breite Düna in nördlicher Richtung vorgetrieben werden. Nun hatten freilich im Verlauf des Krieges große Ströme wesentlich an ihrem imponierenden Charakter als Hindernisse eingebüßt. Hatte doch Generalfeldmarschall von Mackensen die mächtige Donau angesichts des Gegners zweimal überschritten. Wir konnten uns also an die Überwindung der schmaleren Düna mit leichterem Herzen heranwagen; aber die große Schwierigkeit des Unternehmens lag darin, daß die russischen vollbesetzten Schützengräben sich überall dicht an dem gegenüberliegenden Ufer hinzogen, die Düna wie einen nassen Festungsgraben ausnützend. Trotzdem gelingt am 1. September der kühne Angriff, da der Russe in unserem Vorbereitungsfeuer seine Uferstellungen verläßt. Und auch die Besatzung der großen Flankenstellung westlich des Flusses weicht, Tag und Nacht marschierend, über Riga nach Osten und entzieht sich dadurch leider großenteils rechtzeitig der Gefangenschaft.

Unser Angriff bei Riga ruft in Rußland die größte Sorge um Petersburg hervor. Die Hauptstadt des Landes gerät in Aufregung. Sie fühlt sich durch unseren Angriff bei Riga unmittelbar bedroht. Petersburg, immer noch der Kopf Rußlands, gelangt in einen Zustand höchster Nervosität, der sachliches, ruhiges Denken ausschließt; sonst würde man dort wohl den Zirkel in die Hand genommen haben, um die Entfernungen zu messen, die unsere bei Riga siegreichen Truppen immer noch von der russischen Hauptstadt trennen. Freilich nicht nur in Rußland, auch in unserem Vaterlande arbeitet die Phantasie bei dieser Gelegenheit sehr lebhaft und vergißt Raum und Zeit. Man gibt sich auch bei uns starken Illusionen über einen Vormarsch auf Petersburg hin. Offen gestanden würde diesen niemand lieber durchgeführt haben als ich selbst. Ich verstand daher das Drängen unserer Truppen und ihrer Führer, das Vorgehen mindestens bis zum Peipussee fortzusetzen. Allein wir mußten auf die Ausführung all dieser gewiß sehr schönen Gedanken verzichten; sie hätten unsere Truppen zu lange und in zu großer Zahl in einer Richtung gefesselt, die mit unseren weiteren Absichten nicht in Einklang zu bringen war. Unsere Aufmerksamkeit mußte sich vom Rigaischen Meerbusen der Küste des Adriatischen Meeres zuwenden. Darüber gleich nachher.

Können wir aber auf Petersburg nicht weitermarschieren und dadurch das Nervenzentrum Rußlands bis zum Zusammenbruch in lebhaftester Unruhe erhalten, so gibt es noch einen anderen Weg, um diesen Zweck zu erreichen, nämlich den zur See. Unsere Flotte geht mit voller Hingabe auf unsere Anregung ein. So entsteht der Entschluß, die dem Rigaischen Meerbusen vorgelagerte Insel Ösel wegzunehmen. Von dort bedrohen wir den russischen Kriegshafen Reval unmittelbar und vermehren unseren Druck auf das erregte Petersburg unter Einsatz nur geringer Kräfte. Die Operation gegen Ösel zeigt die einzige völlig gelungene Unternehmung beider Parteien in diesem Kriege, soweit es sich um ein Zusammenwirken von Heer und Flotte handelte. Die Verwirklichung des Planes wurde anfänglich durch ungünstiges Wetter derartig in Frage gestellt, daß wir schon daran dachten, die eingeschifften Truppen wieder an Land zu nehmen. Der Eintritt besserer Witterung läßt uns dann die Ausführung wagen. Sie verläuft von da ab nahezu mit der Genauigkeit eines Uhrwerks. Die Marine entspricht den hohen Anforderungen, die wir hierbei an sie stellen müssen, in jeder Richtung. Wir gelangen in den Besitz von Ösel und der benachbarten Inseln. In Petersburg werden die Nerven immer aufgeregter und arbeiten immer wilder und zusammenhangloser. Die Geschlossenheit in der russischen Heeresfront lockert sich mehr und mehr; immer deutlicher tritt zutage, daß Rußland zu sehr von inneren Aufregungen verzehrt wird, als daß es noch imstande wäre, in absehbarer Zeit nach außen hin zu erneuter Kraftentfaltung zu kommen. Was mitten in diesem Trubel noch fest und haltbar erscheint, wird von der roten Flut immer stärker umbrandet; Stück auf Stück wird von den Grundpfeilern des Staates weggerissen. Unter unseren letzten Schlägen wankt der Koloß nicht nur, sondern er berstet und stürzt. Wir aber wenden uns einer neuen Aufgabe zu.

Angriff auf Italien

Trotzdem die Lage in Flandern in dieser Herbstzeit außerordentlich ernst ist, entschließen wir uns zum Angriff auf Italien. Man wird nach meiner früheren ablehnenden Haltung gegen ein solches Unternehmen vielleicht darüber verwundert sein, daß ich nun doch die Zustimmung meines Allerhöchsten Kriegsherrn zur Verwendung deutscher Truppen für eine Operation erwirkte, von der ich mir so geringen Einfluß auf unsere gesamte Lage versprach. Demgegenüber kann ich nur sagen, daß ich meine Anschauungen in dieser Beziehung nicht geändert hatte. Ich hielt es auch im Herbste 1917 für ausgeschlossen, daß uns selbst im Falle eines durchschlagenden Sieges eine Absprengung Italiens vom Bunde unserer Gegner gelingen würde; ich glaubte im Herbste 1917 ebensowenig wie bei Beginn dieses Jahres, daß wir lediglich für den Ruhm eines erfolgreichen Feldzuges gegen Italien deutsche Kräfte der gefährlichen Lage unserer Westfront entziehen dürften. Die Gründe meiner nunmehrigen Befürwortung unserer Beteiligung an einer solchen Operation waren auf anderen Gebieten zu suchen. Unser österreichisch-ungarischer Verbündeter klärte uns dahin auf, daß er nicht mehr die Kraft habe, einen zwölften italienischen Angriff an der Isonzofront auszuhalten. Diese Eröffnung war für uns militärisch wie politisch von gleich großer Bedeutung. Es handelte sich nicht nur um den Verlust der Isonzolinie sondern geradezu um den Zusammenbruch des gesamten österreichisch-ungarischen Widerstandes. Die Donaumonarchie war einer etwaigen Niederlage an der italienischen Front gegenüber weit empfindlicher als gegenüber einer solchen auf dem galizischen Kriegstheater. Für Galizien hatte man in Österreich-Ungarn nie mit Begeisterung gefochten. „Wer den Krieg verliert, muß Galizien behalten", war ein im Feldzug oft gehörtes österreichisch-ungarisches Spottwort. Dagegen war in der Donaumonarchie das Interesse für die italienische Grenze immer ein außerordentlich großes. In Galizien, das heißt gegen Rußland, focht Österreich-Ungarn nur mit dem Verstande, gegen Italien aber auch mit dem Herzen. An dem Kriege gegen Italien beteiligten sich auffallenderweise alle Stämme des Doppelreiches mit fast gleich großer Hingabe. Tschechisch-slowakische Truppen, die gegen Rußland versagt hatten, leisteten gegen Italien Gutes. Der

Kampf dort bildete gewissermaßen ein kriegerisch einigendes Band für die ganze Monarchie. Was würde eintreten, wenn auch dieses Band zerriß? Die Gefahr hierfür ist in dem Zeitpunkt, von dem wir sprechen, groß. Ende August hat nämlich Cadorna in der elften Isonzoschlacht wirklich einmal erheblich Gelände gewonnen. Alle bisherigen Geländeverluste waren zu verschmerzen gewesen; sie waren nach unseren eigenen reichlichen Erfahrungen eine natürliche Folge der zerstörenden Wirkung der Angriffsmittel gegen die stärkste Verteidigung. Jetzt aber waren die österreichischen Widerstandslinien an den äußersten Rand zurückgedrängt. Gewann der Italiener nach erneuten Vorbereitungen weiteres Gelände, so wurde für Österreich die Lage vorwärts Triest unhaltbar. Triest ist also ernstlichst bedroht. Wehe aber, wenn diese Stadt fällt. Wie Sebastopol den Krimkrieg, so scheint Triest den Krieg zwischen Italien und Österreich entscheiden zu können. Triest ist für die Donaumonarchie nicht nur eine ideale Größe sondern auch ein höchst realer Wert. An seinem Besitz hängt auch in der Zukunft ein großer Teil der wirtschaftlichen Freiheit des Landes. Triest muß also gerettet werden, und da es nicht anders möglich ist, mit deutscher Hilfe.

Gelang es uns, den Verbündeten durch einen gemeinsamen durchgreifenden Sieg an seiner Südwestfront ebensoweit zu entlasten, wie vor kurzem an der Ostfront, so war nach menschlichem Ermessen Österreich-Ungarn jedenfalls imstande, im Kriege an unserer Seite noch weiter durchzuhalten. Die schweren Kämpfe an der Isonzofront hatten bisher an der österreichisch-ungarischen Wehrkraft stark gezehrt. Der größte Teil ihrer besten Truppen hatte Cadorna gegenüber gestanden und am Isonzo schwer geblutet. Österreichisch-ungarisches Heldentum hatte dabei die menschlich größten Triumphe gefeiert. Denn die Verteidigung am Isonzo stand jahrelang einer mindestens dreifachen italienischen Überlegenheit gegenüber, und zwar in einer Lage, die in ihrem Elend und Schrecken derjenigen unserer Kampffelder an der Westfront nichts nachgab, ja sie in mancher Beziehung sogar übertraf. Auch wollen wir nicht vergessen, welch gewaltige Anforderungen der Hochgebirgskrieg in Südtirol an die Verteidigungstruppen stellte. Reichte doch dieser Krieg an manchen Stellen bis in das Gebiet des ewigen Eises und Schnees hinauf.

Für eine Operation gegen Italien war es der nächstliegende Gedanke: Vorbrechen aus Südtirol. Dadurch konnte die Hauptmasse des italienischen

Heeres im großen Kessel von Venetien der Vernichtung oder Auflösung entgegengeführt werden. Auf keiner unserer Kriegsfronten bot die strategische Linienführung gleichgünstige Vorbedingungen für einen gewaltigen Erfolg. Jede andere Operation mußte dieser gegenüber fast wie ein offenkundiger strategischer Fehler erscheinen. Und trotzdem mußten wir auf ihre Durchführung verzichten!

Bei der Beurteilung dieses Feldzugsplanes dürfen wir den inneren Zusammenhang zwischen unserem Kampf an der Westfront und dem Krieg gegen Italien nicht außer acht lassen. Wir konnten für den letzteren in Rücksicht auf unsere Lage im Westen nicht mehr als die Hälfte derjenigen Zahl deutscher Divisionen zur Verfügung stellen, die Generaloberst von Conrad für einen wirkungsvollen, durchschlagenden Angriff aus Südtirol heraus im Winter 1916/17 für erforderlich gehalten hatte. Stärkere Kräfte konnten wir dem Bundesgenossen auch dann nicht zur Verfügung stellen, wenn wir, wie es tatsächlich der Fall war, mit der Wahrscheinlichkeit rechneten, daß unsere Gegner an der Westfront sich genötigt sehen würden, bei einer schweren Niederlage ihres Verbündeten einige Divisionen aus ihrer großen Überlegenheit nach Italien zu entsenden. Gegen den Plan einer Operation aus Südtirol heraus sprach aber auch das Bedenken, daß ein früher Winter einbrechen konnte, bevor unser dortiger Aufmarsch beendet war. Die angeführten Gründe zwangen daher dazu, uns mit einem kleineren Ziele zu begnügen und zu versuchen, die italienische Front an dem offenkundig schwachen Nordflügel der Isonzoarmee zu durchstoßen, um dann gegen den südlichen Hauptteil des italienischen Heeres einen vernichtenden Schlag zu führen, bevor ihm der Rückzug hinter den schützenden Abschnitt des Tagliamento gelingen konnte.

Am 24. Oktober begann unser Angriff bei Tolmein. Nur mit Mühe gelang es Cadorna, den mit Vernichtung bedrohten Südteil seines Heeres unter Preisgabe von vielen Tausenden von Gefangenen und Zurücklassung großer Mengen Kriegsgeräts hinter die Piave zu retten. Erst dort gewannen die Italiener in engerer Vereinigung und gestützt durch herbeigeeilte französische und englische Divisionen wieder Kraft zu neuem Widerstand. Der linke Flügel der neuen Front klammerte sich an die letzten Bergrücken der venezianischen Alpen an. Unser Versuch, diese die oberitalienische Tiefebene weithin beherrschenden

Höhen noch zu gewinnen und damit den feindlichen Widerstand auch an der Piavefront zum Zusammenbrechen zu bringen, scheiterte. Ich mußte mich überzeugen, daß unsere Kraft zur Erfüllung dieser Aufgabe nicht mehr ausreichte. Die Operation hatte sich tot gelaufen. Der zäheste Wille der an Ort und Stelle befindlichen Führung wie ihrer Truppen mußte vor dieser Tatsache die Waffen sinken lassen.

So sehr ich mich der errungenen Erfolge in Italien freute, so konnte ich mich doch eines Gefühles des Unbefriedigtseins nicht völlig entziehen. Der große Sieg war schließlich doch unvollendet geblieben. Freilich, unsere prächtigen Soldaten kehrten mit berechtigtem Stolze auch aus diesem Feldzuge zurück. Doch die Freude der Soldaten ist nicht immer auch diejenige ihres Führers.

Fortsetzung der feindlichen Angriffe im zweiten Halbjahr 1917

Im Westen

Während wir gegen Rußland die letzten Schläge führten und Italien nahezu an den Rand des kriegerischen Zusammenbruches brachten, setzten England und Frankreich die Angriffe gegen unsere Westfront fort. Dort lag für uns die größte Gefahr des ganzen Feldzugsjahres.

Die Flandernschlacht brach Ende Juli los. Trotz der außerordentlichen Schwierigkeit, in die dadurch unsere Lage an der Westfront geriet, und ungeachtet der Gefahr, daß durch größere englische Erfolge unsere Operationen auf den übrigen Kriegsschauplätzen beeinträchtigt werden könnten, empfand ich bei Beginn dieser neuen Schlacht eine gewisse Befriedigung. England machte nochmals die erwartete äußerste Anstrengung, einen großen und entscheidenden Angriff gegen uns zu führen, bevor die Unterstützung durch die Vereinigten Staaten irgend wie fühlbar werden konnte. Ich glaubte darin die

Wirkung unseres Unterseebootkrieges zu erkennen, durch den England sich veranlaßt sah, die Kriegsentscheidung noch in diesem Jahre und um jedes Opfer zu erzwingen.

Die nun beginnende Flandernschlacht konnte zwar nicht in ihren Ausmaßen, wohl aber in der Zähigkeit, mit der sie auf englischer Seite durchgekämpft wurde, und in den Schwierigkeiten, die das Gelände in erster Linie dem Verteidiger bot, unseren Kämpfen an der Somme im Jahre 1916 vollwertig an die Seite gestellt werden. Statt in dem harten Kalkboden des Artois wurde nunmehr auf der sumpfigen, brüchigen, flandrischen Erde gefochten. Auch dieses Ringen entartete zu einer der uns ja schon so genau bekannten Dauerschlachten und gab in seinem Gesamtcharakter eine Höchststeigerung der düsteren Kriegsszenen, die einer solchen Schlacht anhaften. Die Kämpfe hielten uns selbstredend in einer großen Spannung. Ich darf wohl sagen, daß wir unter ihrem Drucke das Gefühl der Siegesfreude über unsere Erfolge in Rußland und Italien nur selten unbeeinträchtigt genießen konnten.

Mit größter Sehnsucht warteten wir auf den Eintritt der nassen Jahreszeit. Dann wurden, nach den bisherigen Erfahrungen, weite Flächen des flandrischen Landes ungangbar, und selbst auf den festeren Bodenteilen füllten sich die frischgeschlagenen Geschoßtrichter so rasch mit Grundwasser, daß der in ihnen Deckung Suchende in kurzer Zeit vor die Frage gestellt war: „Entweder ertrinken oder diese Höhlung verlassen!" Auch dieser Kampf mußte dann im Morast ersticken, wenn auch englische Zähigkeit ihn endlos ausdehnen zu wollen schien.

Die Schlachtglut verglomm erst im Dezember. So wenig wie an der Somme erscholl in Flandern Siegesjubel auf seiten einer der abgerungenen Parteien.

Gegen Abschluß der flandrischen Schlacht entbrannte plötzlich ein wilder Kampf in einer bisher verhältnismäßig stillen Gegend. Am 20. November wurden wir bei Cambrai überraschend von den Engländern angegriffen. Sie trafen dort auf einen zwar technisch sehr stark ausgebauten, aber mit nur wenigen und kampfverbrauchten Truppen besetzten Teil der Siegfriedstellung. Mit Hilfe seiner Tanks durchbrach der Gegner unsere völlig unversehrten, mehrreihigen Hindernisse und Grabenlinien; englische Kavallerie erschien am

Rande der Vorstädte von Cambrai. Der Durchbruch unserer Linien schien gegen Jahresschluß also doch noch Tatsache zu werden. Da gelang es einer vom Osten her eingetroffenen, ziemlich kampf- und transportmüden deutschen Division, die Katastrophe abzuwenden. Ja, es glückte uns nach mehrtägigen mörderischen Abwehrkämpfen am 30. November, mit rasch herangefahrenen, einigermaßen frischen Kräften den feindlichen Einbruch durch Gegenangriff in den Flanken zu fassen und die frühere Lage unter sehr schweren Verlusten des Gegners fast völlig wiederherzustellen. Nicht nur unsere dortige Armeeführung, sondern auch die Truppen und unser Eisenbahnwesen hatten eine der glänzendsten Leistungen des Krieges vollbracht.

Der erste größere Angriff im Westen, seitdem mir die Leitung der deutschen Operationen übertragen war, hatte erfolgreich geendet. Ebenso stark und belebend, wie dieser Erfolg auf unsere Truppen und deren Führer wirkte, war seine Wirkung auch auf mich persönlich. Ich empfand es wie eine Befreiung von einem Druck, der mich in der ununterbrochenen Verteidigungstätigkeit auf unserer Westfront belastete. Der Erfolg unseres Gegenangriffs bedeutete für uns aber mehr als bloße Befriedigung. Die Überraschung, durch die er errungen wurde, gab uns gleichzeitig eine Lehre für die Zukunft.

Mit der Schlacht von Cambrai hatte sich die englische Oberste Führung zum ersten Male freigemacht von ihrer bisherigen, ich darf wohl sagen, schematischen Kriegführung, unter deren Banne sie bisher gestanden hatte. Ein höherer operativer Geist schien diesmal zu seinem Recht gekommen zu sein. Die Fesselung unserer Hauptkräfte in Flandern und der französischen Front gegenüber war zu einem überraschenden, großen Schlag bei Cambrai ausgenutzt worden. Freilich zeigte sich die untere Führung auf englischer Seite auch diesmal den Anforderungen und der Gunst der Lage nicht gewachsen. Sie ließ sich durch das Unterlassen der Ausnutzung eines glänzenden Anfangserfolges den Sieg aus den Händen nehmen, und zwar von Kräften, die sowohl nach Zahl wie nach Verfassung den ihrigen weit unterlegen waren. Von diesem Gesichtspunkte aus verdiente der Gegner bei Cambrai den gründlichen Rückschlag. Auch seine Oberste Führung scheint versäumt zu haben, die nötigen Mittel zur unbedingten Sicherung der Durchführung und Ausnutzung des Kampfes bereitzustellen. Starke Kavalleriemassen hinter den erfolgreichen vordersten Infanteriedivisionen genügten auch diesmal nicht, die letzten, wenn auch nur noch schwachen Widerstände zu beseitigen, die für eine durchgreifende Entscheidung die freie Bahn in Flanke und Rücken des Gegners noch sperrten. Die englischen Reitergeschwader konnten auch in Verbindung mit Panzerwagen der deutschen Verteidigung gegenüber nicht den Sieg an ihre Standarten heften, für den sie sich schon wiederholt im ritterlichen Reitergeist eingesetzt hatten.

Der englische Angriff bei Cambrai brachte zum ersten Male das Bild eines großen Überraschungsangriffes mit Panzerwagen. Wir kannten dieses Kampfmittel schon von der Frühjahrsoffensive her, in der es uns keinen besonderen Eindruck gemacht hatte. Die Tatsache jedoch, daß die Tanks nunmehr derartig technisch vervollkommnet waren, daß sie die meisten unserer unversehrten Gräben und Hindernisse überwanden, verfehlte eine starke Wirkung auf unsere Truppen nicht. Die Stahlkolosse wirkten weniger physisch vernichtend durch das Feuer von Maschinengewehren und leichten Geschützen, das aus ihnen sprühte, als moralisch aufreibend durch ihre verhältnismäßige Unverwundbarkeit. Der Infanterist fühlte sich den Panzerwänden gegenüber ziemlich machtlos. Durchbrachen die Maschinen die Grabenlinien, dann glaubte sich der Verteidiger im Rücken bedroht und verließ seine Stellung. Ich bezweifelte dennoch nicht, daß unsere Soldaten, obwohl sie in der Verteidigung wahrlich schon genug über sich ergehen lassen mußten, sich auch noch mit dieser neuen gegnerischen Vernichtungswaffe abfinden würden, und daß unsere Technik die Mittel zur Bekämpfung der Tanks bald und in der nötigen handlichen Form liefern würde.

Wie zu erwarten war, sahen die Franzosen den Sommer- und Herbst-Angriffen ihres englischen Bundesgenossen nicht mit Gewehr bei Fuß zu. Sie griffen uns in der zweiten Augusthälfte bei Verdun und am 22. Oktober nordöstlich von Soissons an. In beiden Fällen entrissen sie unseren dort stehenden Armeen umfangreiche Stellungsteile und verursachten ihnen bedeutende Verluste. Im allgemeinen beschränkte sich die französische Führung aber in der zweiten Jahreshälfte auf örtliche Angriffe, wohl gezwungen durch die mörderischen Verluste, die sie im Frühjahr erlitten hatte, und die es ihr nicht rätlich erscheinen ließen, ihre Truppen nochmals gleich schweren Erschütterungen auszusetzen.

Auf dem Balkan

Angriffe der Gegner gegen die bulgarische Front in Mazedonien während der letzten Sommermonate 1917 hatten die Lage auf diesem Kriegsschauplatz nicht zu verändern vermocht. Sarrail verfolgte anscheinend mit diesen Unternehmungen keine größeren Ziele. Er zeigte im Gegenteil eine merkwürdige Zurückhaltung, die auf ein nahezu völliges Brachlegen seiner Kräfte für die Gesamtlage hinauslief.

Mit zunehmender Sorge sah Bulgarien in dieser Zeit auf die griechische Mobilmachung. Die Nachrichten, die wir selbst aus Griechenland erhielten, ließen es zweifelhaft erscheinen, ob es Venizelos gelingen würde, kampfbrauchbare Truppenverbände zu schaffen. Selbst die sogenannten venizelistischen Divisionen bildeten lange Zeit nichts anderes als teilnahmslose Statistengruppen, die sich auf dem mazedonischen Kriegstheater weit lieber in Heldenrollen wie im Heldenkampfe bewegten. Der eigentliche und gesunde Kern des Griechenvolkes lehnte dauernd die Beteiligung an einer innerstaatlichen Politik offenen Treubruches ab. Die bulgarischen Sorgen beruhten vielleicht auf einer Nachwirkung der Ereignisse des Jahres 1913.

In Asien

Ich wende mich nun den Ereignissen in der asiatischen Türkei zu. Das Fehlen ihrer Darstellung würde ich für ein Unrecht gegen den tapferen und treuen Bundesgenossen halten. Ferner würde durch diesen Mangel die Schilderung des gewaltigen Dramas unvollständig werden, dessen Szenerien sich von den nordischen Meeren bis zu den Ufern des Indischen Ozeans ausdehnten. Auch hier möchte ich mich weniger mit der Beschreibung der Vorgänge als mit der Klarlegung ihrer inneren Zusammenhänge beschäftigen.

Die Geistesarbeit unserer Heimstrategen mühte sich nicht nur an Feldzugsplänen in Mitteleuropa ab, sondern verlor sich auch manchmal in den fernen Orient. Die Produkte dieser Bemühungen gelangten teilweise auch in meine Hände. Meistens beschränkte man sich bei solchen schriftlichen Darlegungen, „um meine kostbare Zeit nicht allzusehr in Anspruch zu nehmen“, auf „allgemeine Richtlinien“ und glaubte, das weitere vertrauensvoll mir überlassen zu können. Nur mahnte man häufig zur Eile! Ein solcher Stratege aus dem Kreise unserer hoffnungsvollen Jugend schrieb mir eines Tages: „Sie werden sehen, dieser Krieg entscheidet sich bei Kiliz – also dorthin unsere gesamte Kraft!“ Es galt zunächst diesen Ort zu suchen. Er wurde innerhalb der gemäßigten Zone, nördlich von Aleppo, entdeckt.

Man mag diesen Einfall des jungen Mannes noch so eigenartig finden, es lag doch ein gutes Teil richtigen strategischen Gefühls in diesem seinem Gedanken. Zwar nicht das Schicksal des ganzen Krieges, wohl aber das Schicksal unseres osmanischen Bundesgenossen wäre auf dem kürzesten Wege bestimmt worden, wenn England die Entscheidung in dieser Gegend gesucht, ja vielleicht nur ernstlich versucht hätte. Die Herrschaft über das Land südlich des Taurus war für die Türkei mit einem Schlage unrettbar verloren, wenn es den Engländern gelang, im Golf von Alexandrette zu landen und in östlicher Richtung vorzudringen. Damit wäre die Lebensader der ganzen transtaurischen Türkei, durch die frisches Blut und andere Nährkraft zu den syrischen und mesopotamischen sowie einem Teil der kaukasischen Armeen floß, durchschnitten worden. Gering genug war ja die Kraft- und Blutmenge, aber sie genügte doch lange Zeit, um die osmanischen Armeen gegen die ungenügend vorbereiteten, vielfach matt und unsachlich geführten gegnerischen Operationen und Angriffe zum langandauernden Standhalten zu befähigen.

Der Schutz des Golfes von Alexandrette war einer türkischen Armee anvertraut, die kaum einen einzigen gefechtsbrauchbaren Verband aufwies. Alles, was diese Bezeichnung verdiente, strömte immer wieder von dort nach Syrien oder Mesopotamien ab. Auch der artilleristische Küstenschutz bestand hier mehr in der orientalischen Phantasie, als in der kriegerischen Wirklichkeit. Enver Pascha bezeichnete die Lage mir gegenüber treffend mit den Worten: „Meine einzige Hoffnung ist, daß der Gegner unsere Schwäche an dieser gefährlichen Stelle nicht bemerkt.“

War nun wirklich irgend welche Wahrscheinlichkeit dafür gegeben, daß diese ernstliche Schwäche am Golf von Alexandrette dem Gegner verborgen blieb? Ich glaubte nicht. Nirgends konnte der gegnerische Nachrichtendienst sich ungehemmter entwickeln und fand unter dem bunten Völkergemisch größere Unterstützung als in Syrien und Kleinasien. Es schien ausgeschlossen, daß die englische Oberste Kriegsleitung nicht genaue Kenntnis von den Verhältnissen im dortigen Küstenschutz gehabt haben sollte. England konnte auch nicht befürchten, daß es mit einem Vorstoß aus dem Golf von Alexandrette in ein Wespennest stoßen würde; das Nest hatte ja keine Wespen. War also je ein Ausblick auf eine glänzende strategische Tat gegeben, so war das hier der Fall. Die Tat würde auf der ganzen Welt den größten Eindruck gemacht und ihre tiefgreifende Wirkung auf unseren türkischen Bundesgenossen nicht verfehlt haben.

Warum nutzte England diese Gelegenheit nicht aus? Vielleicht lagen die Seekriegserfahrungen aus dem Dardanellenunternehmen her jetzt noch lähmend in den englischen Gliedern, vielleicht war die Sorge vor unseren Unterseebooten zu groß, als daß man sich von feindlicher Seite an ein solches Unternehmen gewagt hätte.

Die Geschichte wird wohl einmal auch diese Fragen klären. Ich sage „vielleicht", denn Voraussetzung ist, daß England sie klären läßt. Wir bekommen wohl etwas Einblick in die ausschlaggebende britische Gedankenrichtung durch eine freilich schon vor dem Kriege gefallene Äußerung eines hohen englischen Seeoffiziers. Dieser gab zur Zeit der Faschoda-Angelegenheit auf die verwunderte Frage über seine vorsichtige Auffassung von der Rolle der englischen Flotte in mittelländischen Gebieten im Falle eines englisch-französischen Krieges die Antwort: „Ich habe die strikte Weisung, Englands Ruhm von Trafalgar nicht aufs Spiel zu setzen."

Der Ruhm von Trafalgar ist groß und berechtigt. Es gibt Kleinodien abstrakter Art, die den kostbarsten Schatz eines Volkes bilden. England verstand es, sich ein solches Kleinod im Ruhme von Trafalgar zu bewahren und es seinem Volke und der ganzen Welt ständig im schönsten Lichte vor die bewundernden Augen zu halten. Im großen Kriege fiel freilich so mancher Schatten über dieses Kleinod. So beispielsweise an den Dardanellen, und weitere Schatten folgten während der Kämpfe gegen die deutsche Seemacht, der stärkste und schwärzeste im Skagerrak. England wird uns diese Verdunkelung des Ruhmes von Trafalgar nie verzeihen.

Es verzichtete auf den kühnen Stoß in das Herz seines osmanischen Gegners und unterwarf sich weiter der opfervollen und langandauernden Mühe, die türkische Herrschaft südlich des Taurus durch allmähliches Zurückwerfen der osmanischen Armeen zu Falle zu bringen. Mit der Einnahme von Bagdad war bei Jahresbeginn ein erster erfolgverheißender großer Schritt zur Erreichung dieses Kriegszieles gemacht. Bei Gaza dagegen war der Angriff im Frühjahr gescheitert und mußte aufs neue vorbereitet werden. Unter dem bleiernen Druck der Sommersonne waren aber vorerst die weiteren kriegerischen Bewegungen erlahmt.

Der Verlust von Bagdad war schmerzlich für uns und, wie wir annehmen zu müssen glaubten, noch schmerzlicher für die ganze denkende und fühlende Türkei. Wie viel und wie oft war der Name der früheren Kalifenstadt im deutschen Vaterlande genannt, wie viele Phantasien waren mit ihm verknüpft worden, Phantasien, die man vorteilhafter im stillen gehegt hätte, statt sie geräuschvoll in die Welt hinauszuschreien nach unpolitischer deutscher Art.

Die militärische Gesamtlage wurde durch die Ereignisse in Mesopotamien nicht weiter beeinflußt, wohl aber war der deutschen Außenpolitik der Verlust Bagdads sehr empfindlich. Wir hatten der osmanischen Regierung den Besitzstand ihres Landes gewährleistet und fühlten nun, daß, trotz aller weitherzigen Auslegungen dieses Vertrages von seiten unsres Bundesgenossen, unser politisches Kriegskonto durch diesen neuen, großen Verlust sehr belastet wurde.

Enver Paschas Ersuchen um deutsche Mithilfe für eine Wiedereroberung Bagdads fand daher bei uns allenthalben bereitwilligstes Entgegenkommen, nicht zum mindesten auch deswegen, weil die türkische Heeresleitung jederzeit auf dem europäischen Kriegsschauplatz hilfsbereit gewesen war. Die Führung in diesem neuen Feldzuge sollte dem Antrage Envers entsprechend in deutsche Hände gelegt werden, und zwar nicht aus dem Grunde, weil deutsche Truppenunterstützung in größerem Maßstabe ins Auge gefaßt wurde, sondern weil es dem türkischen Vizegeneralissimus notwendig erschien, das kriegerische

Ansehen Deutschlands an die Spitze des Unternehmens zu stellen. Auch konnte an ein Gelingen des Planes nur gedacht werden, wenn es möglich war, die ungeheueren Schwierigkeiten an den endlos langen rückwärtigen Verbindungen zu überwinden. Eine türkische Führung würde an der Erfüllung dieser ersten Voraussetzung gescheitert sein.

Seine Majestät der Kaiser beauftragte auf türkisches Anfordern den General von Falkenhayn mit der Führung dieser außerordentlich schwierigen Operation. Der General unterrichtete sich im Mai des Jahres 1917 in Konstantinopel sowie in Mesopotamien und Syrien persönlich über seine Aufgabe. Die Reise nach Syrien erwies sich als notwendig, weil General von Falkenhayn unmöglich auf Bagdad operieren konnte, wenn nicht die Gewähr vorhanden war, daß die türkische Front in Syrien feststand. Unterlag es doch keinem Zweifel, daß das Bagdadunternehmen in kurzer Zeit an England verraten sein würde, und daß die Nachricht hiervon einen englischen Angriff in Syrien herausfordern mußte.

General von Falkenhayn gewann den Eindruck, daß die Operation durchführbar sei. Wir entsprachen daher den von ihm an uns gestellten Anforderungen. Wir gaben der Türkei alle ihre Kampftruppen zurück, die wir noch zur Verwendung auf dem europäischen Kriegsschauplatz stehen hatten. Das osmanische Korps in Galizien scheidet aus einem deutschen Armeeverbande aus, als eben Kerenskis Truppen vor unserem Gegenstoß nach Osten weichen. Es kehrt in seine Heimat zurück, begleitet von unserem wärmsten Dank. Die Osmanen hatten ihren alten Kriegsruhm in unseren Reihen nochmals bewährt und sich als ein durchaus brauchbares Kampfinstrument in unserer Hand erwiesen. Ich muß dabei freilich hervorheben, daß Enver Pascha uns die besten seiner verfügbaren Truppen für die Ostfront und Rumänien abgegeben hatte. Die Beschaffenheit dieser Korps durfte also nicht als Maßstab für die Güte und Verwendbarkeit des gesamten türkischen Heeres genommen werden. Die hingebende Arbeit, mit der sich unser Armee-Oberkommando in Galizien der Erziehung und Ausbildung, ganz besonders aber auch der Verpflegung und der gesundheitlichen Fürsorge seiner osmanischen Truppen widmete, hatte ihre reichsten Früchte getragen. Wie viele dieser rauhen Naturkinder fanden Kameradschaft und Nächstenliebe zum ersten und wohl auch zum letzten Male unter unserer Obhut.

Ich hatte gehofft, daß die heimkehrenden türkischen Verbände einen besonders wertvollen Bestandteil der Expeditionsarmee gegen Bagdad bilden würden. Leider ging diese Erwartung nicht in Erfüllung. Die Truppen waren kaum unserem Einfluß entrückt, als sie auch schon wieder zerfielen, ein Zeichen dafür, wie wenig tiefgreifend unser Beispiel auf die türkischen Offiziere gewirkt hat. Nur einzelne unter diesen machten der großen Masse mangelhaft geschulter und wenig brauchbarer Elemente gegenüber eine besondere, manchmal allerdings überraschend glänzende Ausnahme. Das osmanische Heer hätte eines völligen Neubaues bedurft, um wirklich zu Leistungen befähigt zu sein, die den großen Opfern des Landes entsprachen. Der Nachteil der jetzigen Zustände zeigte sich besonders in einem ungeheuren Menschenverbrauch. Es war die gleiche Erscheinung, wie sie bei jeder für den Krieg ungenügend vorbereiteten und mangelhaft erzogenen Armee eintritt. Eine gründliche kriegerische Vorbildung des Heeres spart dem Vaterlande im Ernstfall Menschenkräfte. Welch einen ungeheueren Umfang der Verbrauch an solchen in der Türkei im Verlauf des Krieges angenommen hatte, dürfte aus einer mir zugekommenen Nachricht hervorgehen, wonach in einzelnen Bezirken von Anatolien die Dörfer von jeder männlichen Einwohnerschaft zwischen dem Knaben- und dem Greisenalter entblößt waren. Das wird begreiflich, wenn man hört, daß die Verteidigung der Dardanellen den Türken etwa 200.000 Menschenleben gekostet hatte. Wieviel hiervon dem Hunger und den Krankheiten erlagen, ist nicht bekannt geworden.

Die deutsche Unterstützung für das Bagdadunternehmen bestand, abgesehen von einer Anzahl Offizieren für besondere Verwendung, aus dem sogenannten Asienkorps. Man hat sich darüber in unserem Vaterlande aufregen zu müssen geglaubt, daß wir den Türken ein ganzes Korps für so fernliegende Zwecke zur Verfügung stellten, anstatt diese kostbaren Kräfte in Mitteleuropa zu verwerten. Das Korps bestand aber nur aus drei Infanteriebataillonen und etlichen Batterien. Die Bezeichnung war zur Täuschung des Gegners gewählt; ob diese Täuschung wirklich gelang, ist uns nicht sicher bekannt geworden. Bei solchen Unterstützungen handelte es sich weit weniger um zahlenmäßige Verstärkungen unserer Bundesgenossen, wie darum, ihnen sittliche und geistige Kräfte, das heißt Willen und Wissen zuzuführen. Der eigentliche Sinn unserer Hilfe wird treffend gekennzeichnet durch ein Wort des Zaren Ferdinand, als er uns noch vor den Herbstkämpfen des Jahres 1916 in Mazedonien vor dem

Wegziehen aller deutschen Truppen aus der bulgarischen Front warnte: „Meine Bulgaren wollen Pickelhauben sehen, dieser Anblick gibt ihnen Vertrauen und Rückhalt. Alles andere haben sie selbst." Auch hier wurde also die Erfahrung bestätigt, die Scharnhorst einmal in die Worte faßte, daß der stärkere Wille des Gebildeten unendlich wichtiger für das Ganze sei, als die rohe Kraft.

Die Operation gegen Bagdad kam nicht zur Durchführung. Schon in den letzten Sommermonaten zeigte sich, daß der Engländer alle Vorbereitungen zu Ende geführt hatte, um die türkische Armee bei Gaza noch vor Eintritt der nassen Jahreszeit anzugreifen. General von Falkenhayn, der dauernd im Orient weilte, gewann immer mehr den Eindruck, daß die syrische Front diesem englischen Ansturm, der mit zweifellos großer Überlegenheit geführt werden würde, nicht gewachsen sei. Türkische Divisionen, die zur Unternehmung gegen Bagdad bestimmt waren, mußten nach Süden abgezweigt werden. Damit entfiel die Möglichkeit einer erfolgreichen Operation in Richtung Mesopotamien. Im Einvernehmen mit Enver Pascha gab ich daher meine Zustimmung, daß alle verfügbaren Kräfte nach Syrien geführt würden, damit wir dort selbst womöglich noch vor den Engländern zum Angriff übergehen könnten. Die deutsche Führung hoffte den bestehenden Bahnbetrieb und die Verwaltung in den türkischen Gebieten so sehr verbessern zu können, daß eine wesentlich erhöhte Truppenzahl auf diesem Kriegsschauplatz ernährt und mit allem notwendigen Kriegsbedarf versehen werden könnte.

Infolge von Reibungen politischer wie militärischer Art gingen für General von Falkenhayn kostbare Wochen verloren. Es gelang dem Engländer Anfang November, den Türken im Angriff bei Berseba und Gaza zuvorzukommen. Die osmanischen Armeen wurden nach Norden geworfen; Jerusalem ging Anfang Dezember verloren. Erst von Mitte dieses Monats ab kam wieder mehr Halt in die türkischen Linien nördlich Jaffa-Jerusalem-Jericho.

Wenn wir befürchtet hatten, daß diese türkischen Niederlagen, ganz besonders aber der Verlust von Jerusalem, bedenkliche politische Wirkungen auf die Stellung der jetzigen Machthaber in Konstantinopel ausüben würden, so trat hiervon, wenigstens äußerlich, nichts in die Erscheinung; eine merkwürdige Gleichgültigkeit zeigte sich an Stelle der gefürchteten Erregung.

Für mich bestand kein Zweifel, daß die Türkei niemals wieder in den Besitz von Jerusalem und der dortigen heiligen Stätten kommen könnte. Auch am Goldenen Horn teilte man stillschweigend diese Ansicht. Stärker als vorher wandte sich nunmehr die osmanische Sehnsucht, Entschädigung für die verlorenen Reichsteile suchend, anderen Gebieten Asiens zu. Vom militärischen Gesichtspunkte aus leider zu frühzeitig!

Ein Blick auf die inneren Zustände von Staaten und Völkern Ende 1917

Man befürchte nicht, daß ich mich nunmehr, meine Abneigung gegen Politik bezwingend, in den Strudel des Parteistreites hineinstürze. Ich kann aber die folgenden Ausführungen, wenn ich das Bild, das ich geben möchte, nicht allzu lückenhaft lassen will, nicht entbehren. Freilich, wer wird die Zeit, von der ich schreibe, jemals lückenlos darzustellen vermögen? Es werden immer wieder neue Fragen nach dem „Warum?" und nach dem „Wie?" auftauchen. Lücken werden bleiben, da so mancher Mund, den man jetzt schon zur Auskunft dringend benötigte, für immer still geworden ist. Ich kann auch nicht ein in sich abgeschlossenes Bild, sondern nur Striche hier und Striche dort geben, mehr für eine Charakterzeichnung als für ein vollendetes Gemälde. Scheinbar willkürlich setze ich an, wenn ich mich zunächst dem Orient zuwende.

„Die Türkei ist eine Null", so kann man in einem Aktenstück aus der Vorkriegszeit lesen, in einem deutschen, also keinem gegen die Türkei politisch gehässigen Aktenstück. Eine eigenartige Null, durch die die Dardanellen verteidigt wurden, die Kut-el-Amara gewann, gegen Ägypten zog, den russischen Angriff im armenischen Hochland zum Halten brachte! Eine für uns wertvolle Null, die, wie ich schon sagte, jetzt hunderttausende feindlicher Truppen auf sich zieht, Kerntruppen, die an den türkischen Grenzländern nagen, auch wohl dort eindringen, aber ohne den Hauptkörper verschlingen zu können!

Was gibt wohl dieser Null die innere Stärke? Selbst für den, der in diesen Zeiten, ja schon lange vorher, in dem Lande der Osmanen lebte, ein Rätsel! Stumpf und gleichgültig erscheint die große Masse, selbstsüchtig und unempfindlich gegen höheres völkisches Empfinden ein großer Teil hoher Kreise. Der ganze Staat wird anscheinend nur aus Völkerschaften gebildet, die durch tiefgehende Spalten getrennt, kein gemeinsames Innenleben haben. Und doch besteht dieser Staat und zeigt staatliche Kräfte. Die Macht Konstantinopels scheint am Taurus ihre Grenze zu haben; über Kleinasien hinaus herrscht kein wirklicher türkischer Einfluß, und trotzdem stehen immer noch türkische Armeen in dem weit entlegenen Mesopotamien und Syrien. Der Araber dort haßt den Türken, der Türke den Araber. Und doch schlagen sich arabische Bataillone immer noch unter türkischen Fahnen und laufen nicht in Massen zum Feinde über, der ihnen nicht nur goldene Berge verspricht sondern wirkliches, bei den Arabern so beliebtes Gold reichlichst spendet. In dem Rücken der englisch-indischen Armee, die in Mesopotamien, wie man meinte, den von den Türken geknechteten und ausgepreßten arabischen Stämmen die ersehnte Erlösung brachte, erheben sich diese Erlösten und wenden sich gegen ihre angeblichen Befreier. Es muß also doch eine Macht vorhanden sein, die hier vereinend wirkt, und zwar nicht nur eine zusammenpressende Not von außen, nicht nur ein politisches Zusammenleben, ein Gemeinschaftsgefühl im Innern. Auch die Gewalt der türkischen Machthaber kann diese bindende Kraft nicht ausschließlich liefern. Die Araber könnten sich ja dieser Gewalt entziehen, sie brauchten nur die Schützengräben mit erhobenen Armen feindwärts zu verlassen, oder im Rücken der türkischen Armeen sich zu erheben. Und doch tun sie es nicht. Ist es der Glaube, der Rest eines alten Glaubens, der hier verbindend wirkt? Man behauptet es mit guten Gründen und bestreitet es mit ebensolchen. Hier sind unserem Verständnis der osmanischen Psyche die Grenzen gesteckt; wir müssen den Streit der Meinungen ungelöst lassen.

So ganz lebensunfähig kann der Staat trotz schwerster Gebrechen also nicht sein. Man hört auch von vortrefflichen Beamten, die neben den pflichtvergessenen Gegenteilen im Amte sind und sich als Männer mit großen Plänen und großer Tatkraft erweisen. Einen davon lernte ich in Kreuznach kennen. Es war Ismail Hakki, ein Mann mit manchen Schattenseiten seines Volkes und doch ein geistvoller, fruchtbarer Verstand. Schade, daß er nicht einem Boden mit gesünderen Kräften entwuchs. Man sagte, er schriebe nichts, beherrsche alles mit seinem Kopfe, und dabei sorgte er für tausenderlei, dachte weit über den Krieg hinaus nationale, schöne Gedanken! Was ihn damals am meisten beschäftigte, worin gleichzeitig seine größte Macht lag, das war die Versorgung des Heeres und von Konstantinopel. Hätte man Ismail Hakki entfernt, so hätte die türkische Armee Mangel an allem gelitten; sie hätte noch mehr entbehrt, als sie es teilweise schon mußte, und Konstantinopel wäre vielleicht verhungert. Fast das ganze Land befand sich ja in einem Hungerzustand, nicht weil es an Lebensmitteln mangelte, sondern weil die Landesverwaltung und die Verbindungen nicht funktionierten, weil nirgends ein Ausgleich zwischen Bestand und Bedarf geschaffen werden konnte. Wovon und wie die Menschen der größeren Städte lebten, wußte niemand. Konstantinopel versorgten wir mit Brot, schafften Getreide aus der Dobrudscha und Rumänien hin und halfen trotz der eigenen Not. Freilich würde das, was wir für Konstantinopel geliefert haben, unsern Millionen von Magen nicht viel geholfen haben. Hätten wir die Lieferungen verweigert, so hätten wir die Türkei verloren. Denn ein verhungerndes Konstantinopel würde revoltieren, trotz aller Gewaltherrschaft. Ist dort wirklich Gewaltherrschaft? Ich sprach schon vom Komitee; es sind aber dort auch andere Einflüsse gegen die starken Männer tätig, Einflüsse des politischen, vielleicht auch geschäftlichen Hasses, durch welche Parteiungen geschaffen werden. Starke Strömungen bewegen sich unter der scheinbar ruhigen Oberfläche; ihre Strudel werden manchmal oben sichtbar, wenn sie versuchen, die jetzigen führenden Männer in die Tiefe zu ziehen.

Das Heer leidet auch unter diesen Strömungen. Die Heeresleitung muß ihnen, wie ich schon früher andeutete, Rechnung tragen, muß manchmal nachgiebig gegen sie sein, nicht zum Vorteil des Ganzen. Sonst würde das Heer, das an seiner zahlenmäßigen Stärke immer reißender abnimmt, auch innerlich aufgelöst werden. Der Mangel und die Not zersetzt teilweise die Truppe. An ihren Beständen zehrt aber auch die Endlosigkeit des jetzigen Krieges, der mit früheren Feldzügen, im Yemen und auf dem Balkan, sich für so viele türkische Soldaten zu einem großen ununterbrochenen Ganzen verbunden hat. Die Sehnsucht nach der Heimat, nach Weib und Kind – auch der Islam kennt diese Sehnsucht – treibt Tausende der Soldaten zur Fahnenflucht. Von den vollen Divisionen, die in Haidar-Pascha auf die Bahn gesetzt werden, kommen nur Bruchteile bis Syrien oder Mesopotamien. Man mag darüber streiten, ob die Zahl türkischer Fahnenflüchtiger in Kleinasien 300.000 oder 500.000 beträgt. Jedenfalls ist sie nahezu so groß, wie die Kampftruppen aller türkischen Armeen zusammen. Kein schönes Bild und doch – die Türkei hält noch immer stand und erfüllt ihre Treuepflicht ohne einen Ton der Klage oder des Wankelmutes nach bestem Können!

Auch in Bulgarien herrscht Not. Not an Lebensmitteln in dem Lande, das sonst Überfluß hat! Die Ernte war mäßig, aber sie könnte reichen, wenn das Land wie unsere Heimat verwaltet würde, wenn auch hier Ausgleich geschaffen werden könnte zwischen Gegenden des Überflusses und solchen des Mangels. Ein Bulgare antwortet uns auf diesbezügliche Anregungen: „Wir verstehen solches nicht!“ Eine einfache Entschuldigung, nein eigentlich eine Selbstanklage. Man legt die Hände in den Schoß, weil man nicht gelernt hat, sie zu rühren. Wir wissen ja, daß Bulgarien beim Übergang aus türkischem Sklaventum zur völligen innenstaatlichen Freiheit einer erziehenden, straff organisierenden Hand entbehrte. Es hatte, man lasse mich als Preußen sprechen, keinen König Friedrich Wilhelm I., der die eisernen Träger schuf, auf denen unser Staatswesen so lange und so sicher ruhte. Bulgarien kennt keine gute Verwaltung, es kennt aber dafür viele Parteien. Mit Schärfe wendet sich deren Mehrzahl gegen die Regierung, nicht wegen deren Außenpolitik, denn diese verspricht eine große Zukunft, völkische Einheit und staatliche Vormacht auf dem Balkan; wohl aber tobt der Kampf wegen innerer Fragen um so rücksichtsloser. Kein Mittel, auch das gefährlichste nicht, wird hierbei verachtet. Man vergreift sich an den Bundesgenossen und an dem eigenen Heere. Ein gefährliches Spiel! Die Dobrudschafrage bildet ununterbrochen ein beliebtes Mittel hetzerischen Parteigetriebes. Die Regierung hat gefährliche Geister beschworen, um auf die Türkei und uns einen Druck auszuüben, und wird diese Geister, die alles zu zersetzen drohen, die aus Parteizwecken den Haß gegen die Verbündeten und ihre Vertreter predigen, nicht mehr los. Da scheint es uns im Herbste 1917 das beste, in dieser Dobrudschafrage vorläufig nachzugeben und ihre endgültige Lösung dem Ausgang des Krieges zu überlassen. Ein Rückzug unsererseits aus Vernunft, nicht aus Überzeugung. Auffallend ist es, daß sofort nach unserem Nachgeben in Bulgarien das Interesse an dieser Angelegenheit schwindet. Das Wort Dobrudscha hat im Parteikampfe nunmehr seine agitatorische Kraft verloren. So endet dieser wenigstens unblutige Kampf mit uns, aber derjenige um die Macht zwischen den politischen Parteien hält an und treibt rücksichtslos seine Keile selbst in das Gefüge des Heeres, und zwar tiefer als nur je im Frieden.

Die Truppe zeigt sich für diese zersetzende Tätigkeit zugänglich, denn sie ist schlecht versorgt, ja sie beginnt geradezu Mangel zu leiden. Das Fehlen organisatorischer Tätigkeit und Fähigkeit zeigt sich auch hier an allen Ecken und Enden. Wir machen Vorschläge zu durchgreifenden Verbesserungen. Die Bulgaren erkennen diese Vorschläge als zweckentsprechend an, aber sie haben nicht die Kraft, scheuen auch die Mühe, sie zu verwirklichen. Man beschränkt sich darauf, an dem Deutschen herum zu nörgeln, der im Lande sitzt – freilich in einem gemeinsam eroberten Lande –, der vertragsmäßig ernährt werden soll, weil er an der mazedonischen Grenze kämpft, nicht zum Schutze der deutschen, sondern in erster Linie der bulgarischen Heimat. Der Deutsche soll sich, nach bulgarischer Meinung, nur selbst ernähren, und er tut es denn um des lieben Friedens willen auch, führt Vieh, ja sogar Heu aus der Heimat bis nach Mazedonien herunter. Die dauernden Zwistigkeiten zeigen sich freilich nicht bei den kämpfenden Truppen, denn dort schätzt man sich, wohl aber in dem Rückengebiet der gemeinsamen Front. Um diese Zwistigkeiten einzuschränken, schlagen wir den Austausch unserer deutschen Truppen aus Mazedonien mit bulgarischen Divisionen vor, die noch in Rumänien stehen. Wir bieten damit den Bulgaren doppelten, ja dreifachen zahlenmäßigen Ersatz, doch sofort erhebt sich ein großer Lärm in Sofia über Mangel an Bundestreue. Wir beschränken uns daher auf das Wegziehen nur geringer deutscher Kräfte und übernehmen die bisherigen Stellungen der bulgarischen Divisionen in Rumänien mit etlichen unserer Bataillone. So verlassen die bulgarischen Divisionen das nördliche Donauufer, auf das sie seiner Zeit fast widerwillig hinübergegangen waren.

Auch das bulgarische Bild ist also nicht ungetrübt. Aber wir können auf weitere Bündnistreue rechnen, wenigstens solange wir die großen politischen Ansprüche Bulgariens erfüllen können und wollen. Als dann aber im Sommer des Jahres 1917 infolge von deutschen Presseäußerungen und deutschen parlamentarischen Reden sowohl in Sofia als bei den bulgarischen Armeen Zweifel darüber entstehen, ob wir unseren Versprechungen auch wirklich noch nachkommen wollen, da horcht man besorgt auf und, was schlimmer ist, man wird mißtrauisch gegen uns. Die Parteien fordern jetzt verstärkt die Abdankung Radoslawows. Seine Außenpolitik wird als großzügig anerkannt, alle stimmen ihr auch jetzt noch zu, aber er scheint nicht mehr der Mann zu sein, sie den Bundesgenossen gegenüber durchzusetzen. Seine Innenpolitik ist zudem vielfach verhaßt. Neue Männer sollen ans Ruder kommen, die alten sitzen nach bulgarischem Urteil schon zu lange an der Krippe des Staates. Man meint, sie könnten sich gesättigt haben. Alles soll aus der Regierung scheiden, was mit Radoslawow zusammenhängt, vom höchsten Beamten bis zum Dorfschulzen, so fordert es das parlamentarische, das sogenannte freie System. Das soll jetzt geschehen, jetzt mitten im Kriege!

Über Österreich-Ungarn habe ich nur wenig zu sagen. Die Schwierigkeiten im Innern des Landes sind nicht geringer geworden. Ich habe schon darüber gesprochen, daß die versuchte Versöhnung der staatszersetzenden tschechischen Elemente auf dem Wege der Milde vollständig scheiterte. Nun wird versucht, durch verstärktes Vorschieben kirchlicher Macht und kirchlichen Einflusses, durch Zurschautragen religiöser Gefühle ein einigendes Band um die auseinanderstrebenden Teile des Reiches oder wenigstens um seine einflußreichsten Kreise zu legen. Auch dieser Versuch bleibt ohne das erhoffte Ergebnis. Er bringt vielmehr weitere Spaltungen und erregt Mißtrauen auch da, wo bisher noch Hingebung vorherrschte. Die gegenseitige Abneigung der Völkerschaften wird durch die Verschiedenheiten in der Lebensmittelversorgung verschärft. Wien hungert, während Budapest genügend Nahrung hat. Der Deutsch-Böhme stirbt fast den Erschöpfungstod, während der Tscheche kaum etwas entbehrt. Zum Unglück ist die Ernte teilweise mißraten. Dies verstärkt die innere Krisis und wird sie noch mehr verstärken. Es fehlt in Österreich-Ungarn nicht, wie in der Türkei, an den technischen Mitteln eines Ausgleiches zwischen Überschuß- und Bedarfsgebieten. Aber es fehlt am einheitlichen Willen, an einer sich durchsetzenden staatlichen Macht. So hat das alte Übel der inneren politischen Gegensätze mit all seinen vernichtenden Folgen sich auch auf das Gebiet der einfachen Lebenserhaltung übertragen. Kein Wunder, daß die Friedenssehnsucht wächst, und daß das Vertrauen auf den Ausgang des Krieges abnimmt. Der russische Zusammenbruch wirkt daher mehr zersetzend als stärkend. Das Verschwinden der Gefahr von dieser Seite scheint die Gemüter nicht zu heben, sondern sie gleichgültiger zu machen. Selbst der Sieg in Italien ist ein Jubel nur für einzelne Teile und Kreise der Völker. Der Stolz durchdringt nicht mehr die Masse, die zum Teil und zeitweise wirklich hungert. Gar vieles, was man vor dem Tode des alten Kaisers noch hochhielt, hat seine sittliche Bedeutung verloren. Von Tausenden tschechischer und anderer Hetzer wird die staatliche Ehre mehr wie je mit Füßen getreten. Wahrlich es hätte stärkerer Nerven bedurft, als an den Regierungsstellen vorhanden waren, um dem Drucke der Massen, die teilweise den Frieden um jeden Preis verlangen, noch länger Widerstand zu leisten.

Und nun zu unserer eigenen Heimat:

Inmitten der Kampfzeiten, von denen ich weiter vorn gesprochen habe, vollziehen sich in unserem Vaterlande tiefgehende und folgenschwere Änderungen des innerpolitischen Zustandes. Die Krisis wird bezeichnet durch den Rücktritt des Reichskanzlers von Bethmann. Wenn ich anfänglich angenommen hatte, daß sich unsere Auffassungen über die durch den Krieg geschaffene Lage deckten, so mußte ich mit der Zeit zu meinem Bedauern immer mehr erkennen, daß dies nicht der Fall sei. Mir war die Leitung des Krieges übertragen, und für ihn bedurfte ich aller Kräfte des Vaterlandes. Diese in einer Zeit größter äußerer Spannung durch innere Kämpfe zu zersplittern, anstatt sie zusammenzufassen und immer wieder emporzureißen, mußte zu einer Schwächung unserer politischen und militärischen Stoßkraft führen. Aus diesem Gesichtspunkt heraus konnte ich es nicht verantworten, still zu bleiben, wenn ich sah, daß die Einheitlichkeit, die wir an der Front nötig hatten, in der Heimat zersetzt wurde. In der Überzeugung, daß wir in dieser Richtung unsern Feinden gegenüber mehr und mehr ins Hintertreffen gerieten, daß wir den entgegengesetzten Weg gingen wie diese, sah ich mich leider zu unserer Reichsleitung bald in einem Gegensatz. Die gemeinsame Arbeit litt. Ich hielt es daher für meine Pflicht, meinem Allerhöchsten Kriegsherrn im Juli mein Abschiedsgesuch einzureichen, so schwer mir als Soldat dieser Schritt wurde. Das Gesuch wurde von Seiner Majestät nicht bewilligt. Auch der Kanzler hatte gleichzeitig infolge einer Erklärung der Parteiführer des Reichstages seine Entlassung erbeten; sie wurde genehmigt.

Die nunmehr äußerlich zutage tretenden Folgen dieses Rücktrittes waren bedenklich. Der bisher nach außen hin aufrechterhaltene Schein des politischen Burgfriedens zwischen den Parteien hörte auf. Es bildete sich eine Mehrheitspartei mit dem ausgesprochenen Anschluß nach links. Die Versäumnisse, die angeblich in früheren Zeiten in der Weiterentwicklung unserer innerstaatlichen Verhältnisse begangen waren, wurden nunmehr im Kriege und unter dem Druck einer politisch ungeheuer schwierigen äußeren Lage des Vaterlandes dazu benutzt, um der Regierung immer weitere Zugeständnisse zugunsten einer sogenannten parlamentarischen Entwicklung zu erpressen. Wir mußten auf diesem Wege an innerer Festigkeit verlieren. Die Zügel der Staatsleitung gerieten allmählich in die Hände extremer Parteien.

Zum Nachfolger Bethmann Hollwegs wurde Dr. Michaelis ernannt. Zu ihm trat ich in kurzer Zeit in ein vertrauensvolles Verhältnis. Er war unverzagt an sein schweres Amt herangetreten. Seine Amtsführung war nur kurz; die Verhältnisse sollten sich stärker erweisen als sein guter Wille.

Die eingetretene parlamentarische Zerrissenheit wurde nicht wieder gebessert. Immer mehr drängte die Mehrheit nach links und stellte sich, trotz mancher schöner Worte, in ihren Taten vor die Elemente, die die bisherige Staatsordnung auflösen wollten. Immer schärfer zeigte es sich, daß die Heimat den wahren Ernst unserer Lage im Streit um Parteiinteressen und Parteidogmata vergaß oder diesen Ernst nicht mehr sehen wollte. Darüber jubelten unsere Gegner ganz offen und verstanden es, diese Parteiungen zu schüren.

Bei dieser Sachlage suchte man nach einem Reichskanzler, der in erster Linie imstande war, dank seiner parlamentarischen Vergangenheit einigend auf die zerfahrenen Parteiverhältnisse zu wirken. Die Wahl fiel auf den Grafen Hertling. Er war mir als Begleiter des Königs von Bayern schon in Pleß bekannt geworden. Ich erinnere mich noch gern der Herzlichkeit, mit der er mir damals seine Glückwünsche zu der eben durch Seine Majestät den Kaiser vollzogenen Verleihung des Großkreuzes des Eisernen Kreuzes aussprach. Es lag für mich etwas Ergreifendes und zugleich Ermunterndes in der Beobachtung, mit welcher Freudigkeit der alte Mann jetzt seine letzten Lebenskräfte in den Dienst des Vaterlandes stellte. Sein felsenfestes Vertrauen auf unsere Sache, seine Hoffnung auf unsere Zukunft überdauerte die schwersten Lagen. Er behandelte die parlamentarischen Parteien mit Geschick, vermochte aber dem Ernst der Lage gegenüber nicht mehr durchgreifend genug zu wirken. Im Verkehr mit der Obersten Heeresleitung blieb leider ein wohl von früher übernommenes Mißtrauen bestehen, das ab und zu das Zusammenarbeiten erschwerte. Meine

Verehrung für den Grafen wurde dadurch nicht beeinträchtigt. Er starb bekanntlich, kurz nachdem er sein dornenvolles Amt niedergelegt hatte.

Auch abgesehen von den eben berührten Mißständen ist in der Heimat am Ende des Jahres 1917 nicht alles erfreulich. Man kann es auch nicht verlangen. Denn der Krieg und die Entbehrungen lasten schwer auf vielen Teilen des Volkes und greifen an seine Stimmung. Ein jahrelang ungesättigter oder mindestens nicht befriedigter Magen erschwert einen höheren Schwung, drückt die Menschen zur Gleichgültigkeit herab. Die große Menge denkt auch bei uns bei körperlich ungenügender Ernährung nicht viel besser als anderswo, wenn auch die staatliche Kraft und die sittlichen Werte des Volkes unser ganzes Leben kräftiger durchsetzen. Dieses Leben muß aber unter solchen Verhältnissen leiden, besonders, wenn es keine neuen geistigen und seelischen Anregungen mehr erhält. An einer solchen Belebung fehlt es aber auch bei uns. Man stößt in Kreisen, in denen man sonst anderes denken gewohnt war, auf die gefährliche Ansicht, daß gegen die Gleichgültigkeit der Massen nichts mehr zu machen sei. Die Verfechter dieser Anschauung legen die Hände in den Schoß und lassen den Dingen ihren Lauf. Sie sehen zu, wie Parteien die Ermattung des Volkes als fruchtbaren Boden für ihre die staatliche Ordnung auflösenden Ideen ausnützen und eine verderbliche Saat ausstreuen, die weiter und weiter wuchert, weil sich keine Hände finden, das Unkraut auszureißen.

Die Gleichgültigkeit wirkt wie Untätigkeit. Sie durchsäuert den Boden für Unzufriedenheit. Diese aber steckt an, nicht nur die Bevölkerung der Heimat sondern auch den Soldaten, der dorthin zurückkehrt.

Der Soldat, der aus dem Felde kommend die Heimat wiedersieht, kann auf sie belebend und erhebend wirken. Und das taten die meisten. Aber er kann auch niederdrückend wirken, und auch das taten leider so manche, selbstredend nicht die Besten aus unseren Reihen. Diese wollten vom Kriege nichts mehr wissen; sie wirkten schlimmes auf dem schon verdorbenen Boden, nahmen aus diesem noch schlimmeres in sich auf und trugen die heimatliche Zersetzung hinaus ins Feld.

Es ist viel Unerfreuliches in diesen Bildern. Nicht alles hiervon ist eine Folge des Krieges oder brauchte wenigstens eine Folge des Krieges zu sein. Aber der Krieg erhebt nicht nur, er löst auch auf. Und dieser Krieg tat dies mehr, wie jeder frühere; er verdarb nicht nur die Körper, sondern auch die Seelen.

Auch der Gegner sorgt für diese Zersetzung. Nicht bloß durch seine Blockade und den dadurch hervorgerufenen Halbhunger sondern auch noch durch ein anderes Mittel, das man „Propaganda im feindlichen Lager“ nannte. Es ist das ein neues Kampfmittel, das die Vergangenheit wenigstens in solcher Größe und in solch rücksichtsloser Anwendung nicht kannte. Der Gegner benutzte es in Deutschland wie in der Türkei, in Österreich-Ungarn wie in Bulgarien. Der Regen verhetzender Flugblätter fällt nicht nur hinter unseren Fronten in Ost und West, sondern auch hinter den türkischen im Irak und in Syrien herab.

Als „Aufklärung des Gegners“ bezeichnete man diese Art von Propaganda. „Verschleierung der Wahrheit“ sollte man sie nennen, ja noch schlimmer als das, „Vergiftung der Seelen des Feindes“. Sie entspringt einer Auffassung, die nicht die Kraft in sich fühlt, den Gegner im offenen, ehrlichen Kampfe zu überwinden und seine moralische Kraft nur durch Siege des tapfer geführten Schwertes niederzuzwingen.

Schließlich noch der Versuch eines Blickes in das Innere der uns feindlichen Staaten:

Ich sage absichtlich „Versuch“, denn nur um einen solchen konnte es sich für uns während des Kriegszustandes handeln. Wir waren nämlich nicht nur blockiert in unserem wirtschaftlichen Verkehr sondern auch in all den anderen Beziehungen zum Auslande. Daran änderte unsere teilweise Angrenzung an neutrale Nachbarstaaten nur wenig. Unser Agentendienst lieferte nur ganz klägliche Ergebnisse. Im Kampfe zwischen uns und unsern Gegnern unterlag auf diesem Gebiete auch das deutsche Gold!

Wir wußten, daß jenseits der kämpfenden Westfront eine Regierung sitzt, die persönlich von Haß- und Rachegedanken erfüllt, das Innerste ihres Volkes ununterbrochen aufpeitscht. Es klingt wie ein „Wehe dem bisherigen Sieger“, wenn die Stimme Clémenceaus erschallt. Frankreich blutet aus tausend Wunden. Würden wir es nicht wissen, so könnten wir es den offenen Erklärungen seines Diktators entnehmen. Aber Frankreich wird weiterkämpfen.

Kein Wort, kein Gedanke von Nachgiebigkeit! Wo Risse in dem wie mit eisernen Ketten zusammengefaßten Staatsgefüge erscheinen, da greift die Regierung mit rücksichtslosester Gewalt zusammenpressend ein. Und der Zweck wird erreicht. Mag das Volk in seiner Mehrheit den Frieden ersehnen, im Lande der republikanischen Freiheit wird jegliche solche offene Regung kaltherzig in den Boden getreten und das Volk mit liberalen Phrasen weiter gefüttert. Schon vor dem Ausbruch des Krieges waren in dem sogenannten antimilitaristischen Frankreich die Worte „Humanismus und Pazifizismus" als „gefährliche Betäubungsmittel" gebrandmarkt, „mit denen die doktrinären Verfechter des Friedens die Mannhaftigkeit der Völker schwächen wollen." „Pazifizismus hat es zu allen Zeiten gegeben, sein rechter Name ist Feigheit, d. h. übertriebene Liebe des Individuums zu sich selbst, die es von jedem persönlichen Risiko zurückschrecken läßt, das ihm keinen unmittelbaren Vorteil bringt". So sprach man in dem „Frankreich des Friedens". War es ein Wunder, daß das „Frankreich des Krieges" nicht milder dachte und jeden, der im Kriege überhaupt von Frieden zu reden wagte, als Landesverräter brandmarkte?

Wir können es nicht bezweifeln, daß das französische Volk auch Ende 1917 besser genährt wird als das deutsche. Vor allem sorgt man für den Pariser, entschädigt ihn für so manches und beruhigt ihn auch durch alle noch möglichen Genüsse. Es scheint uns fraglich, ob der Gallier die Entbehrungen des täglichen Lebens in gleich hingebender Weise und so lange ertragen kann, als sein germanischer Gegner. Noch hoffen wir, daß die Probe vielleicht gemacht werden wird. Allein wir dürfen uns nicht im Unklaren sein, daß auch ein wirklich hungerndes Frankreich so lange kämpfen muß, als England es will, mag es auch dabei zugrunde gehen.

Die französischen Gefangenen sprechen wohl vom Elend des Krieges; sie erzählen von in der Heimat eingetretener Not. Aber ihr eigenes Aussehen läßt auf keinen Mangel schließen. Alle ersehnen das Ende des Ringens, doch keiner glaubt, daß es kommen wird, solange „die anderen kämpfen wollen".

Wie steht es in England?

Das Mutterland befindet sich in seiner Wirtschafts- und Weltstellung vor einer ungeheueren Gefahr. Niemand scheut sich dort, es auszusprechen. Es gibt nur einen Ausweg: den Sieg! Im Laufe dieses Kriegsjahres hat England einen „Schwächeanfall“ überwunden. Es hatte eine Zeitlang den Anschein, als ob die Geschlossenheit des allgemeinen Kriegswillens gelockert und die Kriegsziele herabgemindert werden würden. Die Stimme eines Lord Lansdowne ertönte. Aber sie verhallte unter dem Druck einer alles beherrschenden Kriegsgewalt, die das nahende Ende des Kampfes in sichere Aussicht stellt. Nach einem Tiefstand der wirtschaftlichen und politischen Stimmung hatte man im Sommer wieder Morgenluft des heranreifenden Erfolges gewittert, eine Morgenluft, deren Ursprung uns bis zum Ende des Jahres 1917 freilich noch nicht bekannt war. Sie war, wie uns später erst bekannt wurde, einem politischen Pfuhle auf mitteleuropäischem Boden entstiegen. Der Gedanke an das nahende Ende reißt das ganze Volk in voller Geschlossenheit wieder empor. Man erträgt wiederum williger das Entbehren von Genüssen, verzichtet leichter auf bisherige Lebensgewohnheiten und politische Freiheiten in der Hoffnung, daß die Vorhersage in Erfüllung geht, nach einem glücklichen Ende dieses Krieges würde jeder einzelne Engländer reicher sein. Zur wirtschaftlichen Selbstsucht tritt die politische Selbstzucht des einzelnen Engländers. Also auch hier nichts von Frieden, es sei denn, daß der Krieg nicht doch noch zu teuer wird. Die englischen Gefangenen sprechen auch Ende 1917 wie Ende 1914. Freude am Kampfe hat keiner. Doch danach fragt da drüben kein Mensch. Man fordert, und es wird geleistet.

Anders wie in Frankreich und in England scheint der Zustand in Italien. Im Feldzug des vergangenen Herbstes haben italienische Soldaten ohne zwingende Kampfesnot zu vielen Tausenden ihre Waffen gesenkt, nicht aus Mangel an Mut sondern aus Ekel vor diesem für sie sinnlosen Blutvergießen. Sie traten mit frohen Gesichtern die Fahrt in unser Heimatland an und begrüßten die ihnen dort bekannten Arbeitsstätten mit deutschen Gesängen. Wenn auch die Kriegsbegeisterung im Heer und Land auf dem Nullpunkt steht, das Volk erlahmt nicht völlig. Es weiß, daß es sonst hungern und frieren muß. Der italienische Wille muß sich auch weiterhin vor fremdem beugen, das war sein bitteres Schicksal von Anfang an. Man findet es erträglich durch den Anblick einer lockenden, reichen Beute.

Aus den Vereinigten Staaten kommen noch weniger Stimmen zu uns als vom fremden europäischen Boden. Was wir vernehmen, bestätigt unsere Vermutung. Das glänzende, wenn auch mitleidslose Kriegsgeschäft ist in den Dienst des Patriotismus getreten, und dieser versagt nicht. Auch in diesem Lande, an dessen Eingangspforte die Statue der Freiheit ihr blendendes Licht dem Fremden entgegensendet, herrscht unter dem Zwange der Kriegsnotwendigkeiten mit Recht eine rücksichtslose Gewalt. Man begreift den Krieg. Die weichen Stimmen müssen schweigen, bis die harte Arbeit getan ist. Dann mag die goldene Freiheit wieder sprechen zum Wohle der Menschen, jetzt wird sie unterdrückt zum Nutzen des Staates. Man fühlt sich in allen Schichten und Volksarten einig in einem Kampf für ein Ideal, und wo der Glaube an dieses oder der Drang des Blutes nicht zugunsten des an den Rand des Verderbens gedrückten Angelsachsen spricht, da wird Gold in die Wagschale der Entscheidung des Verstandes geworfen.

Von Rußland brauche ich nicht weiter zu sprechen. Wir blicken in sein Inneres wie in einen offenen Glutherd. Es wird vielleicht völlig ausbrennen, jedenfalls liegt es am Boden und hat den rumänischen Verbündeten mit sich gerissen.

So erschienen mir die Verhältnisse, von denen ich sprechen wollte, am Ende des Jahres 1917.

Mancher hat sich wohl in jenen Tagen die bedeutungsvolle Frage vorgelegt: „Wie erklärt es sich, daß der Gegner in seinen rücksichtslosen politischen Forderungen uns gegenüber nichts nachließ, trotz seiner vielen militärischen Mißerfolge des Jahres 1917, trotz des Ausscheidens Rußlands als Machtfaktor aus dem Kriege, trotz der doch zweifellos tiefgreifenden Wirkung des Unterseebootkrieges und der dadurch geschaffenen Unsicherheit für einen Transport starker nordamerikanischer Kräfte auf den europäischen Kriegsschauplatz? Wie vermochte uns Wilson noch am 18. Januar 1918 unter dem Beifall der gegnerischen Regierungen Bedingungen für einen Frieden zuzumuten, die man wohl einem völlig geschlagenen Feind diktieren konnte, mit denen man aber doch nicht an einen Gegner herantreten durfte, der bisher erfolgreich gefochten hatte, und der fast überall tief in Feindesland stand?"

Meine Antwort darauf war damals und ist noch jetzt folgende:

Während wir die feindlichen Armeen niederschlugen, richteten sich die Blicke ihrer Regierungen und Völker unentwegt auf die Entwicklung der inneren Zustände unseres Vaterlandes und der Länder unserer Bundesgenossen. Dem Gegner konnten die Schwächen, die ich im Vorausgehenden geschildert habe, nicht verborgen bleiben. Diese Schwächen aber stärkten seine uns so oft unbegreiflichen Hoffnungen und seinen Willen zum Siege.

Nicht nur der feindliche Nachrichtendienst, der unter den denkbar günstigsten Verhältnissen arbeitete, gab dem Gegner den wünschenswerten vollen Einblick in unsere Verhältnisse, sondern auch unser Volk und seine politischen Vertreter taten nichts, um die heimatlichen Mißstände vor den gegnerischen Augen zu verbergen. Der Deutsche erwies sich als noch nicht so weit politisch geschult, daß er imstande gewesen wäre, sich zu beherrschen. Er mußte seine Gedanken aussprechen, mochten sie für den Augenblick auch noch so verheerend wirken. Er glaubte, seine Eitelkeit befriedigen zu müssen, indem er sein Wissen und seine Gefühle der weiten Welt mitteilte. Ob er mit diesem Verhalten dem Vaterland nützte oder schadete, war bei dem vagen weltbürgerlichen Gefühle, in dem er vielfach lebt, für ihn meist eine Frage zweiter Ordnung. Er glaubte, gerecht und klug geredet zu haben, war hiervon selbst befriedigt und setzte voraus, daß es auch seine Zuhörer sein würden. Damit war der Fall für ihn dann erledigt.

Dieser Fehler hat uns im großen Ringen um unser völkisches Dasein mehr geschadet als militärischer Mißerfolg. Dem Mangel an politischer Selbstzucht, wie sie dem Engländer zur zweiten Natur geworden ist, dem Fehlen einer von kosmopolitischen Schwärmereien völlig freien Vaterlandsliebe, wie sie den Franzosen durchglüht, schiebe ich letzten Endes auch die deutsche Friedensresolution zu, die am 19. Juli 1917 die Billigung des Reichstages fand, also an dem Tage, an dem das Todesringen der russischen Kriegsmacht handgreiflich wurde. Ich weiß sehr wohl, daß unter den sachlichen Gründen, die damals für diese Resolution ausschlaggebend waren, mancherlei Enttäuschungen über den Gang des Krieges sowie über die sichtbaren Ergebnisse unserer Unterseebootkriegführung eine große Rolle spielten. Man konnte über die Berechtigung zu einem solchen Mißtrauen unserer Lage gegenüber verschiedener Anschauung sein – bekanntlich beurteilte ich sie günstiger – aber für völlig verfehlt glaubte ich die Art und Weise beurteilen zu müssen, in der man sich von parlamentarischer Seite zu einem solchen Schritte entschloß. Zu einem Zeitpunkt, in dem die Gegner bei einem richtigen, politischen Verhalten der Deutschen vielleicht froh gewesen wären, wenn sie irgend welche leisen Friedensneigungen aus dem Pulsschlag unseres Volkes hätten entnehmen können, schrien wir ihnen unsere Friedenssehnsucht geradezu in die Ohren. Die Redensarten, mit denen man das Wesen der Sache zu umkleiden versuchte, waren zu fadenscheinig, als daß sie irgend jemanden im feindlichen Lager hätten täuschen können. So fand bei uns das Wort Clémenceaus „Ich führe Krieg!" das Echo: „Wir suchen Frieden!"

Ich wandte mich damals gegen diese Friedensresolution nicht vom Standpunkte menschlichen Gefühles sondern vom Standpunkte soldatischen Denkens. Ich sah voraus, was sie uns kosten würde, und kleidete das in die Worte: „Mindestens ein weiteres Kriegsjahr!" Ein weiteres Kriegsjahr in unserer eigenen und unserer Verbündeten schweren Lage!

Vierter Teil

Entscheidungskampf im Westen

Die Frage der Westoffensive

Absichten und Aussichten für 1918

Angesichts der ernsten Schilderungen, mit denen ich den vorhergehenden Teil meiner Darlegungen abschloß, wird man wohl die berechtigte Frage an mich richten, welche Aussichten ich für eine günstige Beendigung des Krieges durch eine letzte große Waffenentscheidung zu haben glaubte.

Ich mache mich in der Antwort von politischen Gesichtspunkten frei und spreche lediglich vom Standpunkte des Soldaten, indem ich mich zunächst zu den Verhältnissen bei unseren Bundesgenossen wende:

Österreich-Ungarn glaubte ich angesichts der militärischen Machtlosigkeit Rußlands und Rumäniens sowie der schweren Niederlage Italiens derartig militärisch entlastet, daß es dem Donaureiche nicht schwer fallen konnte, die jetzige Kriegslage auf seinen Fronten zu ertragen. Bulgarien hielt ich für durchaus imstande, den Ententekräften gegenüber in Mazedonien auszuhalten, um so mehr, als ja die bulgarischen Kampfkräfte, die noch gegen Rußland und Rumänien standen, in absehbarer Zeit vollständig für Mazedonien frei gemacht werden konnten. Auch die Türkei war durch den Zusammenbruch Rußlands in Kleinasien ausreichend entlastet. Sie hatte dadurch, so weit ich beurteilen konnte, genügend Kräfte frei, um ihre Armeen in Mesopotamien und Syrien wesentlich zu verstärken.

Nach meiner Anschauung hing demnach das weitere Durchhalten unserer Bundesgenossen, abgesehen von ihrem guten Willen, lediglich von der zweckmäßigen Verwendung der für ihre Aufgabe ausreichend vorhandenen Kampfmittel ab. Mehr als Durchhalten verlangte ich von keinem. Wir selbst wollten im Westen die Kriegsentscheidung erringen. Für eine solche bekamen wir nunmehr unsere Ostkräfte frei, oder hofften sie wenigstens bis zum Eintritt der besseren Jahreszeit frei zu bekommen. Mit Hilfe dieser Kräfte vermochten wir uns im Westen eine zahlenmäßige Überlegenheit zu schaffen. Zum ersten Male während des ganzen Krieges auf einer unserer Fronten eine deutsche Überlegenheit! Sie konnte freilich nicht so groß sein, als es diejenige war, mit der England und Frankreich seit mehr als drei Jahren unsere Westfront vergeblich bestürmt hatten. Insbesondere reichten unsere Ostkräfte nicht hin, um die gewaltige Überlegenheit unserer Gegner an Artillerie- und Fliegerverbänden auszugleichen. Immerhin waren wir aber jetzt imstande, an einem Punkte der Westfront eine gewaltige Macht zur Überwältigung der feindlichen Linien zu vereinigen, ohne dabei allzuviel auf anderen Teilen dieser Front aufs Spiel zu setzen.

Leicht und einfach war der Entschluß zum Angriff im Westen aber auch unter diesen für uns günstigeren Zahlenverhältnissen nicht. Die Bedenken, ob uns ein großer Erfolg gelingen würde, blieben nicht gering. Im Verlauf und Ergebnis der bisherigen gegnerischen Angriffsschlachten konnte ich wahrlich keine Ermunterung zu einer Offensive finden. Was hatte der Gegner mit allen seinen zahlenmäßigen Überlegenheiten, mit seinen Millionen von Granaten und Wurfminen und endlich mit seinen Hekatomben von Menschenopfern schließlich erreicht? Örtliche Gewinne von etlichen Kilometern Tiefe waren die Frucht monatelanger Anstrengungen. Auch wir hatten freilich als die Verteidiger schwere Verluste erlitten, es mußte jedoch angenommen werden, daß diejenigen der Angreifer die unsern wesentlich übertrafen. Mit bloßen sogenannten Materialschlachten konnten wir ein entscheidendes Ziel nie erreichen. Wir hatten für die Führung solcher Kämpfe weder die Kräfte noch auch die Zeit. Denn näher und näher rückte der Augenblick, an welchem das noch vollkräftige Amerika allmählich auf dem Plan erscheinen konnte. Wenn bis dahin unsere Unterseeboote nicht derartig wirkten, daß der Seetransport großer Massen und ihrer Bedürfnisse in Frage gestellt war, dann mußte unsere Lage ernst werden.

Die Frage liegt nahe, was uns Anrecht für die Hoffnung auf einen oder mehrere durchgreifende Siege zu geben schien wie sie unseren Gegnern doch bisher stets versagt geblieben waren. Die Antwort ist leicht zu erteilen, aber schwer zu erklären; sie ist ausgesprochen in dem Worte: „Vertrauen“. Nicht Vertrauen auf einen glücklichen Stern, auf vage Hoffnungen, noch weniger das Vertrauen auf Zahlen und äußere Stärken; es war das Vertrauen, mit dem der Führer seine Truppen in das feindliche Feuer entläßt, überzeugt, daß sie das Schwerste ertragen und das Unmöglichscheinende möglich machen werden. Es war das gleiche Vertrauen, das in mir lebte, als wir in den Jahren 1916 und 1917 unsere Westfront einer ungeheuren, fast übermenschlichen Belastungsprobe aussetzten, um anderwärts Angriffsfeldzüge zu führen, das gleiche Vertrauen, das uns wagen ließ, mit Unterlegenheiten feindliche Übermacht auf allen Kriegsschauplätzen in Schach zu halten oder gar zu schlagen.

Wenn die nötige zahlenmäßige Kraft vorhanden war, so schien mir auch der Wille zum guten Werke nirgends zu fehlen. Ich fühlte förmlich die Sehnsucht der Truppen, herauszukommen aus dem Elend und der Last des Abwehrkampfes. Ich wußte, daß aus dem deutschen „Kaninchen“, das der Spott eines unserer erbittertsten Gegner als „aus dem freien Felde in die Erdlöcher vertrieben“ der englischen Lächerlichkeit preisgeben zu dürfen glaubte, der deutsche Mann im Sturmhut werden würde, der mit seinem ganzen, mächtigen

Zorne dem Schützengraben entsteigt, um die jahrelange Kampfqual der Verteidigung im Vorstürmen zu beenden.

Darüber hinaus glaubte ich aber von dem Ruf zum Angriff noch größere und weitergehende Folgen erwarten zu dürfen. Ich hoffte, daß mit unseren ersten siegreichen Schlägen auch die Heimat emporgehoben würde aus ihrem dumpfen Brüten und Grübeln über die Not der Zeit, über die Aussichtslosigkeit unseres Kampfes, über die Unmöglichkeit, den Krieg noch anders zu beenden als mit der Unterwerfung unter den Urteilsspruch tyrannischer Gewalten. Fährt erst das blitzende Schwert in die Höhe, so reißt es die Herzen mit sich, so war es immer; sollte es diesmal anders sein? Und meine Hoffnungen flogen hinüber über die Grenzen des Heimatlandes. Unter den mächtigen Eindrücken großer kriegerischer deutscher Erfolge dachte ich an eine Wiederbelebung des Kampfgeistes in dem so sehr bedrückten Österreich-Ungarn, an das volle Aufflammen aller politischen und völkischen Hoffnungen in Bulgarien und an das Erstarken des Willens zum Durchhalten selbst in entlegenen osmanischen Gebieten.

Wie hätte ich auf mein felsenfestes Vertrauen in das Gelingen unserer Sache verzichten dürfen, um meinem Kaiser gegenüber vor meinem Vaterland und meinem Gewissen eine Waffenstreckung zu empfehlen? „Waffenstreckung?" Ja gewiß! Es konnte keine Täuschung darüber geben, daß unsere Gegner ihre Forderungen bis zu dieser Höhe treiben würden. Gerieten wir nur erst einmal auf die abschüssige Bahn des Nachgebens, hörte die straffe Spannung unserer Kräfte auf, dann war kein anderes Ende mehr abzusehen, als ein Ende mit Schrecken, es sei denn, daß wir vorher dem Gegner selbst die Arme und den Willen lahm geschlagen hatten. So waren unsere Aussichten schon 1917, so verwirklichten sie sich später. Wir standen immer in der Wahl zwischen Kampf bis zum Siege oder Unterwerfung bis zur Selbstentsagung. Äußerten sich jemals unsere Gegner in anderem Sinne? An mein Ohr drang niemals eine andere Stimme. Wenn eine solche also wirklich irgendwo friedensverheißender ertönt sein sollte, dann durchdrang sie nicht die Atmosphäre, die zwischen dem feindlichen Staatsmann und mir lag.

Wir hatten nach meiner Überzeugung die nötige Stärke und den nötigen kriegerischen Geist zum Entscheidung suchenden letzten Waffengang. Wir hatten uns darüber schlüssig zu werden, wie und wo wir ihn ausfechten wollten. Das „Wie“ ließ sich im allgemeinen mit den Worten ausdrücken: Vermeidung eines Festrennens in einer sogenannten Materialschlacht. Wir mußten einen großen, wenn möglich überraschenden Schlag anstreben. Gelang es uns nicht, auf einen Hieb den feindlichen Widerstand zum Zusammenbruch zu bringen, dann sollten diesem ersten Schlag weitere Schläge an anderen Stellen der feindlichen Widerstandslinien folgen, bis unser Endziel erreicht war.

Als kriegerisches Ideal schwebte mir natürlich von vornherein ein völliger Durchbruch der gegnerischen Linien vor, ein Durchbruch, der uns das Tor zu freien Operationen öffnen würde. Dieses Tor sollte in der Linie Arras-Cambrai-St. Quentin-La Fère aufgeschlagen werden. Die Wahl der Angriffsfront war nicht durch politische Gesichtspunkte beeinflußt. Wir wollten dort nicht deswegen angreifen, weil uns Engländer in diesem Angriffsgebiet gegenüber standen. Ich sah freilich in England noch immer die Hauptstütze des feindlichen Widerstandes, war mir aber zugleich darüber auch klar, daß in Frankreich der Wille, unser staatliches Dasein bis zur Vernichtung zu schädigen, mindestens ebenso stark vertreten war, wie in England.

Auch in militärischer Beziehung war es von geringer Bedeutung, ob wir unseren ersten Angriff gegen Franzosen oder Engländer richteten. Der Engländer war zweifellos ungewandter im Gefecht als sein Waffengefährte. Er verstand nicht, rasch wechselnde Lagen zu beherrschen. Er arbeitete zu schematisch. Diese Mängel hatte er bisher im Angriffe gezeigt, und ich glaubte, daß das in der Verteidigung nicht anders sein würde. Derartige Erscheinungen waren für jeden Kenner soldatischer Erziehung ganz selbstverständlich. Sie hatten ihre Ursachen in dem Fehlen einer entsprechenden Friedensschulung. Auch ein mehrjähriger Krieg konnte diese mangelnde Vorbereitung nicht völlig ersetzen. Was dem Engländer an Gefechtsgewandtheit fehlte, ersetzte er wenigstens teilweise durch seine Zähigkeit im Festhalten seiner Aufgabe und seines Zieles, sowohl im Angriff wie in der Verteidigung. Die englischen Truppenverbände waren von verschiedenem Werte. Die Elitetruppen entstammten den Kolonien, eine

Erscheinung, die wohl darauf zurückzuführen ist, daß die dortige Bevölkerung vorwiegend eine agrarische ist.

Der Franzose war durchschnittlich gefechtsgewandter als sein englischer Bundesgenosse. Dafür war er aber wohl weniger zähe in der Verteidigung als dieser. In der französischen Artillerie erblickten unsere Führer wie Soldaten ihren gefährlichsten Feind, während der französische Infanterist in weniger großem Ansehen stand. Doch waren in dieser Beziehung auch die französischen Truppenverbände je nach den Landesteilen, aus denen sie sich ergänzten, verschieden.

Trotz der augenscheinlich lockeren Befehlsgemeinschaft an der französisch-englischen Front war bestimmt damit zu rechnen, daß jeder der Bundesgenossen dem anderen im Falle der Not zu Hilfe eilen würde. Daß dabei der Franzose rascher und rückhaltloser handeln würde, wie der Engländer, betrachtete ich bei der politischen Abhängigkeit Frankreichs vom englischen Willen und nach den bisherigen Kriegserfahrungen als selbstverständlich.

Zur Zeit unseres Angriffsentschlusses stand das englische Heer seit der Flandernschlacht noch besonders stark auf dem nördlichen Flügel seiner sich vom Meere bis in die Gegend südlich St. Quentin ausdehnenden Front massiert. Eine andere etwas schwächere Kräftegruppe schien aus der Schlacht bei Cambrai in dem dortigen Kampfgelände verblieben zu sein. Im übrigen waren die englischen Kräfte augenscheinlich ziemlich gleichmäßig verteilt; am schwächsten besetzt zeigten sich die Stellungen südlich der Gruppe von Cambrai. Der englische Einbruchsbogen in unsere Linien bei dieser Stadt war infolge unseres Gegenstoßes vom 30. November 1917 nur noch flach; er war aber ausgesprochen genug, das Ansetzen einer, wie man sich ausdrückte, taktischen Zange von Norden und Osten her zu gestatten. Durch eine solche wollten wir die dortigen englischen Kräfte zerdrücken. Es war allerdings fraglich, ob die englische Kräfteverteilung bis zum Beginn unseres Angriffes auch tatsächlich in der geschilderten Weise bestehen bleiben würde. Dies hing wohl wesentlich davon ab, ob uns ein Verbergen unserer Angriffsabsichten möglich sein würde. Eine bedeutungsvolle Frage! Alle unsere Erfahrungen ließen eigentlich eine solche Möglichkeit, ja selbst Wahrscheinlichkeit zweifelhaft erscheinen. Wir selbst hatten die feindlichen Vorbereitungen für all die großen Durchbruchsversuche gegen unsere Westfront bisher meist lange vor dem Beginn der eigentlichen Kämpfe erkannt. Fast regelmäßig waren wir imstande, sogar die Flügelausdehnung der gegnerischen Angriffe festzustellen. Die monatelange Tätigkeit der Feinde war den Späheraugen unserer Erkundungsflieger nie entgangen. Aber auch unsere Erderkundung hatte sich zu einem außerordentlich feinen Empfinden für jede Veränderung auf gegnerischer Seite entwickelt. Der Gegner hatte offenbar bei seinen Großkämpfen angesichts der scheinbaren Unmöglichkeit, die ausgedehnten Vorbereitungsarbeiten und Truppenanhäufungen zu verbergen, auf Überraschungsversuche absichtlich verzichtet. Trotz alledem glaubten wir, auf Überraschung ein ganz besonderes Gewicht legen zu müssen. Dieses Bestreben forderte natürlich in gewissem Grade einen Verzicht auf eingehende technische Vorbereitungen. Wie weit hierin gegangen werden durfte, mußte dem taktischen Gefühle unserer Unterführer und unserer Truppen überlassen werden.

Unser Angriffskampf bedurfte aber nicht nur der materiellen Vorbereitung sondern auch der taktischen Schulung. Wie ein Jahr vorher für die Verteidigung, so wurden jetzt für den Angriff neue Grundsätze festgelegt und in zusammenfassenden Vorschriften ausgegeben. Im Vertrauen auf den Geist der Truppe wurde der Schwerpunkt des Angriffes in dünne Schützenlinien gelegt, die durch massenhafte Verwendung von Maschinengewehren, durch unmittelbare Begleitung von Feldartillerie und Kampffliegern im hohen Grade feuerkräftig gemacht wurden. Solche dünne Infanterielinien waren freilich nur dann angriffsfähig, wenn ein starker Angriffswille sie durchdrang. Wir entsagten demnach völlig einer Taktik von Gewalthaufen, bei der der einzelne im Schutze der Leiber seiner Mitkämpfer den Angriffstrieb erhält, eine Taktik, wie wir sie von gegnerischer Seite im Osten reichlichst kennen gelernt hatten, und wie sie ab und zu auch im Westen gegen uns in die Erscheinung getreten war.

Wenn die gegnerische Presse im Jahre 1918 der Welt von deutschen Massenstürmen berichtete, so bediente sie sich dieser Ausdrücke wohl in erster Linie, um Sensationsbedürfnisse zu befriedigen, dann aber wohl auch, um die Schlachtbilder für die Masse ihrer Leser anschaulicher und die eingetretenen Ereignisse verständlicher zu machen. Woher hätten wir allein schon die

Menschen zu solch einer Massentaktik und zu solchen Massenopfern nehmen sollen? Außerdem hatten wir genügende Erfahrung darin gemacht, wie nutzlos meist die kostbaren Kräfte vor unseren Linien hinsanken, wenn unsere Schnitter an der modernen Sense des Schlachtfeldes, am Maschinengewehr, sich der blutigen Ernte um so erfolgreicher widmen konnten, je dichter die Menschenhalme standen.

Diese Ausführungen, die sich mehr mit dem Geiste als der Technik unseres Kampfverfahrens beschäftigen, dürften zur allgemeinen Kennzeichnung unserer Angriffsgrundsätze genügen. Der deutsche Infanterist trug natürlich auch jetzt die Last des Kampfes. Seine Schwesterwaffen hatten aber die nicht weniger ruhm- und verlustreiche Aufgabe, dem braven Musketier die Arbeit zu erleichtern.

Die Schwere des bevorstehenden großen Waffenganges im Westen wurde von uns in ihrer ganzen Größe gewürdigt. Sie machte es uns zur selbstverständlichen Pflicht, alle brauchbaren Kräfte für das blutige Werk heranzuziehen, die wir irgendwie auf den übrigen Kriegsschauplätzen entbehrlich machen konnten.

Der jetzige Stand und die weitere Entwicklung unserer politischen und wirtschaftlichen Verhältnisse legte der Durchführung mancherlei Schwierigkeiten in den Weg, die wiederholt mein persönliches Eingreifen nötig machten. Ich möchte diese wichtige Frage im Zusammenhang darstellen und beginne mit dem Osten:

Am 15. Dezember war an der russischen Front der Waffenstillstand geschlossen worden. Angesichts der Zersetzung des russischen Heeres hatten wir schon vorher mit der Abbeförderung eines großen Teiles unserer Kampfverbände von dort begonnen. Ein Teil der operations- und kampffähigen Divisionen mußte jedoch bis zur endgültigen politischen Abrechnung mit Rußland und Rumänien zurückbleiben.

Unseren militärischen Wünschen würde es natürlich durchaus entsprochen haben, wenn das Jahr 1918 im Osten mit Friedensglocken eingeläutet worden wäre. Statt ihrer tönten aus dem Verhandlungsraum in Brest-Litowsk die wildesten Agitationsreden umstürzlerischer Doktrinäre. Die breiten

Volksmassen aller Länder wurden von diesen politischen Hetzern aufgerufen, die auf ihnen lastende Knechtschaft durch Aufrichtung einer Herrschaft des Schreckens abzuschütteln. Der Friede auf Erden sollte durch Massenmord am Bürgertum gesichert werden. Die russischen Unterhändler, allen voran Trotzki, würdigten den Verhandlungstisch, an dem die Versöhnung mächtiger Gegner sich vollziehen sollte, zum Rednerpult wüster Agitatoren herab. Unter diesen Umständen war es kein Wunder, wenn die Friedensverhandlungen keine Fortschritte machten. Nach meiner Auffassung trieben Lenin und Trotzki aktive Politik nicht wie Unterlegene, sondern wie Sieger, indem sie die politische Auflösung in unserem Rücken und in die Reihen unserer Heere tragen wollten. Der Friede drohte unter solchen Verhältnissen schlimmer zu werden als ein Waffenstillstand. Unsere Regierungsvertreter gaben sich bei der Behandlung der Friedensfragen darüber doch wohl einem falschen Optimismus hin. Die Oberste Heeresleitung darf für sich in Anspruch nehmen, daß sie die Gefahren erkannte und vor ihnen warnte.

Die Schwierigkeiten, unter denen unsere deutsche Vertretung in Brest-Litowsk litt, mochten noch so groß sein, ich hatte jedenfalls die Pflicht, darauf zu dringen, daß mit Rücksicht auf unsere beabsichtigen Operationen im Westen baldigst ein Friede im Osten erreicht würde. Die Angelegenheit kam aber erst dann richtig in Fluß, als Trotzki am 10. Februar die Unterzeichnung eines Friedensvertrages verweigerte, im übrigen jedoch den Kriegszustand als beendet erklärte. Ich konnte in diesem, allen völkerrechtlichen Grundsätzen hohnsprechenden Verhalten Trotzkis nur einen Versuch erblicken, die Lage im Osten dauernd in der Schwebe zu halten. Ob bei diesem Versuche auch Einflüsse der Entente wirksam waren, muß ich dahingestellt sein lassen. Jedenfalls war der damalige Zustand in militärischer Beziehung unerträglich. Der Reichskanzler Graf von Hertling schloß sich dieser Anschauung der Obersten Heeresleitung an. Seine Majestät der Kaiser entschied am 13. Februar, daß die Feindseligkeiten im Osten am 18. wieder aufzunehmen seien.

Die Durchführung der Operation traf fast nirgends mehr auf ernstlichen feindlichen Widerstand. Die russische Regierung erkannte jetzt die ihr drohende Gefahr. Am 3. März wurde in Brest-Litowsk der Friede zwischen dem Vierbund und Großrußland unterzeichnet. Die russische militärische Macht war damit auch rechtsgültig aus dem Kriege ausgeschieden. Große Landesteile und Völkerstämme waren von dem bisherigen geschlossenen russischen Körper abgesprengt, in dem eigentlichen Kernrußland ein tiefer Riß zwischen Großrußland und der Ukraine entstanden. Die Abtrennung der Randstaaten vom früheren Zarenreiche durch die Friedensbedingungen war für mich in erster Linie ein militärischer Gewinn. Dadurch war ein, wenn ich mich so ausdrücken darf, weites Vorfeld jenseits unserer Grenzen gegen Rußland geschaffen. Vom politischen Standpunkt aus begrüßte ich die Befreiung der baltischen Provinzen, weil anzunehmen war, daß von jetzt ab das Deutschtum sich dort freier entwickeln und eine ausgedehnte deutsche Besiedelung jener Gebiete eintreten konnte.

Ich brauche wohl nicht besonders zu versichern, daß die Verhandlungen mit einer russischen Schreckensregierung meinen politischen Ansichten äußerst wenig entsprachen. Wir waren aber gezwungen gewesen, zunächst einmal mit den jetzt in Großrußland vorhandenen Machthabern zu einem abschließenden Vertrag zu kommen. Im übrigen war ja zurzeit dort alles in größter Gärung, und ich persönlich glaubte nicht an eine längere Dauer der Herrschaft des damaligen Terrors.

Trotz des Friedensschlusses war es uns freilich auch jetzt nicht möglich, alle unsere kampfbrauchbaren Truppen vom Osten abzubefördern. Wir konnten die besetzten Gebiete nicht einfach ihrem Schicksal überlassen. Schon allein das Ziehen einer Barriere zwischen den bolschewistischen Heeren und den von uns befreiten Ländern forderte gebieterisch das Belassen stärkerer deutscher Truppen im Osten. Auch waren unsere Operationen in der Ukraine noch nicht abgeschlossen. Wir mußten in dieses Land einmarschieren, um in die dortigen politischen Verhältnisse Ordnung zu bringen. Nur dann, wenn dieses gelang, hatten wir Aussicht, aus dem ukrainischen Gebiete Lebensmittel in erster Linie für Österreich-Ungarn, dann aber auch für unsere Heimat, ferner Rohstoffe für unsere Kriegsindustrie und Kriegsbedürfnisse für unser Heer zu gewinnen. Politische Gesichtspunkte spielten bei diesen Unternehmungen für die Oberste Heeresleitung keine Rolle.

Von einer wesentlich anderen Bedeutung war die militärische Unterstützung, die wir im Frühjahr des Jahres Finnland in seinem Freiheitskriege gegen die russische Gewaltherrschaft angedeihen ließen. Hatte doch die bolschewistische Regierung die uns zugesagte Räumung des Landes nicht durchgeführt. Wir hofften außerdem dadurch, daß wir Finnland auf unsere Seite zogen, der Entente eine militärische Einwirkung auf die weitere Entwicklung der Verhältnisse in Großrußland von Archangelsk und der Murmanküste her aufs äußerste zu erschweren. Auch erreichten wir damit gleichzeitig eine Drohstellung nahe an Petersburg, die für den Fall wichtig wurde, daß das bolschewistische Rußland auf unsere Ostfront erneute Angriffe versuchen sollte. Der geringe Kräfteaufwand, es handelte sich hierfür um kaum eine Division, lohnte sich für uns jedenfalls reichlichst. Die aufrichtige Zuneigung, die ich dem Freiheitskampfe des finnischen Volkes entgegenbrachte, ließ sich meiner Ansicht nach durchaus mit den Forderungen der militärischen Lage in Einklang bringen.

Die Kampftruppen, die wir gegen Rumänien stehen hatten, wurden größtenteils frei, als sich die Regierung dieses Landes angesichts unseres Friedensschlusses mit Rußland genötigt sah, auch ihrerseits zu einem friedlichen Abschluß mit uns zu kommen. Der dann noch im Osten bleibende Rest unserer fechtenden Truppen bildete für die Zukunft eine gewisse Kraftquelle zur Ergänzung unseres Westheeres.

Die Heranziehung der deutschen Divisionen, die wir im Feldzug gegen Italien eingesetzt hatten, konnte ohne weiteres schon im Verlauf des Winters durchgeführt werden. Österreich-Ungarn mußte nach meiner Ansicht durchaus imstande sein, die Lage in Oberitalien fortan allein zu beherrschen.

Eine wichtige Frage war, ob wir nicht an Österreich-Ungarn mit dem Ersuchen herantreten sollten, uns Teile seiner im Osten und in Italien frei werdenden Kräfte zum kommenden Entscheidungskampf zur Verfügung zu stellen. Auf Grund von Berichten glaubte ich indessen, daß diese Kräfte sich in Italien besser verwerten ließen als bei unserem schweren Ringen im Westen. Gelang es Österreich-Ungarn, durch eindrucksvolle Bedrohung des Landes das gesamte italienische Heer, ja vielleicht auch die noch dort befindlichen Teile der englischen und französischen Truppen zu binden oder gar Kräfte derselben durch erfolgreich Angriffe von der Entscheidungsfront abzuziehen, so war die Entlastung, die uns dadurch im Westen geschaffen wurde, vielleicht größer, als ein Nutzen durch unmittelbare Unterstützung. Wir beschränkten uns daher auf Heranziehung österreichisch-ungarischer Artillerie. Für mich bestand übrigens kein Zweifel, daß General von Arz ein Ersuchen unsererseits um größere österreichische Hilfe jederzeit und mit allen seinen Kräften vertreten hätte.

Der österreichisch-ungarische Außenminister hat in dieser Zeit in einer Rede darauf hingewiesen, daß die Kräfte der Donaumonarchie ebensowohl für Straßburg wie für Triest eingesetzt würden. Diese bundesfreundliche Äußerung fand meinen vollsten Beifall. Erst nachträglich wurde mir bekannt, daß diese Worte des Grafen Czernin innerhalb nichtdeutscher Kreise der Donaumonarchie heftige Widersprüche hervorgerufen hatten. Diese politische Erregung übte sonach auf meine militärische Entscheidung über die Größe der österreichisch-ungarischen Waffenhilfe auf unseren künftigen Schlachtfeldern im Westen keinen Einfluß.

Es galt für mich als selbstverständlich, daß wir den Versuch machen mußten, auch diejenigen unserer Kampftruppen für unsere Westoffensive frei zu machen, die bisher in Bulgarien und der asiatischen Türkei verwendet waren. Ich habe schon darauf hingewiesen, wie groß die politischen Widerstände gegen einen derartigen Gedanken in Bulgarien waren. General Jekoff war ein zu einsichtiger Soldat, um nicht die Richtigkeit unserer Forderungen anzuerkennen; er hielt jedoch augenscheinlich die deutschen Pickelhauben in Mazedonien für ebenso unentbehrlich wie sein König. Die Zurückziehung der deutschen Truppen von der mazedonischen Front kam infolgedessen nur recht allmählich in Fluß. Nur schwer entschloß sich General Jekoff auf unser wiederholtes Drängen, sie durch die bulgarischen Truppen aus der Dobrudscha abzulösen. Ernste Mitteilungen unserer deutschen Kommandostellen an der mazedonischen Front über Stimmung und Haltung der dortigen bulgarischen Truppen veranlaßten uns schließlich, den Rest der deutschen Infanterie, drei Bataillone, und einen Teil der immer noch zahlreichen deutschen Artillerie noch weiter dort zu belassen.

Ein ähnliches Ergebnis hatte unser gleiches Bemühen in der Türkei. Unser Asienkorps war im Herbste 1917 mit den ursprünglich für den Feldzug nach Bagdad bestimmten türkischen Divisionen nach Syrien befördert worden. Die bedenkliche Lage an der dortigen Front zwang uns, bei Beginn des Jahres 1918 eine Verstärkung dieses Korps auf etwa das Doppelte durchzuführen. Die meisten der hierfür bestimmten Truppen wurden unfern in Mazedonien stehenden Verbänden entnommen. Bevor diese Verstärkungen ihren neuen Bestimmungsort erreicht hatten, glaubten wir, eine wesentliche Besserung in der Lage an der syrischen Front feststellen zu können, und traten daher mit Enver Pascha wegen Zurückziehung aller dortigen deutschen Truppen in Verbindung. Der Pascha gab sein Einverständnis. Dringende militärische und politische Vorstellungen von seiten des deutschen Oberkommandos in Syrien sowie von seiten der durch dieses Oberkommando beeinflußten deutschen Reichsleitung veranlaßten uns indessen, von dem Abruf Abstand zu nehmen.

Zusammenfassend darf ich wohl behaupten, daß von unserer Seite nichts unterlassen wurde, um möglichst alle unsere deutschen Kampfkräfte im Westen zur Entscheidung zu versammeln. Wenn dies nicht bis auf den letzten Mann gelang, so lag der Grund in Verhältnissen verschiedenster Art, in keinem Falle aber in einer Verkennung der Wichtigkeit dieser Frage von unserer Seite.

So war im Winter 1917/18 endlich das erreicht, was ich vor drei Jahren so sehnsüchtig angestrebt hatte. Wir konnten uns mit freiem Rücken dem Entscheidungskampf im Westen zuwenden, wir mußten jetzt zu diesem Waffengang schreiten. Ein solcher würde uns vielleicht erspart geblieben sein, wenn wir die Russen schon im Jahre 1915 endgültig geschlagen hätten.

Ich habe schon früher darauf hingewiesen, wie viel schwerer jetzt, 1918, die Aufgabe für uns geworden war. Noch immer stand Frankreich als mächtiger Gegner auf dem Plan, mochte es gleich mehr geblutet haben als wir selbst. Ihm zur Seite ein englisches mehrfaches Millionenheer, voll gerüstet, wohl geschult und kriegsgewohnt. Ein neuer Gegner, wirtschaftsgewaltig wie kein zweiter, alle Quellen der uns feindlichen Kriegführung beherrschend, all unserer Feinde Hoffnung belebend und vor dem Niederbruch stützend, gewaltige Truppenmassen bereitstellend, die Vereinigten Staaten von Nordamerika, zeigte sich in drohender Nähe. Wird dieser noch zur rechten Zeit kommen, um uns den Siegeslorbeer aus den Händen zu reißen? Darin lag die kriegsentscheidende Frage, und nur darin! Ich glaubte sie verneinen zu können!

Der Ausgang unserer großen Offensive im Westen hat die Frage aufwerfen lassen, ob es für uns nicht rätlich gewesen wäre, auch im Jahre 1918 den Krieg an der Westfront, unter Stützung der bisher dort verwendeten Armeen mit starken Reserven, im wesentlichsten verteidigungsweise zu führen, alle übrigen militärischen und politischen Anstrengungen aber darauf zu vereinigen, im Osten geordnete staatliche und wirtschaftliche Verhältnisse zu schaffen und unsere Bundesgenossen bei ihren Kriegsaufgaben zu unterstützen. Es wäre ein Irrtum, anzunehmen, daß mich derartige Gedanken nicht vor unseren Offensivplänen beschäftigt hatten. Ich wies sie nach reiflichster Überlegung zurück. Gefühlsmomente spielten dabei keine Rolle. Wie wäre ein Ende des Krieges bei solcher Führung abzusehen gewesen? Selbst wenn ich am Ende 1917 noch keine Veranlassung zu haben glaubte, an unserer deutschen Widerstandskraft über das kommende Jahr hinaus zu zweifeln, so konnte ich über dem bedenklichen Zerfall dieser Kraft bei unseren Bundesgenossen nicht im Unklaren sein. Wir mußten mit allen Mitteln zu einem erfolgreichen Ende zu kommen trachten. Das war die mehr oder minder laut ausgesprochene Forderung aller unserer Verbündeten. Man kann dagegen nicht einwenden, daß auch unsere Gegner an den äußersten Rand ihrer menschlichen und seelischen Leistungsfähigkeit herankamen. Sie konnten, wenn wir sie nicht angriffen, den Krieg noch jahrelang hinziehen, und wer unter ihnen nicht hätte mittun wollen, würde durch die anderen einfach gezwungen worden sein. Ein allmählicher Erschöpfungstod war, nachdem wir die Gegner nicht vor einen solchen stellen konnten, zweifellos unser Los. Auch wenn ich das jetzige Unglück meines Vaterlandes vor Augen habe, trage ich die felsenfeste Überzeugung, daß ihm das Bewußtsein, die letzte Kraft an sein Dasein und seine Ehre gesetzt zu haben, mehr zu seinem inneren Aufbau nützen wird, als wenn der Krieg in einem allmählichen Ermatten bis zur Kraftlosigkeit geendet hätte. Dem Schicksal, das es jetzt tragen muß, wäre es doch nicht entgangen, wohl aber würde ihm der erhebende Gedanke an ein unvergleichliches Heldentum fehlen. Ich suche nach einem Beispiel in der Geschichte, und da finde ich, daß der Waffenruhm von Preußisch-Eylau, mochte er auch das Schicksal des alten Preußens nicht mehr haben wenden können, doch wie ein Stern in der lichtlosen Finsternis der Jahre 1807–1812 leuchtete. An seinem Glanze fand so mancher Erbauung und Belehrung. Sollte das deutsche Herz jetzt anders geworden sein? Mein preußisches schlägt in diesen Bahnen!

Spa und Avesnes

In Genehmigung unseres Antrages wurde auf Befehl Seiner Majestät des Kaisers am 8. März das deutsche Große Hauptquartier nach Spa verlegt. Die Änderung war durch die kommenden Operationen im Westen bedingt. Von dem neuen Hauptquartier aus konnten wir die nunmehr wichtigsten Teile unserer westlichen Heeresfront auf kürzerem Wege erreichen als von Kreuznach. Da wir jedoch den kommenden Ereignissen in möglichst unmittelbarer Nähe folgen wollten, so wählten wir außerdem Avesnes als eine Art von vorgeschobener Befehlsstelle der Obersten Heeresleitung. Dort trafen wir am 19. März mit dem größten Teil des Generalstabes ein und befanden uns damit in dem Mittelpunkte der Heeresgruppen- und Armee-Oberkommandos, die bei den bevorstehenden Entscheidungskämpfen die Hauptrolle zu spielen hatten.

Das Bild der Stadt wird äußerlich beherrscht durch den mächtigen, klotzigen Bau seiner alten Kirche. Teilweise verfallene oder nur in Teilen noch vorhandene Befestigungsanlagen erinnern daran, daß Avesnes in früheren Zeiten eine kriegsgeschichtliche Rolle gespielt hatte. So weit mir erinnerlich, hatten sich 1815 Teile der preußischen Armee nach der Schlacht von Belle Alliance in den Besitz der damaligen Festung gesetzt und waren dann in Richtung auf Paris weitergezogen. Vom Kriege 1870/71 war die Gegend nicht betroffen worden.

Die Stadt, ganz in grüne Umgebung gebettet, ist ein stiller Landort. Durch unsere Anwesenheit erhielt sie ein nur wenig lebhafteres Gepräge. Ich selbst befand mich dort nach 47 Jahren wieder für längere Zeit unter französischer Bevölkerung. Die verschiedenen Straßentypen erschienen mir gegen die Zeit von 1870/71 so unverändert, daß ich den zeitlichen Zwischenraum vergessen konnte. So saßen auch jetzt noch, wie damals, die Einwohner vor ihren Türen, die Männer meist still in Schauen vertieft, die Frauen lebhaft, die Unterhaltung beherrschend, die Kinder auf dem Ballplatz bei frohem Spiel und Gesang, wie mitten im tiefsten Frieden. Glückliche Jugend!

Unser langes Verbleiben in Avesnes bestätigte mir im übrigen die allgemeine Erfahrung, daß die französische Bevölkerung sich mit Würde in das harte Schicksal fügte, das die lange Dauer des Krieges über sie verhängt hatte. Wir waren nicht veranlaßt, irgendwelche besondern Maßregeln für Aufrechterhaltung der Ordnung oder gar unsern Schutz zu ergreifen, konnten uns vielmehr darauf beschränken, die Ruhe für unsere Arbeit sicherzustellen.

Seine Majestät der Kaiser nahm in Avesnes nicht Unterkunft, sondern verweilte während der Zeit der folgenden großen Ereignisse in seinem Sonderzug. Dieser wurde je nach der Kriegslage verschoben. Der wochenlange Aufenthalt in den engen Räumen des Zuges mag als Beweis für die Anspruchslosigkeit unseres Kriegsherrn dienen. Er lebte in diesen Zeiten völlig seinem Heer. Rücksichten auf bestehende Gefahren, etwa durch feindliche Flieger, lagen außerhalb der Gedankenreihe des Kaisers.

Der Aufenthalt in Avesnes gab mir im Verlauf der nächsten Monate Gelegenheit, häufiger als bisher mit unseren Heeresgruppen- und Armeeführern sowie sonstigen höheren Stäben in persönliche Berührung zu kommen. Ganz besonders begrüßte ich die Möglichkeit, Truppenoffiziere bei mir zu sehen. Ihre Kriegserfahrungen und ihre sonstigen, meist mit ergreifend schlichten Worten vorgetragenen Kriegserlebnisse waren für mich nicht nur vom kriegerischen sondern auch vom allgemein menschlichen Standpunkt aus von hohem Interesse.

Der gelegentlich ausgeführte Besuch bei dem masurischen Regiment, das meinen Namen trug, bei dem Garderegiment, in dessen Reihen ich als junger Offizier während zweier Kriege gestanden, bei der Oldenburger Infanterie, die ich einst als Kommandeur befehligt hatte, war für mich eine ganz besondere Freude. Freilich war von den Friedensstämmen nur noch wenig übrig geblieben, aber im neuen Geschlechte fand ich den alten soldatischen Geist. Die meisten Offiziere und Mannschaften sah ich zum ersten und viele auch gleichzeitig zum letzten Male. Ehre ihrem Andenken!

Unsere drei Angriffsschlachten

Die „Große Schlacht" in Frankreich

Noch vor unserer Abfahrt von Spa erließ Seine Majestät der Kaiser den Befehl für die demnächstige große Angriffsschlacht. Ich führe diesen Befehl in seinem wesentlichsten Inhalt wörtlich an, um weitläufige Ausführungen über unsere Kampfabsichten entbehrlich zu machen. Zur Erläuterung bemerke ich im voraus, daß die Vorarbeiten zu dieser großen Schlacht mit dem Deckwort: „Michael" bezeichnet worden waren, und daß Angriffstag und Angriffsstunde erst eingefügt wurden, als sich der Abschluß der Vorbereitungen einwandfrei übersehen ließ.

Großes Hauptquartier, 10. 3. 18.

„Seine Majestät befehlen:

1. Der Michaelangriff findet am 21. 3. statt. Einbruch in die erste feindliche Stellung 9^{40} vormittags.

2. Heeresgruppe Kronprinz Rupprecht schnürt dabei als erstes großes taktisches Ziel den Engländer im Cambraibogen ab und gewinnt ... die Linie Croisilles (südöstlich Arras)-Bapaume-Peronne. Bei günstigem Fortschreiten des Angriffes des rechten Flügels (17. Armee) ist dieser über Croisilles weiter vorzutragen.

Weitere Aufgabe der Heeresgruppe ist, in Richtung Arras-Albert vorzustoßen, mit linkem Flügel die Somme bei Peronne festzuhalten und mit Schwerpunkt auf dem rechten Flügel die englische Front auch vor der 6. Armee ins Wanken zu bringen und weitere deutsche Kräfte aus dem Stellungskriege für den Vormarsch frei zu machen ...

3. Heeresgruppe Deutscher Kronprinz gewinnt zunächst südlich des Omigonbaches (dieser mündet südlich Peronne) die Somme und den Crosatkanal (westlich La Fère). Bei raschem Vorwärtskommen hat die 18. Armee (rechter Flügel der Heeresgruppe Deutscher Kronprinz) die Übergänge über die Somme und die Kanalübergänge zu erkämpfen ..."

Die Spannung, unter der wir am 18. März abends Spa verlassen hatten, steigerte sich bei unserem Eintreffen auf der Befehlsstelle Avesnes. Das bisher herrliche, klare Vorfrühlingswetter war umgeschlagen. Heftige Regenböen zogen über das Land. Sie machten dem Spottnamen, mit dem Avesnes und seine Umgebung von den Franzosen belegt war, alle Ehre. An sich konnten wir uns Wolken und Regen an diesen Tagen wohl gefallen lassen. Sie verschleierten vielleicht unsere letzten Angriffsvorbereitungen. Hatten wir aber wirklich noch berechtigte Hoffnung, daß der Gegner in unsere bisherigen Maßnahmen noch keinen Einblick gewonnen hatte? Die feindliche Artillerie hatte sich in letzter Zeit ab und zu besonders aufmerksam und lebhaft gezeigt. Das Feuer war indessen immer wieder abgeflaut. Da und dort suchten feindliche Flieger während der Nacht im Scheine von Leuchtkugeln einzelne unserer wichtigsten Vormarschstraßen ab und schossen mit Maschinengewehren auf alle wahrgenommenen Bewegungen. Aber all das gab noch keinen festen Anhalt für eine Antwort auf die Frage: „Kann unsere Überraschung gelingen?"

Die Angriffsverstärkungen rückten in den letzten Nächten in ihre Ausgangsstellungen zum Sturme; die letzten Minenwerfer und Batterien wurden vorgezogen. Keine wesentliche Störung durch den Gegner! An einzelnen Stellen unternahm man es, schwere Geschütze bis an die Hindernisse vorzuschieben und sie dort in Geschoßtrichtern unterzubringen. Man glaubte Überkühnes wagen zu sollen, um der stürmenden Infanterie die artilleristische Unterstützung während ihres Durchbruches durch das ganze feindliche Stellungssystem zu gewährleisten. Keine feindliche Gegenmaßregel verhinderte auch diese Vorbereitungen.

Der größte Teil des 20. März verging in Sturm und Regen. Die Aussichten auf den 21. waren unsicher, örtlicher Nebel wahrscheinlich. Trotzdem entschieden wir uns am Mittag für den Beginn der Schlacht am Morgen des folgenden Tages.

Die Frühdämmerung des 21. März fand das nördliche Frankreich von der Küste bis zur Aisne unter einer Dunstschicht. Je höher die Sonne stieg, um so dichter wurde der Nebel auf den Erdboden gedrückt. Er beschränkte zeitweise den Blick bis auf wenige Meter Entfernung. Selbst die Schallwellen schienen sich in den grauen Schwaden zu verzehren. In Avesnes vernahm man nur fernes unbestimmtes Rollen von dem Schlachtfelde her, auf dem seit den ersten Tagesstunden Tausende von Geschützen jeden Kalibers im heftigsten Feuer standen.

Ungesehen und selbst nicht sehend arbeitete unsere Artillerie. Nur die Gewissenhaftigkeit der Vorbereitungen konnte Gewähr geben für die Wirkung unserer Batterien. Die Antwort des Gegners war örtlich und zeitlich von wechselnder Stärke. Sie war mehr ein Herumtasten nach einem unbekannten Gegner, als eine systematische Bekämpfung des lästigen Feindes.

Also auch jetzt noch keine Gewißheit, ob nicht der Engländer in voller Abwehrbereitschaft unseren Angriff erwartete. Der Schleier, der über allem lag, lichtete sich nicht. In ihn hinein stürmte gegen 10 Uhr vormittags unsere brave Infanterie. Zunächst kamen von ihr nur unklare Meldungen, Angaben über erreichte Ziele, Abänderungen dieser Nachrichten, Widerrufe. Erst allmählich hob sich die Ungewißheit, und es ließ sich überblicken, daß wir überall in die vordersten feindlichen Stellungen eingebrochen waren. Gegen Mittag begann der Nebel zu schwinden, die Sonne zu siegen.

In den späten Abendstunden war ein Bild des Erreichten mit einiger Klarheit zu erkennen. Die rechte Flügelarmee und die Mitte unserer Schlachtfront waren im wesentlichen vor der zweiten feindlichen Stellung zum Halten gekommen. Die linke Armee war über St. Quentin hinaus mächtig vorwärts geschritten. Kein Zweifel, daß der rechte Flügel den stärksten Widerstand vor sich hatte. Der Engländer spürte die ihm aus nördlicher Richtung drohende Gefahr, er warf ihr alle seine verfügbaren Reserven entgegen. Der linke Flügel dagegen hatte bei augenscheinlich weitgehender Überraschung die verhältnismäßig leichteste Kampfarbeit gehabt. Der Kräfteverbrauch war im Norden über unser Erwarten groß, sonst entsprach er unseren Voraussetzungen.

Das Ergebnis des Tages schien mir befriedigend. In diesem Sinne sprachen sich auch unsere vom Schlachtfeld zurückkehrenden Generalstabsoffiziere aus, die den Truppen in den Kampf gefolgt waren. Doch konnte erst der zweite Tag zeigen, ob nicht unser Angriff das Schicksal aller derjenigen teilte, die der Gegner seit Jahren gegen uns geführt hatte, nämlich eine Versumpfung des Vorwärtsschreitens nach dem ersten gelungenen Einbruch.

Der Abend dieses zweiten Tages sah unseren rechten Flügel im Besitz der zweiten feindlichen Stellung. Unsere Mitte hatte auch die dritte feindliche Widerstandslinie genommen, während die linke Armee im vollen Siegeslauf schon jetzt meilenweit nach Westen vorgedrungen war. Hunderte von feindlichen Geschützen, ungeheure Mengen Schießbedarfs und sonstige Beute jeder Art lagen im Rücken unserer vordersten Linien. Lange Gefangenenkolonnen marschierten nach Osten. Die Zertrümmerung der englischen Besatzung im Cambraibogen konnte jedoch nicht mehr gelingen, da unser rechter Flügel entgegen unseren Erwartungen nicht weit und rasch genug vorwärts gekommen war.

Der dritte Kampftag veränderte nicht das bisherige Bild des Schlachtenverlaufes: Schwerstes Ringen unseres rechten Flügels, wo höchstgespannte englische Zähigkeit sich uns entgegenwirft und auch heute noch die dritte Verteidigungslinie behauptet. Dafür weiterer großer Geländegewinn in unserer Mitte und auch auf unserem linken Flügel. Südlich Peronne wurde schon an diesem Tage die Somme erreicht, an einem Punkte sogar überschritten.

An diesem Tage, dem 23. März, fallen die ersten Granaten in die feindliche Hauptstadt.

Bei diesem glänzenden Fortschreiten unseres Angriffes in westlicher Richtung, das alles in Schatten stellt, was seit Jahren auf der Westfront geleistet worden war, erscheint mir unser Durchdringen bis nach Amiens möglich. Amiens ist der große Vereinigungspunkt der wichtigsten Bahnverbindungen zwischen dem durch die Somme scharf geschiedenen Kriegsgebiet des mittleren und nördlichen Frankreichs, letzteres das hauptsächliche Kampffeld Englands. Die Stadt ist also von größtem strategischen Wert. Fällt sie in unsere Hand, oder gelingt es uns, wenigstens Amiens und Umgebung unter unser kräftiges Artilleriefeuer zu bringen, so ist das gegnerische Operationsfeld in zwei Teile gesprengt, der taktische Durchbruch zum strategischen erweitert, England auf der einen, Frankreich auf der anderen Seite. Vielleicht lassen sich die verschiedenen politischen und strategischen Interessen beider Länder durch solch einen Erfolg trennen. Bezeichnen wir diese Interessen durch die beiden Namen „Calais“ und „Paris“. Darum vorwärts gegen Amiens!

Und in der Tat geht es auch weiter vorwärts mit Riesenschritten. Für lebhafte Phantasien und heiße Wünsche freilich immer noch nicht rasch genug. Muß man doch befürchten, daß auch der Gegner die ihm nunmehr drohende Gefahr erkennt, und daß er alles versuchen wird, ihr zu begegnen. Englische Reserven vom Nordflügel, französische Truppen aus ganz Mittelfrankreich werden jedenfalls Amiens und dessen Umgebung zustreben. Auch ist zu erwarten, daß die französische Führung sich unserem Vordrängen von Süden her in die Flanke werfen wird. Der Abend des vierten Schlachttages sieht Bapaume in unseren Händen. Peronne und die Sommelinie südwärts liegt schon hinter unseren vordern Divisionen. Wir haben das alte Schlachtfeld an der Somme wieder betreten; für manchen unserer Soldaten reich an stolzen, wenn auch ernsten Erinnerungen, für alle, die es zum ersten Male sahen, tiefergreifend durch die Sprache, die auch jetzt noch aus den Millionen von Granattrichtern, aus dem Gewirr halbverfallener und verwachsener Gräben, aus dem majestätischen Schweigen über den verödeten Flächen und aus den Tausenden von Gräbern an das menschliche Herz dringt.

Starke Frontteile der Engländer sind völlig geschlagen und weichen ziemlich haltlos in Richtung auf Amiens zurück. Zunächst stockt aber nun das Vorschreiten unserer rechten Flügelarmee. Um die Schlacht hier wieder in Fluß zu bringen, greifen wir das Höhengelände ostwärts Arras mit neuen Kräften an. Der Versuch gelingt indessen nur stellenweise. Das Unternehmen wird abgebrochen. Inzwischen nimmt die Mitte unseres Angriffes Albert. Der linke Flügel stößt am siebenten Schlachttage unter Deckung gegen französische Angriffe aus südlicher Richtung über Roye bis Montdidier vor. Die Entscheidung liegt also mehr als je in der Richtung auf Amiens. Dorthin scheinen wir augenblicklich noch gut vorwärts zu kommen. Aber bald wird auch hier der Widerstand zäher und zäher, die Bewegung langsamer und langsamer. Die auf Amiens vorausgeflogenen Phantasien und Hoffnungen müssen zurückgeholt werden. Die Tatsachen müssen so betrachtet werden, wie sie sind. Menschliche Arbeit bleibt Stückwerk. Günstige Gelegenheiten werden versäumt, nicht überall wird mit gleicher Tatkraft zugegriffen, selbst da, wo ein glänzendes Ziel in Aussicht steht. Man möchte es jedem einzelnen Soldaten zurufen: „Dringe vorwärts auf Amiens, gib den letzten Rest deines Willens her! Vielleicht bedeutet Amiens den entscheidenden Sieg. Nimm wenigstens noch Villers-Bretonneux, damit wir von den dortigen Höhen mit Massen schwerer Artillerie Amiens beherrschen können!" Vergebens, die Kräfte sind erlahmt.

Der Gegner erkennt klar, was er mit Villers-Bretonneux verlieren würde. Er wirft der Stirnseite unseres Durchbruches alles entgegen, was er heranbringen kann. Der Franzose erscheint und rettet mit seinen Massenangriffen und seiner gefechtsgewandten Artillerie die Lage für den Verbündeten und für sich selber.

Bei uns fordert die menschliche Natur zwingend ihr Recht. Wir müssen Atem schöpfen. Die Infanterie braucht Ruhe, die Artillerie Munition. Ein Glück war es, daß wir teilweise aus den reichen Vorräten des geschlagenen Gegners leben konnten; wir hätten sonst die Somme wohl nicht überschreiten können, denn die im breiten Trichterfeld der zuerst genommenen feindlichen Stellungen verschütteten Straßen können erst durch tagelange Arbeit wieder benutzbar gemacht werden. Noch aber geben wir die Hoffnung, Villers-Bretonneux zu gewinnen, nicht völlig auf. Am 4. April versuchen wir aufs neue, den Gegner von dort zu vertreiben. Verheißungsvoll lauten an diesem Tage zuerst die Nachrichten über das Vorschreiten unseres Angriffes. Der folgende 5. April aber bringt an diesem Punkte Rückschlag und Enttäuschung.

Amiens bleibt in den Händen der Gegner und wird nur von unserem Fernfeuer berührt, das die Verkehrsadern des Feindes zwar beunruhigen, aber nicht unterbinden kann.

Die „Große Schlacht" in Frankreich ist zu Ende!

Die Schlacht an der Lys

Unter den Schlachtentwürfen für den Beginn des Feldzugsjahres 1918 befand sich auch eine Bearbeitung des Angriffes auf die englische Stellung in Flandern. Bei dieser war von dem Gedanken ausgegangen, sich gegen den nach Osten vorspringenden englischen Nordflügel beiderseits Armentières zu wenden, um durch Vordringen in allgemeiner Richtung Hazebrouck den Zusammenbruch herbeizuführen. Die Aussichten, die eine solche Operation im Falle günstigen Vorschreitens bot, waren sehr verlockend, aber der Durchführung des Angriffes standen sehr erhebliche Bedenken gegenüber. Zunächst war es klar, daß wir es hier mit der stärksten englischen Kampfgruppe zu tun bekamen. Diese, auf verhältnismäßig engem Raum zusammengefaßt, war wohl in der Lage, unsern Ansturm nach kurzem Vorschreiten zum Festrennen zu bringen. Wir begaben uns mit einer solchen Unternehmung demnach gerade in die Gefahr, die wir vermeiden wollten. Dazu kamen die Schwierigkeiten des Angriffsgeländes beiderseits Armentières. Da waren zunächst die meilenbreiten Wiesengründe der Lys und dann dieser Fluß selbst zu überwinden. Im Winter waren die Niederungen auf weite Strecken überschwemmt, im Frühjahr oft wochenlang versumpft, ein wahrer Schrecken für die Besatzung der dortigen Verteidigungsstellungen. Nördlich der Lys stieg das Gelände allmählich an und erhob sich dann schärfer zu den gewaltigen Höhenstellungen, die bei Kemmel und Cassel ihre mächtigsten Eckpfeiler hatten.

Bevor die Lys-Niederung nicht einigermaßen gangbar war, ließ sich an die Durchführung dieses Angriffes überhaupt nicht denken. Ein genügendes Trockenwerden war bei gewöhnlichen Witterungsverhältnissen erst gegen Mitte April mit einiger Sicherheit zu erwarten. Wir glaubten indessen den Beginn des entscheidenden Ringens im Westen nicht so lange hinausschieben zu können. Mußten wir doch ununterbrochen die Möglichkeit des Eingreifens von Nordamerika im Auge behalten. Ungeachtet der gegen den Angriff vorhandenen Bedenken ließen wir das Unternehmen wenigstens theoretisch vorbereiten. An seine Verwirklichung war für den Fall gedacht, daß unsere Operation bei St. Quentin die gegnerische Führung veranlassen würde, starke Kräfte von der Gruppe in Flandern wegzuziehen, um sie unserem Durchbruch entgegenzuwerfen.

Dieser Fall war Ende März eingetreten. Sobald sich nun übersehen ließ, daß unser Angriff in Richtung nach Westen ins Stocken kommen mußte, entschlossen wir uns daher, auf unsere Operation an der Lys-Front zurückzugreifen. Eine Anfrage bei der Heeresgruppe Kronprinz Rupprecht erhielt die Antwort: Der Angriff über die Lys-Niederung sei dank des trockenen Vorfrühlingswetters schon jetzt möglich. Mit außerordentlicher Tatkraft wurde nunmehr das Unternehmen von seiten der Armeeführungen und Truppen gefördert.

Am 9. April, am Jahrestage der großen Krisis von Arras, erhoben sich aus den verschlammten Stellungen an der Lys-Front von Armentières bis La Bassée unsere sturmbereiten Truppen. Freilich nicht in breiten Angriffswellen sondern meist in kleinen Abteilungen und in schmalsten Kolonnen wateten sie durch einen von Granaten und Minen zerwühlten Morast, zwischen tiefen, mit Wasser gefüllten Geschoßtrichtern oder auf den wenigen einigermaßen festen Geländestreifen den feindlichen Linien entgegen. Unter dem Feuerschutz unserer Artillerie und Minenwerfer gelang trotz aller natürlichen und künstlichen Hindernisse das überraschende Vorgehen, an das anscheinend weder die Engländer noch die zwischen ihnen eingeschobenen Portugiesen geglaubt hatten. Die portugiesischen Truppen verließen größtenteils in haltloser Flucht das Schlachtfeld und verzichteten endgültig zugunsten ihrer Bundesgenossen auf die Kampfarbeit. Unsere Ausnützung der Überraschung und des portugiesischen Versagens fand freilich in dem Gelände die größten Schwierigkeiten; nur mit Mühe konnten einzelne Geschütze und Munitionswagen hinter der Infanterie nach vorwärts gebracht werden. Doch wurde die Lys am Abend erreicht, an einer Stelle überschritten. Die Entscheidung lag also auch diesmal in dem Kampfverlauf der nächstfolgenden Tage. Die Aussichten blieben zunächst günstig. Der 10. April sieht Estaires in unserer Hand; auch wird besonders in der Gegend nordwestlich Armentières Gelände gewonnen. Am gleichen Tage wird unser Angriff bis in die Gegend von Wytschaete ausgedehnt. Die Trümmerstätten des wiederholt umstrittenen Messines werden von uns wieder gestürmt.

Auch der nächste Tag bringt uns neue Erfolge und neue Hoffnungen. Armentières wird vom Gegner geräumt, Merville von uns genommen. Wir nähern uns von Süden her der ersten Stufe zu dem mächtigen Höhengelände, von dem aus der Blick und die Artillerie des Gegners unsern Angriff beherrschten. Die Fortschritte werden aber von jetzt ab immer geringer. Sie hören am linken Flügel in westlicher Richtung bald ganz auf und ermatten bedenklich in Richtung auf Hazebrouck. In der Mitte nehmen wir in den nächsten Tagen noch Bailleul und setzen von Süden her den Fuß auf das Hügelgelände. Auch Wytschaete fällt in unsere Hand. Damit erschöpft sich jedoch dieser erste Schlag.

Wie Ketten hatten sich die Schwierigkeiten der Verbindungen durch die Lys-Niederung an die Bewegungen unserer vom Süden her angreifenden Truppen gelegt. Schießbedarf kommt in nur ungenügenden Mengen durch, und wir sind nur dank der Beute auf dem bis jetzt eroberten Kampffelde in der Lage, unsere Truppen ausreichend zu verpflegen.

In dem Ringen gegen die feindlichen Maschinengewehrnester blutet unsere Infanterie außerordentlich, ihre Erschöpfung droht, wenn wir nicht eine Zeitlang im Angriff innehalten. Andrerseits drängt die Lage zu einer Entscheidung. Wir waren in eine jener Krisen geraten, in denen der Angriff äußerst schwierig, die Verteidigung bedenklich wird. Nicht im Durchhalten, nur im Vorwärtskommen konnte die Befreiung aus diesem Zustande liegen.

Wir müssen den Kemmelberg stürmen. Wie ein Klotz liegt dieser Berg seit Jahren vor unseren Augen. Es ist damit zu rechnen, daß ihn der Gegner zum Kernpunkt seiner flandrischen Stellung ausgebaut hat. Die Lichtbilder unserer Flieger enthüllen wohl nur einen Teil der dort vorhandenen Feinheiten der Verteidigungsanlagen. Wir hoffen aber, daß der äußere Eindruck des Berges stärker ist als sein wirklicher taktischer Wert. Solche Erfahrungen waren von uns ja schon an anderen Angriffsobjekten gemacht worden. Kerntruppen, die am Roten-Turmpaß, bei den Kämpfen in den transsylvanischen Bergen, im serbisch-albanischen Gebirge und in den oberitalienischen Alpen ihren Willen gezeigt und ihre Kraft bewährt hatten, dürften vielleicht auch hier das scheinbar Unmögliche möglich machen.

Voraussetzung für das Gelingen unseres weiteren Angriffes in Flandern ist, die französische Führung zu veranlassen, den englischen Bundesgenossen die Last des dortigen Kampfes allein tragen zu lassen. Wir greifen daher zunächst am 24. April erneut bei Villers-Bretonneux an, hoffend, daß der französischen Kriegsleitung die Sorge um Amiens näherliegen würde als die Hilfeleistung für den schwer bedrängten englischen Freund in Flandern. Aber dieser unser neuer Angriff scheitert. Dagegen bricht am 25. April die englische Verteidigung auf dem Kemmelberge auf den ersten Anhieb zusammen. Der Verlust dieser Stütze erschüttert die ganze feindliche Flandernfront. Der Gegner beginnt aus dem Ypernbogen zu weichen, den er in monatelangem Ringen im Jahre 1917 ausgeweitet hatte. An die letzte flandrische Stadt klammert er sich jedoch wie an ein Kleinod, das er aus politischen Rücksichten nicht verlieren will. Doch nicht bei Ypern sondern von Südosten her, in der Angriffsrichtung auf Cassel, liegt die Entscheidung in Flandern. Gelingt es uns, in dieser Richtung vorzukommen, dann muß die ganze englisch-belgische Flandernfront ins Rollen nach Westen kommen. Wie vor einem Monat im Gedanken an Amiens, so erweitern sich auch diesmal die Hoffnungen und eilen bis an die Küste des Kanals. Ich glaube zu fühlen, wie ganz England mit verhaltenem Atem dem Fortgang der flandrischen Schlacht folgt.

Nachdem das Riesenbollwerk, der Kemmelberg, gefallen ist, haben wir keinen Grund, vor den Schwierigkeiten der weiteren Angriffe zurückzuweichen. Freilich kommen Nachrichten über das Versagen einzelner unserer Truppen. Auch werden wieder Fehler auf dem Schlachtfelde gemacht, Versäumnisse begangen. Doch solche Fehler und Versäumnisse liegen in der menschlichen Natur. Wer die wenigsten macht, wird Herr des Schlachtfeldes bleiben. Wir waren bis jetzt die Herren und wollen es weiter sein. Erfolge, wie der am Kemmel, reißen nicht nur die Truppe empor, die solches geleistet hat, sie beleben ganze Armeen. Also weiter vor, zunächst wenigstens bis Cassel! Von dort aus kann das Fernfeuer unserer schwersten Geschütze Boulogne und Calais erreichen. Beide Städte sind vollgepfropft mit englischen Kriegsvorräten, sie sind außerdem die hauptsächlichsten Ausschiffhäfen der englischen Kriegsmacht. Diese englische Kriegsmacht hat bei dem Kampf am Kemmelberge überraschend versagt. Gelingt es uns, hier mit ihr allein abzurechnen, dann haben wir sicherlich Aussicht auf großen Erfolg. Trifft keine französische Hilfe ein, so ist England in Flandern vielleicht verloren. Doch diese Hilfe kommt wieder in Englands äußerster Not. Mit verbissenem Zorne gegen den Freund, der den Kemmelberg preisgegeben hat, versuchen die eintreffenden französischen Truppen, uns diesen Stützpunkt zu entreißen. Vergeblich! Aber auch unsere letzten großen Anstürme gegen die neuen französisch-englischen Stellungen dringen Ende April nicht mehr durch.

Am 1. Mai gehen wir in Flandern zur Verteidigung über, oder, wie wir damals hofften, zur einstweiligen Verteidigung.

Die Schlacht bei Soissons und Reims

Der von uns zur Erreichung unseres großen Zieles eingeschlagene Weg wurde auch nach Beendigung der Kämpfe in Flandern eingehalten. Wir wollen auch weiterhin „durch eng zusammenhängende Teilschläge das feindliche Gebäude derartig erschüttern, daß es gelegentlich doch einmal zusammenbricht". So kennzeichnete eine damals verfaßte Niederschrift unsere Absichten. Zweimal war England in äußerster Krisis durch Frankreich gerettet worden; vielleicht gelang es uns beim dritten Male, einen endgültigen Sieg gegen diesen Gegner zu erringen. Der Angriff auf den englischen Nordflügel blieb auch weiterhin der leitende Gesichtspunkt für unsere Operationen. In der glücklichen Durchführung dieses Angriffes lag nach meiner Ansicht die Entscheidung des Krieges. Gelangten wir an die Küste des Kanals, so berührten wir die Lebensadern Englands unmittelbar. Wir kamen nicht nur in die denkbar günstigste Lage für Bekämpfung seiner Seeverbindungen, sondern wir vermochten von dort aus mit unseren schwersten Geschützen sogar einen Teil von Britanniens Südküste unter Feuer zu nehmen. Das geheimnisvolle Wunder der Technik, das zur Zeit aus der Gegend von Laon seine Granaten bis in die französische Hauptstadt schleudert, kann auch gegen England zur Wirkung gebracht werden. Nur noch eine geringe Vergrößerung dieses Wunders ist nötig, um das Herz des englischen Handels und Staates von der Küste bei Calais aus unter Feuer zu nehmen. Ernste Aussichten für Großbritannien damals, aber auch weiter für alle Zukunft! Man kann solche Wunder nach Kruppschen Gedanken nunmehr überall bauen. Ob in ihnen Friedensgarantien oder Kriegserreger gegeben sind, muß die Zukunft entscheiden. England hat wohl in weitsichtigen Gedanken und feinem Empfinden für die ihm drohenden Gefahren der Zukunft dies alles schon bedacht. Vielleicht hat auch Frankreich im geheimen schon die Folgerungen daraus gezogen. Daß man über solches Denken Schweigen bewahrt, ist zwischen Freunden selbstverständlich; doch fühlt man wohl beiderseits die Waffe in der Tasche des anderen.

Für uns handelte es sich im Mai 1918 zunächst darum, die beiden jetzigen Freunde in Flandern wiederum zu trennen. England ist leichter zu schlagen, wenn Frankreich fern steht. Stellen wir demnach die Franzosen vor eine Krisis an ihrer Front, dann werden sie wohl die Divisionen wegziehen, die zurzeit in

Flandern in den englischen Linien verwendet sind. Möglichste Eile ist notwendig, sonst entreißt uns der wieder gestärkte Gegner die Vorhand. Ein gefahrvoller Einbruch in unsere nicht sehr starken Verteidigungsfronten würde unsere Absichten empfindlich stören, ja unmöglich machen.

Der Franzose ist am empfindlichsten in der Richtung auf Paris. Dort ist die politische Atmosphäre gegenwärtig ziemlich stark geladen. Unsere Granaten und Fliegerbomben haben sie zwar bisher nicht zur Entladung gebracht, doch können wir hoffen, daß dies gelingt, wenn wir näher an die Stadt heranrücken. In Richtung auf Soissons steht nach allem, was wir wissen, die französische Verteidigung zahlenmäßig besonders schwach, doch gerade hier im angriffsschwierigsten Gelände.

Als ich am Beginn des Jahres 1917 bei meiner ersten Anwesenheit in Laon die Terrasse der Präfektur am Südteil der eigenartig aufgebauten Felsenstadt betrat, lag die Gegend vor mir in der vollen Klarheit eines herrlichen Vorfrühlingtages. Eingefaßt zwischen zwei Hügelrahmen im Westen und Osten erstreckte sich das Landschaftsbild nach Süden, dort abgeschlossen durch einen mächtigen Wall, den Chemin des Dames. Vor 103 Jahren hatten Preußen und Russen unter Blüchers Führung nach kampfheißen Tagen südlich der Marne die Höhen des Chemin des Dames von Süden her überschritten und sich nach dem mörderischen Gefechte bei Craonne unmittelbar bei Laon zum Kampfe gegen den Korsen gestellt. Im Ostgelände des steilen Laoner Felsens entschied sich in der Nacht vom 9. auf den 10. März 1814 der Kampf zugunsten der Verbündeten.

An den Höhen des Chemin des Dames war die französische Frühjahrsoffensive 1917 abgeprallt. Wochenlang hatte man damals mit wechselndem Erfolg um die dortige Stellung gerungen, dann war es still geworden. Im Oktober 1917 aber wurde der rechte Schulterpunkt dieser Stellung nordöstlich Soissons vom Gegner gestürmt, und wir waren gezwungen, den Chemin des Dames zu räumen und unsere Verteidigung hinter die Ailette zurückzulegen.

Über die Steilhänge des Chemin des Dames hinüber hatten unsere Truppen nunmehr aufs neue anzugreifen. Fast noch mehr als bei den bisherigen Angriffen hing das Gelingen dieses Unternehmens von der Überraschung ab. War eine solche nicht möglich, dann scheiterte unser Angriff wohl schon an den nördlichen Steilhängen des Höhenrückens. Die Überraschung gelang jedoch vollständig.

Eine eigenartige Erklärung für diese Tatsache möchte ich hier anführen. Ein Offizier, der bei den Vorbereitungen an der Ailette tätig gewesen war, vertrat die Anschauung, daß der Lärm der quakenden Frösche in den Flußarmen und feuchten Wiesengründen so stark gewesen sei, daß er selbst das Geräusch unserer vorfahrenden Brückenwagen übertönte. Mag ein anderer über diese Mitteilung denken, wie er will, ich möchte nur versichern, daß ich den Erzähler vorher durch Wiedergabe von Erlebnissen aus meinem Jägerleben nicht gereizt hatte! Eine andere mir mehr einleuchtende Erklärung für das Gelingen der Verschleierung unseres Angriffs entstammt dem Munde eines gefangenen feindlichen Offiziers. Zu diesem wurde am Tage vor Beginn unseres Angriffes ein preußischer Unteroffizier gebracht, der auf Erkundung gefangen war. Auf die Frage, ob er etwas über einen deutschen Angriff sagen könnte, gab dieser folgende Auskunft:

> „In den frühesten Morgenstunden des 27. Mai wird ein mächtiges deutsches Artilleriefeuer losbrechen. Es dient aber nur Täuschungszwecken, denn der anschließende deutsche Infanterieangriff wird nur von wenigen Freiwilligenabteilungen ausgeführt werden. Die Moral der deutschen Truppen ist durch die furchtbaren Verluste bei St. Quentin und in Flandern so erschüttert, daß sich die Infanterie einem allgemeinen Angriffsbefehl offen widersetzt hat".

Der Offizier gab offen zu, daß ihm diese Angaben den Eindruck voller Glaubwürdigkeit gemacht hätten, und daß er deswegen am 27. Mai in voller Ruhe den Verlauf der Dinge abwarten zu können glaubte. Vielleicht kommen diese meine Erinnerungen dem braven deutschen Soldaten zur Kenntnis. Ich drücke ihm in Gedanken die Hand und danke ihm im Namen des ganzen Heeres, dem er einen so unschätzbaren Dienst erwies, und im Namen von vielen Hunderten, ja vielleicht Tausenden braver Kameraden, deren Leben er durch seine Geistesgegenwart erhalten hat. Die Täuschung des feindlichen Offiziers hätte übrigens nicht so gelingen können, wenn nicht die feindliche Propaganda durch die sinnlose Übertreibung unserer bisherigen Verluste einen günstigen Boden für die Glaubwürdigkeit der Angaben des preußischen Unteroffiziers vorbereitet hätte. So rächen sich hier und da propagandistische Unwahrheiten und Übertreibungen.

Die Schlacht begann am 27. Mai. Sie nahm einen glänzenden Verlauf. Wir hatten ursprünglich damit rechnen zu müssen geglaubt, daß unser Angriff an der Linie der Aisne-Vesle zum Halten kommen würde, und wollten dann über diese Abschnitte hinaus nicht weiter vordringen. Wir waren daher nicht wenig überrascht, als wir schon am Nachmittage des ersten Schlachttages die Meldung erhielten, daß die deutschen Schrapnellwolken bereits auf dem Südufer der Aisne liegen, und daß unsere Infanterie dorthin noch am gleichen Tage vorgehen wollte.

Die Mitte unseres vollen taktischen Durchbruches erreichte in wenigen Tagen die Marne von Château-Thierry bis Dormans. Unsere Flügel schwenkten nach Westen gegen Villers-Cotterêts und nach Osten gegen Reims und das Höhengelände südlich dieser Stadt ein. Die Beute war ungeheuer, das ganze Aufmarschgebiet der französischen Frühjahrsoffensive von 1917 mit seinen noch vorhandenen reichen Vorräten aller Art war in unserem Besitz. Die Anlage neuer Straßen, Lagerbauten für viele Tausende von Mannschaften und anderes legten Zeugnis davon ab, in welch großzügiger Weise der Franzose damals seine Angriffe in mehrmonatiger Arbeit vorbereitet hatte. Wir hatten die Sache kürzer gemacht!

In diesen Tagen sah ich gelegentlich eines Besuches der Schlachtfelder Laon wieder. Wie hatte sich in der Zeit seit Winter 1917 der damals fast friedliche Charakter des dortigen Lebens gewandelt. Wenige Tage, nachdem unsere größten Geschütze aus den Waldungen bei Crépy, westlich Laon, das Feuer gegen Paris eröffnet hatten, begannen nämlich feindliche Batterien aus dem Tale der Aisne das Feuer gegen die unglückliche Stadt. Ich möchte damit nicht behaupten, daß die Gegner gegen das eigene Fleisch und Blut wüteten ohne verständlichen militärischen Zweck. Sie nahmen wohl an, daß die Munitionszufuhr zu unseren Paris so lästigen Batterien über Laon gehen würde, ein begreiflicher Irrtum. Bei dem Feuer auf den Bahnhof fiel eine große Anzahl schwerer Geschosse in die noch dicht bevölkerte Stadt, auch warfen nunmehr feindliche Flieger zu jeder Tageszeit Bomben dort nieder. Wer von den hart heimgesuchten Einwohnern sich von der mit Vernichtung bedrohten Heimstätte nicht losreißen konnte, mußte in Kellern oder Erdräumen leben, ein Bild unsagbaren Massenelends, wie wir es freilich aus ähnlichen Gründen auch an anderen Stellen hinter unseren westlichen Verteidigungsfronten mit ansehen mußten, ohne etwas daran ändern zu können. Am ersten Angriffstage waren die feindlichen Fernfeuergeschütze am Aisne-Tal erobert worden, und damit hatte die Beschießung Laons ein Ende genommen. Ein Zugehöriger dieser Batterien wurde gefangen durch die Stadt geführt. Hier stellte er die Bitte, die beschossenen Häuserviertel besuchen zu dürfen, da ihn die Lage der Schüsse seiner Geschütze interessiere. Welch überraschender Tiefstand eines durch den Krieg versteinerten Herzens!

Der Krieg wirkte freilich nicht immer derartig; auch bei unseren Gegnern fanden sich weiche Herzen nach hartem Männerkampfe. Von den mir erzählten Beispielen möchte ich nur eines verzeichnen: Es war am 21. März in dem noch immer mit schwerem englischen Feuer belegten St. Quentin. Dort stauen sich in den zerschossenen Straßen deutsche Kolonnen. Feindliche Gefangene, aus dem Kampfe kommend und Verwundete tragend, werden zum Halten gezwungen. Sie legen ihre Bürde nieder. Da hebt ein schwer verwundeter deutscher Soldat, dem Tode näher als dem Leben, den ermattenden Arm suchend und stöhnt zu dem sich niederbeugenden Träger: „Mutter, Mutter." Das englische Ohr versteht den deutschen Laut. Der Tommy kniet nieder an der Seite des Grenadiers, streichelt die erkaltende Hand und sagt: *„Mother, yes, mother is here!"*

Auch ich selbst sah auf diesen Schlachtfeldern Bilder tiefen menschlichen Fühlens. So wanderte ich Ende Mai an der Seite eines deutschen Generals über die kurz vorher erstürmten Höhen westlich Craonne. Bei jedem der noch nicht bestatteten gegnerischen Gefallenen bückt er sich und bedeckt das noch entblößte Gesicht, eine Huldigung an die Majestät des Todes. Er sorgt aber auch für lebende Feinde, labt aus eigenen Mitteln einige aus Schwäche zurückgebliebene Verwundete und veranlaßt ihren bequemen Transport. Auch schon früher hatte ich Gelegenheit, in das wahre Menschentum dieses Deutschen zu blicken. In den Märztagen des Jahres fahre ich in der Gegend von St. Quentin an seiner Seite an Kolonnen gegnerischer Gefangener entlang, die sein ernstes Auge in tiefen Gedanken betrachtet. An der Spitze einer dieser

Kolonnen läßt er Halt machen und spricht den dort vereinigten feindlichen Offizieren die Anerkennung für die tapfere Haltung ihrer Truppen aus, sie mit dem Hinweis tröstend, daß das härteste Los, das der Gefangenenschaft, oft den trifft, der am tapfersten ausgeharrt hat. Die Wirkung dieser Worte scheint groß. Am größten bei einem jungen hochgewachsenen Offizier, der augenscheinlich schwer berührt bisher den Kopf wie aus Scham zu Boden senkte. Jetzt erhebt sich die schlanke Gestalt, wie die junge Tanne vom Schneedruck befreit, und ihr dankbarer Blick trifft das Auge – meines Kaisers. Zur Erweiterung unserer Erfolge hatten wir noch während der Kämpfe in dem bis zur Marne aufspringenden Bogen den rechten Flügel unseres Angriffes nach Westen hin bis zur Oise ausgedehnt. Der Angriff gelang nur unvollständig. Ein Angriff, den wir aus der Linie Montdidier-Noyon am 9. Juni in Richtung Compiègne führten, drang nur bis halbwegs dieser Stadt vor. Auch unsere Versuche in der Richtung auf Villers-Cotterêts gelangten zu keinem größeren Ergebnis. Wir mußten uns davon überzeugen, daß wir in der Gegend von Compiègne-Villers-Cotterêts die Hauptkräfte des feindlichen Widerstandes vor uns hatten, den zu brechen wir die Kräfte nicht besaßen. Zusammenfassend möchte ich meine Bemerkungen über die Schlacht von Soissons-Reims damit schließen, daß uns die Kämpfe viel weiter geführt hatten, als es ursprünglich beabsichtigt war. Auch hier hatten sich aus unerwarteten Erfolgen neue Hoffnungen und neue Ziele ergeben. Daß diese schließlich nicht voll erreicht wurden, lag in der allmählichen Erschöpfung der eingesetzten Kräfte begründet. Unseren allgemeinen Absichten entsprach es jedoch nicht, noch mehr Divisionen für die Operation in der Marnegegend einzusetzen. Unsere Blicke richteten sich ununterbrochen nach Flandern.

Rückblick und Ausblick Ende Juni 1918

Das von uns in den drei großen Schlachten Erreichte stellte vom kriegerischen Gesichtspunkte aus alles in den Schatten, was seit dem Herbste 1914 im Westen im Angriffskampfe geleistet worden war. Aus dem Geländegewinn, den Beutezahlen, den schweren blutigen Verlusten des Gegners sprach mit aller Deutlichkeit die Größe der deutschen Erfolge. Wir hatten das Gefüge des feindlichen Widerstandes bis in seine Grundfesten erschüttert. Unsere Truppen hatten sich den großen Anforderungen, die wir an sie stellten, voll gewachsen gezeigt. In den wochenlangen Angriffskämpfen hatte der deutsche Soldat bewiesen, daß der alte Geist durch die jahrelangen Verteidigungskämpfe nicht erstickt war, sondern sich unter dem Worte „Vorwärts“ bis zu der Höhe des seelischen Schwunges des Jahres 1914 emporgehoben hatte. Der Sturmdrang unserer Infanterie hatte seine Wirkung auf den Gegner nicht verfehlt: „*What an admirable and gallant infanterie you have*“, so sprach ein feindlicher Offizier sich gegenüber einem meiner Generalstabsoffiziere aus. Im engsten Anschluß an diese Infanterie hatten ihre Schwesterwaffen in allen Gefechtslagen in vorderster Linie gestanden. Ein mächtiger Einheitszug war durch das Ganze hindurch gegangen, durchgreifend bis zum letzten Mann am hintersten Munitionswagen. Wie hatten sie alle vorwärts gestrebt, um teilzuhaben, mitzuwirken und mitzufühlen an dem großen Geschehen! Wie oft löste sich da ein freudiger Jubel, ein erhebendes Singen, ein lautes dankbares Gebet. Auch ich hatte auf den Schlachtfeldern von jenem Geiste wieder genossen, der mich wie ein Herüberwehen aus meiner längst vergangenen militärischen Jugendzeit anmutete. Ein Menschenalter lag dazwischen, aber das Menschenherz, der deutsche Soldatengeist war unverändert geblieben. So hatten unsere braven Jungens im alten blauen Rock in den Biwaks von Königgrätz und Sedan gesprochen und gesungen, wie die Feldgrauen jetzt wieder sprachen und sangen in den großen Kämpfen um Dasein und Vaterland, für Kaiser und Reich.

Aber all das, was geleistet worden war, hatte bisher nicht ausgereicht, den Gegner militärisch und politisch in das Lebensmark zu treffen. Auf der gegnerischen Seite zeigte sich keine Spur von Nachgiebigkeit. Nach außen hin schien im Gegenteil jede militärische Niederlage den Vernichtungswillen des Feindes nur noch zu verstärken. Dieser Eindruck wurde auch nicht dadurch abgeschwächt, daß ab und zu im gegnerischen Lager Stimmen zur Mäßigung rieten. Der diktatorische Druck der uns feindlichen Staatsgebäude war im großen und ganzen nirgends gelockert. Wie mit eisernen Klammern hielt er den Willen und die Kraft der Völker zusammen und machte in mehr oder minder ausgesprochen gewaltsamer Form alle diejenigen unschädlich, die in andrer Richtung zu denken wagten, als die jetzigen tyrannischen Machthaber. In dem Wirken dieser Gewalten lag für mich etwas sehr Eindrucksvolles. Sie stützten ihre eigenen Hoffnungen und verwiesen ihre Völker in erster Linie auf das allmähliche Ermatten unserer Kraft. Diese mußte sich nach ihrer Anschauung allmählich verbrauchen. Der Hunger in der deutschen Heimat, der Kampf an der Front, das Gift der Propaganda, Bestechungsgelder, Flugschriften, innere staatliche Kämpfe hatten uns bisher nicht zu Fall zu bringen vermocht. Jetzt wurde ein neuer Faktor wirksam: die amerikanische Hilfe. Wir hatten ihre ersten kampfgeschulten Truppen bei Château-Thierry kennen gelernt. Sie traten uns dort entgegen, noch ungelenk aber von kräftigem Willen geführt. Sie wirkten auf unsere schwachen Verbände überraschend durch ihre zahlenmäßige Überlegenheit.

Mit dem Eingreifen der Amerikaner auf dem Schlachtfelde waren die so lange gehegten französischen und englischen Hoffnungen endlich erfüllt. War es da ein Wunder, wenn die feindlichen Staatsmänner jetzt weniger als je an einen friedlichen Ausgleich mit uns dachten? Die Vernichtung unseres staatlichen und wirtschaftlichen Daseins war von ihrer Seite seit langem beschlossen, mochten sie diese Absicht auch hinter fadenscheinigen, milden und sophistischen Redensarten verbergen wollen. Sie wandten solche Phrasen nur an, wenn diese ihren propagandistischen Zwecken entsprachen, sei es, um ihren eigenen Völkern die auferlegte Blutsteuer erträglich erscheinen zu lassen, sei es, um die Kampflust unseres Volkes zu zermürben. So war ein Ende des Krieges für uns nicht abzusehen.

Mitte des Monats Juni hatte die allgemeine militärische Lage für den Vierbund eine wesentliche Verschlechterung erfahren: Nach erfolgverheißenden Anfängen war der Angriff Österreich-Ungarns in Italien gescheitert. Wenn auch unser dortiger Gegner nicht die Kraft besaß, aus dem Mißlingen des österreichisch-ungarischen Unternehmens größeren Vorteil zu ziehen, so war doch das Scheitern des Angriffs von Folgen begleitet, die schlimmer waren, als sie aus einem Unterlassen des Angriffs hätten entstehen können. Das Mißgeschick unseres Bundesgenossen war ein Unglück auch für uns. Der Gegner wußte so gut wie wir, daß Österreich-Ungarn mit diesem Angriff seine letzten Gewichte in die Wagschale des Krieges geworfen hatte. Von jetzt ab hörte die Donaumonarchie auf, eine Gefahr für Italien zu bedeuten. Ich glaubte, damit rechnen zu müssen, daß Italien sich nunmehr dem Drängen seiner Verbündeten nicht mehr entziehen könnte und auch seinerseits Kräfte auf den alles entscheidenden westlichen Kriegsschauplatz werfen würde, nicht nur, um die feindliche politische Einheitsfront zu beweisen, sondern auch um bei den weiteren Kämpfen eine wirkungsvolle Rolle zu spielen. Sollte nicht auch diese neue Last auf unsere Schultern allein fallen, so mußten wir österreichisch-ungarische Divisionen an unsere Westfront heranzuholen versuchen. Das war der für uns maßgebende Grund für das Ersuchen um nunmehrige unmittelbare österreichisch-ungarische Unterstützung. Große Wirkung konnten wir uns von dieser Unterstützung allerdings zunächst nicht versprechen. Die Entscheidung über die Geschicke des gesamten Vierbundes hing jetzt mehr als je ab von Deutschlands Kraft. Die Frage war also, ob diese noch ausreichen würde, um ein siegreiches Ende des Krieges zu erzwingen. Ich habe weiter oben von den glänzenden Leistungen unserer Truppen gesprochen; zur Beantwortung dieser Frage wende ich mich jetzt zu anderen, ernsteren Seiten:

Bei aller Liebe und Anerkennung für unsere Soldaten durften wir doch die Augen vor den sich im Laufe des langen Krieges ergebenden Mängeln in dem Gefüge unserer Armee nicht verschließen. Das Fehlen einer genügenden Zahl langgeschulter Führer der unteren Dienstgrade hatte sich bei unsern großen Angriffsschlachten sehr fühlbar gemacht. Die Gefechtsdisziplin war ab und zu bedenklich gelockert. Es war an sich verständlich, daß der Soldat sich inmitten der erbeuteten reichen Bestände gegnerischer Depots dem Genusse lang entbehrter Lebens- und Genußmittel hingab. Aber es hätte verhindert werden müssen, daß er sich auf diese Genüsse zur Unzeit stürzte und dabei seine augenblickliche Pflicht vernachlässigte. Ganz abgesehen von den auflösenden Wirkungen derartigen Verhaltens auf den Geist der Truppe trat auch die Gefahr ein, daß uns günstige Gefechtslagen ungenutzt verstrichen und sich wiederholt in das Gegenteil verwandelten. Die Kämpfe hatten weitere schwere, unausfüllbare Lücken in unsere Truppen gerissen. So manche Infanterie-Regimenter bedurften eines völlig neuen Aufbaues. Die Bausteine hierfür waren dem alten Material moralisch meist nicht mehr gleichwertig. Die Schwächen der heimatlichen Verhältnisse spiegelten sich vielfach in den Stimmungen wieder, die den ins Feld nachkommenden Ersatz durchdrangen.

Unter dem Einfluß unserer kriegerischen Erfolge hatte sich zwar die Stimmung der Heimat in weiten Kreisen mächtig gehoben. Man folgte den Nachrichten aus dem Felde mit größter Spannung und hoffte auf ein baldiges, glückliches Ende des schweren Ringens. Hunger, Opfer, Sorge schienen nicht umsonst gewesen zu sein, und manches wurde vergessen, manches wurde auch weiter mannhaft ertragen, wenn nur ein glücklicher Schluß des ungeheuern Duldens in greifbare Nähe gerückt blieb. So bewirkten die Erfolge des Heeres vieles, was die politische Führung versäumte. Aber das vaterlandslose Empfinden einzelner Teile des deutschen Volkes, die von durch Eigennutz und Selbstsucht entarteten politischen Ideenrichtungen durchtränkt waren, die bei ihrer Nervenzerrüttung und sittlichen Verderbnis im Siege des Gegners das Glück und den Frieden des Vaterlandes sahen, und die das Gute ausschließlich im feindlichen Lager, das Böse ebenso ausschließlich im eigenen Lande suchten und zu finden glaubten, bildete den Ausstrahlungspunkt für die Zersetzung, die unsern ganzen Volkskörper verderben wollte. Wahrlich, Trotzki schien in Brest-Litowsk nicht in den Wind gesprochen zu haben. Seine politischen Irrlehren drangen über unsere Grenzpfähle und fanden zahlreiche Anbeter in allen Berufsklassen und aus den verschiedensten Beweggründen. Die feindliche Propaganda setzte ihre Einwirkung offen und im geheimen fort. Sie warf sich mit wechselnder Stärke auf alle Gebiete unseres Lebens.

So drohte das Schwinden der Widerstandskraft in unserm Volk und Heer sich mit dem Vernichtungswillen des Gegners zu unserm Verderben zu verbinden. Kriegerische Erfolge schienen allein einen Ausweg aus dieser schweren Lage geben zu können. Mit ihrer Hilfe zu einem glücklichen Ende zu kommen, war nicht nur mein bestimmter Wille, sondern auch meine sichere Hoffnung. Vorbedingung für solche Erfolge war, daß wir die Vorhand nicht verloren, das heißt im Angriff blieben. Wir gerieten sofort unter den Hammer, wenn wir ihn selbst aus der Hand gaben.

Wir konnten uns durchkämpfen, wenn nur die Heimat uns weiter die körperlichen und sittlichen Kräfte gab, über die sie noch verfügte, wenn sie nicht den Mut und den Glauben an unsern Endsieg verlor, und wenn die Bundesgenossen nicht versagten. In diesen Gedanken und Empfindungen trat ich an die Fortführung unseres bisherigen Gesamtplanes heran.

Im Angriff gescheitert

Der Plan zur Schlacht bei Reims

Die Lage im Marnebogen nach dem Abschluß der Junikämpfe machte den Eindruck eines unvollendeten, nicht abgeschlossenen Werkes. So wie wir von Mitte Juni ab in diesem Bogen standen, konnten wir auf die Dauer nicht stehen bleiben. Die Zufuhrverhältnisse in den gewaltigen Halbkreis hinein waren mangelhaft. Sie genügten knapp für den Zustand verhältnismäßiger Kampfruhe, drohten aber für den Fall eines ausbrechenden, länger dauernden Großkampfes bedenklich zu werden. Wir hatten nur eine, noch dazu wenig leistungsfähige Bahnlinie als hauptsächlichste Zufuhrstraße für unsere großen Truppenmassen auf dem im Verhältnis zu deren Stärke engen Raum zur Verfügung. Dazu kam, daß der vorspringende Bogen den Gegner geradezu zu allseitigen Angriffen reizen mußte.

Die gründliche Besserung der Versorgungsverhältnisse sowie der taktischen Lage war nur möglich, wenn wir Reims in unseren Besitz brachten. Die Wegnahme dieser Stadt war im Zusammenhang mit den Mai-Junikämpfen nicht gelungen. Wir hatten damals unser Schwergewicht hauptsächlich in westliche Richtung verlegt. Der Gewinn von Reims mußte jetzt Aufgabe einer besonderen Operation werden. Die dadurch notwendige Schlacht fügte sich aber auch in den Rahmen unserer gesamten Pläne ein.

An früherer Stelle habe ich schon betont, daß es nach Abbruch der Lys-Schlacht unser Ziel blieb, dem Engländer in Flandern nochmals einen entscheidenden Schlag zu versetzen. Unser Angriff bei Soissons hatte diesem Gedanken gedient, indem wir dadurch die gegnerische Oberste Führung veranlassen wollten, den Engländern in Flandern die französischen Stützen wieder zu entziehen.

Die Vorbereitungen für die neue Flandernschlacht waren in der Zwischenzeit fortgesetzt worden. Während der Arbeiten an den zukünftigen Angriffsfronten lagen unsere für die Durchführung bestimmten Divisionen in Belgien und im nördlichen Frankreich zur Erholung und Ausbildung in Unterkunft.

Ich befürchtete von englischer Seite einstweilen keine angriffsweisen Gegenmaßregeln. Hatte auch der größte Teil des englischen Heeres nunmehr seit Monaten Gelegenheit zur Wiederherstellung seiner schwer erschütterten Kampfbrauchbarkeit gehabt, so schien es doch angesichts unserer drohenden Stellung in Flandern nicht wahrscheinlich, daß der Engländer zum Angriff übergehen würde.

Auf Grund unserer bisherigen Erfahrungen hoffte ich, daß wir mit den englischen Hauptkräften in Flandern fertig werden würden, wenn es uns nur gelang, den Franzosen von dem dortigen Schlachtfeld dauernd fernzuhalten. Die Erneuerung unserer Angriffe bei Reims sollte also auch jetzt unserem größeren und weiteren Zwecke, nämlich dem entscheidenden Kampf gegen die Masse des englischen Heeres, dienen.

Die Lage an der französischen Front zeigte Anfang Juli ungefähr folgendes Bild: die Hauptmasse der Reserven des Generals Foch stand in der Gegend Compiègne-Villers-Cotterêts. Sie befanden sich dort in einer strategisch sehr günstigen Aufstellung. Sie waren einerseits bereit, einer Fortsetzung unserer Angriffe in Richtung auf die beiden eben genannten Städte entgegenzutreten, und konnten andrerseits dank der außerordentlich günstigen Bahnverbindungen von ihrem jetzigen Aufstellungsraume rasch an jeden Teil der französischen und englischen Front verschoben werden. Der Übergang Fochs zu einer großen Offensive schien mir vor dem Eintreffen starker amerikanischer Kräfte wenig wahrscheinlich, es sei denn, daß Foch zu einer solchen Offensive durch besonders günstige oder zwingende Verhältnisse veranlaßt wurde.

Südlich der Marne standen anscheinend keine sehr starken feindlichen Kräfte. Bei Reims und im Berggelände südlich davon befand sich dagegen zweifellos eine große gegnerische Kampfgruppe, die, abgesehen von Franzosen, auch aus Engländern und Italienern gebildet war. An den übrigen französischen Fronten hatten sich die Verhältnisse im Vergleich mit der Zeit unserer Frühjahrsangriffe nicht wesentlich verändert. Mit dem ständigen Wechsel zwischen Stellungstruppen und verbrauchten Kampfdivisionen änderte sich die Gesamtlage an diesen Fronten nicht wesentlich.

Über das Eintreffen der amerikanischen Hilfe war eine erschöpfende Klarheit nicht gewonnen. Offenkundig aber war, daß die amerikanischen Massen sich nunmehr ununterbrochen nach Frankreich ergossen. Unsere Unterseeboote waren nicht imstande, diese Bewegungen zu verhindern oder abzuschwächen, ebenso wenig wie ihre bisherige Wirkung ausgereicht hatte, den gegnerischen Schiffsraum derartig zu verringern, daß ein solcher Massentransport überhaupt nicht in Frage gekommen wäre. Die Gegner stellten nunmehr angesichts der unbedingten Notwendigkeit einer raschen und umfassenden militärischen Hilfe für Frankreich und England alle Rücksichten auf Lebensmittelversorgung und Wirtschaftsbedürfnisse ihrer Länder zurück. Wir mußten uns mit dieser Tatsache abzufinden suchen.

Brachten wir den beabsichtigten Angriff bei Reims in engen operativen Zusammenhang mit unsern Plänen in Flandern, so blieb die Frage zu entscheiden, welche Ausdehnungen wir den Kämpfen bei Reims geben wollten und mußten. Wir hatten ursprünglich die Absicht, uns mit der Wegnahme der Stadt zu begnügen. Über den Besitz von Reims entschied die Beherrschung des Hügelgeländes zwischen Epernay und Reims. In der Wegnahme dieses Hügellandes lag somit das Schwergewicht unseres Angriffes. Zur Erleichterung unseres dortigen Vorgehens, das heißt zur Ausschaltung einer etwaigen flankierenden Wirkung des Gegners vom südlichen Marneufer her, sollten stärkere Kräfte beiderseits Dormans auf das Südufer dieses Flusses vorstoßen und dann auch dort gegen Epernay vorgehen. Der Flußübergang angesichts eines kampfbereiten Gegners war zweifellos ein kühnes Unternehmen. In Anbetracht unserer immer wiederholten Erfahrungen bei den verschiedenen Fluß- und Stromübergängen hielten wir jedoch auch in diesem Falle ein solches Vorgehen nicht für zu bedenklich. Die Hauptschwierigkeiten lagen nicht in der unmittelbaren Bewältigung des Flußabschnittes sondern in der Fortführung des Kampfes jenseits des Hindernisses. Die Nachführung der Artillerie und aller Kampf- und Lebensbedürfnisse für die Angriffstruppen war auf Kriegsbrücken angewiesen, die naturgemäß dankbare Ziele für das artilleristische Fernfeuer und für die Fliegerangriffe des Gegners boten. Über die anfängliche Beschränkung unseres Kampfes lediglich auf den Besitz von Reims hinaus erhielt unser Plan im Verlaufe verschiedener Besprechungen eine Ausdehnung nach Osten bis tief in die Champagne hinein. Die Anregung hierzu entstand einerseits aus unserer Absicht, Reims auch im Südosten abzuschnüren, andererseits glaubten wir nach den letzten Erfahrungen unseren Angriff vielleicht bis Chalons-sur-Marne vortreiben zu können, verlockt durch die Aussichten auf große Beute an Gefangenen und Kriegsbedürfnissen, wenn das Unternehmen in diesem Umfange gelang. Wir nahmen damit allerdings die Gefahr in Kauf, zugunsten einer großen Angriffsbreite unsere Kraft an den entscheidenden Stellen zu schwächen.

An dem baldigen Beginn unserer neuen Operation hatten wir natürlich ein großes Interesse. Angesichts der eintreffenden amerikanischen Verstärkungen arbeitete die Zeit nicht für sondern gegen uns. Das richtige Ausmaß zwischen der Notwendigkeit der Vorbereitungen und der Forderung der gesamten Kriegslage zu finden, war unsere ganz besondere Aufgabe und wahrlich nicht der leichteste Teil unserer Entscheidungen. Ganz abgesehen von den rein taktischen Vorbereitungen, wie zum Beispiel dem Heranbringen und Vorführen der Kampfmittel an die Angriffsstellen, durften wir bei allem Drängen der Gesamtlage nicht übersehen, welche Schwierigkeiten die jedesmalige Auffrischung unserer Truppen für neue Kampfaufgaben in sich schloß. So konnten wir in vorliegendem Falle den Angriff erst am 15. Juli beginnen lassen.

Die Schlacht bei Reims

In den ersten Tagesstunden des 15. Juli beginnt unsere tausendstimmige Artillerie an der neuen Angriffsfront ihre Schlachtweise zu spielen. Gleichzeitig wird es an der Marne auf unserer Seite lebendig. Die Gegenwirkung des Feindes ist anfangs nicht besonders lebhaft, nimmt aber allmählich zu. Wir hatten keinerlei Anzeichen für eine Verstärkung der gegnerischen Front oder für besondere Abwehrmaßregeln des Feindes bemerkt. Unserer Infanterie gelingt es, auf das südliche Marneufer überzusetzen. Feindliche Maschinengewehrnester werden ausgehoben, die Höhen jenseits des Flusses erstiegen, Geschütze erobert. Die Nachricht von diesen ersten Vorgängen erreicht uns in Avesnes schon sehr frühzeitig. Sie löst die begreifliche Spannung und verstärkt unsere Hoffnung.

Wie an der Marne, so entbrennt der Kampf im weiten Umkreis auch um Reims, ohne sich freilich gegen diese Stadt und deren unmittelbare Umgegend zu richten, sollte die Stadt doch durch beiderseitige Abschnürung zu Fall gebracht werden. In der Champagne, bis gegen die Argonnen hin, wird das erste gegnerische Verteidigungssystem durch unsere Artillerie und Minenwerfer zertrümmert. Hinter den vorderen Linien des Feindes befindet sich aus den früheren Kämpfen noch ein ausgedehntes Grabengewirr. Niemand kann angeben, ob oder welche Teile davon besetzt sind. Der Gegner besitzt in ihnen jedenfalls zahllose Stützpunkte, und es bedarf kaum einer besonderen Arbeit, um diese wieder verteidigungsfähig zu machen und neue veränderte Verteidigungsmöglichkeiten zu schaffen. Andererseits scheint der Gegner hier in der Champagne nach den ersten Eindrücken am wenigsten auf Widerstand vorbereitet zu sein. Seine Artillerie antwortet nicht sehr stark, sie steht augenscheinlich ziemlich locker und in auffallend tiefer Gruppierung.

Nach Zusammenfassung unserer schweren Feuerkraft auf die erste feindliche Stellung beginnt, wie in unseren bisherigen Angriffskämpfen, diese zusammengeballte Wetterwolke ihren verderbenbringenden Marsch über die gegnerische Verteidigung. Unsere Infanterie folgt ihr. Die erste feindliche Stellung wird auf der ganzen Linie nahezu widerstandslos gestürmt, dann will man den Angriff fortsetzen. Als aber unsere Feuerwalze die weiteren Sturmziele verläßt, um sie der Infanterie freizugeben, da erhebt sich unerwartet heftiger feindlicher Widerstand. Die Artillerie des Gegners beginnt ihr Feuer aufs äußerste zu steigern. Unsere Truppen versuchen trotzdem, vorwärts zu kommen. Vergeblich! Die Begleitbatterien werden herangeholt. Geschützweise und von Menschen gezogen treffen sie ein, denn in dem Trichterfelde versagen größtenteils die Pferde. Kaum sind die Geschütze in Stellung gebracht, so liegen sie auch schon zertrümmert am Boden. Der Gegner hat offensichtlich die Hauptabwehr in die zweite Stellung verlegt. Unser wirkungsvollstes Vorbereitungsfeuer war meistenteils ohne Nutzen verpufft. Ein neues feindliches Verteidigungsverfahren ist der vernichtenden Gewalt unserer artilleristischen Massenwirkung gegenüber angeordnet und angewendet worden auf Grund begangenen deutschen Verrates, wie der Gegner später selbst der ganzen Welt jubelnd verkündet.

Die Kampfverhältnisse in der Champagne bleiben bis zum Abend des ersten Tages unverändert.

Einen günstigeren Verlauf nehmen unsere Kämpfe südwestlich Reims und beiderseits der Marne. Südlich des Flusses dringt unsere Infanterie auf fast eine Wegstunde vorwärts, mit dem Hauptdruck längs des Flusses in Richtung auf Epernay. Ein Drittel der Strecke dorthin wird bis zum Abend in erbittertem Kampfe zurückgelegt. Auch nördlich des Flusses ist unser Angriff im Vorschreiten. Mächtiger wie die Kalkhänge des Chemin des Dames erhebt sich hier das Reimser Berggelände, von tiefen Schluchten zerklüftete Höhen, deren flachgewölbte Kuppen großenteils von dichtem Walde bestanden sind. Das ganze Gelände ist für züheste Verteidigung hervorragend geeignet, da es dem Angreifer im höchsten Grade eine Zusammenfassung seiner artilleristischen Kräfte auf ausgesprochene Ziele erschwert. Trotzdem kommt unsere Infanterie vorwärts. Sie trifft hier zum ersten Male an der Westfront auf italienische Truppen, die sich anscheinend auf französischem Boden mit geringer Begeisterung schlagen.

Am Abend des 15. Juli haben wir auf der gesamten Angriffsfront etwa 50 Geschütze erbeutet. 14.000 Gefangene werden gemeldet. Das Ergebnis entspricht freilich nicht unseren höheren Hoffnungen. Doch erwarten wir mehr von dem folgenden Tag.

Der Vormittag des 16. Juli verläuft in der Champagne, ohne daß unsere Truppen noch irgendwo merklich vorwärts kommen. Wir stehen vor der schweren Frage, hier den Kampf abzubrechen oder mit der ohnehin nicht sehr tief gegliederten Angriffskraft die weitere Entscheidung zu versuchen. Die Gefahr besteht, daß die Truppe sich umsonst verblutet, oder daß sie selbst im günstigen Falle so schwere Verluste erleidet, daß sie kaum mehr befähigt sein wird, die errungenen Vorteile gründlichst auszunutzen. Das Ziel Chalons ist also in unsichere Ferne gerückt. Aus diesen Gründen gebe ich meine Zustimmung zum Übergang in die Verteidigung an dieser Stelle. Dagegen bleibt es bei der Fortführung unserer Angriffe südlich der Marne und in dem Reimser Berggelände. Jenseits des Flusses werden wir aber im Verlauf des Tages immer mehr und mehr in die Verteidigung gezwungen. Der Feind wirft uns starke Kräfte im Angriff entgegen. Dicht beiderseits des Flusses, in Richtung Epernay, gewinnen wir dagegen noch weiter Boden. Wir stehen am Abend des Tages etwa halbwegs der Stadt, 10 km von ihr entfernt. Auch im Berggelände nähern wir uns der Straße Epernay-Reims trotz verzweifelter Gegenstöße des Feindes mehr und mehr. Das Schicksal von Reims scheint an einem Faden zu hängen. Wenngleich die übrige Operation jetzt schon als gescheitert angesehen werden muß, so soll doch wenigstens Reims fallen. Die Stadt ist ein bedeutendes militärisches Wertobjekt für uns, das den Einsatz lohnt; ihr Gewinn bleibt vielleicht nicht ohne tiefen Eindruck auf den Gegner.

Am 17. Juli verstummt der Kampf in der Champagne. Südlich der Marne beginnen die Verhältnisse sich mehr und mehr zu unsern Ungunsten zu gestalten. Wir behaupten zwar das gewonnene Gelände gegen erbitterte feindliche Angriffe, aber unsere Aufstellung ist dem Fluß so nahe, hat also so wenig Tiefe, daß jeder Rückschlag zum Verhängnis werden kann. Hinzu kommt, daß die Kriegsbrücken über die Marne durch das Fernfeuer feindlicher Artillerie und durch französische Fliegerbomben immer mehr gefährdet werden. Wir müssen also wieder nach Norden zurück, da wir nach Süden keinen weiteren Raum mehr gewinnen können. Ich ordne daher das Zurücknehmen der Truppen auf das nördliche Marne-Ufer an, so schwer es mir wird. In der Nacht vom 20. zum 21. Juli soll diese Bewegung durchgeführt werden.

Im Berggelände setzen am 17. Juli die feindlichen Angriffe mit vollster Wucht ein. Sie werden abgewiesen. Aber auch von unserer Seite ist weiteres Vordringen einstweilen undenkbar. Ein solches bedarf erneuter gründlicher Vorbereitung.

Von all dem Erstrebten bleibt nur noch wenig übrig. Das Unternehmen scheint gescheitert und bringt daher der französischen Front gegenüber keine positiven Gewinne. Doch damit ist seine Auswertung für unseren Angriff auf der Flandernfront nicht ausgeschlossen. Wenn von allen Zielen auch nur das Fernhalten der französischen Kräfte von der englischen Verteidigung erreicht ist, so sind die Kämpfe nicht vergebens gewesen.

In diesem Gedankengang begibt sich General Ludendorff am Abend des 17. Juli zur Heeresgruppe Kronprinz Rupprecht, um dort wegen des Angriffsbeginnes gegen den englischen Nordflügel das Nähere zu besprechen.

Vorbedingung für die Durchführung unserer Angriffe bei Reims war, daß der nach Westen gerichtete Teil unseres bis an die Marne vorspringenden Bogens zwischen Soissons und Château-Thierry feststand. Es war vorauszusehen, daß unser Angriff eine Gegenwirkung der um Compiègne und Villers-Cotterêts versammelten französischen Kräfte geradezu herausforderte. War General Foch auch nur einigermaßen zu einer aktiven Tätigkeit imstande, so mußte er aus seiner bisherigen passiven Haltung heraustreten, sobald sich unser Angriff über die Marne und auf Reims aussprach. Ich habe schon gesagt, daß der französische Führer frühzeitig von unseren Plänen erfuhr und ausreichend Zeit fand, diesen zu begegnen.

Die Aufgabe unserer Truppen zwischen Aisne und Marne gegen einen französischen Angriff aus der allgemeinen Richtung von Villers-Cotterêts her war daher nicht einfach. Wir hatten deshalb hinter den Truppen der vordersten Verteidigungslinien eine Anzahl von Eingreifdivisionen bereitgestellt, und glaubten daher, mit vollem Vertrauen an den eben geschilderten großen Angriff auf Reims herangehen zu können. Freilich waren die zwischen Soissons und Château-Thierry stehenden Truppen nicht alle frisch, aber sie hatten sich in den vorausgegangenen Kämpfen so glänzend geschlagen, daß ich sie ihrer jetzigen lediglich defensiven Aufgabe für durchaus gewachsen hielt. Hauptsache schien mir zu sein, daß auch alle Teile unserer dortigen Verteidigung die Wahrscheinlichkeit eines starken feindlichen Angriffs ununterbrochen nicht aus den Augen ließen. Ob in dieser Beziehung an der Front Soissons-Château-Thierry Versäumnisse vorgekommen sind, bleibt vielleicht immer eine Streitfrage. Ich selbst glaube auf Grund späterer Mitteilungen, daß der anfänglich günstige Verlauf der Ereignisse an der Marne und bei Reims vom 15. bis 17. Juli die Truppen an der Front Soissons-Château-Thierry an einigen Stellen den Ernst der Lage vor ihren eigenen Linien verkennen ließ.

Man hört dort während dieser Tage den Kanonendonner aus der Angriffsschlacht herüberschallen, man erfährt unser anfänglich Erfolg versprechendes Vorgehen über die Marne; Übertreibungen der erreichten Erfolge kommen, wie so oft, auf ungeprüftem Wege zu den Truppen. Man erzählt sich von der Eroberung von Reims, von großen Siegen in der Champagne. Vor der eigenen Front bleibt es aber drei Tage lang still, für einen sachlichen Beobachter unheimlich still, für jemand, der ohne nähere Kenntnis der Lage dem Gefühle nachgibt, beruhigend still. Beobachtungen in der Richtung auf Villers-Cotterêts, die am 15. Juli noch volle Aufmerksamkeit finden, werden am 17. Juli nicht mehr entsprechend gewürdigt. Meldungen, die bei Beginn unseres Unternehmens sofort alle Fernsprechleitungen durchfliegen, bleiben am 3. Kampftage irgendwo an einer Zwischenstelle stecken. Das Gefühl für die Lage ist eben teilweise abgestumpft, die erste Spannung hat nachgelassen.

Am Morgen des 18. Juli gehen Teile der nicht in den Verteidigungsstellungen liegenden Kampftruppen zur Erntearbeit in die Kornfelder. Sie sind überrascht, als plötzlich ein heftiger Granathagel in das Gelände schlägt. – Ein Feuerüberfall? – Die eigene Artillerie antwortet nicht sehr stark, anscheinend deswegen, weil ziemlich dichter Nebel alles verschleiert. Das Knattern der Maschinengewehre beginnt auf breiter Front und zeigt, daß es sich um mehr handelt, als um einen Feuerüberfall. Ehe man sich darüber völlig klar wird, tauchen in den hohen Kornfeldern feindliche Panzerwagen auf. Der Gegner ist auf der ganzen Front zwischen Aisne und Marne im entscheidenden Angriff. Unsere vorderen Linien sind schon stellenweise durchbrochen; die größte Gefahr scheint zwischen der Ourq und Soissons eingetreten zu sein.

Während dort die übriggebliebenen Teile der zertrümmerten und versprengten Truppen vorderster Linie einen Verzweiflungskampf führen, versuchen die rückwärts befindlichen Unterstützungen einen neuen Widerstand zu bilden und auszuhalten, bis die Divisionen zweiten Treffens zum Gegenstoß herankommen. Manche Heldentat wird vollbracht. In vorübergehend wieder genommenen Stellungen finden unsere Eingreiftruppen deutsche Maschinengewehrnester, in denen die Bedienung bis zum letzten Mann verblutet liegt, umgeben von ganzen Reihen gefallener Gegner. Doch dieser Heldenmut vermag die Lage nicht mehr wiederherzustellen, er rettet uns nur vor einer vollen Katastrophe. In der Richtung auf Soissons und weiter südlich ist der Gegner besonders tief eingedrungen, also gerade an unserer empfindlichsten Stelle, nämlich an dem westlichen Ansatzpunkt unseres Marnebogens südlich der Aisne. Aber von hier aus drückt der Feind auf die ganze übrige bis Château-Thierry reichende Verteidigungsfront. Ja noch mehr, er drückt auch auf unsere einzige in den Marnebogen hineinführende Bahnverbindung gerade dort, wo sie sich östlich Soissons aus dem Aisnetal nach Süden in die Mitte unseres gewaltigen Halbkreises wendet.

Unsere Lage ist daher vom ersten Augenblick an nicht unbedenklich. Sie droht zur Katastrophe zu werden, wenn es uns nicht gelingt, sie in der früheren Weise wiederherzustellen, oder sie wenigstens in ihrem jetzigen Zustand zuverlässig zu festigen. Meinen Wünschen und Absichten hätte es entsprochen, den feindlichen Einbruch von Norden her über die Aisne bei Soissons flankierend zu fassen um den Gegner dadurch zu zermalmen. Der Aufmarsch hierfür hätte jedoch zu viel Zeit gekostet, und so mußte ich den Gegengründen nachgeben, die zunächst eine völlige Sicherung unserer angegriffenen Frontteile forderten, damit wir dadurch wieder Herren unserer Entschlüsse wurden. Was also an Truppen verfügbar ist, wird zu diesem Zwecke eingesetzt. Damit ist leider die Krisis nicht überwunden, sondern nur hinausgeschoben. Neue Einbrüche des Gegners verschärfen die Lage in dem Marnebogen. Was hilft es, wenn südlich der Ourq die feindlichen Anstürme in der Hauptsache scheitern, wenn besonders bei Château-Thierry die starken, aber ungeübt geführten amerikanischen Angriffe vor unseren schwachen Linien zerschellen? Wir können und dürfen die Lage nicht dauernd in dieser bedenklichen Schwebe lassen. Das wäre Tollkühnheit. Wir lösen daher unseren linken Flügel von Château-Thierry los und weichen zunächst ein Stück weiter nach Osten, behalten aber noch die Anlehnung an die Marne.

Vom Südufer dieses Flusses sind wir in Ausführung unseres Entschlusses vom 17. Juli nach schweren Kämpfen rechtzeitig zurückgewichen. Die treffliche Haltung unserer Truppen, an der alle französischen Angriffe scheitern, hat uns die gefährliche Lage dort glücklich überdauern lassen. Das Zurückgehen gelingt über Erwarten gut. Der Gegner erstürmt erst am 21. Juli nach gewaltiger Feuervorbereitung, Panzerwagen voran, gefolgt von starken Kolonnen, unsere schon geräumten Stellungen. Unsere Truppen beobachten dieses Schauspiel vom Nordufer der Marne aus.

Die Kampfführung in der noch immer tiefen Bogenstellung wird durch den gegnerischen Feuerdruck von allen Seiten her aufs äußerste erschwert. Die gegnerische Artillerie nimmt die empfindliche Bahnstrecke östlich von Soissons unter Feuer. Ein wahrer Hagel feindlicher Fliegerbomben fällt bei Tag und bei Nacht dort nieder. Wir sind gezwungen, die Ausladungen neu eintreffender Verstärkungen und Kampfablösungen weit außerhalb des Bogens in die Gegend von Laon zu verlegen. In tagelangen Gewaltmärschen werden sie von da auf das Schlachtfeld vorgeführt. Sie erreichen ihre Bestimmung manchmal gerade noch rechtzeitig, um die ernste Kampflage vor dem Zusammenbrechen aus den Händen der ermatteten Kameraden zu übernehmen.

So kann und darf der Zustand nicht lange dauern. Die Schlacht droht alle unsere Kräfte zu verzehren. Wir müssen aus dem Bogen heraus, uns von der Marne trennen. Ein schwerer Entschluß, nicht vom Standpunkte kriegerischer Einsicht, aber von demjenigen soldatischen Empfindens. Wie wird der Gegner jubeln, wenn sich zum zweiten Male mit dem Namen: „Marne" ein Umschwung der Kriegslage verbindet! Wie wird Paris, ganz Frankreich aufatmen; wie wird diese Nachricht auf die ganze Welt wirken! Man denke daran, wie viele Augen und Herzen uns folgen mit Neid, mit Haß, mit Hoffnung.

Aber jetzt darf nur die militärische Einsicht sprechen. Ihre Forderung lautet klar und einfach: Heraus aus dieser Lage! Zur Überstürzung der Maßregel ist kein Grund. Wohl wirft General Foch alle seine Kräfte und von allen Seiten auf uns, aber nur selten gelingt ihm jetzt noch ein tiefer greifender Einbruch. So können wir Schritt um Schritt weichen. Wir können unser kostbares Kriegsgerät dem Feinde entziehen, in Ordnung in die neue Verteidigungslinie rücken, die uns die Natur in dem Abschnitt der Aisne und Vesle bietet. Diese Bewegung ist in den ersten Tagen des August vollzogen. Sie ist eine Meisterleistung von Führung und Truppe.

Nicht die Waffengewalt des Feindes preßte uns aus dem Marnebogen heraus sondern die Unerträglichkeit der dortigen Lage, eine Folge der Schwierigkeiten der Verbindungen im Rücken unserer nach drei Seiten kämpfenden Truppen. General Foch hatte diese Schwierigkeiten klar erkannt. Ein hohes Ziel lag ihm vor Augen. Dies zu erreichen, verhinderte ihn die treffliche Haltung unserer

Truppen. Sie hatten sich nach der ersten Überraschung glänzend geschlagen. Was von Menschen gefordert werden konnte, wurde hier geleistet. So kam es, daß unsere Infanterie aus diesem Kampfe keineswegs mit dem Gefühle einer verlorenen Schlacht wich. Ihr stolzes Selbstbewußtsein war zum Teil auf die Beobachtung gegründet, daß ihre Gegner ohne den Schutz oder die moralische Stütze der Panzerwagen vielfach im Angriff versagten.

Wo Panzerwagen fehlten, hatte der Gegner uns schwarze Wellen entgegengetrieben, Wellen aus afrikanischen Menschenleibern. Wehe, wenn diese in unsere Linien einbrachen und die Wehrlosen mordeten, oder was schlimmer war, marterten. Nicht gegen die Schwarzen, die solche Scheußlichkeiten begingen, wendet sich menschliche Empörung und Anklage, sondern gegen die, die solche Horden angeblich zum Kampf um Ehre, Freiheit und Recht auf europäischen Boden heranholten. Zu Tausenden wurden diese Schwarzen auf die Schlachtbank geführt.

Mochten Engländer, Amerikaner, Italiener, Franzosen mit allen ihren Hilfsvölkern unserm Infanteristen entgegentreten, kam es nur erst zum Kampfe Mann gegen Mann, dann fühlte und zeigte sich damals noch unser Soldat als Herr des Schlachtfeldes. Auch das Gefühl persönlicher Machtlosigkeit gegenüber den feindlichen Panzerwagen war teilweise überwunden. In tollkühnen Unternehmungen hatte man vielfach versucht, sich dieser lästigen Gegner zu entledigen, kräftigst unterstützt durch die eigene Artillerie. Die schwersten Kampfkrisen brachte über unsere Truppen auch diesmal wieder die französische Artillerie. Den stunden-, ja tagelangen Wirkungen dieser Vernichtungswaffe im freien Felde ausgesetzt, nicht einmal in einem Trichterfelde Deckung findend, wurden die Linien unserer Infanterie zerrissen, ihr Nervenhalt auf die äußerste Probe gestellt. Das Antreten der feindlichen Sturmtruppen ward oft wie eine Erlösung aus einem Drucke wehrloser Zermürbung empfunden.

Die Truppen hatten das äußerste leisten müssen, nicht nur im Kampfe, sondern auch in ruhelosen Bereitschaften, in Märschen und Entbehrungen. Ihr Kräfteverbrauch war groß, ihr Nervenverbrauch noch größer. Ich sprach Soldaten aus diesen letzten Schlachten. Ihre schlichten und einfachen

Antworten und Erzählungen redeten deutlicher als ganze Bücher von dem, was sie erlebt hatten, und von dem kraftvoll sittlichen Werte, der in ihnen steckte. Wie sollte man an diesen prächtigen Menschen verzweifeln können! Sie waren freilich müde, bedurften der körperlichen Ruhe und der seelischen Entspannung. Wir waren besten Willens, ihnen all das zu gewähren; es war aber fraglich, ob der Gegner uns die Zeit dafür ließ.

Wenn wir in den Kämpfen im Marnebogen auch dem Verderben, das uns der Gegner zufügen wollte, entgangen waren, so durften wir uns doch über die weitreichende Rückwirkung dieser Schlacht und unseres Rückzuges keiner Täuschung hingeben.

Militärisch war für uns von der größten und folgenschwersten Bedeutung, daß wir die Vorhand an den Gegner verloren hatten, und daß wir zunächst keine Kraft besaßen, sie wieder an uns zu reißen. Wir waren gezwungen gewesen, starke Teile von jenen Kräften zum Kampfe heranzuziehen, die wir zum Angriff in Flandern bereitgestellt hatten. Dafür entfiel für uns die Möglichkeit, den lang geplanten entscheidenden Schlag gegen das englische Heer durchführen zu können. Die gegnerische Führung war dadurch von dem Druck befreit, der durch diese drohende Offensive auf ihre Maßnahmen ausgeübt wurde. Auch Englands Kräfte waren durch die Schlacht in dem Marnebogen aus dem Banne gelöst, in dem wir sie monatelang gehalten hatten. Es war zu erwarten, daß eine tatkräftige gegnerische Führung diesen Umschwung der Lage, der ihr nicht entgehen konnte, ausnutzte, soweit sie irgendwie Kräfte hierfür verfügbar machen konnte. Günstige Aussichten mußten sich hier bieten, da unsere Verteidigungsfronten vielfach nicht stark und nicht mit voll kampfkräftigen Truppen besetzt sein konnten. Zudem hatten diese Fronten seit dem Frühjahr wesentlich an Ausdehnung zugenommen und waren strategisch empfindlicher geworden.

Es war freilich anzunehmen, daß auch der Gegner durch die letzten Kämpfe schwer gelitten hatte. 74 feindliche Divisionen, darunter 60 französische, hatten vom 15. Juli bis 4. August geblutet. Waren hierbei zwar die englischen Kräfte in der Hauptsache seit Monaten geschont geblieben, so mußte doch der andauernde Zustrom amerikanischer Hilfe unter diesen Umständen für den Gegner äußerst wertvoll sein. Mochte diese Hilfe auch in militärischer

Beziehung nicht voll auf der Höhe neuzeitlicher Anforderungen stehen, jetzt, wo unsere Verbände so schwer gelitten hatten, wirkte mehr als je die bloße zahlenmäßige Überlegenheit.

Schwerer noch als dies wog nach den ersten Eindrücken die Wirkung unseres Mißgeschickes auf Heimat und Verbündete. Wie viele in den letzten Monaten aufgelebte Hoffnungen brachen vielleicht zusammen! Wie manche Berechnung wurde zerstört!

Konnten wir jedoch wieder Herren der militärischen Lage werden, so war auch die Wiederherstellung des politischen Gleichgewichts mit Bestimmtheit zu erwarten.

Fünfter Teil

Über unsere Kraft

In die Verteidigung geworfen

Der 8. August

Unsere Truppen hatten ihre neuen Stellungen an der Aisne-Vesle eingenommen. Die letzten Wogen des feindlichen Angriffes prallten heran und prallten ab; stellenweise flackerte der Kampfeifer hier und da wieder auf.

Zahlreiche unserer Divisionen, abgekämpft, der Auffrischung bedürftig, wurden hinter unsere Verteidigungslinien in Unterkunft gebracht. Auch um Avesnes herum lagen sie in Quartieren. Ich konnte mich davon überzeugen, wie rasch sich unser Soldat erholte. Durfte er ein paar Tage gründlich ausschlafen, konnte man ihn geregelt verpflegen und ruhen lassen, so schien er schnell über all das Schwere, das er durchgemacht hatte, auch seelisch hinwegzukommen. Freilich bedurfte er hierfür der wirklichen Ruhe, ungestört von feindlichen Granaten und Bombenabwürfen und, wenn möglich, auch entfernt aus dem Hörbereiche des Donners der Geschütze. Aber wie wenig und wie selten haben unsere Truppen in den langjährigen Kämpfen eine solche Ruhe gefunden! Von Kriegsschauplatz zu Kriegsschauplatz, von Schlachtfeld zu Schlachtfeld geworfen, waren sie fast ruhelos in körperlicher und seelischer Spannung geblieben. In dieser Tatsache liegt der gewaltigste Unterschied zwischen den Leistungen unserer Soldaten und denjenigen aller unserer Gegner.

Nach Avesnes war der Geschützdonner aus den Schlachten im Marnebogen wie ein ununterbrochenes Rollen schweren Gewitters bald lauter, bald undeutlicher gedrungen. Jetzt war es fast still geworden.

Am 8. August morgens wurde diese Ruhe jählings unterbrochen; von Südwesten her dröhnte auffallend starker Gefechtslärm. Die ersten Meldungen – sie kamen vom Armee-Oberkommando aus der Gegend von Peronne – lauteten ernst. Der

Gegner war mit mächtigen Tankgeschwadern beiderseits der Straße Amiens-St Quentin in unsere Linien eingedrungen. Näheres ließ sich vorläufig nicht feststellen.

Die Ungewißheit wurde jedoch in den nächsten Stunden behoben, wenn auch die Verbindungen vielfach zerrissen waren. Kein Zweifel, der Gegner war tief in unsere Stellung hineingestoßen, Batterien waren verloren. Unsere Befehle ergingen, sie wieder zu nehmen, die Lage überhaupt durch sofortigen Gegenangriff wieder herzustellen. Wir entsandten Offiziere, um die Vorgänge klarzulegen und vollen Einklang zwischen unserem Willen und den Verfügungen der Kommandostellen an der augenblicklich erschütterten Front zu schaffen. Was war geschehen?

Im dichtesten Nebel war ein starker englischer Tankangriff erfolgt. Die Panzerwagen hatten auf ihrer Fahrt fast nirgends besondere Hindernisse, nicht natürliche und leider auch nicht künstliche, getroffen. Man hatte an dieser Front wohl etwas zu viel an Fortsetzung des Angriffes gedacht, zu wenig an Verteidigung.

Allerdings war es verlustreiche Arbeit, dicht am Gegner zu schanzen und Hindernisse zu bauen. Denn wo immer die gegnerischen Beobachter irgend eine Bewegung, und sei es auch nur von einzelnen Leuten, wahrnahmen, dorthin lenkten sie das Feuer ihrer Artillerie. Es schien das beste zu sein, sich im hohen Getreide still zu verhalten, zwar ohne Schutz gegen feindliche Granaten aber ungesehen durch feindliche Ferngläser. Man schonte auf diese Weise während der Zeit des Stilleliegens augenscheinlich viel Leben, lief aber Gefahr, mit einem Schlage noch viel mehr zu verlieren. Nicht nur in den vordersten Linien war die Arbeit gering, an den rückwärtigen war sie fast noch geringer; nur einzelne Grabenstücke, verstreute Stützpunkte, waren vorhanden. Die Truppen waren an diesen sogenannten ruhigen Fronten für ausgedehnte Schanzarbeiten nur dünn gesät. Wir brauchten die Massen anderwärts zu den großen Angriffsschlachten.

An diesem 8. August mußten wir handeln, wie wir schon so oft in gleich drohenden Lagen gehandelt hatten. Gegnerische Anfangserfolge waren für uns ja keine befremdenden Erscheinungen. Wir kannten sie von 1916/17, von Verdun, Arras, Wytschaete, Cambrai her. Wir hatten sie erst jüngst wieder bei Soissons kennen und überwinden gelernt. In dem jetzt vorliegenden Falle war die Lage freilich ganz besonders ernst. Der breite Tankeinbruch des Gegners war gleichzeitig überraschend tief erfolgt. Die Panzerwagen, schneller wie bisher, überfielen Divisionsstäbe in ihrer Unterkunft, zerrissen die Fernsprechverbindungen, die von dort zu den kämpfenden Truppen führten. Die höheren Kommandobehörden werden dadurch ausgeschaltet; die vorderen Linien bleiben ohne Befehl. An diesem Tage ist es ganz besonders bedenklich, da der dichte Nebel jede Übersicht verhindert. Die bereitgestellten Tankabwehrkanonen schießen zwar in die Richtungen, aus denen Motorgeräusche und Kettengerassel hörbar sind, werden aber vielfach durch Stahlkolosse überrascht, die aus anderer Richtung plötzlich auftauchen. Wirre Gerüchte beginnen sich in unsern Kampflinien zu verbreiten. Es wird behauptet, daß englische Kavalleriemassen schon weit im Rücken der vordersten deutschen Infanterie sich befinden. Man wird vorn bedenklich, verläßt die Stellungen, aus denen heraus man soeben noch starke feindliche Angriffe in der Front abgewiesen hat, man sucht nach rückwärts den verlorenen Anschluß. Die Phantasie zaubert Wahngebilde hervor und sieht in ihnen wirkliche Gefahren.

Alles, was da geschah, was uns zum ersten großen Unheil werden sollte, ist ja menschlich begreiflich. Der alte, schlachtenerprobte Soldat bleibt in solchen Lagen ruhig; er phantasiert nicht, er denkt! Aber diese alten Soldaten sind eben in verschwindender Minderheit; ihr Einfluß ist auch nicht allerorts mehr der beherrschende. Es zeigen sich andere Einflüsse. Der Mißmut und die Enttäuschung, daß trotz aller Siege der Krieg für uns kein Ende nehmen will, hat auch so manchen unserer braven Soldaten verdorben. Im Felde Gefahren und Arbeit, Kampf und Ruhelosigkeit, aus der Heimat Klagen über wirkliche, manchmal auch eingebildete Lebensnot. Das zermürbt allmählich, besonders, wenn man sich kein Ende vorstellen kann. Der Gegner sagt und schreibt in seinen massenhaft von Fliegern abgeworfenen Flugblättern, daß er es nicht so schlimm mit uns meine, wir müßten nur vernünftig sein und vielleicht auch auf dies und jenes, was wir erobert haben, verzichten. Dann würde alles rasch wieder gut werden. Und wir könnten in Frieden weiter leben, im ewigen Frieden der Völker. Für den Frieden im Innern der Heimat würden dann neue Männer, neue Regierungen sorgen. Auch das würde ein segensreicher Frieden nach all den jetzigen Kämpfen werden. Das weitere Ringen sei also zwecklos.

Solches liest und bespricht man, der Soldat meint, daß der Gegner doch nicht all das erlügen kann, läßt sich vergiften und vergiftet andere.

Unsere Befehle zum Gegenstoß können an diesem 8. August nicht mehr ausgeführt werden. Es fehlt an Truppen, es fehlt besonders an Geschützen zur Vorbereitung eines solchen Angriffes, denn an den Einbruchsstellen sind die meisten Batterien verloren. Frische Infanterie- und neue Artillerieverbände müssen erst herangeholt werden, und zwar auf Kraftwagen und Eisenbahnen. Der Gegner erkennt die ausschlaggebende Wichtigkeit, die in dieser Lage die Eisenbahnen für uns besitzen. Weithin in unsern Rücken feuern seine schweren und schwersten Geschütze. Auf einzelne Eisenbahnpunkte, wie beispielsweise Peronne, regnet es zeitweise Bomben feindlicher Flieger, die in nie gesehenen Schwärmen über Stadt und Bahnhof kreisen. Nutzt aber der Gegner auf diese Weise die Schwierigkeiten im Rücken unserer Armee aus, so verkennt er zu unserm Glücke die ganze Größe seines ersten taktischen Erfolges. Er stößt an diesem Tage nicht bis an die Somme vor, obwohl ihm auf diesem Wege von unserer Seite kaum noch nennenswerte Kräfte hätten entgegengestellt werden können.

Dem verhängnisvollen Vormittage des 8. August folgte ein verhältnismäßig ruhiger Nachmittag und eine noch ruhigere Nacht. Während dieser rollen unsere ersten Verstärkungen heran.

Die Lage ist bereits zu ungünstig, als daß wir von dem anfänglich geforderten Gegenangriff die Wiedergewinnung der alten Kampffront erwarten können. Der Gegenstoß hätte längerer Vorbereitung und stärkerer Truppen, als am Morgen des 9. August zur Hand sein können, bedurft. Daher soll und darf nichts überstürzt werden. Die Ungeduld an der Kampffront glaubt jedoch, nicht warten zu können. Man meint, günstige Gelegenheiten zu versäumen, und stürzt sich in unbezwingliche Schwierigkeiten. So geht ein Teil der herangebrachten kostbaren, frischen Infanteriekraft in örtlich begrenzten Erfolgen verloren, ohne der Lage im großen zu nutzen.

Der Angriff am 8. August war durch den rechten englischen Flügel unternommen worden. Die südlich anschließenden französischen Truppen hatten sich nur in geringem Umfange am Kampfe beteiligt. Es war aber zu erwarten, daß die großen britischen Erfolge nunmehr auch die französischen Linien in Bewegung bringen würden. Gelang dem Franzosen ein rasches Durchdringen in der Richtung auf Nesle, so mußte unsere Lage in dem weit nach Südwesten vorspringenden Verteidigungsbogen verhängnisvoll werden. Wir befehlen daher die Räumung unserer bisherigen ersten Stellungen südwestlich Roye und weichen in die Gegend dieser Stadt zurück.

Die Folgen des 8. August und die Fortsetzung unserer Kämpfe im Westen bis Ende September

Über die politischen Wirkungen unserer Niederlage am 8. August gab ich mich keinen Täuschungen hin. Unsere Kämpfe vom 15. Juli bis 4. August konnten im Ausland wie in der Heimat als die Folge einer nicht geglückten, kühnen Unternehmung angesehen werden, wie solches sich in jedem Kriege ereignet. Das Mißgeschick am 8. August stellte sich dagegen vor aller Augen dar als die Folgen einer offenkundigen Schwäche. Es war etwas ganz anderes, ob wir in einem Angriff scheiterten, oder ob wir in einer Verteidigungsschlacht besiegt wurden. Die Beutezahlen, die unsere Gegner der Welt bekanntgeben konnten, sprachen eine deutliche Sprache. Heimat und Verbündete mußten ängstlich aufhorchen. Um so mehr war es unsere Aufgabe, die Ruhe zu behalten und die Verhältnisse zwar ohne Selbsttäuschung, aber auch ohne übertriebenen Pessimismus zu betrachten.

Die militärische Lage war freilich ernst geworden. Die Gefechtslage auf der angegriffenen Verteidigungsfront konnte allerdings wiederhergestellt, das verlorene Kriegsgerät wieder ergänzt, neue Kräfte konnten herangeführt werden. Damit war jedoch die Wirkung der Niederlage nicht aufgehoben. Es war zu erwarten, daß der Gegner, durch seinen großen Erfolg angeregt, solche Angriffe nunmehr auch an anderen Stellen unternehmen würde. Er hatte jetzt die Erfahrung gemacht, daß sich in unserem Verteidigungssystem dem des Jahres 1917 gegenüber mancherlei Mängel befanden. Zunächst in technischer Beziehung. Auf den seit dem Frühjahr 1918 neu gewonnenen Linien war von unseren Truppen im allgemeinen nur wenig geschanzt worden. Es wurde, wie in der Gegend östlich Amiens, so auch an anderen Stellen der Front, zu viel von

Fortsetzung der Angriffe, zu wenig von der Notwendigkeit der Verteidigung gesprochen. Dazu kam, daß die Haltung eines großen Teiles unserer Truppen im Gefecht den Gegner überzeugt haben mußte, daß an unseren Verteidigungsfronten der zähe Widerstandswille von 1917 nicht mehr durchgehends vorhanden war. Der Feind hatte ferner seit dem Frühjahr von uns gelernt. Er hatte in den letzten Operationen diejenige Taktik gegen uns angewendet, mit der wir ihn wiederholt gründlich geschlagen hatten. Er war auf unsere Linien gefallen, nicht mehr nach monatelangen Angriffsvorbereitungen, auch hatte er die Entscheidung nicht mehr in dem Hineintreiben eines Keiles in unsere Verteidigung gesucht, sondern er hatte uns in breiten Anstürmen überrascht. Er wagte nunmehr diese unsere Taktik, weil er die Schwächen unserer Verteidigungsfront erkannt hatte. Wiederholte der Gegner diese Angriffe mit gleicher Wucht, so entbehrte er bei der nunmehrigen Verfassung unseres Heeres nicht völlig der Aussicht, unsere Widerstandskraft allmählich zu lähmen. Andererseits schöpfte ich aber aus dem Umstande, daß der Feind aus seinen großen Anfangserfolgen auch dieses Mal nicht die Vorteile eingeheimst hatte, die ihm hätten werden können, wieder die Hoffnung, daß wir weitere Krisen überwinden würden.

Aus diesem Gedankengang heraus glaubte ich, mich am 13. August der Reichsleitung gegenüber in einer politischen Beratung in Spa über die militärische Lage dahin aussprechen zu müssen, daß diese zwar ernst sei, daß aber nicht vergessen werden dürfe, daß wir noch immer tief in Feindesland ständen. Ich trug diese Auffassung am folgenden Tag auch meinem Kaiser vor, indem ich nach einer längeren gemeinsamen Sitzung das Schlußwort ergriff. Ich hatte auch nichts einzuwenden gegen die Auffassung des Reichskanzlers Graf Hertling, daß mit einem wirklich offiziellen Friedensschritt unsererseits gewartet werden sollte, bis eine Besserung in unserer damaligen militärischen Lage eintreten würde. Von dieser hing es dann ab, inwieweit wir auf unsere bisherigen politischen Ziele würden verzichten müssen.

Die Zeit, an einem befriedigenden Abschluß des Krieges zu zweifeln, hielt ich demnach Mitte August noch nicht für gekommen. Ich hoffte bestimmt, daß die Armee, trotz betrübender Einzelerscheinungen auf dem letzten Schlachtfelde, imstande sein würde, zunächst einmal auszuhalten. Auch hatte ich das

Vertrauen auf die Heimat, daß sie Kraft genug hätte, auch diese jetzige Krisis zu überwinden. Ich erkannte dabei durchaus an, was die Heimat an Opfern und Entbehrungen bisher ertragen hatte, und was sie vielleicht noch weiter ertragen mußte. Hatte nicht Frankreich, auf dessen Boden der Krieg seit nunmehr vier Jahren tobte, weit mehr zu leiden? War dieses Land während dieser ganzen Zeit jemals unter Mißerfolgen verzagt; war es verzweifelt, als unsere Granaten seine Hauptstadt erreichten? Das, so dachte ich, würde sich in dieser schweren Krisis auch die Heimat vor Augen halten und standhaft bleiben, wenn nur wir an der Front standhaft blieben. Gelang das, so konnte nach meiner Ansicht die Wirkung auf unsere Verbündeten nicht ausbleiben. Ihre militärische Aufgabe war ja, soweit sie Österreich-Ungarn und Bulgarien betraf, eine leichte.

Bei diesen meinen Erwägungen spielte die Sorge um Erhaltung unserer Waffenehre keine ausschlaggebende Rolle. Unser Heer hatte diese Ehre in den vier Kriegsjahren so fest begründet, daß diese uns, mochte kommen was wollte, vom Gegner nicht mehr entrissen werden konnte. Ausschlaggebend für meine Entschlüsse und Vorschläge blieb einzig und allein die Rücksicht auf das Wohl des Vaterlandes. Konnten wir auch den Gegner durch Siege auf dem Schlachtfeld nicht mehr zu einem Frieden zwingen, der uns alles das gab, was unsere deutsche Zukunft endgültig sicher stellte, so konnten wir es doch wenigstens dahin bringen, daß die gegnerischen Kräfte im Kampfe erlahmten. Auch dann retteten wir voraussichtlich ein erträgliches staatliches Dasein. General Foch hat nach Beendigung der Schlacht im Marnebogen wohl erkannt, daß die errungenen Erfolge ihm wieder verloren gehen würden, wenn unseren Truppen die Zeit zur Erholung gelassen würde. Ich hatte das Gefühl, daß die gegnerische Führung nunmehr glaubte, alles auf eine Karte setzen zu müssen.

Am 20. August schreiten die Franzosen zwischen Oise und Aisne in der Richtung auf Chauny zum Angriff. Sie werfen uns in dreitägigen Kämpfen auf diesen Punkt zurück. Am 21. August und in den ihm folgenden Tagen verbreitern die Engländer ihre Angriffsfront vom 8. August in nördlicher Richtung bis nordwestlich Bapaume. Wiederholte feindliche Einbrüche zwingen uns auch hier zum allmählichen Zurücknehmen unserer Linien. Am 26. August wirft sich der Engländer beiderseits Arras in der Richtung auf Cambrai auf unsere Stellungen. Er bricht durch, wird aber schließlich aufgehalten. Da überrennt ein neuer feindlicher Ansturm am 2. September endgültig unsere Linien an der großen Straße Arras-Cambrai und zwingt uns, die gesamte Front in die Siegfriedstellung zurückzunehmen. Zur Kräfteersparnis räumen wir gleichzeitig den weit über den Kemmel-Berg und Merville vorspringenden Bogen nördlich der Lys. Alles schwere Entschlüsse, die bis zum Ende der ersten Septemberwoche ausgeführt werden. Die erhoffte Erleichterung der Lage bringen sie nicht. Der Gegner drängt überall sofort nach, und die Spannung dauert an.

Am 12. September setzen die Kämpfe an der bisher ruhigen Front südöstlich Verdun und bei Pont-à-Mousson ein. Wir standen hier in der Stellung, in der unsere Angriffe im Herbste 1914 erstarrt waren, ein taktisches Mißgebilde, das den Gegner zu einem großen Schlag einladen konnte. Es ist nicht recht verständlich, warum uns der Franzose jahrelang in diesem großen Dreieck stehen ließ, das in seine Gesamtfront hineinsprang. Durchstieß er dieses in mächtigem Schlage an der Basis, so war eine schwere Krisis für uns unausbleiblich. Man wird uns vielleicht als einen Fehler anrechnen, daß wir diese Lage nicht schon längst, spätestens mit dem Einstellen unseres Angriffes auf Verdun, aufgaben. Allein wir übten gerade durch diese Stellung einen im hohen Grade wichtigen Druck auf die Bewegungsfreiheit des Gegners um Verdun aus und sperrten das ihm so wichtige Maastal südlich der Festung. Erst Anfang September, als es zwischen Maas und Mosel auf feindlicher Seite lebhafter wurde, beschlossen wir, diese Stellung zu räumen und auf die schon lange vorbereitete Basisstellung zurückzugehen. Bevor die Bewegung vollendet wurde, griffen uns aber die Franzosen und Amerikaner an und brachten uns eine ernste Niederlage bei. Im übrigen gelang es, den feindlichen Angriffen gegenüber unsere Front im wesentlichen zu halten. Die Ausdehnung der gegnerischen Angriffe auf die Champagne am 26. September änderte die Lage von der Küste bis zu den Argonnen zunächst wenig. Dagegen drang der Amerikaner an diesem Tage zwischen Argonnen und Maas in unsere Linien ein. Damit machte sich die nordamerikanische Macht auf den Schlachtfeldern des Schlußkampfes in einer selbständigen Armee zum ersten Male entscheidend geltend. Unsere Westfront war, wenn auch infolge feindlicher Einbrüche wiederholt zurückgenommen, nicht durchbrochen. Sie wankte, aber sie fiel nicht. Um diese Zeit wurde jedoch in unsere gesamte Kriegsfront eine breite Lücke gerissen. Bulgarien brach zusammen.

Der Kampf unserer Bundesgenossen

Bulgariens Zusammenbruch

Die Lage im Innern Bulgariens hatte sich auch im Jahre 1918 nicht wesentlich geändert. Sie blieb ernst. Die äußere Politik des Landes schien jedoch darunter nicht zu leiden. Ab und zu gelangten freilich Mitteilungen über Verhandlungen bulgarischer unverantwortlicher Persönlichkeiten mit der Entente auf neutralem schweizerischen Boden zu uns. Auch war in der amerikanischen Gesandtschaft in Sofia zweifellos eine Brutstätte von uns verderblichen Plänen vorhanden. Wir machten den vergeblichen Versuch, sie zu beseitigen. Die Politik forderte Samthandschuhe in der eisernen Wirklichkeit des Krieges.

Die Kampfwut zwischen den politischen Parteien des Landes dauerte an. Die Armee wurde auch weiterhin davon berührt. Der Sturz Radoslawows war endlich im Frühjahr von seinen Gegnern erreicht. Die neuen Männer versicherten uns ihres treuen Festhaltens an dem Bündnis. Das war für uns das Entscheidende.

Die Kriegsunlust im bulgarischen Volke nahm indessen stark zu. Die Lebensmittelversorgung machte immer größere Schwierigkeiten. Unter diesen litt besonders die Armee, das heißt, man ließ sie darunter leiden. Der Soldat mußte zeitweise geradezu hungern, ja mehr noch, er wurde auch so elend gekleidet, daß ihm eine Zeitlang das Nötigste fehlte. Meutereien fanden statt, wurden uns gegenüber aber meistens vertuscht. Die Armee wurde durchsetzt mit völkisch fremden Elementen. Man stellte aus den besetzten Gebieten gepreßte Mannschaften ein, um die Truppenstärken in der Höhe zu halten. Das Überlaufen nahm daher einen außerordentlichen Umfang an. War es ein Wunder, daß unter allen diesen Umständen der Geist der Truppe zerfiel? Er erreichte anscheinend im Frühjahr seinen Tiefstand. Die bulgarische Oberste Heeresleitung hatte damals auf Anregung des deutschen Heeresgruppenkommandos einen Angriff auf albanischem Boden, westlich des Ochridasees, vorbereitet. Man erhoffte von seinem Gelingen eine wirkungsvolle Sperrung der für den Gegner so wichtigen Straße Santa Quaranti-Korca, sowie eine günstige Rückwirkung auf die Stimmung von Heer und Volk. Die

Durchführung des Unternehmens erwies sich schließlich als unmöglich, da nach Erklärungen bulgarischer Offiziere die Truppe den Angriff verweigern würde. Noch bedenklichere Zustände zeigten sich, als im Monat Mai die bulgarischen Truppen den Angriff der Griechen und Franzosen in der Mitte der mazedonischen Front nicht aushielten und ihre Stellung fast kampflos verließen. Die zum Gegenangriff bestimmte Division meuterte größtenteils.

Die Zustände innerhalb des Heeres schienen sich jedoch im Verlauf des Sommers wieder zu bessern. Wir halfen aus, wo wir konnten, gaben von unseren Lebensmittelvorräten und schickten Bekleidungsstücke. Auch lösten unsere damaligen Erfolge an der Westfront in der bulgarischen Armee große Begeisterung aus. Es war aber klar, daß diese gehobene Stimmung rasch wieder in sich zusammenbrechen würde, wenn auf unserer Seite Rückschläge erfolgten. Darüber konnten uns auch bessere Stimmungsberichte Ende Juli nicht im Zweifel lassen.

Die gegenseitigen Stärkeverhältnisse an der mazedonischen Front schienen sich im Laufe des Jahres 1918 nicht wesentlich verschoben zu haben. Nach dem schließlichen Ausgleich mit Rumänien war Bulgarien imstande, alle seine Kräfte auf einer Front zu versammeln. Dieser Verstärkung gegenüber kam das Wegziehen einiger deutscher Bataillone aus Mazedonien zahlenmäßig gar nicht in Betracht. Eine englische Division war nach Syrien abbefördert worden; die französischen Truppen hatten ihre jüngsten Jahrgänge nach der Heimat abgegeben; die neu mobilisierten sogenannten königlich griechischen Divisionen zeigten sich wenig kampflustig. Anscheinend aus diesem Grunde wurde letzteren die Verteidigung des Struma-Abschnittes übertragen. Nach Mitteilungen von Überläufern war der größte Teil dieser Truppen bereit, sich uns anzuschließen, wenn deutsche Truppen vor der Struma-Front eingesetzt würden. Wir schickten daher etliche Bataillone, die in den Hauptkampffronten des Westens nicht verwendbar waren, nach Mazedonien. Sie trafen an ihrem Bestimmungsort in dem Augenblick ein, als die Entscheidung des Krieges für Bulgarien fiel.

Am 15. September abends erhielten wir die erste Nachricht vom Beginn des Angriffes der Ententearmeen in Mazedonien. Dieses Datum war auffallend.

Hatten doch bulgarische Soldaten schon im Frühjahr erklärt, daß sie an diesem Tage die Stellungen verlassen würden, sofern der Krieg bis dahin nicht beendet wäre.

Nicht weniger auffallend war es andererseits, daß sich der Gegner zu einem Angriff eine Stelle mitten im wildesten Berglande wählte, an der bei einigem Widerstandswillen der bulgarischen Truppe und ihrer niederen Führung das Durchdringen die allergrößten Schwierigkeiten bieten mußte. Wir glaubten daher dem Ausgang dieses Kampfes mit Vertrauen entgegensehen zu können, und erwarteten den schwereren und entscheidenden Angriff des Gegners im Wardartal. Dort und in der Gegend des Doiransees waren seit längerer Zeit schon Angriffsvorbereitungen der Engländer erkannt worden. Auch hier bestand angesichts der ganz außerordentlichen Stärke der Verteidigungsstellungen unseres Erachtens keine Gefahr, sofern man einer solchen von bulgarischer Seite entsprechend entgegentreten wollte. Über die zahlenmäßigen Kräfte verfügte die bulgarische Oberste Heeresleitung ganz gewiß.

Die zuerst eintreffenden Meldungen über den Verlauf der Kämpfe am 15. September gaben zu Besorgnissen keinen Anlaß. Die vordersten Stellungen waren freilich verloren gegangen. Ein solcher Verlauf hatte nichts ungewöhnliches an sich. Die Hauptsache war, daß dem Gegner der glatte Durchbruch am ersten Tage nicht gelungen war. Spätere Nachrichten lauteten bedenklicher. Die Bulgaren waren weiter nach Norden gedrängt, als man zuerst annehmen konnte. Die zunächst am Kampfe beteiligten Truppen hatten anscheinend wenig Kampfkraft, noch weniger Kampfwillen gezeigt. Die Reserven, die herankamen oder herankommen sollten, zeigten keine Neigung, sich dem feindlichen Feuer auszusetzen. Sie zogen es anscheinend vor, dem Gegner das Kampffeld zu überlassen, und das an einer Stelle, die dem wichtigsten Knotenpunkt aller Verbindungen des mazedonischen Kriegsschauplatzes, nämlich Gradsko, bedenklich nahe lag.

Fällt Gradsko, oder kann es der Gegner mit seinen Geschützen erreichen, so ist die rechte bulgarische Armee in der Gegend von Monastir der wichtigsten Verbindung beraubt, ihre Versorgung in der jetzigen Stellung für die Dauer unmöglich. Aber auch die mittlere bulgarische Armee beiderseits des

Wardartales ist dann von jeder Bahnverbindung mit der Heimat abgeschnitten. Es erscheint unbegreiflich, daß die bulgarischen Führer diese drohende Gefahr nicht erkennen sollten, daß sie nicht alles daran setzen würden, ein namenloses Unheil für die Masse des Heeres abzuwenden.

Im Gegensatz zu den bulgarischen Armeen südlich von Gradsko kämpfen die bulgarischen Truppen zwischen dem Wardar und dem Doiransee seit dem 18. September mit größter Erbitterung. Vergeblich versuchen die Engländer, sich hier Bahn zu brechen. Nochmals zeigt sich bulgarischer Mut und zäher Wille in glänzendem Licht. Aber was nützt der Heldenmut am Doiransee, wenn in der Richtung auf Gradsko Mutlosigkeit herrscht, ja vielleicht noch Schlimmeres als Mutlosigkeit.

Vergeblich versucht die deutsche Führung mit deutschen Truppen die Lage in der Mitte des bulgarischen Heeres zu retten. Was helfen die schwachen kleinen deutschen Gruppen, wenn rechts und links der Bulgare das Feld räumt? Den gegen den Feind marschierenden deutschen Bataillonen strömen ganze bulgarische Regimenter entgegen, die den Kampf offen verweigern. Ein eigenartiges Bild. Und noch eigenartiger die Erklärung der bulgarischen Mannschaften: Sie ziehen in die Heimat zu Weib und Kind, wollen wieder einmal Haus und Hof sehen und ihre Felder bestellen. Sie lassen vielfach ihre Offiziere unbelästigt. Gehen diese mit ihnen nach Hause, so sind sie willkommen, wollen sie zurückbleiben auf dem Felde der Ehre, so sollen sie das allein tun. Der Bulgare springt bereitwillig zu, wenn im Gedränge ein Deutscher, der gegen den Feind marschiert, in Bedrängnis kommt, er hilft den deutschen Geschützen beim Marsch auf das Gefechtsfeld über schlechte Wegestrecken fort. Den Kampf indessen überläßt er den Deutschen. Mazedonien wird auf diese Weise freilich für Bulgarien verloren gehen. Aber der bulgarische Bauer sagt sich, daß er in der Heimat Land genug habe; also zieht er in die Heimat und überläßt die Sorge und den Kampf um Mazedonien und die bisherigen Großmachtspläne anderen Menschen.

Die deutsche Führung, die vom Ochridasee bis zum Doiransee das verantwortliche Kommando hat, sieht sich angesichts dieser Verhältnisse vor einer unendlich schwierigen Lage. Was an deutschen Truppen, an

Etappenmannschaften, Landsturm und Rekruten vorhanden ist, wird zusammengerafft, um die bulgarische Mitte zu stützen und Gradsko zu retten. Die Aussichten, daß dieses gelingt, werden immer geringer. Bei der Haltlosigkeit der bulgarischen Mitte bleibt sonach als einzigste Rettung, die Flügel des Heeres zurückzunehmen. Eine solche Bewegung würde an sich nur geringe taktische Nachteile verursachen, denn in Mazedonien liegt eine gewaltige Verteidigungsstellung hinter der anderen und je weiter der Gegner nach Norden kommt, um so schwieriger werden seine rückwärtigen Verbindungen. Freilich mit der Preisgabe des Wardartales verschlechtern sich auch die rückwärtigen Verbindungen der Bulgaren. Aber es scheint wenigstens möglich, durch diese Maßnahme die Masse des Heeres zu retten.

Dem Entschluß des deutschen Heeresgruppenkommandos stellen die bulgarischen Führer die ernstesten Bedenken entgegen. Sie glauben, daß ihre Truppen in den jetzigen Stellungen noch zusammenhalten, ja sogar kämpfen würden. Dagegen sind sie der Anschauung, daß die Armeen sich völlig auflösen würden, wenn man ihnen den Rückzugsbefehl gäbe.

Eine wahrhaft verzweiflungsvolle Lage, verzweiflungsvoll für alle Beteiligten. Die Bulgaren klagen, daß nicht genug deutsche Truppen zur Stelle sind, daß man die früher vorhandenen zum Teil entfernt hätte. Was aber hätten ein paar deutsche Bataillone mehr in diesem allgemeinen Zusammenbruch genutzt? Wie viele deutsche Divisionen hätte man schicken müssen, um die mazedonische Front zu verteidigen? Deutschland kann nicht im Westen die Entscheidung suchen und seine Divisionen nach Bulgarien schicken wollen. Der Bulgare will nicht einsehen, daß die deutsche Kraft auch zu erschöpfen ist. Die bulgarische ist an sich noch lange nicht erschöpft, erschöpft ist nur der bulgarische Kriegswille.

Auch wir im Großen Hauptquartier stehen vor verhängnisvollen Fragen. Wir müssen wenigstens versuchen, in Bulgarien zu retten, was zu retten ist. Wir müssen also doch Unterstützungen schicken und zwar sofort, so schwer uns das werden mag. Es ist der 18. September, als sich diese Notwendigkeit in vollem Umfange ausprägt. Man denke daran, wie schwer der Kampf zu dieser Zeit an unserer Westfront tobt. Wenige Tage vorher hatten die Amerikaner ihren großen Erfolg zwischen Maas und Mosel errungen, und eine weitere Ausdehnung der Angriffe steht dort noch bevor.

Die erste Unterstützung, die wir freimachen können, sind Truppen, eine gemischte Brigade, die für Transkaukasien bestimmt waren und eben über das Schwarze Meer befördert werden. Sie werden durch Funkspruch abgedreht und sollen über Varna-Sofia herankommen. Diese Kräfte genügen jedoch nicht. An unserer Ostfront können wohl noch einige Divisionen entbehrlich gemacht werden. Wir wollten sie an eine ruhige Front des Westens bringen. Doch was sind das für Truppen? Kein Mann unter 35 Jahren, und alle Vollkräftigen schon nach dem Westen geholt! Kann von ihnen noch eine besondere Leistung erwartet werden? Sie mögen den besten Willen mitbringen, aber in diesem Klima und ohne Ausrüstung für den Krieg in einem gebirgigen Lande sind sie an der mazedonischen Front nur bedingt brauchbar. Doch es muß sein, denn nicht nur die bulgarische Armee, auch die bulgarische Regierung und der Zar müssen in dieser schwersten Gefahr deutsche Hilfe erhalten.

Auch vom Westen her schicken wir Unterstützung. Unser Alpenkorps, eben erst aus schwerstem Kampfe gezogen, wird zur Fahrt nach Nisch auf die Bahn gesetzt. Ebenso beteiligt sich Österreich-Ungarn an dem Versuch, Bulgarien zu helfen, und stellt mehrere Divisionen hierfür zur Verfügung. Wir verzichten daher auf weitere österreichisch-ungarische Unterstützung an unserer Westfront.

Bis diese deutsche und österreichische Hilfe eintreffen kann, muß versucht werden, wenigstens die Masse des bulgarischen Heeres zu retten. Trotz aller bulgarischen Bedenken wird deshalb von dem deutschen Heeresgruppenkommando der Befehl zum Rückzug an die rechte und mittlere bulgarische Armee gegeben. Die Stellungen auf der Belasiza, nördlich des Doiransees, sollen den Drehpunkt der ganzen Bewegung bilden.

Die linke bulgarische Armee wird während dieser ganzen Zeit nicht angegriffen. Ihre Stellungen auf der Belasiza und hinter der Struma sind von größter Stärke. Wenige Maschinengewehre und Batterien genügen für ihre Verteidigung. Trotzdem verbreitet sich auch in dieser Armee Verwirrung; Mut und ruhige Überlegung schwinden. Der Führer hält seine Lage für unhaltbar und beschwört den Zaren, sofort Waffenstillstand zu schließen. Der Zar antwortet: „Gehen Sie in den Stellungen, die Sie innehaben, zu Grunde.“ Das Wort beweist, daß der Zar Herr der Lage ist, und daß ich mich nicht in ihm täuschte.

Auch Kronprinz Boris befindet sich auf der Höhe seiner Aufgabe. Er eilt an die Front, um dort zu retten, was zu retten ist. Was vermag jedoch ein einzelner, auch wenn er von der Liebe vieler, und von der Achtung aller getragen wird, in solcher allgemeinen Kopflosigkeit und in solchem Schwinden des Willens?

Die mittlere Armee beginnt am 20. September befehlsgemäß den Rückzug. Dieser wird zur Auflösung; ungeschickte Anordnungen vervollständigen die Verwirrung. Die Stäbe versagen, am gründlichsten der Armeestab. Hier ist nur ein ganzer Mann vorhanden, klar blickend und von bestem Wollen beseelt, nämlich der Führer.

Die rechte Armee hat eine schwierige Aufgabe. Ihre Hauptrückzugsstraße führt über Prilep auf Veles. Da der Gegner schon vor Gradsko steht, ist diese Straße äußerst bedroht. Ein anderer Weg führt aus dem Seengebiete und dem Gebiete von Monastir weiter im Westen mitten durch das wilde Albaner-Gebirge auf Kalkandelen. Er vereinigt sich mit demjenigen über Veles bei Üsküb. Dieser Weg durch das Albaner-Gebirge ist gesichert, aber sehr schwierig, und es ist zweifelhaft, ob größere Truppenmassen in diesen Gebieten die nötige Verpflegung finden. Trotz dieser Bedenken müssen starke Teile auf ihn verwiesen werden. Noch stärkere werden dorthin gedrängt, als der Feind Gradsko nimmt und nunmehr gegen das Straßenstück Prilep-Veles von Südosten her vorrückt. Gradsko fällt schon am 21. September. Aus einem elenden Ort war es im Laufe des Krieges zu einer förmlichen Lagerstatt geworden, die in ihrer Anlage und Größe an eine amerikanische Neugründung erinnert. Ungeheuere Vorräte sind hier aufgespeichert, ausreichend für einen ganzen Feldzug. In den dortigen Depots merkt man nichts davon, daß die bulgarischen Armeen an der Front irgend etwas entbehren mußten. Jetzt fällt alles der bulgarischen Vernichtung anheim oder wird Beute des Feindes. Nicht nur in Gradsko sondern auch anderwärts verfügt Bulgarien noch über reiche Bestände. Sie ruhten bisher im Verborgenen, behütet von der einseitigen Sorge bureaukratischer Wirtschaft, die auch in Bulgarien wie eine Kruste das Volksleben überzieht, trotz liberalster Gesetze und freiheitlichem Parlament.

Bulgarien kann also den Krieg noch weiter führen, wenn es ihn nur nicht selbst für verloren hält oder halten will. Unser Plan, der auch die Zustimmung der bulgarischen Obersten Heeresleitung findet, ist folgender: Die mittlere Armee soll an die altbulgarische Grenze zurückschwenken. Die rechte Armee soll sich bei Üsküb oder weiter nördlich versammeln; sie wird verstärkt durch die anrollenden deutschen und österreichischen Divisionen. Diese Kräfte bei Üsküb werden reichlichst genügen, um die Lage zu halten; ja es ist bei einiger Brauchbarkeit der bulgarischen Verbände damit zu rechnen, daß wir von Üsküb aus bald wieder zu einem Angriff in südlicher Richtung vorgehen können. Es scheint ausgeschlossen, daß der Gegner ohne Rast mit starken Massen bis Üsküb und bis an die altbulgarische Grenze nachdrängt. Wie sollte er seinen Nachschub regeln, da wir die Bahnen und Straßen gründlich zerstört haben? Wir hoffen auch, daß in den bulgarischen Truppen bei Berührung mit dem heimatlichen Boden sich wieder Kraft und Verantwortungsgefühl zusammenfinden.

Die vorgeschlagene Operation ist nur möglich, wenn Üsküb so lange gehalten wird, bis die bulgarischen Truppen über Kalkandelen herankommen. Diese Aufgabe erscheint leicht, denn der Gegner folgt in der Tat über Gradsko hinaus mit nur verhältnismäßig schwachen Kräften.

Während dieser Vorgänge bleibt Sofia auffallend ruhig. Unsere dort eintreffenden Bataillone, die der Bevölkerung zur Beruhigung, der Regierung zum Schutz und zur Stütze dienen sollen, finden nichts von der gefürchteten Aufregung. Das Leben macht freilich einen eigenartigen Eindruck, hervorgerufen durch die Scharen von Soldaten, die außerhalb ihrer Verbände durch die Stadt der Heimat zuziehen. Die Mannschaften liefern ihre Gewehre in die Waffendepots ab, verabschieden sich von Kameraden und Vorgesetzten, versichern sogar teilweise, daß sie wiederkommen würden, wenn sie nur erst einmal ihre Felder bestellt hätten. Ein eigenartiges Bild, ein merkwürdiger Seelenzustand. Oder ein abgekartetes Spiel? Wir haben aber keinen Grund, ein solches bei den Soldaten vorauszusetzen. Daß es in dieser Auflösung nicht überall friedlich zugeht, ist klar. Die Gerüchte von schweren Ausschreitungen erweisen sich aber meist als übertrieben.

An der Front ändert sich die Lage nicht. Der Rückzug der bulgarischen Massen dauert ununterbrochen an. Er ist auch gegen die schwachen Kräfte des verfolgenden Feindes nicht dauernd zum Halten zu bringen. Vergeblich versucht man einzelne Haufen, von geschlossenen Truppen kann man kaum noch sprechen, dazu zu bringen, die Front wieder gegen den Feind zu nehmen und wenigstens stellenweise einen geregelten Widerstand zu ordnen. Kommt der Gegner heran, so verlassen die Bulgaren schon nach wenigen Schüssen ihre Stellungen. Deutsche Truppen sind nicht mehr imstande, dem bulgarischen Widerstand einen Halt zu geben. Ebenso vergeblich ist das Bemühen deutscher und bulgarischer Offiziere, mit dem Gewehre in der Hand durch ihr Beispiel auf die haltlose gleichgültige Masse zu wirken.

So nähert sich der Gegner Üsküb, bevor neue deutsche und österreichisch-ungarische Truppen dort eintreffen können. Am 29. September treten aber starke Teile der rechten bulgarischen Armee bei Kalkandelen aus dem Gebirge. Sie brauchen von da nur noch auf guter Straße nach Üsküb zu rücken. Die Truppen sind, wie uns gemeldet wird, durchaus kampffähig. Die schwerste Krisis scheint demnach überwunden zu sein. Militärisch mochte das der Fall sein, aber moralisch ist die Sache endgültig verloren. Daran war bald nicht mehr zu zweifeln. Schwache serbische Kräfte haben Üsküb besetzt. Die Truppen bei Kalkandelen versagen: sie kapitulieren. Am 29. September abends schließt Bulgarien Waffenstillstand.

Der Sturz der türkischen Macht in Asien

Der Anfang des Jahres 1918 brachte einen kühnen Aufschwung des osmanischen Kriegswillens. Die Türkei schritt, ehe noch der Winter im armenischen Hochlande zu Ende ging, zum Angriff gegen die dortigen russischen Armeen. Die russische Macht erwies sich in diesen Gebieten nur noch als Phantom. Die Masse der Truppen hatte sich bereits völlig aufgelöst. Der Vormarsch der Türken fand daher nur noch Widerstand bei armenischen Banden. Schwieriger als dessen Beseitigung war die Überwindung der Hindernisse, die in dieser Jahreszeit die Hochlandnatur den Türken in den Weg legte. Daß der Vormarsch trotzdem gelang, war eine jener merkwürdigen Erscheinungen aufwallender Lebenskraft des osmanischen Staatswesens. Die Türkei warf sich über die Grenzen des osmanischen Armeniens hinaus auf die Gebiete Transkaukasiens, angetrieben durch verschiedene Beweggründe: Panislamitische Träumereien, Rachegedanken, Hoffnung auf Entschädigungen für bis jetzt verlorene Landesteile und Erwartung von Beute. Dazu kam noch ein weiteres, nämlich die Suche nach Menschenkräften. Das Land, in erster Linie die Siedlungsgebiete der prächtigen Anatolier, ist in bezug auf Menschenkräfte völlig erschöpft. Im transkaukasischen Aserbeidschan und unter den kaukasischen Mohammedanern scheinen sich neue große Quellen zu eröffnen. Rußland hat diese Mohammedaner zu dem regelmäßigen Militärdienst nicht herangezogen, nun sollen sie unter dem Halbmond fechten. Die Zahlen der voraussichtlichen Freiwilligen, die uns mitgeteilt werden, zeigen die Üppigkeit der orientalischen Phantasie. Auch müßte man, wenn man den osmanischen Mitteilungen glauben sollte, annehmen, daß die mohammedanischen Völker Rußlands seit langem keine höhere Sehnsucht gekannt hätten, als mit dem türkischen Reiche zusammen ein einiges großes geschlossenes Glaubensland zu bilden. Immerhin ist der Gedanke nicht von der Hand zu weisen, daß die Türkei sich in diesen Gebieten neue Kräfte erschließt, und daß England sich gezwungen sehen wird, der Entwicklung dieser Vorgänge sein besonderes Augenmerk zuzuwenden. Einstweilen ist es aber gut, mit nüchterner Wirklichkeit zu rechnen. Wir versuchen daher, auf die hochgehenden Wogen osmanischer Hoffnungen beruhigend einzuwirken, freilich nicht mit dem wünschenswerten Erfolg. Man stimmt uns bei, daß die Hauptaufgabe der Türkei im Rahmen des Gesamtkrieges weit mehr in der Richtung auf Syrien und Mesopotamien zu suchen ist, als in derjenigen auf den Kaukasus und das Kaspische Meer. Was helfen aber Versprechungen und guter Wille in Konstantinopel, wenn die Führer auf den entlegenen Kriegsschauplätzen ihre eigenen Wege gehen!

Um wenigstens einen Anteil an den reichen Vorräten von Kriegsrohstoffen in Transkaukasien für die allgemeine Kriegführung zu retten, senden wir Truppen nach Georgien. Wir hoffen, der dortigen Regierung den Aufbau eines geordneten Wirtschaftslebens zu ermöglichen.

Aber der Panislamismus und der Kriegswucher in Konstantinopel ruhen nicht eher, als bis Baku auch in die Hand der Türken fällt, und zwar zu einer Zeit, in der sich der Zusammenbruch der alten asiatischen Herrschaft der Türkei vollzieht.

Auch die Absicht, über Transkaukasien in Persien entscheidenden Einfluß zu gewinnen, führte die Türkei so weit in östlicher Richtung vor. Man will durch Persien hindurch den englischen Operationen in Mesopotamien in die Flanke fallen, ein Plan, der an sich gut ist, dessen Durchführung aber Zeit braucht. Es ist freilich zweifelhaft, ob wir diese Zeit finden werden. Vielleicht aber binden schon die ersten türkischen Bewegungen im nördlichen Persien englische Kräfte und retten dadurch Mesopotamien für die Türkei.

Wie durch das Weiße Meer über Archangelsk, so scheint England auch über das Kaspische Meer und über Baku sich einen Einfluß in Rußland sichern zu wollen. Aus diesen Gründen liegt die Durchführung der osmanischen Pläne in Persien und in Transkaukasien auch in unserem Interesse. Nur hätte demgegenüber die Verteidigung in Mesopotamien und besonders in Syrien nicht vernachlässigt werden dürfen. Die Aufstellung einer verwendungsbereiten türkischen Reservearmee in der Gegend von Aleppo wäre jedenfalls mit Rücksicht auf alle operativen Möglichkeiten des Engländers südlich des Taurus von mehr Wert gewesen, als größere Operationen in Persien.

In Mesopotamien ist die Lage seit dem Herbst 1917 nach der Karte betrachtet unverändert geblieben. In Wirklichkeit hat sich aber in den Gegenden südlich von Mosul für die türkischen Armeen eine Katastrophe vollzogen, freilich nicht unter Geschützdonner. Wie im armenischen Hochlande im Winter 1916/17, so gingen in der mesopotamischen Ebene im Winter 1917/18 die türkischen Soldaten in großer Zahl zugrunde. Man spricht von 17.000, die in dortigen Stellungen verhungerten oder an den Folgen dieses Elendes starben. Ob die Zahl richtig ist, vermögen wir nicht nachzuprüfen. „Auch wer verhungert, stirbt den Heldentod“, so versicherte uns ein Türke, nicht im Zynismus, sondern aus innerer ehrlichster Überzeugung. Nur noch Reste der ehemaligen türkischen Armee überleben in Mesopotamien das Frühjahr. Es ist zweifelhaft, ob sie je wieder zu gefechtsfähiger Stärke gebracht werden können. Man fragt sich, warum greift England in Mesopotamien nicht an? Oder besser gesagt, warum marschiert es nicht einfach vorwärts? Genügen die Schatten dieser osmanischen Macht, um ihren Gegner zur Innehaltung seines Programms kolonialer Kriegführung zu veranlassen? Die englische Führung mag für diese Vorsicht ihrer Operationen alle möglichen Gründe anführen können, nur einen hat sie nicht, nämlich die Stärke des Gegners.

Während im armenischen Hochlande die türkische Wehrmacht nochmals einen Triumph feierte, hatten die Kämpfe in Syrien nicht geruht. Wiederholt kam es an der syrischen Front zu frontalen englischen Angriffen, ohne daß hierdurch die Lage wesentlich geändert wurde. Im Frühjahr 1918 schien die englische Kriegführung dieses ewigen Einerleis endlich müde zu werden. Sie raffte sich zu einem neuen Gedanken auf und brach über Jericho in das Ostjordanland ein. Man nahm an, daß die Araberstämme in diesem Gebiete das Auftreten ihrer Befreier vom türkischen Joch nur erwarteten, um sofort den osmanischen Armeen in den Rücken zu fallen. Das Unternehmen scheiterte jedoch ziemlich ruhmlos vor geringen deutschen und türkischen Kräften dank ausgezeichneter osmanischer Führung. Die Lage an der syrischen Front wurde hierdurch in den Sommer hinein gerettet. In dieser Jahreszeit pflegte in jenen glutheißen Gebieten allgemeine Ruhe einzutreten. Es war jedoch mit Sicherheit zu erwarten, daß der Engländer im Herbste seine Angriffe in irgend einer Richtung wiederholen würde. Wir glaubten, daß die Zwischenzeit genügend sei, um die Lage an der syrischen Front durch Zuführung neuer türkischer Kräfte zu festigen.

Die inneren Schwierigkeiten im türkischen Staate dauerten auch im Jahre 1918 an. Der Tod des Sultans übte nach außen hin zunächst keinen sichtbaren Einfluß aus. Im Innern begann allmählich eine Bewegung zur Besserung einzusetzen. Der neue Sultan war augenscheinlich ein Mann der Tat. Er zeigte den besten Willen, sich von der bisherigen Bevormundung durch das Komitee freizumachen und den schweren Staatsschäden entgegenzutreten. Er wählte die Männer seiner Umgebung aus den Kreisen, die sich den alttürkischen Richtungen zuneigten.

Ich hatte den neuen Padischa als Thronfolger in Kreuznach kennen gelernt. Damals hatte ich die Ehre, ihn als meinen Gast zu sehen. Bei den Schwierigkeiten unmittelbaren sprachlichen Verkehrs, der Sultan sprach nur türkisch, war unsere Unterhaltung durch Dolmetscher im wesentlichen auf den Austausch von Ansprachen beschränkt. Die Erwiderung des Thronfolgers auf meine Anrede trug einen sehr bundesfreundlichen Charakter. Diesem entsprach auch seine Haltung nach der Thronbesteigung.

Der Sultan hatte vornehmlich die Absicht, auf das Heerwesen einen persönlichen Einfluß auszuüben. Er wollte auch die Armeen in den entfernten Provinzen aufsuchen. Ob hierdurch wesentliche Mängel hätten beseitigt werden können, wage ich nicht zu entscheiden.

Das Land war durch den Kriegszustand völlig erschöpft. Es konnte dem Heere kaum noch irgend welche neuen Kräfte bieten. So gelang es auch während des Sommers nicht, die Verhältnisse an der syrischen Front wesentlich zu stärken. Es ist schwer zu entscheiden, inwieweit bei den geradezu kläglichen Verbindungen dorthin ausreichenderes hätte geleistet werden können. Die Zustände in der Versorgung der Armee blieben schlecht. Die Truppe verhungerte nicht, aber sie lebte nahezu beständig in ungestilltem Hunger dahin, körperlich müde, seelisch empfindungslos.

Wie ich schon früher anführte, mußten wir auf das Wegziehen der deutschen Truppen aus der syrischen Front verzichten. Die dortige deutsche Führung glaubte nur mit deutscher Hilfe die Lage als gesichert betrachten zu können. Man schätzte freilich den Angriffsgeist der gegenüberstehenden englisch-indischen Armee besonders auf Grund von Aussagen mohammedanisch-indischer Überläufer nicht sehr hoch ein. Auch waren die bisherigen Leistungen der englischen Führung so wenig eindrucksvoll, daß man sich zu der Hoffnung berechtigt fühlte, mit den vorhandenen geringen Kräften dem Feinde wenigstens die Möglichkeit eines weiteren Widerstandes vortäuschen zu können. Wie lange eine solche Täuschung vorhielt, hing lediglich davon ab, ob sich der Gegner endlich einmal zu einer kraftvollen, geschlossenen Gefechtshandlung aufraffen und damit das Gerüst des türkischen Widerstandes mit seinen schwachen deutschen Stützen umwerfen würde oder nicht. Am 19. September griff der Engländer überraschend den rechten türkischen Heeresflügel in den Küstenebenen an. Er durchbrach fast widerstandslos die dortigen Linien. Die

Niederlage der beiden türkischen Armeen an der syrischen Front wurde durch das rasche Vordringen der indisch-australischen Reitergeschwader besiegelt.

In diesen Tagen wurde die Türkei durch den bulgarischen Zusammenbruch ihres bisherigen Landschutzes in Europa beraubt. Konstantinopel war dadurch im ersten Augenblick auf der europäischen Landseite völlig schutzlos. Die türkischen Truppen an den Dardanellen waren im Verlaufe der letzten Zeiten dauernd schlechter geworden. Aus ihnen holten die Armeen der entlegenen Provinzen alles heraus, was noch an Gefechtswert in ihnen steckte. Thrazien war mit Ausnahme einer schwachen kaum gefechtsfähigen Küstenbesatzung ungeschützt. Die Befestigungen der berühmten Tschataldschalinie bestanden nur aus zerfallenen Schützengräben, wie sie nach den Kämpfen der Jahre 1912/13 von den türkischen Truppen verlassen waren. Alles übrige war nur in der Phantasie oder auf trügerischen Plänen vorhanden. Man mag über diese Zustände nachträglich den Kopf schütteln, letzten Endes offenbart sich in ihnen doch der große Wille, alle vorhandenen Kräfte auf den entscheidenden Außenposten zu verwenden. Wehe dann freilich, wenn der äußere Schutzwall durchbrochen wurde, und sich die feindlichen Fluten in das Innere des Landes ergossen.

Solch eine Flut bedrohte nunmehr das Herz des ganzen Landes. Unter den Eindrücken der ersten Nachrichten vom drohenden bulgarischen Zusammenbruch wurden aus Konstantinopel heraus einzelne rasch zusammengestellte Formationen an die Tschataldschalinie geworfen. Ein nennenswerter Widerstand wäre jedoch mit ihnen nicht zu leisten gewesen. Mehr der moralischen als der praktischen Wirkung wegen ordneten wir die sofortige Überführung von deutschen Landwehrformationen aus dem südlichen Rußland nach Konstantinopel an. Auch entschloß sich die Türkei dazu, alle aus Transkaukasien zurückgerufenen Divisionen zunächst nach Thrazien zu werfen. Bis jedoch nennenswerte Kräfte Konstantinopel erreichen konnten, mußte geraume Zeit vergehen. Warum der Gegner diese Zeit nicht ausnutzte, um sich der Hauptstadt zu bemächtigen, läßt sich nach den bis jetzt vorhandenen Quellen nicht feststellen. Nochmals blieb die Türkei vor einer unmittelbaren Katastrophe bewahrt. Der Eintritt einer solchen schien aber Ende September doch nur eine Frage von wenigen Tagen.

Militärisches und Politisches aus Österreich-Ungarn

Nach den vergeblichen Angriffen des österreichisch-ungarischen Heeres in Oberitalien zeigte sich immer mehr, daß die Donaumonarchie ihre letzte und beste Stärke an dieses Unternehmen gesetzt hatte. Sie hatte nicht mehr so viel zahlenmäßige und sittliche Kräfte, um einen solchen Angriff wiederholen zu können. Die Verhältnisse dieses Heeres traten uns so recht deutlich in der Beschaffenheit der Divisionen vor Augen, die zu unserer Unterstützung an die Westfront geschickt wurden. Ihr sofortiger Einsatz war unmöglich, wenn man später größere Kampfleistungen von ihnen verlangen wollte. Sie bedurften der Erholung, Schulung und besonders auch der Ausrüstung. Diese Tatsachen wurden innerhalb der eintreffenden Truppen ebenso rückhaltslos anerkannt wie von seiten des k. u. k. Armee-Oberkommandos. Alle österreichisch-ungarischen Befehlsstellen gaben sich die größte Mühe, die im Westen verwendeten k. u. k. Truppen in verhältnismäßig kurzer Zeit ihrer kommenden Aufgabe entsprechend leistungsfähig zu machen. Wenn das Ziel nicht voll und ganz erreicht wurde, so lag es wahrlich nicht an mangelnder Tätigkeit und Einsicht der Offiziere. Auch die Mannschaften zeigten sich in hohem Grade willig.

Die großen Verluste der österreichisch-ungarischen Wehrmacht in Italien, die mangelhaften Ersatzverhältnisse, die politische Unzuverlässigkeit einzelner Truppenteile, die unsicheren Zustände im Innern des Landes machten eine wirklich große und ausschlaggebende Unterstützung unserer Westfront leider unmöglich. General von Arz mußte sich angesichts dieser Verhältnisse in des Wortes vollster Bedeutung jede einzelne Division, die er uns schicken wollte, von der Seele reißen. Er selbst war von der großen Bedeutung dieser Hilfe durchaus überzeugt. Ich vermag nicht zu sagen, ob man in allen österreichisch-ungarischen Kreisen von der gleichen Hilfsbereitschaft durchdrungen war, ob man überall die gleiche Dankesschuld uns gegenüber empfand, wie General von Arz.

An den österreichisch-ungarischen Heeresfronten ereignete sich im Verlauf des Sommers nichts wesentliches. Die einzige bemerkenswerte kriegerische Leistung vollzog sich in diesem Zeitraume auf albanischem Boden. Dort hatte man sich jahrelang eigentlich tatenlos gegenübergestanden, die Italiener, etwa ein verstärktes Armeekorps, um Valona und östlich, die Österreicher im nördlichen Albanien. Der Kriegsschauplatz wäre ohne jede militärische Bedeutung gewesen, wenn er nicht einen Zusammenhang mit den mazedonischen Fronten gehabt hätte. Bulgarien befürchtete beständig, daß durch ein feindliches Vordringen westlich des Ochridasees die rechte Flanke seiner Heeresfront umfaßt werden könnte. Militärisch wäre einem solchen feindlichen Unternehmen leicht durch Zurücknahme des bulgarischen Westflügels aus dem Gebiete von Ochrida in nordöstlicher Richtung zu begegnen gewesen. Allein die innerpolitischen Verhältnisse Bulgariens machten, wie ich das schon erwähnt habe, damals jedes Zurückziehen bulgarischer Truppen aus diesem besetzten Lande unmöglich. Dazu kamen bulgarisch-österreichische Eifersüchteleien in Albanien, die mit Mühe von uns ausgeglichen worden waren.

Man hat wiederholt die Frage gestellt, warum die Österreicher ihre italienischen Gegner nicht aus Valona vertrieben haben. Die außerordentliche Wichtigkeit dieses Flottenstützpunktes als zweiter Torflügel zur Sperrung der Adria war mit den Händen zu greifen. Für eine solche Operation fehlte jedoch für Österreich-Ungarn die erste Voraussetzung, nämlich die entsprechende leistungsfähige, rückwärtige Verbindung in das Kampfgebiet an der Vojusa. Auf die See konnte ein solches Unternehmen nicht basiert werden, Landverbindungen waren aber in dem öden albanischen Berglande vor dem Kriege nicht vorhanden, und Österreich-Ungarn konnte sie im Verlauf des Krieges dort nicht in genügendem Umfang schaffen.

Die österreichisch-ungarischen Operationen in Albanien befanden sich in einer Art von Dornröschenschlaf, in dem sie nur zeitweise durch gegenseitige Unternehmungen geringeren Umfanges und noch geringerer Tatkraft gestört wurden. Einen größeren Ernst nahm die Lage in Albanien erst an, als die Italiener im Sommer 1918 zu einem breit entwickelten Angriff von der Meeresküste bis in die Gegend des Ochridasees schritten. Die schwachen, teilweise auch sehr vernachlässigten österreichisch-ungarischen Verbände wurden nach Norden zurückgedrückt. Sogleich erhob sich die bulgarische Sorge in Sofia und an der mazedonischen Grenze und verlangte unser Eingreifen als Oberste

Kriegsleitung. Dieses Eingreifen vollzog sich in der Form eines Ersuchens an das k. u. k. Armee-Oberkommando, die österreichischen Kräfte in Albanien zu verstärken, um auch weiterhin den Schutz der mazedonischen Flanke durchführen zu können. Die österreichisch-ungarische Heeresleitung entschloß sich darüber hinausgehend in Albanien zu einem Gegenangriff. Die Italiener wurden wieder zurückgeschlagen.

Es ist nicht klar zu erkennen, ob diese italienische Offensive irgend welche weiter gesteckten politischen und militärischen Ziele im Auge hatte. Besonders muß ich die Frage offen lassen, ob sie mit dem später einsetzenden Angriff der Entente gegen die Mitte der mazedonischen Front in irgendwelchem inneren Zusammenhang stand. Der österreichische Gegenangriff stellte angesichts der ganz außerordentlichen Schwierigkeiten in den albanischen Geländeverhältnissen und der feindlichen zahlenmäßigen Überlegenheit eine sehr beachtenswerte Leistung dar. Sie verdient durchaus, von seiten unserer Bundesgenossen als solche gefeiert zu werden.

Die inneren Verhältnisse Österreich-Ungarns hatten sich im Laufe des Jahres 1918 in der früher erwähnten bedenklichen Richtung weiter entwickelt. Die ungewöhnlichen Schwierigkeiten in der Volksernährung bedrohten Wien zeitweise geradezu mit einer Katastrophe. Da war es kein Wunder, daß die österreichisch-ungarischen Behörden in dem Zusammenraffen greifbarer Verpflegungsbestände, sei es in Rumänien, sei es in der Ukraine, zu Maßnahmen griffen, die unseren eigenen Interessen im höchsten Grade entgegengesetzt waren.

Unter den trüben politischen Verhältnissen Österreich-Ungarns war es nicht weiter erstaunlich, wenn uns von dort immer wieder erklärt wurde, daß eine Weiterführung des Krieges über das Jahr 1918 hinaus von seiten der Donaumonarchie ausgeschlossen wäre. Der Drang nach Abschluß der Feindseligkeiten äußerte sich immer häufiger und immer stärker. Ob dabei, wie behauptet wurde, auch der Ehrgeiz, die Rolle des Friedensbringers zu spielen, bei irgendwem einen wirklich ausschlaggebenden Einfluß ausübte, lasse ich dahingestellt sein.

Im Sommer erfolgte der Rücktritt des Grafen Czernin von seinem Posten als Außenminister. Als Grund gab der Graf selbst an, daß die von seinem Kaiser an den Prinzen Sixtus von Parma gerichteten Briefe einen unüberbrückbaren Gegensatz zwischen ihm und seinem Herrn geschaffen hätten. Mir war der Graf nicht unsympathisch, trotz der mancherlei Gegensätze, die zwischen seinen politischen Anschauungen und den meinigen bestanden, und die er uns gegenüber ebenso offen vertrat, wie wir die unserigen.

Für mich war Graf Czernin der typische Vertreter der österreichisch-ungarischen Außenpolitik. Er war klug und von scharfem Erkennen der Schwierigkeiten unserer gemeinsamen Lage sowie von zutreffender, rückhaltsloser Kritik der Schwächen des von ihm vertretenen Staatswesens. Seine politischen Pläne bewegten sich dabei aber weit mehr im Bestreben, ein Unheil zu vermeiden als unsere Erfolge auszunutzen. Für die Interessen seines Vaterlandes hatte der Graf zwar immer ein offenes Auge und ein weitem Herz, doch im auffallenden Gegensatz hierzu sah er in der Beurteilung unserer Gesamtlage das rettende Heil meist im Verzicht. Aus diesen Widersprüchen kam es, daß er für die Doppelmonarchie Erweiterung ihrer Machtsphäre anzustreben nicht aufhörte, auch wenn er gleichzeitig uns Deutschen große Opfer für die Interessen der verbündeten Gemeinschaft zumutete. Graf Czernin unterschätzte, wie alle österreichisch-ungarischen Staatsmänner dieser Zeit, die Leistungsfähigkeit seines Vaterlandes. Sonst hätte er nicht im Frühjahr 1917 kurz nach seiner Amtsübernahme von der Unmöglichkeit weiteren Durchhaltens sprechen dürfen, obwohl die österreichisch-ungarische Kraft noch länger ausreichte und auch bei der Geschäftsniederlegung des Grafen noch keineswegs bei dem Erschöpfungstod angelangt war. Es lag in den Gedankenverbindungen des Grafen Czernin eine Art von Sichselbstaufgeben. Ob er dabei nicht imstande war, den Friedensbestrebungen seines Kaisers Widerstand zu leisten, oder ob er diese vielleicht in innerster Überzeugung unterstützte, vermochte ich während seiner Amtsführung nicht klar zu durchschauen. Jedenfalls verkannte der Graf die Gefahren, die in einer übertriebenen und ganz besonders zu oft wiederholten Betonung der Friedensbereitschaft solchen Feinden wie den unserigen gegenüber enthalten waren. Nur so wird es verständlich, daß er in einer Zeit des scheinbar beginnenden Heranreifens unserer Unterseebooterfolge, des Mißerfolges der feindlichen Frühjahrsoffensive und der Rückwirkung der staatlichen Auflösung in Rußland auf unsere Feinde die politische Ruhe verlor und die Friedensresolution im Deutschen Reichstage anregte.

Ich war der Meinung, daß es Graf Czernin an der bundesbrüderlichen Gesinnung uns gegenüber nicht fehlen lassen wollte, selbst als er uns bei den Friedensverhandlungen in Brest-Litowsk und Bukarest vor mancherlei Überraschungen stellte. Er befürchtete damals wohl, daß die Donaumonarchie ein etwaiges Scheitern dieser Verhandlungen nicht überwinden könnte, und daß der Schrei nach Brot in Wien unbedingt eine baldige Vereinbarung mit der Ukraine forderte.

Unter der außenpolitischen Leitung Czernins fand die polnische Frage zwischen uns und Österreich-Ungarn keinen Abschluß. Eine Preisgabe ganz Polens an die Doppelmonarchie war und blieb aus den schon früher berührten Gründen für uns unannehmbar.

Der Nachfolger des Grafen Czernin, Graf Burian, war mir aus seiner Tätigkeit als Außenminister der vorczerninschen Zeit schon in Pleß bekannt geworden. Bei der Umständlichkeit Burians, die bei allen wichtigeren Fragen zutage trat, konnte ich eine Erledigung des polnischen Problems in absehbarer Zeit nicht erhoffen. Ich muß auch offen eingestehen, daß meine Gedanken in der nunmehr folgenden Zeit von entscheidenderen Dingen in Anspruch genommen wurden als von so langwierigen, unfruchtbaren Verhandlungen.

Bei seiner Wiederberufung als Außenminister hatte Graf Burian das begreifliche Bestreben, möglichst bald einen Ausweg aus unserer politischen Lage zu finden. Es war menschlich verständlich, daß er unter dem Eindruck der sich im besten verschlimmernden Kriegslage mit größter Hartnäckigkeit zum Frieden drängte. Nach meiner Anschauung sollte indessen keiner der verbündeten Staaten aus dem Rahmen der politischen Einheitsfront heraustreten und dem Gegner Friedensangebote machen. Es war ein Irrtum, zu glauben, daß dadurch jetzt noch wesentliches für einen Einzelstaat oder für unsere Gesamtheit gebessert werden könne. Der türkische Großwesir, der in der ersten Septemberhälfte in Spa weilte, beurteilte die Lage ganz ebenso wie wir. Auch Zar Ferdinand sprach noch zu gleichem Zeitpunkt davon, daß Friedensbestrebungen seines Landes außerhalb des gemeinsamen Bundes nicht in Frage kommen könnten. Vielleicht ahnte der Zar damals aber schon, welch eine geringe Rolle Bulgarien als Machtfaktor in den gegnerischen Berechnungen nur noch spielte.

Aus den angeführten Gründen heraus fühlte ich mich nicht veranlaßt, den österreichisch-ungarischen Versuch, Mitte September mit der Entente einseitig einen friedlichen Vergleich anzuregen, für glücklich zu halten. Die Gegner verhielten sich diesem Schritte gegenüber in der Tat auch völlig ablehnend. Sie übersahen unsere damalige Lage schon zu klar, als daß sie sich auf Anbahnung eines Verhandlungsfriedens einlassen wollten. Die Frage weiterer Menschenopfer spielte für sie keine Rolle. Die Befürchtung, daß wir Deutschen uns rasch wieder erholen könnten, wenn uns auch nur ein Augenblick der Ruhe gelassen würde, beherrschte völlig den feindlichen Gedankenkreis. So gewaltig war der Eindruck, den unsere Leistungen auf unsere Gegner gemacht hatten und vielleicht jetzt noch machten. Für uns ein stolzes Gefühl mitten in alledem, was um uns zurzeit vorging und noch vorgehen sollte!

Dem Ende entgegen

Vom 29. September zum 26. Oktober

Wäre in dem Buch des großen Krieges das Kapitel über das Heldentum des deutschen Heeres nicht schon längst geschrieben gewesen, so würde es in dem letzten furchtbaren Ringen mit dem Blute unserer Söhne in ewig unauslöschlicher Schrift geschehen sein. Welch ungeheure Anforderungen wurden in diesen Wochen an die Körper- und Seelenkräfte von Offizieren und Mannschaften aller Stäbe und Truppenteile gestellt! Die Truppen mußten auch jetzt wieder von einem Kampf in den anderen geworfen, von einem Schlachtfeld auf das andere geführt werden. Kaum, daß die sogenannten Ruhetage ausreichten, die zerschossenen oder zersprengten Verbände neu zu ordnen, ihnen Ersatz zuzuführen, die Bestände aufgelöster Divisionen in die Truppenteile anderer einzuordnen. Offiziere wie Mannschaften begannen wohl zu ermatten, aber sie rissen sich immer wieder empor, wenn es galt, den feindlichen Anstürmen Halt zu gebieten. Offiziere aller Dienstgrade bis zu den höheren Stäben hinauf wurden Mitkämpfer in den vordersten Linien, teilweise mit dem Gewehr in der Hand. Zu befehlen gab es ja vielfach nichts anderes mehr als: „Aushalten bis zum Äußersten."

Ja: „Aushalten!" Welch eine Entsagung nach so vielen ruhmreichen Tagen glänzender Erfolge. Für mich kann der Anblick solch todesmutigen Kämpfens nicht beeinträchtigt werden durch einzelne Bilder des Verzagens und des Versagens. In einem solchen entsagungsvollen Ringen, in dem jeder Aufschwung siegreichen Kraftgefühles fehlt, müssen menschliche Schwächen stärker zur Geltung kommen als sonstwo.

Für zusammenhängende Linien fehlte es an Kräften. In Gruppen und Grüppchen leistet man Widerstand. Erfolgreich ist solcher nur, weil auch der Gegner sichtbar ermattet. Wo seine Panzerwagen nicht Bahn brechen, wo seine Artillerie nicht alles deutsche Kampfleben ertötet hat, da schreitet er nur selten noch zu großen Gefechtshandlungen. Er stürmt nicht auf unsern Widerstand los, er schleicht sich allmählich ein in unsere lückenreichen, zerschmetterten Kampflinien. An dieser Tatsache hatte sich meine Hoffnung immer wieder aufgerichtet, die Hoffnung, aushalten zu können bis zur Erlahmung des Gegners.

Wir haben keine neue Kraft mehr einzusetzen wie der Feind. Statt eines frischen Amerikas haben wir nur ermattete Bundesgenossen, und auch diese stehen hart vor dem Zusammenbruch.

Wie lange wird unsere Front diese ungeheure Belastung noch zu tragen vermögend? Ich stehe vor der Frage, vor der schwersten aller Fragen: „Wann müssen wir zu einem Ende kommen?" Wendet man sich in solchen Fällen an die große Lehrmeisterin der Menschheit, an die Geschichte, so ermahnt sie nicht zur Vorsicht, sondern zur Kühnheit. Richte ich meine Blicke auf die Gestalt unseres größten Königs, so erhalte ich die Antwort: „Durchhalten!"

Gewiß, die Zeiten sind anders geworden, als sie es fast 160 Jahre früher waren. Nicht ein geworbenes Heer, sondern das ganze Volk führt den Krieg, ist in ihn hineingerissen, blutet und leidet. Aber die Menschheit ist im Grunde genommen die gleiche geblieben mit ihren Stärken und Schwächen. Und wehe dem, der vorzeitig schwach wird. Alles vermag ich zu verantworten, dieses niemals!

So tobt mit dem Kampf auf dem Schlachtfeld gleichzeitig ein anderer Kampf. Sein Schauplatz liegt in unserem Innern. Auch in diesem Kampfe stehen wir allein. Niemand rät uns als die eigene Überzeugung und das Gewissen. Nichts hält uns aufrecht, als die Hoffnung und der Glaube. Sie bleiben in mir stark genug, um auch noch andere zu stützen.

Aber immer dunkler wird es um uns! Mag auch der deutsche Mut an der Westfront dem Gegner noch immer den entscheidenden Durchbruch wehren, mögen Frankreich und England sichtlich ermatten, mag Amerikas erdrückende Überlegenheit an einem Tage tausendfach ergebnislos bluten, so nehmen doch unsere Kräfte sichtlich ab. Sie werden um so früher versagen, je bedrückender die Nachrichten aus dem fernen Osten auf sie wirken. Wer schließt die Lücke, wenn Bulgarien endgültig zusammenbricht? Manches können wir wohl noch leisten, aber wir vermögen nicht eine neue Front aufzubauen. Eine neue Armee ist freilich in Serbien in Bildung begriffen, aber wie schwach sind diese Truppen! Unser Alpenkorps hat kaum noch gefechtsfähige Verbände; eine der anrollenden österreichisch-ungarischen Divisionen wird für völlig unbrauchbar erklärt; sie besteht aus Tschechen, die voraussichtlich den Kampf verweigern. Liegt auch der Schauplatz in Syrien weit ab von der Entscheidung des Krieges, so zermürbt die dortige Niederlage doch zweifellos den treuen türkischen Genossen, der nun auch in Europa wieder bedroht wird. Wie wird Rumänien sich verhalten, was werden die großen Trümmer Rußlands tun? Alles dies drängt auf mich ein und erzwingt den Entschluß, nun doch ein Ende zu suchen, das heißt ein Ende in Ehren. Niemand wird sagen: „Zu früh."

In solchen Gedanken und mit dem gereiften Entschluß trifft mich mein Erster Generalquartiermeister am späten Nachmittag des 28. September. Ich sehe ihm an, was ihn zu mir führt. Wie so oft seit dem 23. August 1914 fanden sich unsere Gedanken auch heute, bevor sie zu Worten geworden sind. Unser schwerster Entschluß wird auf gleicher Überzeugung gefaßt.

In den Vormittagsstunden des 29. September erfolgt unsere Beratung mit dem Staatssekretär des Auswärtigen Amtes. Die Lage nach außen wird von ihm mit wenig Worten gekennzeichnet: Bis jetzt alle Versuche eines friedlichen Ausgleichs mit den Gegnern gescheitert und keine Aussicht, durch

Verhandlungen unter Vermittlung neutraler Mächte irgend eine Annäherung an die feindlichen Staatslenker zu erreichen. Der Staatssekretär bespricht dann die innere Lage der Heimat: die Revolution stehe vor der Türe, man habe die Wahl, ihr mit Diktatur oder Nachgiebigkeit entgegenzutreten; parlamentarische Regierung sei das beste Abwehrmittel.

Wirklich das beste? Wir wissen, welch gewaltige Belastungen wir der Heimat gerade jetzt durch unseren Schritt zum Waffenstillstand und Frieden auferlegen müssen, ein Schritt, der dort begreiflicherweise schwere Sorgen über die Lage an der Front und über unsere Zukunft auslösen wird. In diesem Augenblick, wo so viele Hoffnung zu Grabe getragen, wo bitterste Enttäuschung sich mit tiefster Erbitterung mengen wird, wo jeder nach einem festen Halt im Staatswesen blickt, sollen die politischen Leidenschaften in höhere Wallung versetzt werden? In welcher Richtung werden sie ausschlagen? Sicherlich nicht in der Richtung der Erhaltung sondern in derjenigen der weiteren Zerstörung. Die das Unkraut in unsere Saat gesäet haben, werden die Zeit der Ernte für gekommen erachten. Wir beginnen, zu gleiten.

Glaubt man durch Nachgiebigkeiten im eigenen Heim einen Gegner milder stimmen zu können, der sich durch das Schwert nicht zwingen ließ? Fragt diejenigen unserer Soldaten, die im Vertrauen auf die feindlichen Verlockungen leider freiwillig die Waffen aus der Hand legten! Die feindliche Maske fiel gleichzeitig mit der deutschen Waffe. Die verblendeten Deutschen wurden nicht um ein Haar menschenwürdiger behandelt als ihre sich bis zur letzten Kraft wehrenden Kameraden. Dies Bild im Kleinen wird sich im Großen, ja im Größten wiederholen.

Wir müssen auch befürchten, daß die Bildung einer neuen Regierung den Schritt, den wir so lange als möglich hinausschoben, noch weiter verzögern wird. Zu bald haben wir ihn wahrlich nicht getan. Soll er durch die staatliche Neuordnung verspätet werden?

Das sind meine Sorgen; sie gleichen denjenigen des Generals Ludendorff.

Auf Grund unserer Beratung unterbreiten wir Seiner Majestät dem Kaiser unseren Vorschlag zum Friedensschritt. Mir obliegt es, dem Allerhöchsten

Kriegsherrn zur Begründung des politischen Aktes die militärische Lage zu schildern, deren jetziger Ernst dem Kaiser nicht unbekannt ist. Seine Majestät billigt, was wir vortragen, mit festem, starkem Herzen.

Wie immer bisher, so vermischen sich auch jetzt unsere Sorgen um das Heer mit denen um die Heimat. Kann das Eine nicht standhalten, so bricht auch das Andere zusammen. In dem gegenwärtigen Augenblick, mehr wie in jedem anderen vorher, muß sich dies beweisen.

Mein Allerhöchster Kriegsherr kehrt in die Heimat zurück, wohin ich ihm am 1. Oktober folge. Ich möchte dem Kaiser nahe sein, wenn er in diesen Tagen meiner bedürfen sollte. Politische Einwirkungen ausüben zu wollen, lag mir fern. Zu Aufschlüssen für die sich neubildende Regierung war ich bereit und beantwortete ihre Anfragen, soweit dies nach meiner Überzeugung möglich war. Ich hoffte, Pessimismus zu bekämpfen und Vertrauen wieder aufzurichten. Die innern Erschütterungen erwiesen sich aber bereits als zu schwere, um diesen Zweck noch erreichen zu können. Ich selbst hatte auch damals noch die feste Zuversicht, daß wir dem Gegner trotz des Abnehmens unserer Kräfte das Betreten unseres vaterländischen Bodens monatelang verwehren konnten. Gelang dies, so war auch die politische Lage nicht hoffnungslos. Stillschweigende Voraussetzung war freilich hierbei, daß unsere Landesgrenzen nicht etwa von Osten oder Süden bedroht würden, und daß die Heimat in ihrem Innern feststand.

In der Nacht vom 4. auf den 5. Oktober erging unser Angebot an den Präsidenten der Vereinigten Staaten von Nordamerika. Die von ihm im Januar dieses Jahres aufgestellten Grundlinien für einen „gerechten Frieden“ waren von uns angenommen worden.

Uns selbst blieb zunächst nur die Fortsetzung des Kampfes. Das Nachlassen der Spannkraft der Truppe, das Schwinden der Kämpferzahlen, die wiederholten Einbrüche des Gegners zwangen uns an der Westfront zu weiterem allmählichen Ausweichen in kürzere Linien. Was ich der Reichsleitung am 3. Oktober erklärt hatte, wurde ausgeführt: Wir klammerten uns so viel wie möglich an den feindlichen Boden. Die Bewegungen und Schlachten behielten den gleichen Charakter, wie seit Mitte August. Der Abnahme unserer Kampfkraft entsprach auch weiterhin eine gleiche Abnahme gegnerischer Angriffslust. Irrten sich die Feinde in dem Glauben, daß wir ganz zusammenbrechen, so irrten wir uns andererseits in der Hoffnung, daß die Gegner völlig erlahmen würden. So war der endgültige Ausgang des Kampfes nicht mehr zu ändern, wenn es uns nicht gelang, ein Aufgebot letzter heimatlicher Kraft zustande zu bringen. Eine Massenerhebung des Volkes würde den Eindruck auf den Gegner und unser eigenes Heer nicht verfehlt haben. War aber eine solche brauchbare Lebensstärke und opferwillige Masse noch vorhanden? Jedenfalls war unser Versuch, eine solche in die Front zu bringen, vergeblich.

Die Heimat erlahmte früher als das Heer. Unter diesen Umständen vermochten wir dem immer härter werdenden Druck des Präsidenten der Vereinigten Staaten von Nordamerika keinen eindrucksvollen Widerstand entgegenzusetzen. Unsere Regierung gab nach in der Hoffnung auf Milde und Gerechtigkeit. Der deutsche Soldat und der deutsche Staatsmann gingen in verschiedenen Richtungen. Der eingetretene Riß wurde nicht mehr beseitigt. Mein letzter Versuch, zu einem vereinten Schlagen ergibt sich aus folgendem Brief an den Reichskanzler vom 24. Oktober 1918:

> „Euerer Großherzoglichen Hoheit darf ich nicht verhehlen, daß ich in den letzten Reichstagsreden einen warmen Aufruf zu Gunsten und für die Armee schmerzlich vermißt habe.
>
> Ich habe von der neuen Regierung erhofft, daß sie alle Kräfte des gesamten Volkes in den Dienst der vaterländischen Verteidigung sammeln würde. Das ist nicht geschehen. Im Gegenteil, es ist, von wenigen Ausnahmen abgesehen, nur von Versöhnung, nicht aber von Bekämpfung des dem Vaterlande drohenden Feindes gesprochen. Dies hat auf die Armee erst niederdrückend, dann erschütternd gewirkt. Ernste Anzeichen beweisen dies.
>
> Zur Führung der nationalen Verteidigung braucht die Armee nicht nur Menschen sondern den Geist der Überzeugung für die Notwendigkeit, zu kämpfen, und den seelischen Schwung für diese hohe Aufgabe.
>
> Euere Großherzogliche Hoheit werden mit mir überzeugt sein, daß, in Anerkennung der durchschlagenden Bedeutung der Moral des Volkes in

Waffen, Regierung und Volksvertretung solchen Geist in Heer und Volk hineintragen und erhalten müssen.

An Euere Großherzogliche Hoheit als das Haupt der neuen Regierung richte ich den ernsten Ruf, dieser heiligen Aufgabe zu entsprechen."

Es war zu spät. Die Politik forderte ihre Opfer; das erste wurde am 26. Oktober gebracht.

Am Abend dieses Tages fuhr ich von der Reichshauptstadt, wohin ich mich mit meinem Ersten Generalquartiermeister zum Vortrag bei unserem Allerhöchsten Kriegsherrn begeben hatte, nach dem Großen Hauptquartier zurück. Ich war allein. Seine Majestät hatte dem General Ludendorff den erbetenen Abschied bewilligt, meine gleiche Bitte abgeschlagen.

Am folgenden Tage betrat ich die bisher gemeinsamen Arbeitsräume wieder. Mir war zumute, wie wenn ich von der Beerdigung eines mir besonders teuren Toten in die verödete Wohnung zurückkehrte.

Bis zum heutigen Tage, ich schreibe dies im September 1919, habe ich meinen vieljährigen treuen Gehilfen und Berater nicht wieder gesehen. Ich habe ihn in meinen Gedanken viel tausendmal gesucht und in meinem dankerfüllten Herzen stets gefunden!

Vom 26. Oktober zum 9. November

Mein Allerhöchster Kriegsherr verfügte auf meine Bitte die Ernennung des Generals Gröner zum Ersten Generalquartiermeister. Der General war mir aus seinen früheren Kriegsverwendungen wohlbekannt. Ich wußte, daß er eine vortreffliche organisatorische Begabung und eine gründliche Kenntnis der inneren Verhältnisse unseres Vaterlandes besaß. Die kommenden gemeinsamen Zeiten brachten mir den reichlichen Beweis dafür, daß ich mich in meinem neuen Mitarbeiter nicht getäuscht hatte.

Die Aufgaben, die des Generals harrten, waren ebenso schwierig als undankbar. Sie forderten eine rastlose Tätigkeit, eine volle Selbstentsagung und jeden

Verzicht auf einen anderen Ruhm, als denjenigen hingebendster Pflichterfüllung, und auf jede andere Anerkennung, als diejenige seiner augenblicklichen Mitarbeiter. Wir alle kannten die Größe und die Schwierigkeiten des Werkes, das seiner harrte.

Unsere gesamte Lage begann sich immer weiter zu verschlechtern. Ich möchte sie nur in Streiflichtern beleuchten:

Im Orient brach der letzte Widerstand des osmanisch-asiatischen Reiches zusammen. Mosul wie Aleppo fielen fast widerstandslos in die Hände der Gegner. Die mesopotamische wie die syrische Armee hatten aufgehört, zu bestehen. Georgien mußte von uns geräumt werden, nicht weil wir militärisch dazu gezwungen waren, sondern weil unsere wirtschaftlichen Pläne dort unausführbar wurden oder wenigstens nicht mehr gewinnbringend gemacht werden konnten. Auch die Truppen, die wir zur Stütze der Verteidigung Konstantinopels abgeschickt hatten, wurden zurückgeholt. Die Entente griff aber Thrazien nicht an. Stambul sollte nicht fallen durch kühne Heldentaten und eindrucksvolle Machtentfaltung. Der Grund hierfür ist unbekannt. Er mag in sachlich für uns damals nicht verständlichen militärischen Bedenken liegen; es können aber auch politische Erwägungen hierbei für die Entente ausschlaggebend gewesen sein.

Unsere deutsche Hilfe, die sonst noch in der Türkei stand, wurde in Richtung auf Konstantinopel zusammengezogen. Sie schied aus dem gemeinsam verteidigten Land, geachtet vom ritterlichen Osmanentum, dem wir in seinem Ringen auf Leben und Tod beigestanden hatten. Was sich dort jetzt gegen uns wandte, entsprang jenen Kreisen, die nunmehr ihren Weizen blühen sahen, und die sich durch Hassesäußerungen einen Vorschuß auf die Zuneigung der Neuankommenden zu erwerben suchten. Der eigentliche Osmane wußte, daß wir nicht nur zum jetzigen Kampfe, sondern auch zum späteren Neubau seines Staates hilfsbereit gewesen waren.

Enver und Talaat Pascha traten von dem Schauplatz ihrer Tätigkeit ab, von ihren Gegnern beschimpft, sonst unbescholten.

Aus Bulgarien waren unsere letzten Truppen abgerückt. Auch ihnen folgte so manches dankbare Gefühl und ehrliches Gedenken, am lebhaftesten ausgesprochen in einem Briefe, den der ehemalige Führer des bulgarischen Heeres an mich in dieser Zeit richtete. Ich konnte mich des Eindruckes nicht erwehren, als ob aus den Zeilen das sprach, was ich so manchmal in den Äußerungen dieses ehrlichen Offiziers zu fühlen glaubte: „Wäre ich politisch frei gewesen, so hätte ich militärisch anders gehandelt." Die Einsicht kam wohl zu spät, bei ihm wie an anderen Stellen.

Österreich-Ungarn löste sich in seinem politischen Bestande wie in seiner Wehrkraft auf. Es gab nicht nur sich selbst, sondern auch unsere Landesgrenzen preis. In Ungarn erhob sich die Revolution im Hasse gegen die Deutschen. Konnte das überraschend wirken? Gehörte dieser Haß nicht zum Stolze des Magyaren? Im Kriege hatte man freilich im Ungarlande anders empfunden, wenn der Russe an die Grenze pochte. Ein wiederholtes gewaltiges Pochen! Mit welchem Jubel waren die deutschen Truppen auch begrüßt, mit welcher Hingebung verpflegt, selbst verwöhnt worden, als es sich darum handelte, Serbien niederzuschlagen. Welch eine Begeisterung empfing uns, als wir zur Wiedereroberung Siebenbürgens erschienen! Dankesbetätigung ist im menschlichen Dasein selten, im staatlichen Leben noch weit seltener.

Dagegen fanden wir in Rumänien mehrfach offenen Dank. Man sah dort ein, daß ohne Zertrümmerung Rußlands ein freies rumänisches Leben sich nicht hätte verwirklichen lassen.

Wenn jetzt in Deutschland einzelne Kreise auf den Haß ehemaliger Bundesgenossen gegen uns hinweisen und darin einen Beweis unserer verfehlten politischen und militärischen Haltung erblicken, so übersehen sie dabei wohl, daß Ausbrüche des Hasses aus Freundesmund auch im feindlichen Lager ertönten. Ballten sich doch Fäuste französischer Soldaten vor unseren Augen unter Schimpfworten gegen den englischen Bundesgenossen. Riefen doch französische Stimmen zu uns herüber: „Heute mit England gegen Euch, morgen mit Euch gegen England!" Schrie doch ein französischer Soldat im März des Jahres 1918, hinweisend auf die Trümmer des Domes von St. Quentin, seinen englischen mit ihm gefangenen Waffengenossen zornesbebend zu: „Das waret Ihr!"

Ich hoffe, daß die Äußerungen des Mißverstehens zwischen uns und unsern ehemaligen Verbündeten mehr und mehr verstummen werden, wenn die düstern Nebel sich verziehen, die die Wahrheit verhüllen, und die unsern bisherigen Kampfgenossen zur Zeit den freien Blick auf die gemeinsamen Ruhmesfelder nehmen, auf denen das deutsche Leben zur Verwirklichung auch ihrer Pläne und Träume eingesetzt wurde.

Der Zusammenbruch zeigt sich von Ende Oktober ab überall; nur an der Westfront wußten wir ihn immer noch zu verhindern. Schwächer wurde dort der feindliche Andrang, matter aber freilich auch unser Widerstand. Immer kleiner wurde die Zahl der deutschen Truppen, immer größer wurden die freien Lücken in den Verteidigungsstellungen. Nur wenige frische deutsche Divisionen, und Großes hätte geleistet werden können. Vergebliche Wünsche, eitle Hoffnungen! Wir sinken, denn die Heimat sinkt. Sie kann uns kein neues frisches Leben mehr geben, ihre Kraft ist verbraucht!

General Gröner begibt sich am 1. November zur Front. Das Zurücknehmen unserer Verteidigung in die Stellung Antwerpen-Maas ist unsere demnächstige Sorge. Der Entschluß ist einfach, die Ausführung schwer. Kostbarstes Kampfmaterial liegt noch feindwärts in dieser Linie, doch kostbarer als dessen Rettung ist für uns die Zurückführung von 80.000 Verwundeten in den vorwärts befindlichen Lazaretten. So wird die Durchführung des Entschlusses aus Dankesgefühlen, die wir unseren blutenden Kameraden schulden, verzögert. Dauernd kann freilich die jetzige Lage nicht mehr gehalten werden. Dazu sind unsere Kräfte nunmehr zu schwach und zu müde geworden. Dazu ist der Druck zu stark, der von den frischen amerikanischen Massen auf unsere empfindlichste Stelle im Maasgebiet ausgeübt wird. Der Kampf dieser Massen wird aber die Vereinigten Staaten für die Zukunft belehrt haben, daß das Kriegshandwerk nicht in wenigen Monaten zu erlernen ist, daß die Unkenntnis dieses Handwerkes im Ernstfalle Ströme von Blut kostet.

Mit der deutschen Kampflinie hält damals auch noch die Etappe, der Lebensnerv, der zur Heimat führt. Düstere Bilder zeigen sich freilich hier und da, aber in der Gesamtheit ist noch innerer Halt. Lange wird es indessen nicht mehr dauern können. Die Spannung ist auf das äußerste gestiegen. Erfolgt irgend wo eine Erschütterung, sei es in Heimat oder Heer, so ist der Zusammenbruch unvermeidlich.

Das sind meine Eindrücke in den ersten Tagen des November.

Die befürchtete Erschütterung kündigt sich an. In der Heimat regt es sich mit Gewalt. Der Umsturz beginnt. Noch am 5. November eilt General Gröner in die Reichshauptstadt, da er voraussieht, was kommen muß, wenn man jetzt in den letzten Stunden nicht zusammenhält. Er tritt für seinen Kaiser ein und schildert die Folgen, wenn man dem Heere sein Haupt nimmt. Umsonst! Der Umsturz ist schon in unaufhaltsamem Marsche, und nur durch Zufall entgeht der General auf der Rückreise ins Hauptquartier den Händen der Revolutionäre. Das ist am Abend des 6. November.

Ein Fieber beginnt nunmehr den ganzen Volkskörper zu schütteln. Ruhiges Überlegen schwindet. Man denkt nicht mehr an die Folgen für das Ganze, sondern nur noch an das Durchsetzen eigener Leidenschaften. Diese machen nicht mehr Halt vor den wahnwitzigsten Plänen. Denn gibt es einen wahnwitzigeren, als den, dem Heere das weitere Leben unmöglich zu machen? War je ein größeres Verbrechen menschlichem Denken und menschlichem Hasse entsprungen? Der Körper wird nach außen machtlos; zwar schlägt er noch um sich, aber er stirbt. Ist es überraschend, daß der Gegner mit solch einem Körper macht, was er will, daß er seine harten Bedingungen noch härter auslegt, als er sie geschrieben hat?

Alle Versprechungen, die die gegnerische Propaganda uns verkündet hatte, sind verstummt. Die Rache tritt in ihrer nackten Gestalt auf: „Wehe dem Besiegten!" Ein Wort, das aber nicht nur dem Hasse sondern auch der Furcht entspringt.

So ist die Lage am 9. November. Das Drama schließt an diesem Tage nicht, erhält aber eine neue Farbe. Der Umsturz siegt. Verweilen wir nicht bei seinen Gründen. Er trifft zunächst vernichtend die Stütze des Heeres, den deutschen Offizier. Er reißt ihm, wie ein Fremdländer sagt, den verdienten Lorbeer vom Haupte und drückt ihm die Dornenkrone des Martyriums auf die blutende

Stirne. Der Vergleich ist ergreifend in seiner Wahrheit. Möge er jedem Deutschen zum Herzen sprechen!

Das äußere Zeichen des Sieges der neuen Gewalt ist der Sturz der Throne. Auch das deutsche Kaisertum fällt.

Man verkündet im Vaterlande die Thronentsagung seines Kaisers und Königs, ehe der Entschluß dazu von diesem gefaßt ist. Auf dunklem Wege vollzieht sich so manches in diesen Tagen und Stunden, was dem Lichte der Geschichte hoffentlich dereinst nicht entgehen wird.

Der Gedanke wird erwogen, mit unseren Fronttruppen in der Heimat Ordnung zu schaffen. Jedoch zahlreiche Kommandeure, Männer, würdig des größten Vertrauens und fähig des tiefsten Einblickes, erklären, daß unsere Truppen zwar noch die Front nach dem Feinde behalten werden, daß sie aber die Front gegen die Heimat nicht nehmen würden.

Ich bin meinem Allerhöchsten Kriegsherrn in jenen Stunden zur Seite. Er überträgt mir die Aufgabe, das Heer in die Heimat zurückzuführen. Als ich am Nachmittag des 9. November meinen Kaiser verlasse, sollte ich ihn nicht mehr wiedersehen! Er war gegangen, um dem Vaterlande neue Opfer zu ersparen, um ihm günstigere Friedensbedingungen zu schaffen.

Mitten in dieser gewaltigsten kriegerischen und politischen Spannung verlor das deutsche Heer seinen innersten Halt. Für hunderttausende getreuer Offiziere und Soldaten wankte damit der Untergrund ihres Fühlens und Denkens. Schwerste innere Konflikte bahnten sich an. Ich glaubte, vielen der Besten die Lösung dieser Konflikte zu erleichtern, wenn ich voranschritte auf dem Wege, den mir der Wille meines Kaisers, meine Liebe zu Vaterland und Heer und mein Pflichtgefühl wiesen. Ich blieb auf meinem Posten.

Mein Abschied

Wir waren am Ende!

Wie Siegfried unter dem hinterlistigen Speerwurf des grimmen Hagen, so stürzte unsere ermattete Front; vergebens hatte sie versucht, aus dem versiegenden Quell der heimatlichen Kraft neues Leben zu trinken. Unsere Aufgabe war es nunmehr, das Dasein der übriggebliebenen Kräfte unseres Heeres für den spätern Aufbau des Vaterlandes zu retten. Die Gegenwart war verloren. So blieb nur die Hoffnung auf die Zukunft.

Heran an die Arbeit!

Ich verstehe den Gedanken an Weltflucht, der sich vieler Offiziere angesichts des Zusammenbruches alles dessen, was ihnen lieb und teuer war, bemächtigte. Die Sehnsucht, „nichts mehr wissen zu wollen“ von einer Welt, in der die aufgewühlten Leidenschaften den wahren Wertkern unseres Volkes bis zur Unkenntlichkeit entstellten, ist menschlich begreiflich und doch – ich muß es offen aussprechen, wie ich denke:

Kameraden der einst so großen, stolzen deutschen Armee! Könntet ihr vom Verzagen sprechen? Denkt an die Männer, die uns vor mehr als hundert Jahren ein innerlich neues Vaterland schufen. Ihre Religion war der Glaube an sich selbst und an die Heiligkeit ihrer Sache. Sie schufen das neue Vaterland, nicht es gründend auf eine uns wesensfremde Doktrinwut, sondern es aufbauend auf den Grundlagen freier Entwicklung des einzelnen in dem Rahmen und in der Verpflichtung des Gesamtwohles! Diesen selben Weg wird auch Deutschland wieder gehen, wenn es nur erst einmal wieder zu gehen vermag.

Ich habe die feste Zuversicht, daß auch diesmal, wie in jenen Zeiten, der Zusammenhang mit unserer großen reichen Vergangenheit gewahrt, und wo er vernichtet wurde, wieder hergestellt wird. Der alte deutsche Geist wird sich wieder durchsetzen, wenn auch erst nach den schwersten Läuterungen in dem Glutofen von Leiden und Leidenschaften. Unsere Gegner kannten die Kraft dieses Geistes; sie bewunderten und haßten ihn in der Werktätigkeit des

Friedens, sie staunten ihn an und fürchteten ihn auf den Schlachtfeldern des großen Krieges. Sie suchten unsere Stärke mit dem leeren Worte „Organisation" ihren Völkern begreiflich zu machen. Den Geist, der sich diese Hülle schuf, in ihr lebte und wirkte, den verschwiegen sie ihnen. Mit diesem Geiste und in ihm wollen wir aber aufs neue mutvoll wieder aufbauen.

Deutschland, das Aufnahme- und Ausstrahlungszentrum so vieler unerschöpflicher Werte menschlicher Zivilisation und Kultur, wird so lange nicht zu Grunde gehen, als es den Glauben behält an seine große weltgeschichtliche Sendung. Ich habe das sichere Vertrauen, daß es der Gedankentiefe und der Gedankenstärke der Besten unseres Vaterlandes gelingen wird, neue Ideen mit den kostbaren Schätzen der früheren Zeit zu verschmelzen und aus ihnen vereint dauernde Werte zu prägen, zum Heile unseres Vaterlandes.

Das ist die felsenfeste Überzeugung, mit der ich die blutige Wahlstatt des Völkerkampfes verließ. Ich habe das Heldenringen meines Vaterlandes gesehen und glaube nie und nimmermehr, daß es sein Todesringen gewesen ist.

Man hat mir die Frage gestellt, worauf ich in den schwersten Stunden des Krieges meine Hoffnung auf unseren Endsieg stützte. Ich konnte nur auf meinen Glauben an die Gerechtigkeit unserer Sache, auf mein Vertrauen zu Vaterland und Heer hinweisen.

Die ernsten Stunden dieses jahrelangen Kampfes und seiner Folgezeit bestand ich in Gedanken und Gefühlen, für die ich nirgends einen besseren Ausdruck finde, als in den Worten, die der nachmalige preußische Kriegsminister, Generalfeldmarschall Herrmann v. Boyen, im Jahre 1811, inmitten der größten politischen und militärischen Nöte unseres geknechteten Heimatlandes, an seinen König schrieb:

> „Ich übersehe das Gefahrvolle unserer Lage keineswegs, aber da, wo nur zwischen Unterjochung oder Ehre zu wählen sein dürfte, da gibt mir die Religion Kraft, alles das zu tun, was das Recht und die Pflicht fordert.
>
> Niemals kann der Mensch mit Gewißheit den Ausgang eines begonnenen Unternehmens vorhersehen, aber der, der nach höherer Überzeugung nur

seinen Pflichten lebt, trägt einen Schild um sich, der in jeder Lage des Lebens, es komme auch, wie es wolle, ihm Beruhigung gibt und auch oft selbst zu einem glücklichen Ausgang führt.

Es ist dies nicht die Sprache aufgeregter Schwärmerei, sondern der Ausdruck eines religiösen Gefühles, das ich meinen Erziehern danke, die mich früh schon König und Vaterland als das Heiligste auf Erden lieben lehrten."

Gegenwärtig hat eine Sturmflut wilder politischer Leidenschaften und tönender Redensarten unsere ganze frühere staatliche Auffassung unter sich vergraben, anscheinend alle heiligen Überlieferungen vernichtet. Aber diese Flut wird sich wieder verlaufen. Dann wird aus dem ewig bewegten Meere völkischen Lebens jener Felsen wieder auftauchen, an den sich einst die Hoffnung unserer Väter geklammert hat, und auf dem vor fast einem halben Jahrhundert durch unsere Kraft des Vaterlandes Zukunft vertrauensvoll begründet wurde: Das deutsche Kaisertum! Ist so erst der nationale Gedanke, das nationale Bewußtsein wieder erstanden, dann werden für uns aus dem großen Kriege, auf den kein Volk mit berechtigterem Stolz und reinerem Gewissen zurückblicken kann als das unsere, so lange es treu war, sowie auch aus dem bitteren Ernst der jetzigen Tage sittlich wertvolle Früchte reifen. Das Blut aller derer, die im Glauben an Deutschlands Größe gefallen sind, ist dann nicht vergeblich geflossen.

In dieser Zuversicht lege ich die Feder aus der Hand und baue fest auf Dich – Du deutsche Jugend!

CPSIA information can be obtained
at www.ICGtesting.com
Printed in the USA
LVHW061941190222
711544LV00013B/819

9 783966 374347